U0131643

THE
The Lovers Who Led Germany's Resistance Against the Nazis
Bohemians

NORMAN OHLER

HARRO AND LIBERTAS

by Norman Ohler

Simplified Chinese edition copyright :

2024 by Social Sciences Academic Press (China)

封底有甲骨文防伪标签者为正版授权。

波希米亚人

第三帝国柏林地下抵抗运动中的爱情与牺牲

〔德〕诺曼·奥勒 — 著

蒋雨峰 — 译

社会科学文献出版社
SOCIAL SCIENCES ACADEMIC PRESS (CHINA)

Ständige Ausstellung

➤ Das NAZI-PARADIES ➤

Krieg Hunger Lüge Gestapo

Wie lange noch?

历史地描绘过去并不意味着"按它本来的样子"去认识它，而是意味着，当记忆在危险的关头闪现出来时将其把握。

　　　　　　　　——瓦尔特·本雅明（Walter Benjamin）

目　录

前　言

0

大约 12 岁那年，我坐在祖父母家的花园里。祖父母家在克林
格尔谷（Klingeltal）中，位于德国西南部一座小城郊区，靠近法国
阿尔萨斯（Elsass）地区的边界。1945 年 3 月，这座我出生的城市
在英国皇家空军的一次空袭中被夷为平地，95% 以上的巴洛克式建
筑被毁。像许多人一样，祖父母的财产在轰炸之后荡然无存。于
是，我的祖父在战后用"自己的双手从废墟中"建了一座新房子。
他把它命名为"晨光之屋"（Haus Morgensonne），并把那条穿过克
林格尔谷、通往房子的田间小路称为"草场地"（Wiesengrund），
后来官方的地图里也是这样命名的。

我们常在"晨光之屋"的花园里玩"不要生气"① 游戏。每回
第一次掷骰子之前，祖父总是会说："比赛会很激烈，但也会很公
平！"这句话总让我有一些害怕，尽管公平竞争无可指摘，并且我
们也不会把所谓的"激烈"太当回事，毕竟玩这个游戏基本上是为
了获得乐趣和消磨时间。然而那天下午我也不管是否公平，一定要

---

① "不要生气"（Mensch ärgere Dich nicht）是一款德国棋类游戏，玩家通过掷骰子相
互竞争，类似飞行棋。（正文中脚注如无特别说明，均为译者注。）

让祖父给我讲一个战争的故事，否则就不开始这一轮游戏。上午我们在文理中学看了一部关于解放集中营的纪录片，片里有堆积成山的眼镜、憔悴的面孔，尤其令人印象深刻的是德国民众欢呼的画面插入其间。观看期间我们所有人都不准离开教室。

12

　　我想知道这事与我的祖父是否有关系。起初他摇了摇头，打算开始玩"不要生气"。但我把两个象牙色的骰子都拿起来攥在手里，并且迫切地望着他。阳光透过苹果树的树叶洒在我们桌上，用光与影在黄底的棋盘上勾勒出一幅迷彩图案。然后祖父告诉我，他曾为德意志国铁路（Reichsbahn）工作。然而这对我来说并不是新闻，我催促着他给我讲一些有趣的事情。

　　祖父盯着构成了"草场地"边界的那排蓝冷杉，陷入了沉思。随后他咳嗽了几声。终于慢慢地，像是漫不经心地说道，他一直是一个真正的、热情的铁路工作者，因为他喜欢铁路带来的可靠性和精确性。然而，他永远无法想象后来发生的事情。我立即问他，后来发生了什么？祖父迟疑地告诉我，他曾经当过工程师——他问我知不知道工程师是什么？尽管并不十分清楚，我还是点了点头。祖父说，在战争期间，他曾被调到波希米亚北部的布吕克斯（Brüx），那是一个位于奥西格—科莫陶线（Aussig-Komotau）、比尔森—普利森线（Pilsen-Priesen）和布拉格—杜克斯线（Prag-Dux）① 三条铁路线交会的偏僻城镇。

　　① "布吕克斯""奥西格""科莫陶""普利森""杜克斯"分别是捷克城市莫斯特（Most）、拉贝河畔乌斯季（Ústí nad Labem）、霍穆托夫（Chomutov）、波斯托洛普蒂（Postoloprty）和杜赫佐夫（Duchov）的德语名，正文中按德语原文音译。

一个冬日的夜晚，厚厚的落雪覆盖了铁路黑色的双轨，还有草地、树木与结冰的奥赫热河（Eger），祖父用迟疑的声音告诉我，一列进站的列车被调度到一条旁轨上，那是一列载着牲畜车厢的长货车，它必须为紧急弹药运输让道。车轮在道岔上发出尖啸，人们的喊声回荡着，一声拉长的汽笛响起，牲畜车厢被脱钩解下。白色的山谷复归静谧。

13

凭着铁路人的直觉，我的祖父察觉到有些不对劲。片刻之后他离开了办公的平房，走向了那条旁轨。他只听到奥赫热河冰封的河面下低沉的水流声。他不安地沿着长长的一列车厢走动着。正当他打算再次转身离开时，有东西从车厢拉门上半部分一个狭窄的通风口里掉了出来。一个系着绳子的锡杯从通风口被放下来，碰撞着木制车厢壁发出声响，一度缠在了门把手上，然后又松开了。它缓慢地摇摆着下降，最后杯子落入铁轨旁的积雪里。很快绳子收紧，装满雪的容器又被收回去。拉门上露出一只手，接住了杯子，而能穿过通风口的只有孩子的小手。

车上的不是牲畜，是人！把人装在牲畜车厢里是违反运输条例的！真是糟透了，德意志国铁路是不会这么做的。祖父气愤地回到办公室，查询到这列火车本来要去的目的地：特莱辛施塔特（Theresienstadt）。这个地名没有包含多少信息：一个在受保护国边境线上的终点站包朔维茨（Baushowitz）① 以北几公里的小地方。

---

① 特莱辛施塔特与包朔维茨分别对应捷克城市泰雷津（Terezín）和奥赫热河畔博胡绍维采（Bohušovice nad Ohří）。

他又跑到外面，想去仔细看看车厢，但此时有两个穿着黑色制服的哨兵沿着铁轨快步走来，手里端着冲锋枪。是党卫队。祖父转过身匆匆往回走，身后传来一声带有威胁的暴喝。

14　　　这就是战争，他想着。过了一会儿，他透过因为太热而蒙上水汽的办公室窗户向外看。战争中没有人会管运输条例。那些估计是战俘，俄国人。但他知道那是不可能的。火车是从西边开过来的。那只手属于一个孩子。他也知道自己对此无能为力。"我怕党卫队。"

在他漆成黄色的房子后面阳光明媚的花园里，祖父向我讲述了这一切。虽然我爱他，他是我祖父，我总叫他"爷"（Pa），但那一刻我恨他，他也察觉到了这一点。我们玩起了"不要生气"。

之后发生了一件怪事。玩到一半祖父的双手开始颤抖，为了避免直视我，他把目光瞥向一侧，用沙哑的嗓音说道："那时我想，如果有人发现了我们对犹太人干的勾当，会对我们非常不利。"

我看了他一眼，一言不发。我的祖父好像突然之间坐在离我很远的地方。虽然我可以用手触到他，但是我们之间有着极远的距离。刹那间一切都显得很遥远，我们身处的花园，我们小桌后面的那些苹果树，乃至桌子本身也像是在另一个维度里。我无法再摸到桌子，也无法移动我的棋子。在我左侧视野的边界，我的祖母像一座雕像一样坐在那里，变得模糊不清。我的祖父则坐在我面前的某处。我闭上了眼睛。一切都很安静，那是一种可以听见的沉寂。

1

柏林并不总是那样寒冷。在某些夏日里，城市酷热无比，勃兰 15
登堡边区的沙子火辣辣地摩擦着脚趾。头顶的天空如此高远，以至
于它的蔚蓝看起来属于太空。这样一来，在这座熙熙攘攘又无事发
生的城市里，生活也有了无穷的意义。1942 年 8 月里有这样的日
子，一些人生命中最后一次泛舟于万湖（Wannsee）；而 75 年后的
8 月里也有这样的日子，我遇见了一个名叫汉斯·科皮（Hans
Coppi）的人。

汉斯说自己 75 岁了，看上去却要年轻些。他身材高大而瘦削
（就像他外号叫"长人"的父亲），戴着圆框眼镜，眼神里含着警
觉与讥讽。我不知道这次与汉斯的会面会导致什么结果。虽然我写
过一部关于纳粹时代的纪实作品，但实际上我想写的是小说或拍一
部故事片。这次汉斯·科皮告诉我的是一个真实的故事，所以要写
的还是一部纪实作品。

在冷战期间的东柏林，汉斯以一种尊贵的身份长大，因为他的
父母在那里被追认为名人，他们是所谓的反法西斯抵抗战士。在纳
粹的囚牢中，他的母亲得到允许将他生下，而后她受到审判，并且
在 8 个月之后上了断头台。汉斯·科皮，一位取得博士学位、思维
缜密的历史学家，终生都在试着理解他父母彼时的经历，以及他们
和那几个 1942 年夏天最后一次泛舟的朋友为什么年纪尚轻就不得 16
不赴死。

　　我原以为自己了解反对纳粹政府的抵抗战士中最重要的那些人：1944 年 7 月 20 日带着炸弹的申克·冯·施陶芬贝格伯爵（Graf Schenk von Stauffenberg）；格奥尔格·埃尔塞（Georg Elser），那个狂热的孤独斗士，1939 年他自制的爆炸装置只差几分钟就能炸到阿道夫·希特勒；十分正直又格外叛逆的索菲·朔尔（Sophie Scholl），以及她服用吗啡和"柏飞丁"①的哥哥汉斯·朔尔（Hans Scholl）。但根据汉斯·科皮的说法，还有一个故事也属于这类典范，这个故事围绕着他父亲的一对夫妻朋友展开：那两人曾与纳粹独裁抗争多年，于他们而言，这场战斗也始终是争取爱情中开放关系的抗争。他们的名字是哈罗·舒尔策-博伊森和利伯塔斯·舒尔策-博伊森（Harro und Libertas Schulze-Boysen），多年来有远超百人聚集在他们身边，形成了一个光芒四射的社交圈，其中女性与男性人数几乎一样多。这在其他的团体中并不常见。这是一群青年人的故事，他们最大的愿望是活着——并彼此相爱，尽管他们在风华正茂之际就要面对死亡。

　　汉斯·科皮想要做的事情，即要找出当年的真相并不容易。当希特勒得知在帝国首都腹地的反抗运动后，他陷入狂怒，下令抹去所有关于这些非凡事迹的记忆，将之扭曲得面目全非。他要让关于哈罗和利伯塔斯，以及其他所有人的真相沉沦、消失。这个独裁者几乎得逞。

---

　　①　"柏飞丁"（Pervitin）是纳粹德国时期流行的一种毒品，其主要成分是海洛因。据诺曼·奥勒《亢奋战》研究，第三帝国时期的德国军队乃至民众都曾大量使用柏飞丁。

　　我在恩格尔贝肯（Engelbecken）的一家咖啡馆见到了汉斯·科
皮，那里是东西柏林的交界处，民主德国旧都的城市寓言和彼时围
墙之中的西柏林旧城交相辉映。在这里，预制板建筑①与奠基时
代②的士绅化住宅并排而立；在这里，申克尔（Karl Friedrich Schinkel）
的一位门徒建造的圣米迦勒教堂（Sankt-Michael-Kirche）③ 在一次轰炸
后失去了屋顶却仍高耸入云；而在这个炎热的夏日午后，汉斯·科
皮也怀疑地眯起眼睛望向天空，因为他知道积聚起来的暑热常在傍
晚时分向这座美妙、有时又十分紧张的城市释放。

　　我的小儿子也来参加了这次会面，他刚过一岁半，却已有两岁
孩子那么高。他觉得我们的谈话不如恩格尔贝肯池塘里的鸭子有
趣。每当他走得太近，吓得鸭子从芦苇丛里的巢中跃进水里的时
候，我就站起来，拦住小步跑向岸边的儿子，把他按在椅子上，并
拿一杯果汁给他喝。或许把他留在家里更好，这样我就能集中精力
谈话。汉斯·科皮倒似乎不太受这些打断干扰。他仔细地打量着
我们。

　　1942 年 9 月，在哈罗被捕将近两周后，他的父母也被逮捕，而汉
斯或许在他母亲希尔德·科皮（Hilde Coppi）的子宫里察觉到了这一

---

　　① "预制板建筑"（Plattenbaut）指由加工成型的板材运到建造地组装而成的建筑，
为民主德国典型的住房形式。
　　② "奠基时代"（Gründerzeit）指的是 19 世纪 40~80 年代第二次工业革命后德国的
经济繁荣期。
　　③ 圣米迦勒教堂位于柏林米特区（Mitte），19 世纪 50 年代由师从普鲁士建筑大师卡
尔·辛克尔的奥古斯特·索勒（August Soller）设计建造。1945 年教堂在空袭中被严重损
毁，20 世纪 50 年代得到部分翻修。

点。她先是和其他妇女一起被送进了亚历山大广场（Alexanderplatz）上的警方监狱里，在 10 月底又被巴尔尼姆路（Barnimstraße）的女子监狱收押，那时她已是孕晚期。11 月底她得以在那里生下孩子，并且给他取名汉斯——这也是她丈夫的名字。

18 　　突然间我吓了一跳：我听到"当"的一声响，便望向了我儿子。他从面前装果汁的杯子上咬下了一块玻璃。我需要一点时间来弄清楚状况。但杯子上的半月形缺口表明了唯一的可能。我小心地把手伸进他嘴里取出了那块形状完美的玻璃。还好小家伙没有伤到自己！我吃惊地看着他，而他也有些愕然地看着我。我原先不知道小孩子会咬玻璃，还能咬得这么整齐，他显然也不知道这一点。汉斯把脑袋歪向左边："这孩子还真是精力旺盛。"我一下子明白了为什么我的孩子会来参加这次会面，因为我突然希望未来儿子能像汉斯·科皮一样，通过思考历史来掌控人生。

　　那天下午的柏林很热。谈话结束后，我带儿子去了万湖游泳，因为那里有很多鸭子；此外，这片水域也与那些事迹有着极其紧密的关联。那是 2017 年 8 月 31 日，距离哈罗被捕的日子刚好 75 年整。起风了，暴风雨就要来了。

2

　　在柏林的米特区寻找线索。在昔日国家安全总部（Reichssicherheitshauptamt）的所在地，如今有一座名为"恐怖地形图"（Topographie des Terrors）的纪念馆。这里曾是"盖世太保"

的总部，海因里希·路易波德·希姆莱（Heinrich Luitpold Himmler）的办公室就在这儿，他每天上午在那里练两小时瑜伽，然后开始日常工作。奥托·阿道夫·艾希曼（Otto Adolf Eichmann）在这里策划了对犹太人的种族灭绝。也是在这里，在建成监牢的混凝土地下室里，曾囚禁着哈罗，起初还有利伯塔斯，以及汉斯·科皮的父亲。像其他所有人的牢房一样，哈罗的 2 号囚室已不复存在。这座建筑在英国皇家空军的一次轰炸中被严重损毁，战后其废墟被拆除。20 世纪 70 年代，一家拆迁公司曾在这里运营，在一个环形的试车场上，没有驾照的人也可以飞车驶过空旷的场地。而如今，在曾经的地牢区域办了一个展览，纪念的人物包括哈罗·舒尔策-博伊森。

　　我在展板前遇见了汉斯·科皮。他那天看起来很憔悴，问我的儿子过得如何，而后我们沿着昔日的提尔皮茨（Tirpitzufer），也就是如今的赖希皮特舒弗（Reichpietschufer）走到施陶芬贝格大街（Stauffenberg-Straße）上的本德勒街区（Bendlerblock）。"德国抵抗运动纪念馆"（Gedenkstätte Deutscher Widerstand）坐落于此，毗邻国防部。在这座坚固的建筑四楼的一个房间里存放着"红色交响乐队的藏品"（Sammlung Rote Kapelle），其中许多是由汉斯·科皮和他的战友们在过去几年的调研中找到，或者从时代见证者和当事人亲属那里得来的，用以阐明哈罗与利伯塔斯，以及所有其他人的故事。那间屋子里满是信件、相册、档案，还有谈话记录、对见证者的访谈、日记、审讯记录。

　　无论下文的一些事情听起来多么奇怪、戏剧性乃至不真实，它

19

们都并非虚构。所有引号之中的引文都有来源印证。故事发生在柏林，一座历经诸多变迁的城市，这里一直生活着许多有相似生活需求的人：他们爱美食、爱电影也爱跳舞——他们组建家庭、抚养孩子或只想彼此相爱。尽管有穿黑制服的人坐在邻座，他们仍会在咖啡馆里见面。那是在灰色和更多是棕色的包围之中逐渐增加的亮色。他们思考该如何应对难以为继的政治局面：在要求顺从的时代里该如何行事。他们和我那位继续为德意志国铁路局做工程师的祖父截然不同。

诺曼·奥勒

于当下的柏林

置身其中

帝国最高军事检察院（Der Oberreichskriegsanwalt）

柏林，1943 年 1 月 18 日

圣保禄教堂（帝国军事检察院）III 495/42

致

海军中校 E. E. 舒尔策（E. E. Schulze）先生

战地邮编：30450

根据您 1943 年 1 月 9 日的请求，我在此告知您，"没收财产"
的判决不仅是指没收已决犯拥有的一切财物，还包括销毁关于已
决犯的一切纪念物作为额外惩罚。

奉

最高战争法庭委员 Lw 博士之令 [2]

在他的儿子哈罗被处决三周以后，埃里希·埃德加·舒尔策（Erich Edgar Schulze）收到了这封来自曼弗雷德·勒德博士（Dr. Manfred Roeder）的信。

1

大约 10 年前，1933 年 4 月 26 日，星期三，德国首都一个美妙的春日，气温 16℃，晴朗无云。希特勒担任帝国总理不到三个月，23 岁的哈罗·舒尔策-博伊森还没有关停他独立出版的《对手》（Gegener）——一份在魏玛共和国时期广受欢迎的刊物，拥有超过 5000 名订阅者，主编正是年轻的哈罗。"今日的对手，明日的战友"是这份深受表现主义影响的双月刊的口号。《对手》的作者来自截然不同的阵营，他们的文章毫不顾忌纳粹引入的出版审查制度。根据该刊以对话为基础的深厚人文主义理念，一切社会问题都可以通过寻找共同点而得到解决，即使双方的立场截然不同。

4 月 26 日这一天，希特勒帝国的二号人物赫尔曼·戈林（Hermann Göring）下令组建一个秘密国家警察机构。而在同一天，《对手》的自由思想者正在召开他们每周一次的编辑会议，讨论教会在这个新近成立的、极速发展的纳粹国家中的作用。这时，有人重重地叩响了波茨坦广场（Potsdamer Platz）旁边谢林大街 1 号（Schellingstraße 1）的房门。

哈罗开了门。门外是一群穿着黑色制服的人。他们来这里做什么？如果说有了一支新的执法队伍，那也应该是穿着棕色衬衫的冲

22

锋队。但在这段日子里，又有谁能始终搞清楚到底是什么人掌握着什么权力呢？实际上这些人是党卫队员，来自不远处波茨坦大街29号（Potsdamer Straße 29）的第三分队，即所谓的"亨策辅警指挥部"（Hilfspolizeikommando Henze）[3]。

这帮人闯进屋里，终止了编辑会议，扣押了哈罗的部分书籍、照片与信件，以及他的唱片、笔记本和文稿。他们把没收的所有东西塞进一个皮箱，并且把哈罗和他最好的朋友——黑发的瘦高个亨利·埃朗格尔（Henry Erlanger）及其他《对手》的作者轰下了楼梯。

亨利本名卡尔·海因里希（Karl Heinrich），他的父亲是柏林的银行家，也是犹太人，他的母亲则来自莱茵河畔的英格尔海姆（Ingelheim）。谨慎的亨利与激进的哈罗完美互补。就像两人共同的朋友形容的那样，前者"永远是那类助理导演式的人：勤奋而开朗，拥有人们所需要的良好精神……他热忱地支持《对手》的各项事务"[4]。与哈罗不同的是，内敛的亨利没有明确的政治抱负，也不懂得用巧妙的交际手段赢得别人的支持。于他而言更重要的是关于文学的知识。他最喜欢阅读当代哲学和年轻作家的作品，譬如恩斯特·云格尔（Ernst Jünger）①。作为受过培训的图书馆员，亨利对所有书面文字都颇有兴趣。

他们被押上一辆面包车，开往波茨坦大街的党卫队第三分队总部。在审讯中，哈罗大声为自己辩护，他不明白自己犯下了什么罪行，并且坚持认为他们不过是在发行一份开放、全面地讨论德国乃

---

① 恩斯特·云格尔（1895—1998），20世纪德国著名作家和思想家。

至欧洲未来的刊物。但这恰恰是他的严重罪行。黎明时分，哈罗又
被塞进了面包车里，他蜷着身子挨紧了亨利。车子在城市里纵横穿 **24**
行，守卫对他们拳打脚踢。哈罗第一次感到恐惧。一直以来，他都
不曾真正感到过危险，尽管这不是当局第一次找他麻烦。但这次的
感觉不一样了。他原先不可动摇的信念，即一切都会以某种方式好
转，恍惚之间荡然无存。那些人要对亨利和自己做些什么呢？汽车
停了下来，车门飞快地打开。这里不正是帝国大街（Reichsstraße），
而那边不正是施潘道街区（Spandauer Bock）的热门郊游饭店，还
有电车站吗？"下车！"哈罗对着路灯的光线眯起眼睛。空气中弥漫
着春天的气息，于他而言像是一种讽刺。亨利踉跄地走在他身旁。

踩烂的阶梯通往地下。一扇木门敞开着。他们走了下去。地上
铺着稻草，还有一个简易的床架，架子上铺着黑红金三色的国旗作
为床单，像是对已覆灭的魏玛共和国的嘲讽。已经有一个人躺在那
里，那是另一位《对手》的作者——瑞士人阿德林·图雷尔
（Adrien Turel）。几小时前他就被党卫队从家里带走了。哈罗和亨
利必须挨着他仰面躺下并"闭嘴"。[5]

刺眼的灯光亮了一整夜，让人几乎完全没法睡觉。一个穿制服
的彪形大汉在门口站岗，他坐在凳子上，在双膝之间把玩他的手
枪：取出弹夹又"啪"的一声把它摁回去，再取出来，再摁回去，
而那三个朋友则紧挨着躺在聚光灯下。他们觉得这完全是不公正的
迫害，因此仍然怀有希望：一切不过是一场重大的误会。理性的对 **25**
话可以弥合一切对立，不是吗？《对手》的理念便是如此。但如果
一个政党并不遵循这个理念呢？在不久前，在所谓的纳粹夺权以

前，人们可以写批判性的文章，为什么现在却会受到如此严厉的惩罚呢？这些暴徒有什么权力这样做？他们又会如何处置亨利这个"半犹太人"呢？

大约凌晨 1 点，有人推开了门，吼道："这里有人叫图雷尔吗？"[6]

阿德林站了起来。

"立正！你叫什么名字？"

"阿德林·图雷尔。"

"什么？"那个党卫队员问道，把手放到耳边，"我只听到犹太！"但图雷尔并不是犹太人——他是瑞士人。澄清错误之后他就被释放了，他的国籍救了他。图雷尔拒绝离开，他要求与朋友们待在一起。一个警卫不顾他的反对，把他带到了外面。留下来的哈罗与亨利则被一把园艺剪剪去头发，而后亨利又被带到了内院。这个真正的犹太人必须在那里沿着墙壁、绕着方形的院子奔跑，而党卫队员则站在院子中央，拿河马皮鞭抽打他。就身体素质而言，亨利从来就不算健壮。

"还有你，"有人对哈罗大吼道，"把衣服脱了！"哈罗把他最喜欢的蓝色毛衣从头顶脱下。在那之前，这件毛衣一直妥帖地穿在他身上，伴他四处行走。

在第二轮处罚中，哈罗不得不赤裸上身，绕着施潘道娱乐场所的保龄球馆改建成的院子兜圈。当他被鞭子抽得皮开肉绽时，哈罗意识到自己大错特错。他摸了摸自己的脸庞和胸脯。在手能摸到鲜血的地方，他的皮肤鞭裂成鳞状。他被按到砖墙上。有两个人分别抓住他的一条前臂，另外有四个人抓他的腿。有一个人把他的裤腿拉到膝盖以上，而另一个人掏出一把刀子，弯下腰把刀刃刺进哈罗的大腿，划出一道尖锐的线，往右划出一个又一个钩形，而后又反向往左划出两个钩形，组成一个纳粹标志的形状；哈罗的恨意伴随着每一条线、每一个钩不可估量地增长，因为在那些时刻，他们夺走了他的信仰，他对自身无所不能的根本信念。在那以前，哈罗总是能够使所有人和解。至少他自己是这样认为的。但现在他不再这样想了。现在他完全无法清楚地去想，他只感受到痛苦。现在他必须去战斗，其他的都没用了。他曾尝试过论辩，但这远远不够，当对手是民族社会主义的时候，这种技巧不够用，这种方法完全无效。

2

　　三天后的 1933 年 4 月 29 日，身材高挑的 20 岁女郎雷吉妮·许特（Regine Schütt）穿着雅致的灰色法兰绒套装，离开了父亲的生日聚会，前往《对手》的编辑部。她期待与哈罗共度良宵：她设计时装，他给杂志编辑稿件，而后他们做爱，尽管两人还没有结婚。屋门上了锁，也没人应答门铃，她便走向街角的小酒馆去给哈罗打电话。但是，电话没有打成。"他们把他带走了，"酒保告诉她，"我们看到了。"[7]

　　雷吉妮立即开始找人。她走了一家又一家酒馆，因为她听说每一支冲锋队都把自己的非正式总部设在了这些破酒馆里。酒馆中有很多人，这趟寻找就像大海捞针，但她想不出更好的办法。她样貌美丽，穿着别致，没有显出丝毫恐惧，每次发问都真诚而礼貌：

"请问您或您的冲锋队队员有没有逮捕哈罗·舒尔策-博伊森?"有一些被问到的人喝醉了，便毫无保留地回答了她。金红色头发的雷吉妮是一个颇受欢迎的女郎，因此男人们试着用体面的举止打动她。

最后在 4 月 30 日，在哈罗被捕四天之后，雷吉妮遇到了一个来自党卫队第三分队的年轻人，他向她证实了那一点：是的，我们抓了他。他还告诉了她羁押哈罗的地方。雷吉妮立刻起身离开，但她没有去施潘道街区，而是去了植物园，因为她知道哈罗的叔叔维尔纳·舒尔策博士（Dr. Werner Schulze）就住在那附近。她并不知道具体的地址，但借助电话簿缩小了寻找范围。她终于在凌晨 3 点找到了正确的住址，但那时公交车早已停止运营。她将自己发现的一切告诉了哈罗的家人，因为她相信他们比自己更有可能争取到哈罗的释放。

当哈罗住在鲁尔区的父母得知儿子失踪之后，他的母亲玛丽·露易丝（Marie Luise）［娘家姓博伊森（Boysen）］如日后雷吉妮描述的那样，"一个十分矮小却坚强的女人"，便动身前往位于杜伊斯堡的民族社会主义德国工人党总部。她不仅把自己的名字填进了党员名单，还填了她丈夫的名字。她相信戴上党徽会使她有更大的机会见到活着的儿子。[8]得知所谓的圆形党徽要一周后才能寄来后，她十分沮丧。但她并没有放弃，而是激动地说，她作为"德国殖民贸易公司妇女协会"（Frauenbund der Deutschen Kolonialgesellschaft）在杜伊斯堡地区的主席（"这是真的!"），当然早就是党员了（"并非如此!"）；而在当天晚上她要参加一个殖民贸易公司的活动并当众发表讲话（"并非如此!"），她不想在发言时没有党徽。[9]她的厚脸皮取得了成果：她例外地当场得到了党徽胸针。她把它别在了那件低调的套装胸前，戴上一顶朴素的帽子，连夜坐上火车，于次日早晨抵达柏林。她的小叔子在那里迎接她。听小叔子讲了雷吉妮·许特这个人和她打听到的逮捕哈罗的队伍后，玛丽·露易丝去了波茨坦大街，"在波茨坦广场和波茨坦桥中间，从广场走出的那个方向的左侧"。[10]一块写着"海军军官联合会"（Marineoffizierverband）的标牌映入她的眼帘。她临时决意走进去，因为通过曾担任海军少校的丈夫埃里希·埃德加，她结识了一些海军军官，她希望借此获得潜在的额外帮助。真的有两个领口也戴着圆形党徽的上尉在那里。当军官们听说了哈罗被捕的消息后，一致认为如果是党卫队抓的人就不必担心，因为他不会受到分毫伤害。党卫队毕竟不是冲锋队，尽管对其还不甚了解，但他们倾向于把它归类为一个无害的机构。

　　带着一丝宽慰，玛丽·露易丝抵达了党卫队分队的驻地。有两个人坐在桌前。"我的儿子哈罗·舒尔策-博伊森在哪里？"她注意到那两人瞥了对方一眼。"这我们没法知道。"其中一个人答道。这时与她同行的两名海军军官之一也从门口进来，告诉玛丽·露易丝，虽然她特地从杜伊斯堡赶来，但很遗憾他没能提供更多帮助。他刚刚敲开了楼上辅警指挥部负责人汉斯·亨策（Hans Henze）的房门。亨策说愿意接待她，但她得讲得简短些，他的时间有限。

　　哈罗的母亲激动地走上楼梯。她知道此刻必须振作精神：要自信地走进这个难以看透的新体系中。因此，重要的是不被任何事压垮，也不要被吓退。她找到了亨策的房门并被允许入内。

　　"您儿子写的东西不符合党的精神。"亨策告诉她，他的鼻子下方有一块阴影。

"我儿子是个理想主义者，"她回应道，"他才 23 岁，当然还不成熟。我保证让他以后不碰政治。"她说这些话时十分坚定，因为她确实觉得哈罗的民族革命思想有时有点过火了。"他要是挨了一顿打，"想到纳粹对反对者不会心慈手软，她又补充说，"也不是什么大事。这般年轻的人很快会痊愈的。"[11]

30　　"是的，他们估计不会对他手下留情。"亨策的嘴在鼻子的阴影里低语。玛丽·露易丝察觉到，虽然亨策很乐意对同志施以援手，但有什么阻碍着他释放哈罗。

"我再给您一个承诺，"她提议，"我会带他离开柏林。"

当亨策同意当天晚上把哈罗送到植物园旁她小叔子的家中后，玛丽·露易丝便去了那里等人。然而，从傍晚到深夜，她的儿子都没有来。第二天早上她打电话到波茨坦大街，但亨策没有接。当她最终打通亨策副手的电话时，对方却说绝无可能释放哈罗。眼下出了一起重案。

"但他不可能在被囚禁期间做出这样的坏事啊！"他的母亲绝望地对着听筒喊道。

3

不，哈罗没有在保龄球馆改建的监狱里做任何坏事。但亨策副手的话也没有错。在此期间发生了一起罪行，并且是重罪。亨利再也无法从尘土里站起来了。此前他必须不停地绕圈奔跑，那些党卫队员拿着鞭子抽他，一连几日皆是如此，在某个时刻他的心脏停止了跳动。

亨利的尸体躺在地板上，就像一堆被扫到一起的垃圾。他一直是《对手》的商业大脑，哈罗曾和他一起绕着房屋漫步，两人一起成长发展。但现在哈罗没法保护他，他也没法为亨利做任何事了，什么都没法做。哈罗感到内疚。他良心上愧对亨利。现在他必须变得更强硬——不然也是死路一条。不，那些残暴的白痴打不垮他，哈罗对自己发誓。就让他们在自己身上碰个头破血流！无论是心智还是躯体，他都远胜过那些人！哈罗要和他们硬碰硬，他突然坚信那些人没法弄死自己——于是他挣脱开来，像失去理智一般沿着砖墙又跑了一圈。党卫队员们再次上前把他扑倒，他的半边左耳被扯下，嘴唇被撕裂，眉骨被打破，鼻子被打烂。他从外到内都在流血，他这样做是为了亨利。如果他能再跑一圈并活下来，他就能战胜那些人，因为他能承受的痛苦将超出他们的预料。

"这一圈是为了我的荣誉！"当哈罗绕着方形的内院跑完最后一圈时，他对折磨他的那些人喊道。

"伙计，你属于我们！我们想招募你！"一位党卫队员回答道，他被哈罗的无畏震惊了。

但并非如此。哈罗不属于他们。现在他成了那些人真正的对手。[12]

4

1933 年 5 月 1 日的夜晚：女巫之夜①。是夜，人们可以喧哗吵

_____

① 女巫之夜（Hexennacht）是欧洲民间节日，纪念女传教士圣瓦尔普吉斯（Sankt Walpurgis）的封圣日，庆祝形式包括篝火和舞蹈。

闹，但这也是属于女性的夜晚，是属于玛丽·露易丝的夜晚。她不曾放弃，不停地找大人物寻求帮助，直到找到了柏林警察局长、海军中将马格努斯·冯·列维佐夫（Magnus von Levetzow），他是她丈夫在海军的老战友。于是眼下有一辆柏林警方的绿米娜①在晴朗的星空下向城市的西北角疾驰，而后警员们下车敲响了施潘道街区那个地下室的房门，并要求按局长的命令立即释放所有囚犯。但现在只剩下一名囚犯了，党卫队员们对正规警察的造访感到不安。自从戈林宣称冲锋队和党卫队是辅助警察之后，他们就也归警察局长管辖，没有进行政治谋杀的权力。他们抱怨着交出了哈罗。

当汽车停下时，玛丽·露易丝正穿着睡袍站在植物园边的房门口。哈罗向她走去，他面色如死尸般惨白，顶着极重的黑眼圈，外套上的纽扣一颗不剩，还留着罪犯的光头。往日，他总是那样光彩照人、充满希望、热爱生活，并乐意接纳一切人。而如今刀划出的纳粹标志在他的大腿上灼痛，他的脸因痛苦而扭曲，看起来不再像是 23 岁年轻人的面庞。历经这段磨难后，他知道了一些他的母亲还无法知道的事，在彼时还很少有人如此清楚地意识到这一点：纳粹是残暴无情的杀人犯，他们肆无忌惮。

他的母亲把他带到一家私人旅馆里，由于担心进一步的迫害，她用化名为哈罗办了登记手续。她找了两个私人警卫和一个医生。而后雷吉妮来看望他。她小心翼翼地躺到哈罗身边，他们做了爱。哈罗的肾脏本来就很脆弱，但现在雷吉妮不小心碰到某些部位时，

①　"绿米娜"（grüne Minna）是德国民间对警方绿色囚车的戏称。

他会抽搐起来。这是件怪事，但哈罗并不觉得自己更虚弱了，他只　33
是变得不一样了。他的嘴里有一种新的、苦涩的味道。他还年轻，
但已尝过死亡的滋味。他和这个可以与他如此敌对的世界产生了隔
阂。雷吉妮试着抚摩他的伤口，但它们还太新，刻进皮肉的纳粹标
志像火烧一样灼痛，更可怕的是他内心更深处在滴血。这和以前他
俩上床时的感觉完全不一样了。

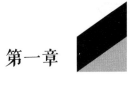

第一章

对手

（1932—1933 年）

没有人能拿超出生命的东西去冒险。
—— 汉斯 · 法拉达（Hans Fallada）[13]

我们努力克服了一切往日的对立，走到了一起。人们称我们为对手。
—— 哈罗 · 舒尔策 – 博伊森 [14]

1

半年以前还是另一番光景，彼时民主之风在德国盛行。中午时
分，大学里又一次发生了骚乱——1932 年秋天，一个褐衫队员①把
纳粹标志挂在了学生运动纪念碑的花环上，一个左派人士又把它剪
了下来。两个敌对的阵营在柏林弗里德里希·威廉大学（Friedrich-
Wilhelms-Universität）② 的主楼前满腔愤恨地对峙，彼此只隔着一条
窄窄的小巷，"只要任何一边有人说出一句挑衅的话，另一边便随
时准备扑向对方"，哈罗的一位同学回忆道。[15]一边是"红色"大学
生、社会主义者和共产主义者，以及少许资产阶级民主人士。而纳
粹分子和与他们结盟的民族主义学生社团则从右边高喊他们反对
"犹大"和"体制"的战斗口号。在这个动荡的魏玛共和国里，教
学活动已多次由于政治抗议而瘫痪。这一次校长也无助地绞着双
手，徒劳地向双方发出规劝。

那天，年轻的政治专业学生哈罗·舒尔策-博伊森在"灰红驻
地"（die rotgraue Garnison）里睡到很晚，那是德国最早的合租房之
一，位于克罗伊茨贝格（Kreuzberg）的里特大街（Ritterstraße）上
一栋八居室房屋里。屋里没有家具，一切都要共享，包括洗涤用
品、饭食和金钱。这是埃伯哈德·克贝尔（Eberhard Köbel）的一

---

① 即穿褐色军装的纳粹冲锋队队员，该组织在 20 世纪 20 年代就已成立。
② 1945 年后，该大学更名为柏林洪堡大学（Humboldt-Universität zu Berlin）。

项社会革命性实验，他的笔名"图斯克"（tusk）更为人熟知。他领导的德国青年社团"dj. 1. 11"宣传如下内容："对腐朽政治结构的反叛，独立自主的自由青年生活，对老绅士的挑衅，自治的青年王国：出行-衣物-语言-图像-小写字母，一种直截了当的风格"，弃绝一切威廉帝国时代残留的污浊风气。哈罗的"强盗新娘"雷吉妮躺在他身边，她是个苗条的青年时装设计师，来自一个没落的富贵之家。她拨开脸上的金红色头发，嘴上只涂着一点口红，没有别的，但她突然说出一句叫人震惊的话，就连那般深爱她的哈罗都被惊了起来；他套上那件尽人皆知的蓝色毛衣，先是找到房门，而后趿拉着鞋走进厨房去找吃的，但除了两个干巴巴的小面包以外一无所获。无所谓，反正他们已经克服了对物质的追求；何况还有一杯好茶。雷吉妮问他想不想要一个孩子……？难道他的"强盗新娘"还沉湎于市民阶级的理想？

23 岁的哈罗和亨利·埃尔朗格等人想从根本上改变这个社会。他所致力于的不是一个，而是无数孩子的未来——整个欧洲乃至整个世界的孩子。要做的事情有许多，尤其是在这场波及全世界的毁灭性危机中：救济厨房随处可见，银行倒闭，租金无法偿还，在德国国内就有 600 万名失业者，所有的阶级中都弥漫着抑郁和绝望，人们随时都能感到堕入深渊的恐惧。必须建立一个全新的社会。人们的观点走向了两极，各个政党业已衰败，无法再代表人民。[16]这是哈罗彼时的感想。但应该由谁来取代这些政党呢？而所谓的人民又究竟是什么呢？哈罗年轻的头脑想得太过复杂，以致无法得出明确的解决方案。他还没有清晰的目标，有时也和右翼团体眉来眼去，

39

譬如支持对《凡尔赛和约》（*Versailler Diktat*）的抵制，该条约迫使德国在第一次世界大战战败后承受高额的战争赔款。他的头脑里充斥着"第三位置"①的思想和反议会主义的冲击，一切都还没有成熟。在魏玛共和国晚期，各个意识形态的阵营并不总是泾渭分明的。所有阵营都可以在《对手》上刊文，这就导致这份刊物里既有恩斯特·尼基施（Ernst Niekisch）和卡尔·奥托·佩特尔（Karl Otto Paetel）等民族布尔什维克主义者的文章，也有与之针锋相对的纳粹冲锋队员的。背离德国共产党（KPD）官方路线的共产主义者也能在《对手》上发声，天主教徒和柏林"帝国旗帜"（Reichsbanner）——一个社会民主派民兵组织的主席也是如此。那是一派混乱的局面，最贴切的形容或许是民族主义的甚至向往革命的。还有这么多基本问题没有弄清，人们又怎能尽心尽责地养育孩子呢？雷吉妮却连这一点都不明白！哈罗看向客厅另一侧的大卧室里，她正充满诱惑地躺在席梦思床上。但他必须出发去学校。

88 路电车上挤满了人，没教养的小孩到处乱窜，空气中弥漫着汗水和烟草的味道，上了漆的浅色木门上贴着广告："卡卡杜（KAKADU）——选帝侯大街（Kurfürstendamm）上最好的酒吧。""全柏林都知道：在卡斯达特（Karstadt）能买到好东西。"一个流浪汉靠在车窗上打盹，一个约莫 50 岁、形容枯槁的女人不加遮掩

① 第三位置（Querfront）是一种既反对共产主义，又反对资本主义的革命民族主义思潮。

地注视着哈罗，盯着他的金发、他闪光的蓝眼睛和他 1.85 米的健

40 硕身躯。"IA 款基础香皂——菲利普·科赫曼（Philipp Kochmann）公司，煮沸提取的基础香皂。"路上跑着马车、敞篷计程车和货车。"终结纳粹和容克①！选择社会民主党（SPD）！"一个职业介绍所门口排起了长队，等候者的衣着惊人的整洁。而那边的一条长凳上则是另一番光景，使用吗啡的瘾君子眼窝深陷、骨瘦如柴，还沉浸在战争年代的旧梦里无法自拔。"向前发展：欧司朗（OSRAM）。""欧洲曾是世界的时钟，现在它停下了，"几天前哈罗在《对手》上写道，"钟的齿轮开始生锈了。工厂一家接一家地关门。"[17]各地经济进程动荡，赋予了卡特尔集团一种《魏玛宪法》不曾记载的权力。必须消灭资本主义！但共产主义也行不通。"去苏联！"一句广告语这样说道，"为医生、教师和工人提供廉价考察旅行。——苏联国际旅社（INTOURIST）""我再说一遍，我不是共产主义者。"哈罗是这样对他不安的母亲玛丽·露易丝说的，她是鲁尔区附近米尔海姆（Müllheim）一个市民家庭的当家主妇，"共产党是国际社会主义运动的一种组织形式，典型的有俄国的布尔什维克党。这在德国是行不通的"。[18]88 路电车在这个混乱的城市里蜿蜒前行。按哈罗的说法，"大城市病"四处蔓延，腓特烈斯海因（Friedrichshain）地区黑帮猖獗，被称作"柏林的芝加哥"——那是一个迷惘的年代，适合搞各个方向的实验。[19]或许人格主义是一条出路，就像哈罗

---

① "容克"（Junker）指的是德国 19 世纪以来资本主义化的贵族地主阶级，支持保守主义和军国主义；魏玛共和国时期敌视共和制度，支持纳粹掌权。

的哲学家朋友在巴黎的《计划》（*Plan*）月刊上宣传的那样？人格主义：一套完整的革命性体系，自视为对法西斯主义等理论的重要替代，希望通过聚焦于人格来取代自由派的个人主义。国家绝不应该代表至善，人绝不应该被降格为个体。这听起来合理却又模糊，因为人们还不清楚实现这些目标的机制，但对哈罗而言这不是问题。他隐隐感觉自己属于人格主义，他是一个开放的人，而人格主义也是开放的：这场运动构想了开放的世界观里的永恒革命，以及社会主义化的经济制度。这条道路将选择的自由预设为人类生命的基本准则。但选择的自由究竟为何？根据人格主义理论，应该由人类来书写自己的生命故事。在与法国"新秩序"（Ordre Nouveau）组织青年学者的对话中，哈罗探讨过一种关于欧洲新秩序的理念，将欧洲设想为一个区域化的欧洲①。法德两国青年团体的首要任务应当是克服老一辈人，尤其是当权者狭隘的民族主义视野。

　　为了加深友谊、克服民族偏见，哈罗于 1932 年 2 月在法兰克福大学组织了一次青年会晤。大约 100 人参加了会议，他们来自法国、德国、意大利、比利时和瑞士，急性子的哈罗发表了演讲，要求废除资本主义体系，并清除《凡尔赛和约》的"制约"。法国的参会者则不赞成直接废除条约，而是建议促成一种新的欧洲秩序，从而将德国纳入其中。这是高层政客会晤以外，德国人与法国人之间少有的公开讨论，而在其他方面两国人都陷入了以邻为壑的敌对

41

42

---

　　① "区域化的欧洲"（Europa der Regionen）是关于欧洲地缘政治的一种构想，其核心理念是支持各区域的自主发展与相互交流，并建立跨越传统国界的区域，从而促进欧洲的一体化进程。这类理论最早出现在 20 世纪 20 年代。

思维中。但讨论进行得很艰难，德国人内部已经展现出无法弥合的分歧。除了少数左派以外，出席会议的主要是民族革命主义政党，共产党反对党（KPO）、普鲁士青年战斗同盟、无政府主义的工团主义者、奥托·施特拉塞尔（Otto Strasser）的黑色阵线（Schwarzer Front）①，还有精英主义的灰色兵团（Graues Corps）②——各派意见、愿望和立场交织成一片嘈杂。哈罗在这次会议中成长为一个受欢迎的演讲者，他既懂得在激烈的辩论中坚持自己的观点，也明白在对话中要对他人的论述加以吸收——抑或驳斥。正是由于他高超的谈判技巧，这场会议才没有以丑闻（Eklat）告终，而仅仅是没有取得成果。为了将来能够与邻国进行有针对性的对话，哈罗现在计划把《对手》扩大为一个全德国的舆论平台。

他下了电车，外面正在修路。人们像撕裂伤疤一样扒开了鹅卵石路面，倒入滚烫的沥青。地面震颤着，地铁低沉的声响从地下传来。菩提树下大街的叶子变成了棕色，天气转凉了。哈罗双手插进口袋，信步走向校园前的广场，有几个乞丐坐在栅栏边的小桌前。他突然看见了对峙的两派学生，立刻就明白过来：应对这种状况需要倾尽全力。哈罗清楚那些人想要什么，而每个人都认识永远穿着蓝毛衣的哈罗。[20]同学们对哈罗的信任超越了意识形态——因为他能言善辩，并且外表格外光彩夺目，拥有在那个探寻方向的时代格外珍贵的罕见品

43

---

① 奥托·施特拉塞尔（1897—1974），纳粹党早期成员，1930 年与希特勒产生分歧后退出纳粹党，成立黑色阵线，延续反对资本主义的斗争。
② 灰色兵团是 1930 年成立的青年社团，奉行精英主义，对成员加以严格的身心锻炼，1934 年被纳粹政府禁止。

格：个人魅力。双方因为满溢的斗志而情绪紧绷，哈罗却保持着亲切、轻快的沉着：他和褐衫军一个接一个地握手问好，并问他们这是为了什么。他平静地听着有纳粹标志的带子被剪掉的故事。不，他绝不是纳粹分子的朋友，哈罗觉得这些人太过沉闷，并坚决地拒斥他们的反犹主义，但他和这批人也能说得上话。接下来他信步走向正高唱着《国际歌》的左翼阵营，同样和每个人握手。哈罗本人认同这一边：他读过卡尔·马克思的书，能把两个阵营分得清清楚楚，一边是一场国际主义导向的运动，目的是争取更公正的社会秩序，从而让所有人能得到教育、住房和医药；而民族社会主义者则展现出极端右翼和反犹主义的姿态，他们的目标是分裂和划界。

这时双方的口号都已逐渐息声。所有人都注视着他，包括校长。像所有天生的革命者那样，哈罗敏锐地抓住了这个机会，现在交替着和两拨人握手，一场冲突就这样平息了。²¹

2

事实上，哈罗和雷吉妮的日子过得相当快活。他们和合租的室友们组成了一个有趣的小团体：艺术家、同性恋、同性恋艺术家、革命者、波希米亚人①。这些人都年轻而有吸引力，在这个不安稳的魏玛共和国里过着不安稳的日子。但对哈罗而言最重要的从来不

---

① 原文为"Bohemien"，原指波希米亚境内的吉卜赛人，后成为放荡不羁、反传统艺术家的代名词。

44 是对"强盗新娘"的爱，而是政治。"他是一个热忱的德国人"，正如一位朋友描述的那样，哈罗有着"或许来自家族遗传，又或许是后天习得的深刻德国式文化意识：艺术和哲学"。[22]哈罗的大学生涯始于弗莱堡（Freiburg），他在那里加入了一个激进组织，自1924年起是"青年德国骑士团"（Jungdeutscher Orden）的一员，那是一个民族自由主义的民兵组织。青年联盟的思想理念深深地影响了哈罗：把生活当作一场持久战，决不妥协，严格遵守纪律，时刻准备吃苦和牺牲，但同时也有同志情谊。其实早在杜伊斯堡的中学时代，哈罗就是一个政治活跃分子：1923年他走进街垒抗议法军对鲁尔区的占领，这个14岁的少年还因此在监狱里过了一夜——在注重社会参与的家人看来，这是件光荣的事。哈罗母亲的叔叔斐迪南·滕尼斯（Ferdinand Tönnies）是德国社会学的创始人之一，这个家族注重教育、宽容和世界主义。哈罗最著名的亲戚是他祖母的兄弟、右翼保守派的海军元帅阿尔弗雷德·冯·提尔皮茨（Alfred von Tirpitz），他为威廉皇帝建立了公海舰队，用以在战争中与英国抗衡。即使年事已高，冯·提尔皮茨还留着他夸张的分叉胡须，垂下的楔形胡子展现出军事化的优雅，给孙辈们留下了深刻的印象。提尔皮茨舅祖父是他们家族的战列舰①，也是哈罗成长过程中的伟大榜样。他想要为"德意志的事业"做出提尔皮茨那样巨大的贡献，"为国家全力奉献，自觉地争取进步"，在1929年给那位传奇

---

① 此处为双关语，1936年纳粹海军建造了"提尔皮茨号"战列舰，用以纪念提尔皮茨元帅。

舅祖父的一封信里他这样写道。[23]

　　和提尔皮茨一样，哈罗的父亲埃里希·埃德加也在海军服役，并 45
且也加入了偏右翼的德国国家人民党（Deutschnationalen Volkspartei）。
他的知识储备足以使他成为一名科学家，甚至艺术家，但埃里希·
埃德加（简称"E. E."）却怀着强烈的责任感，成了普鲁士式职业道
德的典范人物。作为父亲，他告诉儿子，人们不仅可以，甚至应当
哭泣，以此来证明自己能体会到情感；但每次只能掉一滴眼泪，要
在第二滴流出前立刻控制住自己。哈罗的母亲玛丽·露易丝没有那
么严谨，她是个感情充沛的人：她身材矮小，有时神经高度紧张，
是个顽强而果断的人物，也是个活泼而浪漫的妇人。她对任何事情
都有明确的看法，有时说得比想得更快，这一点常常惹恼她生性谨
慎、在房事方面也极其拘谨的丈夫。

　　逐渐成长的哈罗将父亲视为一个理想的政治陪练，他的父亲像
大学教授一般博学，拥有一个巨大的藏书室，常在馆前的红木桌边
端坐数个小时，严谨得叫人难以置信。埃里希·埃德加的计划是把
儿子培养成保守派的自由思想家。然而与此同时，哈罗越来越频繁
地在论辩中胜过父亲，因为他的身上也流淌着母亲的热血，而在政
治活动中激情与理性都是不可或缺的部分。

　　作为哈罗政治参与的载体，他主编的《对手》在 1932 年发展
出了一个新奇的理念，以期从一份静态的出版物转变成一场真正
的运动：举办所谓的"《对手》会谈"，让刊物的作者和读者展开 46
对话，正如刊中对此事的说明，那将是"公开辩论的夜谈"。[24]哈
罗自信地在给父母的信里写道："在德国再没有其他报纸能用如此

自主的方式，把有话要说的人们聚到一起。"形成超党派的未来愿景、克服旧的惯例、验证新的观点：这吸引了许多人。尤其是那些年轻人，他们希望为那些与每个人息息相关的紧迫问题找到答案，便去了登霍夫广场（Dönhoffplatz）边的"雄鹰咖啡馆"（Café Adler）里参加《对手》之夜。这种会谈大受欢迎，它不再局限于柏林，也扩展到了德国各地的许多城市里。[25]"那里形成了一种非同寻常的纪律，左派和右派间有一种奇异的同志情谊，"一位参会者回忆道，他指出这种现象在躁动的 20 世纪 20 年代是多么的不同寻常，"原本在街上见面就会打起来的年轻人在这里倾听彼此的论述，达成共识，决定反对党魁那教条主义的夸夸其谈。"[26]即使实现目标的道路尚不明朗，哈罗仍把《对手》运动归为一个反抗的时刻，称其为"现已有数千名参与者的一个隐形同盟；他们或许还分散在各派阵营中，但他们知道必须团结一致的时刻已然临近"。[27]哈罗想要调和这个濒临分裂的社会，就像那天他在校园里所做的那样。"一个被仇恨分裂的民族是无法再站起来的"，他在《对手》里如是写道，化用了亚伯拉罕·林肯那句著名的"一幢裂开了的房子是站立不住的"。[28]在魏玛共和国晚期，要实现哈罗的这一构想并不容易。

3

47　　那是 1932 年秋天狂乱的日夜，还剩最后几个月的自由；那是整个德国历史上思潮最澎湃的时代之一，彼时的柏林大概居住着世界上最多的知识分子。亨利·埃尔朗格拉着哈罗，一个接一个地走遍了文学圈子：周一去"自由作品工作组"（Freiwerk-Arbeitskreis），周二去"信号小组"（Signal-Kreis）和费希特协会（Fichte-Gesellschaft）。"硬壳突然破碎了，因为魏玛体系的旧势力终于开始衰退，"哈罗的一个熟人这样描述彼时岌岌可危又叫人兴奋的局势，"突然之间各处都有人冲破了隐语的雾霭，开始用一种全新意义上的共同语言交谈……就像喝醉了一般。"[29]

　　酝酿出这些令人迷醉的话语的是那些独立刊物的编辑部，比如卡尔·冯·奥西茨基（Carl von Ossietzky）的《世界舞台》（*Weltbühne*），库尔特·图霍尔斯基（Kurt Tucholsky）也在那里写作①；还有哈罗·舒尔策-博伊森的《对手》，其编辑部位于一个家具稀少的阁楼上，在那里可以看见波茨坦广场。走廊直通进两个狭长房间中的第一间，而在第二间里"摆满了书架，上面有黑格尔、费尔巴哈乃至所有德国哲学家的著作"，还有一台打字机、几把椅子和一张行军床。[30]哈罗常常睡在这里，因为待在编辑室里总是最方便的，在这里总有许多事做：编辑文章、和新作者谈话、准备报告，晚上也可以去不远处的剧院，那里可以看到贝托尔特·布莱希特（Bertolt Brecht）的《马哈哥尼》（*Mahagonny*）②等戏剧，哈罗告诉他的父

48

---

① 奥西茨基（1889—1938）和图霍尔斯基（1890—1935）均为魏玛共和国时期的著名记者和评论家，前者于 1936 年获得诺贝尔和平奖，后者发表过许多重要的文学评论文章与诗歌。

② 歌剧《马哈哥尼》全名《马哈哥尼城的兴衰》（*Aufstieg und Fall der Stadt Mahagony*），其编剧是 20 世纪德国最重要的戏剧家之一贝托尔特·布莱希特（1898—1956）。

母那是"一部有些疯狂的戏，配乐倒是很不错"。[31]

那是一个充实而令人兴奋的时期——又或许正是由于未来仍充满变数。"每个人都在自己身上听到过上帝的声音，"哈罗在出自这个"《对手》时期"的一封信里写道，"他也可以用'良知'、'强力'或'意志'来替代（上帝）这个傲慢的词；那都是一回事。"[32]有一项使命听起来或许有些自命不凡，却是迫在眉睫的：拯救这个濒于毁灭的世界。因为"当人们在鱼与烤肉、茶与威士忌之间的日常讨论逐渐活跃升温的时候，冲锋队正在外面大步行进"，[33]奋力夺权。

有一张哈罗在这个时期的照片，他的母亲看了之后十分心忧：他的面部轮廓比以往更分明，美丽的蓝眼睛里透着狂热——他本人正是如此，当他穿着浅色的大衣、彩色的衬衫，头发杂乱地从一场运动奔向另一场时，他感到自己"从未如此贴近过生活"。[34]他不知疲倦地写作，建立起了自己的社交网络。《柏林亚历山大广场》（*Berlin Alexanderplatz*）的作者阿尔弗雷德·德布林（Alfred Döblin）①也听说了这个忙碌的青年知识分子，还给他写了一封信：

我想试着在一个小圈子里继续开展今春举行过的关于文化和政策问题的讨论。如果您的时间允许，我想请您于本月29日星期四晚上8点半左右来我这里。我假定您初步了解和认同

49

---

① 德布林（1878—1957）是德国著名的小说家、散文家、医生。在1929年出版代表作《柏林亚历山大广场》后，他声名鹊起，但不久后便遭纳粹政府流放。

我的基本观点。……这是一份私人邀请，也欢迎已婚男士携夫
人前来。[35]

哈罗并没有带雷吉妮，他只身一人前往这个富裕市民阶级作家位于皇帝大道（Kaiserdamm）28 号的公寓，并试图邀请德布林为《对手》供稿，但没有成功，他们的联系因此中断了。贝托尔特·布莱希特也联系到哈罗，请他给一份计划中的"解读法西斯主义论点并对其进行驳论的杂志"供稿，杂志中将讨论反法西斯工作的核心主题："文化政策和妇女问题、经济、领袖问题、种族问题、民族主义，等等。"布莱希特请哈罗为"纳粹国家和民族"这一主题写稿，但最终这个项目停滞在了初始阶段。[36]无论如何哈罗还有别的事情要做：他现在还成了《对手》的出版人，把从父母那里得来的每一分钱，以及他的每一点时间都投入了这份报纸中；如果街上没有小贩，他就自己背上包、戴上报童帽，站在大学或技术学院的门口亲自卖报。"《对手》办得很好，"他告诉在米尔海姆的家人，"发行量超过了 5000 份。1932 年的 10 月刊获得了 100 个新的订阅者。"[37]出身于犹太青年运动、日后成了未来学家的罗伯特·荣克（Robert Jungk）是哈罗的好友，他这样描述扩张中的"《对手》宇宙"："本质上是一场革命性的运动，也有表现主义作家和艺术家参与其中——因此这不是纯粹的政治运动。我对这一点很感兴趣。我不想要明确的归类，我不想让流变的事物太早定型。我把流变之物看作一种新的东西，它能使事物消解，也能赋予事物活力。"[38]哈罗的政治构想也逐渐清晰起来：社会主

50

义的经济秩序和自由主义的社会秩序，还有性别平等，因为对他而言不能够把"女性从资产阶级社会的束缚下解放出来"的政治变革是不完备的："父权制的帝国主义即将瓦解。"他在《对手》上如此明确地表态道。[39]

另一名为该刊确立了方向的作者是瑞士的全能思想家阿德林·图雷尔，他把哲学、生物学、心理分析、历史学和政治联系在一起，他的口号是要永远追寻无法理解的潜力。他这样描写和哈罗的初次会面：

> 在编辑会议上有一个高 1.85 米的年轻人来迎接我。他苍白而狭长的头和炯炯有神的目光让我想起年轻时的拿破仑·波拿巴，只不过那颗脑袋长在一个典型的重骑兵军官身上。我们之间有了初步的好感和默契。我们形成了一个如此出色的两极，以至于后来有一次，我们一个共同的朋友发现无论什么诡计都没法离间我们，于是愤然喊道："你俩在一起简直就像男同性恋！"对此博伊森一本正经地回答："我们不是男同性恋，我们是女同性恋。"[40]

51　　　1932 年的 11 月在动荡中开始。"柏林交通股份有限公司"（Berliner Verkehrs-Aktiengesellschaft）爆发了罢工，于是地铁和轻轨、公交和电车都停运了。在随后与警方的冲突中有三人丧生。不久后，在 11 月 6 日的议会选举中，纳粹党的支持率首次下滑，减少了 4.6 个百分点，而德国共产党的选票率则上升了 2.6 个百分点。希特勒的阵营中出现了恐慌。"1932 年诸事不顺。"戈培尔①在他的日记里写道，"真想把它砸烂。未来漆黑暗淡，毫无前景。"⁴¹

但是，哈罗相信幕后的资本正在竭力促成纳粹党的夺权。他忧心地关注着库尔特·冯·施莱谢尔（Kurt von Schleicher）② 1932 年12 月 15 日发表的政府声明，在声明中这位国家总理声称不仅要抵制社会主义，还要抵制资本主义。这是否会让他失去实业家的信任？与之相反，希特勒多年来一直在讨好企业老板们。早在 1932年 1 月，在给颇具影响力的杜塞尔多夫工业俱乐部发表的一次演讲中，他就明确表示纳粹党党章中的"社会主义"元素只是为了赢得工人和小资产阶级的选票，他们根本不曾计划过要限制企业家的政治影响力。此外，纳粹党重整军备的计划必然会带来大批订单，于是德国经济就会拥有光明的前景。从那时起，纳粹党就获得了源源不断的捐赠。

4

青睐希特勒的不止有大实业家，大地主们也把这个布劳瑙 52（Braunau）人视作希望之光。1933 年 1 月 30 日，在柏林以北 50 千米处，19 岁的利伯塔斯·哈斯-海耶（Libertas Haas-Heye）早上醒

---

① 戈培尔（Paul Joseph Goebbels，1897—1945），纳粹德国时期的国民教育与宣传部部长。

② 施莱谢尔（1882—1934），魏玛共和国最后一任总理（1932 年 12 月—1933 年 1 月在任）。

来，她的视线穿过住处的窗户，越过北欧风格的礼堂，望向利本贝格城堡（Shloss Liebenberg）的前院，那是她家族的发源地。白雪覆盖了农舍和田间石砌的教堂，在清冷的朝阳下闪光。她祖父的挚友威廉皇帝赠送的喷泉也戴上了白皑皑、亮闪闪的雪帽。利伯塔斯爬了起来，把圆领睡衣从头顶脱下，扔进敞开的衣橱里。今天是一个特殊的日子。利本贝格的冲锋队要动身去柏林参加纳粹党人的夺权，她的舅舅，奥伊伦堡和赫特菲尔德侯爵弗里德里希－温特（Fürst Friedrich-Wend zu Eulenburg und Hertefeld）也要去；他也是利本贝格的主人，本可以把这处庄园经营得更好。他问利伯塔斯是否愿意加入他们。

但在出发前，利伯塔斯要先给她的马备鞍。它被命名为谢尔措（Scherzo）①，一种音乐里的曲调，因为在路上它总是带着节奏奔跑，灵动无比。利伯塔斯在大多数时候也是如此。此外，她心里还有一个小调音域②。从记事起，父母给她的照顾和关心就相当少。他们10年前就离婚了：她的父亲奥托·哈斯－海耶（Otto Haas-Heye）是著名的时装设计师、艺术学教授和花花公子，从某种意义上来说是卡尔·拉格斐（Karl Lagerfeld）③的前辈，奥托在欧洲的各大都市里四处为家。她的母亲托拉（Tora Haas-Heye）却觉得时尚界是"可怕的"，她天生神经衰弱，总躲在利本贝格的城堡里逃避这个有些太过现实的世界。有一阵子，一个保育员负责照顾利伯

53

---

① 意译为"诙谐曲"，一种快速、节奏感强烈的器乐曲。
② "小调"（Mollton）是现代音乐的调性之一，常用于表达忧伤、阴沉等负面情绪。
③ 卡尔·拉格斐（1933—2019），德裔法籍艺术设计大师，外号"老佛爷"。

塔斯，后来则是美术教师、她父亲的同事犹太人瓦莱丽·沃芬斯坦（Valerie Wolffenstein）负责。和瓦莱丽一起的时光很美好也很短暂。利伯塔斯曾在柏林的一所寄宿学校上过学，也在巴黎、伦敦和瑞士生活过；在某地混熟之后，她就又得离开那里，去适应一个新的城市和地区，总是如此：她要不停地建立新的联系，获得新的好感，重新找到方向并证明自己。她在这个过程中学会了取悦他人的技巧。人们觉得利布斯（Libs）①是那种开朗、乐活、欢快而有魅力的人，她歌唱得很好，手风琴也拉得很棒，知道许多歌曲。但谁又真的了解她呢？

骑马穿过利本贝格的森林，听着马蹄的嗒嗒声在积雪中隐没，利伯塔斯满心欢喜。1933 年 1 月 30 日是一个寒冷又美妙的日子，城堡公园外围矗立着高大的树木，冷冽的蓝天在白色树冠间闪现。这条路通往庄园里的兰科湖（Lankesee），她认识路上的每一棵树。"哦，在我的利本贝格，垂柳把绿色的枝条悬在梦幻般的池塘上！"⁴²这个以莱纳·玛利亚·里尔克（Rainer Maria Rilke）②为榜样的女孩在 14 岁时写了这句诗。

音乐是利本贝格家族的传统。利伯塔斯的母亲喜欢表演，尤其喜欢表演闻名欧洲的《玫瑰之歌》（*Rosenlieder*），那是她父亲，奥伊伦堡侯爵菲利普（Fürst Philipp zu Eulenburg），也就是利布斯心爱的"祖爷爷"作曲的。他还写了《自由的童话》（*Märchen von*

---

① 利布斯是利伯塔斯的简写昵称。
② 莱纳·玛利亚·里尔克（1875—1926）是奥地利著名的现代派诗人。

54　der Freiheit），其中有一个角色"利伯塔斯"是个人自由的化身，他的外孙女正由此得名。侯爵于 1921 年去世，尽管已过去了 11 年，利伯塔斯仍十分怀念他。菲利普爷爷可不是普通人，在过去一个早已没落但仍未终结的时代里，他是皇帝最亲密的朋友和最信赖的顾问。但围绕着这段友谊，产生了一段威廉时代最大的丑闻，那也是 20 世纪第一段同性恋丑闻，全世界的媒体都对此议论纷纷。出了什么事？1906 年起《未来》（*Zukunft*）杂志上登出了时事评论员、犹太人马克西米利安·哈登（Maximilian Harden）的数篇文章，公众在其中震惊地读到，皇帝对利本贝格城堡的造访太过频繁，而且不仅是去那里享受猎鹿的乐趣。文中说帝国的政事都由一个圆桌会议秘密决定，参与者们沉浸在通灵仪式里——并且还搞同性恋。倍受敬仰的普鲁士中将库诺·冯·毛奇（Kuno von Moltke）、皇帝的侍从武官以及柏林的警备司令在那里穿着和服和拖地长裙，它被称作"图图"（Tütü）①。穿着法式女子睡裙的奥伊伦堡侯爵菲利普被唤作"菲丽妮"（Philine），而皇帝威廉二世则叫"小甜心"（Liebchen）。据说他们不仅在长 30 米、宽 10 米的北欧式礼堂里唱歌演剧，还在壁炉房里自慰和肛交，更要命的是他们还召唤死者，留下的"灵魂物质"被皇帝装进戒指里并戴在身上。由于道德上的堕落，这对"宫廷奸党"（Kamarilla）奉行非德意志式的对法政策，对待宿敌法国十分软弱。在这里爱情重于国家利益：这是对祖国最严重的背叛。

---

①　"Tütü"本指一种意大利式多层芭蕾舞短裙。

利伯塔斯祖父的小甜心：一幅法国漫画中的威廉二世皇帝。

1907 年 4 月 27 日，哈登继续跟进，指控奥伊伦堡侯爵是同性恋。侯爵否认了这项指控，并援引刑法第 175 条①亲自向检察院提起控告；由于证据不足，检察院于同年 7 月终止了对侯爵的调查。受到这次有利的法律判决的鼓舞，库诺·冯·毛奇将军对哈登发起了诽谤诉讼。然而这一举动被证明是失策的，因为司法进程揭露了一些有伤风化的细节。毛奇年轻貌美的前妻莉莉·冯·埃尔贝（Lily von Elbe）在宣誓后做证说，在 9 年的婚姻里她和丈夫只在新

① 1871 年颁布的德国刑法第 175 条将男子的同性性行为以"性悖轨法"之名定为刑事罪行。

婚后的头两个晚上行过房事。她还证明了毛奇和奥伊伦堡侯爵的亲密友谊。彼时顶尖的性学家马格努斯·希施费尔德（Magnus
56 Hirschfeld）被要求提供专业鉴定，他在法庭上断定毛奇有"同性恋倾向和明显在精神上爱幻想的性格"。1907 年 10 月 29 日，法庭认定毛奇是同性恋，并且依据刑法第 175 条判其有罪。一阵阵风波撼动了普鲁士严肃的"钢铁时代"。原本生活秩序井然的柏林在短时间内取代了巴黎、罗马和伦敦，成了臭名昭著的堕落之城。昔日"斯普雷河畔的斯巴达"（Sparta an der Spree）很快成了新的"巴比伦"。①"是呀我的孩子，只要想想有多少人为了钱财而偷偷做那种事；有多少人只要搭讪就能带回家；又有多少人只是为了爱和情欲做那种事，你就理解了柏林这座城市的悲喜。去和那些外国人聊聊吧。对他们而言，柏林乃至整个德国就是一个世界妓院。巴黎也难以与之相比。"在长达千页的情色巨著《世界妓院柏林》（*Weltpuff Berlin*）中，鲁道夫·博尔夏特（Rudolf Borschardt）这样描绘风气的变迁。[43]普鲁士自我标榜的道德优越性很快化为乌有。很快整个世界都对柏林充斥着淫秽色情的亚文化嗤之以鼻——也有人对此十分倾慕，前往柏林旅行并加入其中：这个预言自我兑现了。"这就是你们贞洁的德国！"法国《费加罗》（*Figaro*）日报的一期标题写道。欧洲和美国各地的人们如法炮制，把利本贝格圈子的流言当成了殖民地争执中的有力武器，这些激烈的争论始终围绕着道德展

---

①　斯巴达是以纪律严明和尚武著称的希腊城邦，而《圣经》中的巴比伦则是罪恶、淫乱之城。

开，于是普鲁士人征服世界的权利被彻底否定了。

这一丑闻引发了越来越多的控诉和司法程序，给威廉时代的社会带去了无比巨大的冲击，以至于维也纳的时事评论家和社会批评家卡尔·克劳斯（Karl Klaus）在他的措辞中把"诗人和思想家的民族"改称为"法官和刽子手的"。[44] 在 1908 年 4 月的一场后续审判中，施塔恩贝格湖（Starnberger See）的一位渔民供认称他和奥伊伦堡侯爵在渔船上发生过关系，于是侯爵被逮捕；他再次否认控告——于是又被追加了发假誓的指控。为了不被人认出来，他不得不戴着深色墨镜，一次次坐火车去柏林检查身体、出席庭审。他或许真的累垮了，又或许是出于战略考虑，这个一度身强力壮的男子有时竟让人用担架把自己抬进法庭。

为了保住自己的脑袋，德皇威廉疏远了他最好的朋友奥伊伦堡侯爵，他不再造访利本贝格城堡，找了新的顾问，而那个新顾问所追求的与被解散的利本贝格圆桌会议渴望的和平截然相反。在 1908 年 7 月一个温热的日子，由于奥伊伦堡侯爵无法再接受审理，这场针对他的审判中止了，后来也没有再继续。他的同性恋嫌疑既无法证实，也无法摆脱。虽然没有受到法律制裁，但侯爵还是遭到了个人和社会的责难——终其一生他都没有摆脱这个污点。此后，侯爵过着鲜有访客的隐居生活，他在城堡里照看自己的孙辈，给他们讲夏天和皇帝一起乘坐"霍亨索伦号"（Hohenzollern）游艇去挪威的深海峡湾捕鲸的故事，直到 1921 年离开人世。但他昔日最好的朋友，那个唯一能为他恢复名誉的人再也没有登门拜访过他，即使是在一战战败后、流亡荷兰多伦（Doorn）期间也不曾来过。

57

58

5

1933 年 1 月 30 日中午，哈罗给阿德林·图雷尔打电话："希特勒当上帝国总理了！乘地铁来波茨坦广场看看狂欢的民众吧。然后你也可以来编辑部。我们这里暂时不会出什么事。"[45] 图雷尔盖上了打字机，登上火车前往市中心，然后沿着正中央的菩提树下步道（Spazierweg Unter den Linden）走向城堡。在车道的两侧有大批冲锋队队员迎面向他走来，他们手持夜晚照明用的火把大步挺进，宛若走进竞技场的角斗士。"而我则是逆着人流前行。这时我看见了一个犹太工厂主和他的妻子，我和他们很熟。在冲锋队队员的行军队伍中，身为犹太人之友的我愉快地问候他们……并说道：'天呐，要大难临头了！你们快逃吧！'而那位女士则笑着看看我，像孩子一般天真地说道：'亲爱的图雷尔，您可别这么紧张！这不过是民众的庆典罢了。'"[46]

6

利本贝格的冲锋队队员们乘着几辆车，在严寒中驶向不远处勒文贝格（Löwenberg）的火车站。坐在利伯塔斯身边的是她的舅舅温特，这个 51 岁的男人脸上总挂着笑容，头顶稀疏的头发时髦地梳到脑后。利布斯知道这一天对他而言意味着什么：纳粹党人在柏林掌权了。温特完全被这个希特勒迷住了。两年前温特曾接见过希特勒，那个来自布劳瑙的人向他保证："我将领导反对马克思主义的战斗……直至彻

60

在很快就要不自由的时代里的一个自由的声音：哈罗·舒尔策-博伊森的《对手》。

底消灭、根除这场困扰德国人民的瘟疫……为达到这个目标我将毫不留情、义无反顾地战斗。"[47]这很对地主温特的胃口，因为在彼时的利本贝格已有人要求均分许多原先只属于侯爵的土地。为了支持纳粹党，温特向他的乡绅和大地主朋友们发出了一份由希特勒授权的通函，急切地敦促他们所有人去阅读含有许多"天才观点"的《我的奋斗》（Mein Kampf）一书。温特放下了原先对希特勒某些社会主义倾向的顾虑："如果我们不想要布尔什维主义，那我们就别无选择，只能加入这个尽管带有一点社会主义思想，实际上却是马克思主义和布尔什维主义死对头的党派。"他不仅相信纳粹党最能解决国家目前的问题，而且深信"如果没有希特勒，任何国家形式都无法长久"。[48]而且纳粹注定会为他的父亲——菲利普侯爵平反，因为掀起奥伊伦堡丑闻的马克西米利安·哈登不正是犹太人吗？

　　而利伯塔斯又怎样看待这场新的激进运动呢？她是否像她的舅舅一样热情？1933 年 1 月 30 日利本贝格群众参与了火炬游行，利伯塔斯很喜欢这个活动。她对这种有些夸张的童子军式浪漫情怀情有独钟——而她对希特勒的目标知之甚少，对政治也不是很感兴趣，因为她是一个听从本心而活的人。她也正想从这颗心里写出她的诗歌。纳粹党的宣传也恰恰瞄准了这些理性之下的感性层面。因此，当那些利本贝格人在莱尔特火车站（Lehrter Bahnhof）下车，并且与兴奋的人群一起拥向勃兰登堡门（Brandenburger Tor）和威廉大街（Wilhelmstraße）时，利伯塔斯也受到了触动。或许这就是她长久以来渴望的大家庭吧？

　　事实就是，虽然对政治不感兴趣，但利伯塔斯也寻求加入这场突然之间剧烈无比的运动，并且于 1933 年 3 月在已异变成纳粹巢穴的利本贝格加入了当地的纳粹团体，党证号为 1551344，她由此成了一个"三月殉道者"①。

7

和许多人一样，哈罗认为希特勒内阁很快就会下台。过去数年的几届执政同盟都没能维系多久，这次的又能有什么不同呢？因此，哈罗根本就没想过要让《对手》停刊。他坚信，一个能实现社会变革的时代现在终于到来了，他想要参与其中，发出自己的声音。"我坚信政治事务绝不会就此陷入停滞……对我而言，现在停刊简直蠢透了。"他写信告诉父母。[49] 他寄希望于纳粹释放出的能量可以为一场真正的社会革命所用。哈罗相信自己在希特勒身上看到了一个资本的傀儡，因此他认定希特勒不可能兑现对人民的承诺，并且预测纳粹党会因为贴近社会主义的纲领与其资本主义赞助者之间的内在矛盾而分崩离析。"（纳粹）执政的头两个星期完全无法叫我们信服。"他在 1933 年 2 月 15 日的《对手》里无畏地写道。[50]

然而，纳粹比他们想象的更狡猾、更顽固——当然也更残暴。虽然除了帝国总理希特勒，只有两个纳粹党人担任政府部长，但他们的职位十分重要。通过内政部长威廉·弗利克（Wilhelm Frick）

62

---

① "三月殉道者"（Märzgefallener）原指在 1848 年德国资产阶级"三月革命"（Märzrevolution）中牺牲的烈士，后用以讽刺在 1933 年 3 月希特勒夺权后踊跃加入纳粹党的人。

和以普鲁士内政部帝国专员身份掌管整个普鲁士警察机构的戈林，褐衫军掌控了执法机关的命门。政府随后就能有效地打击一切反对派——很快纳粹的反犹主义也付诸了实践。在"夺权"，实际上是权力让渡短短几周后，第一轮针对犹太人的商铺、百货商店、医生诊所和律师事务所的抵制行动就开始了。种族主义意识形态很快渗入《恢复专业公务员法》（*Gesetz zur Wiederherstellung des Berufsbeamtentums*）中，所谓的"非雅利安"公务员被强制退休。德国下层阶级的生活或许依然窘迫，但突然间有一大批人被剥夺了公民权，从而沦落到他们之下。通过反犹主义来保护自己免受社会动荡的影响，这是一个被民族社会主义利用到极致的险恶机制。同时开展的是对一切异见人士的大规模镇压。政府不再需要《对手》践行的意见多元化。他们只需要一个有效的声音，"今天晚上仅在柏林一地，最大的广场上就安装了 10 个扩音器，周围已是人山人海，" 2 月中旬，在希特勒站上演讲台之前，戈培尔在《体育宫殿》（*Sportpalast*）上夸口说，"站在扩音器前的听众有 50 万到 60 万之多，他们将听到元首和帝国总理的讲话。"

宣传和镇压越来越多地占据了日常生活。赫尔曼·戈林为警察颁布了所谓的"射击许可令"（Schießerlass），对所有政治异见者可以无所顾忌地使用枪弹。《对手》编辑部的工作也因此发生了变化。人们之间的分歧变得明显，"因为所有往日的共事者现在都面临着个人主观选择的问题：是战斗还是投降"。正如一位编辑部的成员所描绘的那般。[51]哈罗的两位同事亲身体会到了新的风气。当他们坐在威尔默斯多夫（Wilmersdorf）的"特里·巴里"（Tary

Bary），一家供应俄罗斯菜和美式饮品的观景餐厅里时，他们遭到了逮捕，被带到亚历山大广场的警察局总部"接受次级刑警的审问"，并被骂作"亚洲的次等人"。[52]但哈罗并没有气馁："如果因为我的这些目标被捕入狱，我完全不会有意见，因为这将证明我是正确的。"[53]当《对手》申请在米特区英瓦利登街（Invalidenstraße）上的诺蒂斯切霍夫酒店（Hotel Nordischer Hof）举办夜间讨论会时，警方开始了对他们的监视。监视措施的目的是"用友善的方式查明《对手》圈子的政治立场"。[54]

1933年2月16日夜晚8点，通过申请的《对手》之夜如期举行。这次讨论围绕恩斯特·云格尔的《工人》（*Der Arbeiter*）展开，这本书给亨利·埃尔朗格和哈罗都留下了深刻的印象。大厅里坐了形形色色的200多人。甚至还有希特勒青年团团员"友好、客观、饶有兴致地"参与了讨论。[55]警察在边上看着，但很少介入讨论。"顶多有一个警察站起来过一次，指出讨论中讲的东西有点太过分了，"一个参会者报告说，"这次活动中最让人惊讶的是每个发言者表达中绝对的一致性和兄弟般的团结（……）虽然大家的政治倾向不同，但所有人就'尽管如此'却'不愿放弃'的态度达成了一致。"[56]哈罗在演讲中表现得旗帜鲜明，他不像大多数的民众那样顺从新的当权者，而是在其他人逃避或是屈从时发起了攻势。尤为重要的是他在讲话中已经提到了自己与纳粹活动水火不容的地方，这触及了它的道德内核："在德意志人胸中有两个灵魂。他不可能杀死其中一个却不伤及自己最内在的本质。他必须在他的独特性和多样性中认识自己。真正的敌人始终是德国的市侩气，它处处生根，

64

它在任何地方都不受限制。"承认独特性、欢迎多样性：这正是哈罗的政治目标。他呼吁所有在场的人把个人利益放到最后，为自由挺身而出，为革命而活，即使这样会面对许多危险并产生其他后果。鉴于彼时日益严峻的镇压机制，这是一次充满道义和勇气的演讲。

65　　1933 年 2 月 19 日，彼时希特勒当选总理不过三个星期，哈罗在又一阵的寒潮中参加了反对右翼政府的最后一次大规模集会。尽管天降大雪，还是有超过 10000 人从城市各处拥向市中心的城堡花园。当人群拥向御林广场（Gendarmenmarkt，也称宪兵广场）时，驻地里的冲锋队队员数次开枪射击。与此同时有大约 1000 名艺术家、作家和科学家聚集在克罗尔歌剧院（Kroll-Oper）里，抗议对艺术、科研和出版的审查。当哈罗赶向那里时，有一个警察就在他身边开了枪。"可以说是子弹擦身而过，但他没有打中"，哈罗轻描淡写地向他的弟弟哈特姆特（Hartmut Schulze-Boysen）写道——就好像他永远不会出事一样。[57]

　　1933 年 2 月 24 日，戈林命令警方往后要上报一切他们观察到并可以确认的政治类活动。系统性的监视活动加强了。3 天后的 2 月 27 日，城市里仍天寒地冻。落雪又积起了几厘米厚。傍晚时分，柏林的苍穹被一道火光照亮，天鹅绒般的红光弥漫在空气中。国会起火了。在没有出示证据的情况下，失业的荷兰人马里努斯·范德卢贝（Marinus van der Lubbe）在现场被捕，政府宣称他受德国共产党指使实施了纵火行为。到第二天黎明前，在柏林就有 1500 人被捕，在全德则有超过 8000 人，其中有埃里希·米萨姆（Erich Mühsam）、

卡尔·冯·奥西茨基和埃贡·欧文·基施（Egon Erwin Kisch）等
作家①。哈罗最初幸免于难。一天后纳粹通过《保护人民和国家的
帝国总统法令》（Verordnung des Reichspräsidentenzum Schutz von
Volk und Staat）终止了人们的公民权和自由权。"现在必须实施无
情的强力措施！"这是纳粹党的机关报《人民观察家报》（Der
Völkische Beobachter）的标题。个人行动自由、意见表达自由、出
版自由、结社和集会权、通信隐私权——突然间这一切就已不复
存在，而此时国会的废墟还冒着烟。所谓的"野蛮集中营"建了
起来，譬如在普伦茨贝格（Prenzlauer Berg）的水塔，还有德国其
他各地。现在纳粹把他们准备好的名单投入使用，名单上有社会
民主主义者、共产党人和持不同政见者。不久后就有一个警官出
现在《对手》编辑部，对哈罗进行问话。相应的警方报告对此记
载如下：

> 该协会成员人数不固定，也没有任何章程。受其吸引的大
> 部分是各阶层和各政治阵营的年轻人。无法确定对其感兴趣者
> 的大体数目。实际领导人是大学生哈罗·舒尔策-博伊森，新
> 教徒，普鲁士人。协会的办公室位于柏林 W9 区，谢林大街 1
> 号 4 楼，有两个房间。该协会的领导人长期居住于此，在警方
> 处也做过登记。我们第 1 分局不清楚舒尔策-博伊森的政治倾

66

---

① 米萨姆（1878—1934）和基施（1885—1948）都是彼时重要的作家和记者，因为
反对纳粹政权而被囚禁，前者在集中营里遭到杀害。

67 向，而在 K 分局也没有关于他的记录。调查得出的印象证实了一个假设，即该协会具有激进共产主义的倾向。[58]

"激进共产主义？"这将不会是哈罗最后一次受到这项指控。这份报告的摘要也出现在柏林国家刑事警察局（Landeskriminalamt）的通告中，并且收到要求"在卷宗号 I 2e 7045/X 中报告一切相关的调查结论"。[59]哈罗现在被盯上了。

8

1933 年 2 月底的一天，亨利·埃尔朗格沿着市中心的吕措大街（Lützowstraße）散步，路过那座可以容纳 2000 人、新浪漫主义风格的红砖犹太教堂时，他看到了一个名叫施赖伯（Schreiber）的《对手》同事穿着棕色衬衫，"大摇大摆、十分自然地"从一家街角的酒馆，也是一个冲锋队的据点里走出来。[60]《对手》圈内展开了一场谈话，而那个施赖伯否认了这一切。哈罗和亨利最亲密的伙伴之一维尔纳·迪塞尔（Werner Dissel）随后发现他是一个探子："有一天晚上 11 点左右，施赖伯来到我家门前，说想要和我谈谈。但他不愿进我家门，而是假装身体不适，要我和他出去散步。我们穿

68 过树林走向克鲁默湖（Krumme Lanke）。在我们谈话时，突然有两个暴徒出现在我身边，对我拳脚交加、一顿暴打。"[61]

1933 年 3 月 3 日，距离确保希特勒大权在握的国会选举还有两天，哈罗也遭了殃。他第一次被捕，并且被拖进一间昏暗而闷热的

牢房，大概是在亚历山大广场上的警方监狱里。"恶心的刁难，"当一切结束后，他在一张明信片上给父母写道，"我刚被释放。"但至少他对狱友们评价颇高："我在这几个钟头里认识了一些极好的人。因此，这趟还挺值！"[62]

事实上，1933 年 3 月 5 日的国会选举让哈罗对参与政治决策仍抱有希望。希特勒的政党在柏林只得到了 31.3% 的选票，而社会民主党和德国共产党的支持率分别达到了 22.5% 和 30.1%，这意味着在首都两个工人政党总共获得的支持远多于右翼政党。然而对共产党来说，这些议席没派上什么用处：政府干脆逮捕了共产党的议员。于是纳粹党立刻就占据了绝对多数，并出台了《授权法》（*Ermächtigungsgesetz*），让议会变得毫无意义。1933 年 3 月 23 日，除了社会民主党以外的所有资产阶级中间派都同意了这种自我授权，于是法案获得了三分之二多数支持①，这就为下一步行动铺平了道路，即禁止纳粹党以外的其他一切政党。以"一体化"（Gleichschaltung）② 为名的极权主义绞索越勒越紧，与此同时迫害机制也急剧扩张。对批评者的劫持也增多了：越来越多的人从街上被抓走，遭到囚禁和虐待，这是为了对他们进行"再教育"。开一个希特勒的玩笑就足以招致严重的后果。忽然之间到处都是探子，人们越来越难以信任他人。

69

---

① 《魏玛宪法》规定修宪须得到三分之二出席议员支持方可通过，也称"三分之二多数"（Zweidrittelmehrheit）原则。1933 年 3 月执政的纳粹党在认定共产党非法的前提下，通过威胁、舞弊的手段，取得了三分之二国会议员的支持，出台《授权法》，允许希特勒和他的内阁可以不需要议会而通过任何法案。

② 一体化是一个纳粹术语，指纳粹政权将整个公众和私人的社会和政治生活一体化，创建协调并加以绝对控制的进程。

民众早已不再支持这个政府的每一项措施。政府发起了一场"抵制犹太人"的运动，试图让人们从 1933 年 4 月 1 日起减少光顾犹太人的商铺、银行和诊所，但由于没有足够的民众参加，这场运动在 24 小时后就中止了。

这些天来，哈罗在筹备一趟在慕尼黑的纳粹党总部"褐宫"（Braunes Haus）展开的会晤。他想在那里与希特勒青年团的领导一道调整自己的社会革命构想。他仍抱有幻想，希望所有人可以为了国家的福祉团结一致。他真的收到了邀请函，并以一种胜利者的姿态把它展示给《对手》的伙伴。朋友们不得不和他讨论了几个小时，让他明白不可能和法西斯分子达成共识，而且他无论如何都不该前往巴伐利亚的首府。[63]

几周后哈罗意识到他们是对的，那是在 1933 年 4 月 26 日，纳粹当局又一次叩响了他在谢林大街的屋门；这次来的是穿黑色制服的党卫队，他们带走了哈罗和亨利·埃尔朗格；突然间一切都岌岌可危。

9

70　　对亨利的谋杀震惊了哈罗的母亲玛丽·露易丝，她因而觉得自己有责任"向警方报告这一罪行"。[64]她还不能理解党卫队对亨利·埃尔朗格和她儿子施暴的真正动机，也不知道纳粹的权力行使已经变得多么专断。在施潘道街区酷刑地牢里度过的日夜已经让哈罗失去了一切幼稚的想法，他恳求母亲不要去检举，因为这只是他

个人的事情，而检举会导致他再次被捕。为了阻止母亲的计划，他
对她撒谎，说他觉得这是一件男人之间的事，现在已经解决了。他
现在知道了，要在这里进行抵抗，需要用玛丽·露易丝所不具备的
技巧和战略。法治已经像亨利一样死去了。

　　但他的母亲并没有上当，而作为对她检举的回应，正像哈罗预
料的那样，在离开小旅馆后他又遭到了羁押，这次抓他的是正在组
建阶段的秘密国家警察盖世太保，他们想就这一系列事件对他进行
问询。那是 1933 年 5 月 1 日，那一天会发生很多事情。"昨日还有
阴雨，今天阳光明媚。真正的希特勒式天气！"新上任的国民教育
与宣传部部长戈培尔在他的日记里欢呼，"一切都会向好的方向发
展"。[65]这一天他等了很久。戈培尔的目标是剥夺工会的权力，这些
群众组织仍有可能对纳粹构成威胁。组织起来的工人曾将右派废除
民主的尝试扼杀在萌芽状态。1920 年 3 月，工会召集的全面罢工终
结了所谓的"卡普政变"（Kapp-Putsch）①。现在的纳粹领导层打算
就在 5 月 1 日，这个工人的节日期间消灭工会。自 1890 年起，全
世界的工人都把这一天当作自己的节日加以庆祝。这一理念来自美
国：1886 年 5 月 1 日，劳工同盟在那里组织了第一次大罢工。在动
荡的 20 世纪 20 年代，柏林的五一庆典已被牢牢确立为展示工人阶
级力量的集会。然而除 1919 年外，这个"工人阶级的战斗日"在
德国从来都不是法定的节假日，参加集会的工人在那一天必须请假

71

----

　　①　指由民族主义者沃尔夫冈·卡普（Wolfgang Kapp, 1858—1922）和一些国防军将
领发动的军事政变，其导火索是魏玛共和国的裁军计划；政变一度迫使魏玛政府流亡斯图
加特。政府通过号召工人大罢工，导致全国瘫痪，最终阻止了这场政变。

并放弃工资。希特勒出人意料地改变了这一现状，并宣布 5 月 1 日为"全国劳动日"（Tag der nationalen Arbeit），一个有全额工资补偿的法定节假日——直到今天仍是如此。这是巧妙的一步棋，它破坏了工会的基础，将以往国际化的抗议日改造成了对工会自身荣耀的欢庆。

　　"这事要是办成了，我将取得一场无与伦比的胜利"，戈培尔继续在他的日记里写道。[66]但工会会上纳粹党的当吗？共产党人会搞抗议活动吗？在亚历山大广场的警察局总部"红堡"（Rote Burg）里笼罩着紧张的气氛——恰巧在这天，玛丽·露易丝带着一个母亲的满腹忧虑闯进这里。她情绪激动，坚持要见警察局局长冯·列维佐夫，她把纳粹的圆形党徽显眼地别在胸前，等待着他，"在一个带有临街窗户的房间里，街上站着许多戴党徽的人，他们看着党卫队、冲锋队和希特勒青年团举着旗子、伴着音乐行进，去往……一个集会"。不知何时，有一个警官走进来并告诉她："我们听说了您和您儿子的遭遇。但那些人不是党卫队，而是乔装的共产党员。"[67]玛丽·露易丝明白真相并非如此。当她得知警察局局长因为亲自去了滕珀尔霍夫公园（Tempelhofer Feld）参加五一活动，所以无法接见她时，她只能和他的一名助理交谈，那是一个叫布雷多（Bredow）的人，曾担任过县长，"他很高兴能在新政府里重新得到一个职位，因此不愿意做任何危及自己仕途的事，"正如玛丽·露易丝回忆的那样，"我报告了所有事情，尤其是对半犹太人埃尔朗格的谋杀。"

　　但布雷多并不清楚该怎样应对这些对他而言复杂和不愉快的事件。他所在的警察部门早已失去了使用武力的垄断权。此外，数月以来政府都在煽动人们反对犹太人。警方是否应当关照政府的诉求呢？1933 年春天，凡是有犹太人、共产党员和社会民主党人遭到冲锋队暴徒折磨的其他德国城市都面临这个问题——而各地警方给出了不同的答复。例如在莱比锡，右翼保守派市长卡尔·弗里德里希·格德勒（Carl Friedrich Goerdeler）就督促他的警员支援犹太人抵抗纳粹。但布雷多没有格德勒的那种道德勇气。"我总不可能逮捕和责罚一整支党卫队吧。"这个柏林警官惊恐地说道。

"如果他们是罪犯的话，为什么不可以！"玛丽·露易丝反驳道，这个资产阶级家庭主妇和母亲仍相信法治。

最终，当柏林的工人自城市各处云集，组成 10 支巨型纵队，每队 5000 人，以星型进军①的方式拥向中心会场时，哈罗被带到了她面前。"妈妈，你对埃尔朗格谋杀案的举报让我进了这里，"他摇着头向她喊道，"现在再把我弄出去吧。"

但这事没有那么好办，尤其是在这个麻烦的日子。哈罗原本打算和他的朋友们一起带着一张上书"《对手》编辑部"的大型海报去参加游行队伍，以此来和工会"展开对话并吸收新的力量"。[68]然而，今年的活动不再关乎工人的自决和权利。和以往不同，决定今年 5 月 1 日活动进程的不再像以往那样是各个工会，而是约瑟夫·戈培尔。他为希特勒在滕珀尔霍夫公园里建起一个带有前置讲坛的巨大看台，竖起六面巨型纳粹标志旗帜。当夜幕降临时，这些旗帜

---

① 星型进军（Sternmarsch）是一种集会游行方式，参加者从不同出发点前往一个共同的目的地进行集会。

会被强力聚光灯照得透亮。这一浮夸的设计是阿尔伯特·施佩尔①的手笔，他把柏林市政府起初设计的五一节集会斥作"射手节②的装饰"。通过在这一天的表现，他迈出了职业生涯里走向纳粹国家设计师的第一步。当希特勒宣布将通过修建高速公路来实现宏大的创造就业计划时——当然他没有透露为这一项目支付的工资将远低于社会福利的规定，同时拒绝工作的人会被关进集中营——哈罗带着他未愈的伤口又在牢房的草垫上过了一夜。"动人心魄，"戈培尔在他的日记里对这个 5 月 1 日做出了总结，"庆典的规模大到难以想象。生活真是美好！"[69]

正当第二天《柏林晨报》（*Berliner Morgenpost*）的头版头条在全城各处为"有史以来最大的集会"欢呼时，剥夺工会权力的行动也在同步展开。现在纳粹分子开始了他们的大动作："5 月 2 日我们将占领各个工会大厦，实现一体化。会有几天麻烦，然后它们就属于我们了。"戈培尔得意扬扬地如此写道。[70]大约上午 10 点，玛丽·露易丝又一次在"红堡"里见到了布雷多并提出了她的请求，"现在他终于同意以冯·列维佐夫副手的身份写一张便条，声明我的儿子应当被释放"。与此同时，在全城乃至全国各地，冲锋队的别动队开进到各处工会大厦前，逮捕了工会的领导者，并没收了工会的资产。零星的抵抗遭到了残酷的镇压。譬如在哈罗父母居住的

---

① 贝托尔德·康拉德·赫尔曼·阿尔伯特·施佩尔（Berthold Konrad Hermann Albert Speer, 1905—1981）是著名建筑师，也是纳粹德国装备部长和国家经济领导人。

② 射手节（Schützenfest）是一个历史悠久的德国民间节日，庆祝形式主要是各类射击比赛。

鲁尔河畔的米尔海姆，就有 4 名工会领导者被杀害。局势很快就明了了：一度是世界上最强大的德国工人运动被彻底击碎。以后工人们将受德意志劳工阵线（Deutschen Arbeitsfront，DAF）集中领导。共同决定权不复存在。

对于这个进一步一体化的日子，哈罗的母亲在描述时刻意用上了卡夫卡式的怪诞文风。警方很快失去了独立地位，成了褐色政党的工具。在此期间，玛丽·露易丝弄明白了，她儿子哈罗的案件涉及警方与党卫队的纷争，警方想要释放哈罗却不太敢做，而党卫队"犯下的罪行大概会叫他们自己的良心十分不安"。得到布雷多不会以任何理由阻止释放哈罗的书面保证后，她走出了办公室，这时走廊上有一个男人从她手里抢走了字据，消失在一扇新贴上"秘密国家警察"字条的门后。玛丽·露易丝恼怒地回到布雷多的办公室里，但后者不愿意继续帮助她了。他的女秘书却比他要勇敢，她走向这位愤怒的母亲："请跟我来，我带您去我认识的那个监狱看守那里，他会让您进去的。"玛丽·露易丝便跟着秘书穿过迷宫般的走廊，直到一扇厚重的铁制推拉门（schwere eiserne Schiebetür）前。秘书与看守交谈了几句，他终于同意放玛丽·露易丝来到门的另一侧。在那里，她"身边站着许多十分憔悴的妇女，她们大概也像我那样处于忧虑之中"。不久之后来了一位警官："还请您在门外等。像您这样戴着党徽的女士在门里等待就太刺眼了。"

"要么我和我儿子一起出去，要么我就待在这里。"玛丽·露易丝回答道。

哈罗终于被带到她面前，在他被释放后，他的母亲真的遇见了警察局局长列维佐夫，后者先是平易近人地问起她丈夫，也就是他的海军老战友的境况。而后，列维佐夫说了一句一锤定音的话："但您以后得遵守诺言，毕竟谋杀就是谋杀。"玛丽·露易丝愣了一会，终于明白了：她要为哈罗的释放做出让步，不再继续追究她的举报，好让警方免于"对党卫队进行问责"。她思考了一会儿该如何回应这个通过暗示传达的建议，即不要再追究这起谋杀。"如果有人要求我做陈词，那么我随时准备把它说出来。"她声明道。但正如料想的那样：不会再有人让她做陈词了。那是在纳粹国家得到巩固的迫害机制下，动荡、恐惧和争权的年代。在那些年月里，根本没有人会在意一个死去的"半犹太人"。"杀害埃尔朗格的残暴凶手就这样逍遥法外"，玛丽·露易丝这样总结与柏林警方相处的令人绝望的经历。[71]

10

在这段时间里，利伯塔斯搬到了柏林。她现在正生活在受到她祖父菲利普，又名"菲丽妮"的丑闻影响到的地方。她会在这里看清自己无拘无束和不安分的性格到底会使她成为自由女神，还是会让她像祖父侯爵一样因为放纵欲望而走向堕落。

这是一个良好的开端：她不过 19 岁，在没有任何工作经验或专业培训的情况下，马上就找到了一个惊人的好职位，这使她离写诗以外的第二大爱好——电影更近了一步。好莱坞最大的工作室米高梅（Metro-Goldwyn-Mayer）位于弗里德里希大街（Friedrichstraße）分部的一个职位让她心动。但实际上，她在工作领域的良好开端并没有

乍看起来的那样出人意料。在 1933 年春季，米高梅解雇了大部分 　77
的犹太员工：半数以上的雇员和几乎所有董事。工作室在德国的总
管弗里茨·施特伦霍尔特（Frits Strengholt）甚至按照政府宣传部的
要求和他的犹太妻子离婚，后来她被关进了集中营。工作室必须填
补由此产生的空缺，他们向利伯塔斯提供了一个外宣部门的职位，
因为她出身高贵、善于交际，甚至还有正式的党员证。她有了一张
自己的书桌，还有打字机和电话。她今后的工作就是向媒体和政府
宣传部通报新的影讯，并且在选帝侯大街上的几家顶级影院——
"大理石屋"（Marmorhaus）、"国会大厦"（Capitol）或是动物园边
的"乌发宫"（UFA-Palast）组织媒体试映。

　　她的工作很快取得了成果：由斯坦·劳莱（Stan Laurel）和奥列
佛·哈台（Oliver Hardy）① 主演的《沙漠之子》（Die Wüstensöhne）
在德国以有些笨拙的片名《胖子与蠢蛋》（Dick und Doof）上映并
引起了轰动，由琼·克劳馥（Joan Crawford）、克拉克·盖博
（Clark Gable）和弗雷德·阿斯泰尔（Fred Astaire）出演的音乐剧
《我只为你而舞》（Ich tanze nur für dich）也是如此②。签约了葛丽
泰·嘉宝（Greta Garbo）并以片头怒吼的狮子为商标的米高梅在纳
粹帝国，这个世界上第二大的电影市场里繁荣发展。那是一个荧屏
梦的黄金时代。詹姆斯·斯图尔特（James Stewart）、亨利·方达

---

　　① 劳莱（1890—1965）与哈台（1892—1957）是好莱坞早期重要的美国演员和导
演，二人组成的喜剧双人组在 20 世纪 20—40 年代颇受欢迎。
　　② 原名《跳舞的女人》（Dancing Lady），1933 年上映，主演克劳馥（1904—1977）、
盖博（1901—1960）和阿斯泰尔（1899—1987）均为 20 世纪著名好莱坞演员。

（Henry Fonda）、凯瑟琳·赫本（Katherine Hepburn）、加里·库珀（Gary Cooper）、亨弗莱·鲍嘉（Humphrey Bogart）——米高梅从20世纪30年代中期起为这些人规划了未来的星途。流行杂志与画报上装点着好莱坞影星的照片。在帝国的首都随处可见电影海报，所有重要的影片都在杂志上有详细介绍，而其中也有利伯塔斯的功劳。"我们在德国的收益惊人。"工作室老板路易·B. 梅耶（Louis B. Mayer）的总结说到了点子上。[72]

但美国的电影制作人为此要付出高昂的代价。戈培尔向洛杉矶派遣了一名审查员：格奥尔格·居斯林（Georg Gyssling）领事。他毫不掩饰自己的修正提议，而好莱坞对他也是言听计从，因为居斯林有一套有力的杠杆（Hebel）工具。根据《德国电影法》（*deutsche Filmgesetzgebung*）第 15 条：一家电影公司无论在何地发行批评纳粹的影片，其未来所有的电影都会在德国影院被禁——这对美国制片人而言是噩梦般的图景。因此，如果影片不对纳粹领导层的胃口，他们会毫无怨言地同意删减电影中的整个场景，甚至整条故事线——这是一则人们避而不谈的丑闻。效益高于原则，工作室的老板们就这样行事并与柏林的反犹主义者相互配合，直到自我否定的地步。

好莱坞对希特勒十分屈从，甚至一个本应向世界展示犹太人在德国受到的非人待遇的大制作影片，也在纳粹政府的要求下放弃了。在 1933 年 5 月，赫尔曼·曼凯维奇（Herman Mankiewicz）正在创作一个名为《欧洲疯狗》（*The Mad Dog of Europe*）的剧本。他后来与奥森·威尔斯（Orson Welles）一起写出了有史以来最好的电影之一《公民凯恩》（*Citizen Kane*）。当时，赫尔曼已收集到超

78

过 3000 米长的《德国新闻周报》（*Deutscher Wochenschau*）① 底片，想把它们放进影片里，展现出犹太人在德国的真实遭遇。一个像是和希特勒从一个模子里刻出来的演员已被选中："元首"将第一次登上荧幕，这远远早于查理·卓别林的《大独裁者》（*Der große Diktator*）②。其余的角色会分配给好莱坞的精英演员。"本片是为了民主的利益，"在剧本开头曼凯维奇充满自信，"这一理想激励着人类付出最崇高的努力。"剧本讲述了一个姓门德尔松（Mendelsohn）的犹太家庭和他们的邻居，同时也是最好的朋友施密特（Schmidt）一家的关系——直到希特勒的种族主义政策使他们反目成仇。当居斯林领事听说了这个项目后，他发动了一切杠杆工具，并声明如果这部电影真的拍出来了，那么不仅以后一切美国电影会在德国被禁，而且所有在柏林的美国电影工作室的财产都会被没收。路易·B. 梅耶又一次屈服了："我们在德国有商业利益。我们在德国创造了巨大的收益。因此这部电影永远不会被制作出来。"[73]如果在 20 世纪 30 年代中期就有一部令人信服的《欧洲疯狗》向世界揭露纳粹政府彼时还不为人知的反犹主义面目，那会发生什么呢？然而，在这个好莱坞本可以警告全世界的关键时刻，给他们的影片进行最终剪辑的不是电影制作人，而是戈培尔。

　　这样看来，利伯塔斯在米高梅工作期间丝毫没有改变她不成熟

---

　　① 《德国新闻周报》是一档发行于 1918—1947 年的新闻短片，在电影院上映，纳粹掌权期间常被用于宣传相关政策并受戈培尔审查。

　　② 《大独裁者》是美国喜剧大师卓别林（1889—1977）自导自演的喜剧电影，上映于 1940 年，以第二次世界大战（简称"二战"）为背景，刻画了一个迫害犹太人、企图统治全世界的独裁者，显然模仿并讽刺了希特勒。

的、倾向民族主义的世界观也就不足为奇了。职业生涯对她而言是重要的，而在迷人的电影世界以外，还有什么别的工作能给她带来如此多的乐趣呢？然而，这真的是纯粹的欢乐吗？

有一张她彼时的资料照片，摄于弗里德里希大街 225 号的米高梅办公室，利伯塔斯坐在她的书桌边，身前是一台黑色的打字机，打字机旁放着几摞纸，背景里还有几个莱茨（Leitz）① 文件夹。她笑容灿烂，穿着一条黑色的连衣裙，带有家庭主妇式的白色花边领子，就她的品味而言略显朴素。重要的是照片的拍摄日期，1933 年 5 月 10 日，焚书之日。仅仅几分钟脚程外的街上已经停着货车，让所有市民都能看到车上拉着的 25000 本书。从米高梅办公室步行可达的歌剧院广场前也已经搭好了一个大柴垛。

除了温特舅舅以外，她的家人都热爱艺术。当看到记者和讽刺家图霍尔斯基的作品、大作家亨利希·曼和托马斯·曼（Heinrich und Thomas Mann）的小说，以及天才的西格蒙特·弗洛伊德（Sigmund Freud）、阴郁的约瑟夫·罗特（Joseph Roth）、令人赞叹的斯蒂芬·茨威格（Stefan Zweg）、贝托尔特·布莱希特（她爱唱他写的歌词），这些人的作品都要被焚毁时，利伯塔斯感受如何呢？利布斯崇拜的诗人约阿希姆·林格纳兹（Joachim Ringelnatz）也在被禁的作者之列，还有埃里希·凯斯特纳（Erich Kästner）② ——

---

① 一家创立于 1876 年的著名德国制造业公司，其生产的办公用品尤其受欢迎。

② 20 世纪著名的德语作家亨利希·曼（1871—1950）与托马斯·曼（1875—1955）兄弟、罗特（1894—1939）、茨威格（1881—1942）、林格纳兹（1883—1934）、凯斯特纳（1899—1974）和精神分析学家弗洛伊德（1856—1939）等人的部分或全部作品被纳粹政府认定为"非德意志的"（undeutsch），在 1933 年遭到焚毁。

作为时代见证者的他就在彼时的歌剧院广场上，看着自己的书被全部扔进火焰中。

　　利伯塔斯本想成为诗人，她是在书海里长大的。现在有 70000 人走过她的窗前，不想错过这一奇观。焚书是柏林几所大学的学生组织的，他们想要"清洁"大学图书馆，但也有书店自愿参加，他们毫不抱怨经济上的损失。文化正在那里遭受破坏，对此利布斯会毫不在意吗？她能将眼前的景象和她对里尔克的热爱，对那优美文字的热爱相协调吗？她可以问心无愧，或者更甚一步：心情愉悦地坐在那里，和所有同事一起在那个美国电影工作室里，那间用盖满墙面的纳粹旗帜装饰的会议室中聆听元首的讲话，就像在这一时期的另一张照片里那样吗？那张照片里的利伯塔斯坐在最前排，跷着二郎腿，那或许是一个抗拒的姿态，也可能是应要求摆出以显示有教养，她与米高梅工作室的主管弗里茨·施特伦霍尔特就隔了几个座位，而他身边的犹太妻子后来被送进了集中营。纳粹旗帜下的好莱坞——以及利伯塔斯面带审慎、怀疑的目光望向会议室前面，那里摆放着人民收音机①。

11

　　从党卫队和警方的监禁中获释后，哈罗如幽灵般穿行在柏林那　82

---

　　①　"人民收音机"（Volksempfänger）是 1933 年戈培尔请人设计并加以推广的一种廉价广播收音机，二战前后被广泛运用于政治宣传。

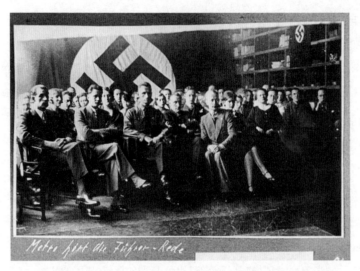

1933 年 5 月 17 日，在好莱坞工作室米高梅的柏林办公室里：利伯塔斯在听希特勒的"和平演说"（Friedensrede），她坐在第一排，跷着二郎腿。

些不再属于他的街道上。他感到自己被监视、被威胁：他是一个带记号的人。他不再去大学里；继续学业对他而言是荒谬的。在选帝侯大街上他碰见了一个老熟人，与罗沃尔特出版社（Rowohlt Verlag）签约的作家恩斯特·冯·萨洛蒙（Ernst von Salomon）。"我认不出他来了，"萨洛蒙这样描写那次碰面，"他挡了我的道。他的面孔变了许多。他缺了半只耳朵，脸上带着未愈的殷红色伤口。他说，他已经把复仇放下了。"[74]

此后不久，哈罗邀请了昔日的《对手》战友去波茨坦大街上的一家咖啡馆。楼下是糕饼店，楼上一大半的空间是一家画廊，人们

可以坐在那里的小桌前。他们坐成一圈，在那个年代这已经是勇敢
的行为了。他们不断地望向下方，查看着"谁进来了，又有谁出去
了。我们毕竟还在党卫队亨策部门的辖区"，维尔纳·迪塞尔回忆
道。[75]哈罗向所有人讲述了亨利·埃尔朗格的命运，以及他自己在施
潘道街区保龄球馆里的遭遇。他告诉朋友们他收到的条件：不再参
与政治活动，并离开柏林至少一年。但他并不愿意出国流亡。他将
自己视为"反对法西斯主义权力集中的炸药"，因此必须留下来。[76]
正是和德国局势的摩擦给了他生命的灵药。他的计划是取得合法地
位并"渗透进现有的机制中"，关键词是"特洛伊木马"。他想要
被遗忘，并谎称自己已吸取了教训，将带着悔恨融入体制中。这种
战略是走一条从外部看来不引人怀疑的道路，从而自内部改变这个
系统——在 30 年后的 20 世纪 60 年代学生运动期间，鲁迪·杜奇
克（Rudi Dutschke）① 将这种行事方法称为"穿越机构的长征"
（Marsch durch die Institutionen）。[77]但哈罗想要搬去哪里呢？他想要
且能够渗透进哪个机构呢？他向所有朋友告别，最后一次和他们握
手并拥抱了每个人。当天夜晚他就离开了这座城市。

83

---

① 杜奇克（1940—1979）是 1968 年西德学生运动的重要领袖。

第二章

事业与婚姻

（1933—1939 年）

人们会以为，这样的一种生活大概只会是场梦——我们等待着眼下将发生的事。

—— 利伯塔斯·舒尔策 – 博伊森[78]

1

哈罗申请加入了一个极为不起眼的机构，位于瓦尔内明 德（Warnemünde）的"德国空运飞行员学校"（Deutsche Verkehrsfliegerschule）。那里有一个"海上观察员培训班"。这个民用化的称呼具有误导性，实际上这所学校已划归戈林正在筹建中的空军，但由于《凡尔赛和约》禁止德国再次军事化，暂且还不能称之为"空军"。

这一步举动只是乍看之下有些出人意料，而实际上这源于他的家族传统。通过接受军事训练，哈罗走上了他父亲和舅祖父冯·提尔皮茨元帅的道路。只不过这一传统并没有吸引他加入海军，他想要成为飞行员——志存高远，这正是他的性格。哈罗希望这样能让自己远离前线，同时也使他在担任《对手》发行人的尝试失败后获得新的事业机会。他不过 23 岁。尽管声称已经放下了复仇的计划，他仍热切盼望着能有所作为，实现自我。

2

哈罗现在可没法再和他的"强盗新娘"一起，随心所欲地在波茨坦大街边的阁楼里睡懒觉。早上 5 点就会有人来叫他们起床， 那时宿舍里还充斥着温热的臭气和震天响的鼾声，而房门被一把拉开，一个粗犷的声音吼出一句老普鲁士的号令："起床!"

哈罗和其他几十个睡眼惺忪的人一起从塞满德国木丝的纸质床垫上猛地一跃而起，强压住怒气，火急火燎地裹上制服外套。现在哈罗学到了一个强力、专横的词——职责，那个整天给他下命令的声音属于勤务士官（Unteroffizier vom Dienst，简称 UvD），一个戴着钢盔的家伙。听令于他的年轻人都是生于 1900 至 1910 年的德国飞行员应征者，其中也有极为古怪、敢于冒险的人物，比如老做噩梦的哈罗，在他的梦里亨利·埃尔朗格一再被人打死。[79]

每一个空闲的周日，雷吉妮·许特都会坐火车到波罗的海边上的空运飞行员学校，并且试着让她的男友振作起来。她知道，当哈罗渴望亲身领导时，却只能听从僵化的指令，这让他异常沮丧。他在一封家信里说，在一个"满是懦弱"的地方，和无话可说的人挤作一团，这对他而言又是多么糟糕——在那里，房间的墙上象征性地挂着一个破烂的螺旋桨。[80]

这次来访，雷吉妮和哈罗坐在一张铺着被子和枕头的营床上。她说起柏林，让他了解到圈里朋友的最新境况，好让他在精神上和首都保持联系——但他根本不喜欢这样。经过酷刑地牢的那些日夜之后，他明白了自己面对的是什么样的对手。他的身上再也没有天真。他必须变成一台全力开动的机器，来应对这个具有压倒性优势的敌人。他身上的每一块肌肉都要绷紧：不能再分心，不能再招摇，不能再失误，并且不能再有弱点。正如他在给比自己小一岁的妹妹黑尔佳·穆拉基耶（Helga Mulachie）的信里写的那样："一个人可以做各种事，却唯独不能舍弃他的独立性！最好的生活方式是只带一个小手提箱，随时能够离开原先的住处。"[81]在瓦尔内明德的沙滩上，他告诉雷吉妮他是一个泳者：一个不能下沉、只能浮在水上的人，直到一种新秩序来临。在他看来维持旧关系是有风险的，因为他不得不担心自己会受到监视。

在身体方面，哈罗也变得对雷吉妮更加拘谨。在遭受酷刑之后，他再难以与人亲近，因为亲密接触会让他痛苦。他在身体、情感和精神上越来越疏离的不只是柏林，还有他的女友。正是因为感觉到旧日生活的丝缕仍牵动着自己，他想把它们一个接一个剪断，好让自己自在地游向新的方向。

3

每天清早，哈罗就那么站在储物柜门上的镜子前。即便同伴们在身边吵吵嚷嚷，他仍感到自己现在是孤身一人。在他体内，肾脏在发出剐蹭、抓挠的声响，但他不会让别人察觉到这一点。 90
他的表情就像一位军官——与他父亲一模一样：脖颈上的肌肉紧绷，下巴也是如此，身板笔直、僵硬，头发整齐地分叉梳开，眼神明亮又有些冷峻。他喜欢这种精神状态，也为他身上的临时制服而骄傲——就像他的父亲和舅祖父曾为他们的军装而骄傲那样。哈罗仍是一个爱国者，或许比以往任何时候都更加爱国；他没有让纳粹政府夺走他对祖国的热爱。然而，他在储物柜镜子前摆出的并不是一个平静、自然的姿势。他感觉到有一些本不属于体内的东西在侵袭自己的躯体。他的身体想要摆脱掉这些叫他焦躁不安的东西。那是肾脏里的沉积物，在他遭到党卫队的毒打后形成的。无论制服有多么合身，它总归穿在一具受创的躯体上。一阵阵疼痛从侧腹深处传来，总是在他没有防备的时候像别动队一样发起袭击。他的每一块肌肉都痉挛性收缩——绞痛，尿液是红色的。他要开始履行职责了。

每天早上 6 点，他们就穿着体操裤和毛衣到机场上做早操。他们在场地上操练数小时之久。实地训练十分辛苦，一些同伴为此心力交瘁，几周之后就放弃了。"这里的竞争极其激烈，"他写信告诉父母，"眼下我们组有一半的人要离开。不断有人被淘汰，也就是遣返回家。"[82] 尽管带着内伤，哈罗还是坚持了下来。他为那个无人知晓的重大任务而锻炼自己——连他自己对此也不甚清楚。他在队伍中齐步行进："旗帜高举！队伍紧排！"他大声高唱纳粹的宣传曲《霍斯特·威塞尔之歌》（*Horst-Wessel-Lied*），① 虽然这对他而言是一种折磨，但不那么做会使人生疑。他看到了一些同伴的满腔热忱并因此鄙视他们。

伪装奏效了。他身上的制服"虽然不是最好的，但看起来也还不错"。正如他自己描述的那样。[83] 他的军事成绩无可指摘，长官甚至称赞他是"厩里最好的马"。没有人知道他头脑里在想些什么。没有人知道他为什么不肯去淋浴间：哈罗不想让人看见他的那些伤疤，它们每天都会让他想到亨利的死，想到自己没能救下这个朋友。他只需让所有人注意到自己棱角分明的下巴、敏锐的目光和修

---

① 1930—1945 年的纳粹党歌，也是纳粹德国的第二国歌。作词者霍斯特·威塞尔（1907—1930）是纳粹党早期活动家，遇刺身亡后被戈培尔标榜为纳粹运动的头号烈士。"旗帜高举！队伍紧排！"即此歌的第一句歌词。

长的躯干。他是完美的德意志男性。纳粹对培养完美人类的痴迷似乎在他身上得到了实现。他被任命为"组长"和联络官——这让他有些尴尬，也叫他在空运飞行员学校的某些"同志"十分不快，这些人是冲锋队的成员，本能地察觉到哈罗有些不同。"是的，过去几个月很艰难，但我绝不愿意在生命中错过它们。"他向父亲汇报说，在这段越来越充满男性气质，为所谓的祖国尽职的时光里，父亲成了他最重要的支持者："在无处不在的暴力中保全自己——这使人变强大。我相信在即将到来的时代，一个人无论多么强大都远远不够，在每一方面都是如此。"[84]

保护自己，全副武装：哈罗戴着墨镜走过瓦尔内明德的训练场，走进教室，坐到最后一排长椅上：气象学、航空法、无线电、摩斯码。他学习骑马、射击和驾车：这些是他日后需要的技能。课程里没有政治，这对他而言是不同寻常的："人们竟如此自以为是、草率轻浮地应对当今最困难的问题，每天这都使我一再地感到震惊。"[85]这不再是那个他不久前还试图介入的、互相关联的大世界，而是一个十分有限的场域："思想上的问题一般都会被尽量回避。"[86]哈罗为自己选择的这条路，也正是整个德国前进的道路。这是一种逐步的贫困化、私人领域的功能化和集体人格的僵硬化。但这种扭曲对哈罗而言是有意义的，他将之视为用以生存和准备战斗的工具。在使用酷刑的地牢里被剪毁的发型此时又显得很得体："我头顶上稀疏的头发早就不再显眼；反正在这里要留短发。总而言之这里的一切都越来越军事化了。接下来我们会得到灰蓝色的制服；因此我一件蓝色的衣服都不买了。"[87]

这个转变并不容易。它需要一种永久性的伪装。他不能再顺着本性，穿着自己心爱的蓝色毛衣和别人进行公开的交流，他只能参与到强加给他的无个性游戏中。独裁已经蔓延到他的内心。在食堂吃饭时，他在后墙上装饰着的大过真人的阿尔弗雷德·冯·提尔皮茨肖像下寻求庇护，并尝试着让自己表现得正常些，就像其他人一样。但他察觉到，已有人看出：他有些不对劲。当他的目光扫过一排排面孔，他看不到任何志同道合的人。无论何处都再没有一个亨利·埃尔朗格。那里聚集着皇家海军军官的儿子们——就像自己一样，但和他不同的是，他们不加抗拒地接受了正在发生的事。"我坐在这里，对我来说就如同在监狱里一样。"他在给父亲的信里写道，"远离了一切真正触及我内心的事物，每一天神经的反应都更加懒散。我自己也好奇，还能用意志掌控生活多久。很久以来一切美食都于事无补了。我在本质上是一个诚实正直的人，伪装超出了我的能力范围。"[88]往日里他的举止、他的精力、他那些疯狂的想法和他的机智幽默都叫人惊叹，而今一切都不复如故："总而言之，带着和其他人不同的意识生活在一个对我的精神而言十分陌生的环境里，这对我个人来说是极其艰难的。并且就我而言，这一点大概永远不会改变，我也必须承担这一状况的后果。"[89]

只有一个地方能让他畅快呼吸，那便是在天空中。哈罗喜欢飞行，无论是在滑翔机还是在重型"驳船"，也就是水上飞机中。他尽可能多地去空中翱翔。当他驾驶一架滑翔机逆风爬升，再转入滑翔下降、物体失重变轻时，一切重负都离他而去。从空中望去，即使在阴郁的日子里，波罗的海的金属灰也会散成各色彩光。随后他就不再感到痛苦，而是凭着第六感追逐风暴的边缘，那是飞行员的感官，无法在体内定位，却会使他的精神振奋。"飞行是一件美妙而体面的事，"他写信告诉妹妹黑尔佳，"在空中是最美好的时光。"[90] 当双眼藏在飞行员护目镜后，金发压在隐身帽般的飞行员帽下时，他可以在宁静中思索。他的目光一直瞥向丹麦，哈姆雷特王子曾在那里为类似的问题而烦恼。[①] 还有一次，他驾驶一架 B1 级重型水上飞机，飞过了吕贝克（Lübeck）的砖砌哥特式建筑，那里是早已逃出恐怖统治、去往瑞士的托马斯·曼的家乡。对哈罗而言，逃出本国，在别处、在一个自由的国家里做一名记者或作家，不同样是更好的选择吗？他一定得打面前这场看起来毫无胜算的战斗吗？

　　他在空中很清醒，并且因此更能接受地面上的事。他像地震仪一样从远处记录了这片大陆的震荡："我有一种难以确定，但十分有把握的感觉，长远来看，我们正面临着一场全欧洲范围的巨大灾难。"他在那几周里记下了这一点，而此时距离真正开战还有 6 年多。[91] 他必须像哈姆雷特一样为被杀害的父亲复仇：被纳粹毒害的德国——他无论如何都无法屈从于新的权力关系，无法像许多其他人一样和凶手沆瀣一气。当他滑翔掠过空运飞行员学校那些看起来像玩具般渺小的楼房时，掠过瓦尔内明德和吕贝克，尤其是在掠过海面时，他会想起亨利·埃尔朗格，便明白自己不能逃跑，而要积极行

94

动。同时，他也要像开滑翔机那样反应敏锐：准确地感知风并借其爬升——要避免坠毁或解体。做所有事都要有合适的时机、平稳的准备，而到了必须降落的时候，就要驾机着陆、走下飞机，走上坚实的地面——信念的坚实地面，只有如此才能避免在这世上"虚伪和中庸的海洋"里沉沦，就像他所说的那样，不能"一边向竿上的空帽子致敬，一边假装自己是威廉·退尔（Wilhelm Tell）① "。[92]

95　　他在这世上过得并不轻松。现在调查埃尔朗格一案的正是新成立的盖世太保，他们也不会放过在"海上观察员培训班"的哈罗。弗里茨·泽特洛（Fritz Zietlow），一个早期纳粹分子，1923 年就向纳粹党递交了入党申请，眼下供职于党卫队分队长亨策手下的保安局。他和雷吉妮·许特建立了联系，曾数次到她的住处拜访，想让她相信亨利·埃尔朗格是自杀身亡的。泽特洛从远方向哈罗施加的压力越来越大，哈罗从瓦尔内明德的一个教官那里得知有人在不断追查他。"直到现在我都得保持警惕，"哈罗在家信中愤怒地写道，"我们已经把这事带到那么远的地方了，天知道！在这里的'特殊朋友们'给我找了许多麻烦，起初我不知道该如何挺过这一切。但随着我在此地也找到越来越多支持我的珍贵同伴，我就感到自己逐渐又强大起来，对未来的焦虑也越来越少了，尽管总体形势还是让我很揪心。"[93]

　　事实上哈罗在大部分飞行学员那里越来越受喜爱。他发表演讲，

---

　　① 传说 14 世纪，瑞士的哈布斯堡王朝统治时期，地方总督盖斯勒曾在广场上立竹竿并在上面挂上自己的帽子，强迫经过的居民向帽子敬礼以示臣服；而拒绝行礼的农民威廉·退尔则遭到惩罚和囚禁。最终在反抗暴政的起义中，退尔一箭射死了盖斯勒。席勒曾为此创作戏剧，并且由罗西尼改编成脍炙人口的歌剧。

而且创作出一首《观察员之歌》，他的小组凭借这首歌在联谊晚会上获奖，并得到校长称赞："在舒尔策-博伊森的领导下成绩出色。"[94]

但他与国家权力的冲突也达到了顶峰。出于这个原因，亨利·埃尔朗格的母亲在一段时间内没有得到任何关于她儿子下落的消息。而后警方告诉她，在靠近普勒岑湖（Plötzensee）的霍亨索伦运河（Hohenzollernkanal）里捞到一具死者尸体，具有她在寻人启事里描述的特征。母亲得到了一具残缺的尸体：那是她的儿子。死因被认定为自杀——而哈罗告诉她并非如此。尸体火化后，她将亨利的骨灰葬在了莱茵河畔英格尔海姆的家族墓地里。

这就是为什么尽管哈罗一再被要求，却绝不会在盖世太保的谎言协议上签字，给自己母亲的检举画上句号。随后，泽特洛公然告知雷吉妮·许特，让一架飞机坠毁是件容易的事。

哈罗把这个威胁当真了。这样的死亡方式对所有在瓦尔内明德的人而言都不是新鲜事。已经有几个失事者了，他在一封给父母的信里证实了这一点："昨天我的同伴里又有一个人不幸失事，撞进了螺旋桨里。他没救了，头骨破碎，一个眼睛不见了，手臂也断了。可怜的家伙，这已经是第二个了。在这里必须全神贯注。"[95]哈罗小组里的另一个人从 150 米的高空坠落："感谢上帝他落在水面上。飞机摔得粉碎，但这人奇迹般地活了下来。因为脑震荡和几处肢体的骨折，他正躺在医院里。他不够小心，在转弯的时候飞机侧滑并旋转坠落了。"[96]哈罗是那样热爱飞行，但为了让自己免受泽特洛的影响，他向教官提出申请，"近期多学习一些飞行导航和理论内容"。而他给出的理由则是自己有些心力交瘁："最近这里的很多人崩溃了（就在昨天又有一架水上飞机摔得粉碎！）；我不想成为他们中的一员。人们完全能够理解这一点。"[97]

97　　　他告别的不只有热爱的飞行。为了达到真正的孑然一身，他还想要和雷吉妮一刀两断。某天他站在她面前，十分冷静地向她提出分手，此时他感到万分心碎，因为他还爱着她，而她也爱着他。但他无法像从前那样向她表达自己的情感，尽管他很想那样做——他也不知道该怎样向她解释这一切。他不再觉得自己能够满足她、保护她并给予她所需的东西。"我可能会为我的信仰而死"，他告诉她，并且补充说，他必须要自由地行事，不能怀有要对另一个人负责的情感。因此他无法再维系恋爱关系，并且建议她纯粹在政治方面和自己并肩作战，而不再有任何浪漫的羁绊。他注视着她，知道她本应得到更好的对待。

　　　泪水从雷吉妮的眼里涌出。在她眼里，此时站在自己面前的是一个迷失者，而原先站在那里的是一个年轻、情投意合的人，她曾想要和他共度一生。难道相爱不比全力投入一场毫无胜算的斗争更重要吗？

　　　如果他想要结束他们的关系，她答复他，那么就不该期待以后还能再见到她，他们不会再有任何形式的新关系了。

　　　哈罗点了点头。他想要的本来就是如此。他现在孑然一身了。

4

　　　1933 年 9 月 2 日，哈罗的 24 岁生日，在纳粹夺权后的第一个党代会上燃放了"世界上最巨大、壮观的烟花"。[98]莱妮·里芬施塔尔

（Leni Riefenstahl）① 拍摄电影，阿尔伯特·施佩尔闪亮登场，太阳从元首手中放出光芒：340节专列将与会者送到纽伦堡（Nürnberg），喜气洋洋地欢庆对政敌的胜利。希特勒在市政厅得到了阿尔布雷希特·丢勒（Albrecht Dürer）的铜版画真迹《骑士、死神与魔鬼》（*Ritter, Tod und Teufel*）。"权力及对其的残酷运用可以做成许多事"，独裁者宣称道，而戈培尔在向欢呼的群众所做的演讲中声明，"通过合法途径处理犹太人问题"只是一个更宏大的计划的一部分，他还明确发出了"对整个犹太种族而言极其不愉快的结果"的威吓。

　　哈罗从中理解到一条清楚的信息：亨利·埃尔朗格是第一批被纳粹谋杀的犹太人之一，但他不会是最后一个。褐色政权正以令人毛骨悚然的方式组建起来，人们没法再指望它会快速消失。尽管如此，哈罗仍没有被吓倒，而是以清醒的目光关注着政局的演变，并且仍把执政党的症结定性为拒绝参与讨论："人们竟如此自以为是、草率轻浮地应对当今最困难的问题，每天这都使我一再感到震惊。我看到了一大群奴才……不知所措的市民，虔诚的年轻人，却没有看到任何高大、清晰的政治人物。"他告诉父亲并继续从侧面抨击希特勒："民众根本没有那么愚蠢，我从工人到冲锋队队员那里都听到了尖锐的批评。只有小市民们是虔诚而不加怀疑的。现在难道不应该允许乃至期待公开、坦率的批评吗？政府没有这样做，这叫人生疑。……作为决定性权力因素的党派（总体看来）也没有超出第一核心集团的本质，

99

---

　　① 莱妮·里芬施塔尔（1902—2003）是德国著名女导演，也是希特勒的好友，为纳粹德国拍摄多部宣传片；她为1933年纳粹全国党代会拍摄了黑白纪录片《信仰的胜利》（*Der Sieg des Glaubens*）。

这个集团由人组成，在精神上是狭隘的，说得难听些：刚愎自用。"[99]

与之相反，哈罗觉得自己思路清晰，并且他逐渐为下一步行动做好了准备。就他的心理状态而言，他在致过去《对手》同事阿德林·图雷尔的一封信件中回顾了自己在空运飞行员学校的时光：

> 我相信，当我这几个月完全沉浸在自己的世界里时，最能理解我的恰恰是你。你一定知道，在瓦尔内明德的这段经历意义重大，用昆虫学的话来讲是一次"化蛹"。……在此期间我得闭嘴。起初我还为柏林的事情感到愤怒。但我克制住了自己的情绪，而后我越来越意识到自己过早地投入了政治的旋涡。因此我必然会承受一次失败。——然后我意识到这次失败使我变得强大，得到成长。……当然我参与政治活动的意愿又再次增强了。我已经抛下了一切怨恨，并越发努力地争取在内心中认同这个新的状态。要是没有进行自我改造，我可能会把自己丢进废品堆里。但我告诉你，我已经完成了蜕变。[100]

不久之后，他的这些话就经受了考验。随着秋日将近，哈罗必须前往柏林。他没有再遇到雷吉妮，和旧的社交圈子也几乎没有接触。-5℃的天气十分寒冷，但他厚重的制服大衣保护着他，而他也需要被保护：盖世太保传唤了他。哈罗第一次走进他们阴森的总部，位于阿尔布雷希特王子大街（Prinz-Albrecht-Straße）8号的秘密国家警察局（Das Geheime Staatspolizeiamt，简称 Gestapa）。持枪的党卫队队员驻守在大门两侧，没有标牌注明这里是什么机构。哈罗

100

说自己有预约，警卫点点头并按下一个按钮。电铃响起，伸缩门拉开，当哈罗进入前厅时，那扇沉重的、内侧没有把手的门在他身后哐当一声合上。又有一个穿黑色制服的门卫透过门房的窗口望向他，要他出示证件、告知要拜访的警官姓名。哈罗得到了一张访客证。警卫又按下另一个按钮，又是一阵电铃嗡嗡，哈罗来到一个宽敞的楼梯间里。两侧阶梯构成了通往一层的宽阔的露天台阶。铅玻璃窗营造出一种近乎神圣的氛围，光线落在镶木地板和拱形天花板上，几乎像在教堂里。[101]虽然没有看到人，但哈罗认定自己正在被监视。[102]现在他必须表明自己还能自持。

男士们穿着剪裁不合身的西装：盖世太保办公驻地，阿尔布雷希特王子大街 **8** 号，柏林。　101

有人接待了他并陪同他走进办公室，让他坐下来。两个警官坐在办公室里，其中一人是泽特洛。他要求哈罗最终证实卡尔·海因里希·埃尔朗格是自杀的。他说亨利长期以来处于抑郁之中，甚至有自杀倾向。在这种极端的心理状况下，党卫队处置他的手段导致他轻生。泽特洛已经把这一切都写了下来，从桌上把那张纸拨给哈罗。哈罗通读了纸上的内容。上面写着一个虚构的故事。就那么简单，签个字就可以把身上的压力卸下了。哈罗有没有犹豫过？他有没有请求要一点思考的时间，有没有抽一根烟？警员们有没有动用武力来使他就范？事实是，他没有在那份文件上签名，而是再一次拒绝了伪造真相的要求。令他惊讶的是警官们保持了镇定。他被准许离开，走出大楼时伸缩门在他身后合上，那声音在他耳中宛若最纯净的音乐。

"处理此事的警官非常友好且负责"，哈罗在问讯后记下了这一点。[103]但他并没有上当。如果盖世太保是"友好"的，那可能意味着以后要加倍小心了。

5

在瓦尔内明德的经历表明，哈罗可以在这个政治体系中生存，他可以不引人生疑地有所作为：第一步已经迈出。他曾是一个花花公子，试图用迷人的天性、不羁的活力和论辩的激情去颠覆世界，而现在他已自发成为一个严守纪律的士兵。现在他这个人的内心再也无法被旁人看透。他的培训结束于 1934 年 4 月 1 日，恰巧彼时柏林的帝国航空部（Reichsluftfahrtministerium，简称 RLM）正在重组和招募新人，哈罗便提出了申请。他这样做有两个原因：一是因为戈林的这个机构是帝国首都最强劲的势力之一，有许多职业机会；二是因为他在那里感到安全，因为根据法律，空军成员只受空军管辖——这可以抵御盖世太保。"我本可以找到经济收入更好的差事，但眼下我认为首要的方面不是此事，而是我的人身安全。"在得到录用后，他写信告诉父母。[104]但航空部也有严格的规章。他在米特区贝伦街（Behrenstraße）上班的第一天就必须签署一份文件，第四分部驻外空军负责人、空军上尉希尔默·冯·比洛男爵（Hilmer Freiherr von Bülow）从桌面上把文件拨给他，哈罗在上面写道：

> 在今天签署对元首的承诺书时我被告知，在执勤时及在官方的建筑和设施内要举起右臂，在身体残疾的情况下则举左臂，行德国式问候礼，同时清楚地说出"希特勒万岁"。进一步的期望是在非正式交际中也用同样的方式做出该问候。[105]

令他欣慰的是，作为副官的他很快发现冯·比洛和卡尔·巴茨（Karl Bartz）少校并不是狂热的纳粹分子，而是有情有义的空军军人。正如哈罗告诉他父母的那样，他们为新成员付出的"辛劳简直叫人感动"。[106]哈罗每天都得读外国的报纸、杂志和专业出版物，以评估一切关于和德国处于竞争关系的国家空军军备的消息。从莫斯科的日报《真理报》到《纽约时报》，每天早上保安处都会把最新一期的刊物放到他的书桌上。主管助理的身份把这项他总是颇感兴趣的活动变成了职责：获取已经成为绝大多数德国人唯一消息来源

103

的国家宣传机构之外的信息，了解国际上的最新动态。[107]最后他还能发挥自己的语言天赋，让自己优异的英语、法语和瑞典语派上用场。此外，他还加入了维尔纳·迪塞尔和其他几个朋友的学习小组，在空闲的时候补习俄语。

但这个新的职位也有令他苦恼的方面，那就是每月只有120帝国马克（Reichsmark）的微薄薪水——因为他无法出示学位证明。[108]虽然在党卫队袭击《对手》编辑部并夺走他的一切后，"这个世界上的财产"对他而言变得"越发无足轻重、更甚以往"，[109]但从第一天起他就在这个庞大机构里经历了剥削，这还是使他大吃苦头，因为这导致他在工作以外的生活也很拮据。[110]这种吝啬加剧了他对资本主义的批判态度。如果说帝国首都有什么地方可以让人大赚一笔，那一定是在航空部，飞机工业和国防工业与政府谈判利润丰厚的交易，经理与部门高官们赚得钱袋满满。部长戈林吃出了一个肥硕的富贵肚，以至于无法再坐进驾驶舱，只能穿进为他量身定做的夸张制服，在他的庇护之下，腐败肆无忌惮地蔓延。然而，那些从早到晚辛勤工作的普通部员却所得无几；他们那点可怜的薪水没有一次按时发放过。

于是，哈罗最初的欢喜劲很快就消失了。穿越机构的长征是艰难的，要用不断的妥协铺路。巴茨和冯·比洛再怎么友好都无济于事。哈罗不喜欢在得不到足够报酬的情况下用自己宝贵的生命去尽职，去做法西斯体制里的一枚小齿轮。这体制借口要消灭失业，实际上却让人们去从事薪水极低的工作。[111]"当某人得到雇用后，"哈罗向家人汇报说，"按照流行的观念，他得为'在圣诞节前拿到合

104

105

同而庆幸不已'！……叫人整天埋头苦干，却允许官僚机构在决策时拖拖拉拉，这是极其反社会的。"[112]

在外界看来，航空部带着一层专业与高效的光环，给人一种以现代化和高科技化手段进行战争的印象，但实际上在贝伦街上充斥着应付了事的氛围，哈罗越来越清晰地体会到这一点。恐惧与顺从的情绪基调悄悄蔓延到每间办公室里。起初作为一个民事机关，航空部尚有一套荣誉准则，但如今哈罗的身边出现了越来越多不光彩的混合物：顽固的民族社会主义与赤裸裸的贪婪相结合，这种贪婪源于航空工业在重整军备过程中获得的巨大收益。

于哈罗而言，部门里的状况就像一面镜子。在柏林的街道上，在帝国的各处都有人因为经济状况而受罪。1934 年失业人数再度上升，希特勒夺权后头几个月的经济增势减弱了。农民们抗议新实施的强制种植令，零售商感到在与百货商店的竞争中受到了欺骗。正如哈罗所做的预测，纳粹当局无法履行其执政方案中的"社会主义"承诺，必须对抗内部的矛盾。民众中的不满情绪持续增长。

在 1934 年 5 月 1 日，哈罗见识到民族社会主义处理社会问题的方法。彼时所谓的德国人民国庆日——玄机已暗藏在字眼中。数十年来定义这一天的"劳动"（Arbeit）一词消失了。不再有工人阶级（Arbeiterklasse），一切都融入了一个空想出来的"民族共同体"中，这是一个右翼民粹主义的概念，其自始至终的用意都是把人们的注意力从一件事上引开：对个体劳动力的剥削，领导层成员和"小齿轮"之间巨大的收入差距；"小齿轮"们维持着机械运转，得到的却只有面包屑。

　　哈罗得到调动，在遭遇酷刑整一年后的 1934 年 5 月 1 日上午 10 点，他要去滕珀尔霍夫机场。有好大一群人在那里聚餐，"牲畜市场般的屋棚里挤得水泄不通"，哈罗在给他妹妹黑尔佳的信里写道："女人们汗流浃背，脱了鞋子穿着丝袜坐在周围。男人们吃着香肠喝着啤酒，能拿到多少就吃多少。太阳无情地炙烤着。"[113] 这大概是一个庆祝生育的民间节日，据说是日耳曼人的传统。装饰着纳粹旗帜的五朔节花柱立在四周，到处悬挂着取代了工会的德意志劳工阵线的标志。但没有真正的节日氛围。一切都太勉强了，甚至听不到多少歌声，只是偶尔有人在唱一首名为《萝勒》（*Lore*）的民歌：

> 在树林中，在翠绿的林中
>
> 有林务员的小屋一间
>
> 每一天清早
>
> 那样清爽、没有烦恼
>
> 林务员的女儿走到外边
>
> 嗒啦啦，林务员的女儿走到外边
>
> 嗒啦啦，林务员的女儿走到外边
>
> 萝勒、萝勒、萝勒——
>
> 漂亮的姑娘十七八
>
> 萝勒、萝勒、萝勒——
>
> 漂亮的姑娘满天下

　　之后帝国总理发表讲话。下午 1 点的时候哈罗设法从围栏的空

107

隙里逃了出来。"希特勒的演讲就是一堆空话，"他给黑尔佳写道，"没有什么新思想。好吧，到头来反正都一样……行动胜过一切言语。既然他如此气急败坏地指责那些邪恶的吹毛求疵者，我不想再无意义地把自己加到这些人当中了。"[114]

随后几天，哈罗无意间在部门里听到：平静的幕后暗流涌动。要求进行第二次，也是一次真正的民族社会主义改革的呼声越来越高。哈罗所预言的纳粹体系内部的裂痕出现了：致力于发展经济的保守派阵营和簇拥在冲锋队领袖罗姆（Ernst Julius Günther Röhm）周围的一派发生了摩擦，后者有激进主义倾向，并且立足于大众和年轻人。希特勒政府会分崩离析吗？伦敦外汇市场里的帝国马克已经开始下跌。"柏林这里的政治气氛，"哈罗在信中告诉父亲，"现在紧张得就像带了电。"[115]

这几周的天气也酷热难耐。根据日历那时还是春天，但早已有了夏日的感觉。柏林的天空一片钴蓝，空气很沉闷，气压将在雷雨中释放。1934年的6月20日是有气象记录以来最热的一个6月20日。这一天哈罗的上司戈林在柏林北面的绍尔夫海德（Schorfheide），那里所有的村庄都披上了绿色的装饰，因为他第一任妻子卡琳（Carin Göring）的遗体要被迁葬到那个以她的名字命名的狩猎庄园"卡琳庄园"（Carinhall）里——那里离利本贝格城堡不远。希特勒、希姆莱和戈培尔都在宾客名单上。

去程中的一起事故体现了局势的紧张程度。在柏林—什切青高速（Autobahn Berlin-Stettin）上，希姆莱的奔驰车挡风玻璃碎了，这是暗杀，还是仅仅被一块无害的碎石击中？伴随着轮胎尖锐的摩擦声车队停下，党卫队士兵跳出车子向林中射击，一拥而上却没找到一个人影。在那个压抑日子的晚些时候，戈林骄傲地向他的同伙们展示了他的新地产——带有射击场、网球场、船坞、地下掩体、高射炮塔、天鹅馆和狮苑，那是为他最喜爱的宠物准备的。而后领导头目们聚在狩猎大厅里，为臆想的高速公路暗杀事件气愤不已，猜测着幕后黑手——还讨论了袭击冲锋队队长罗姆的计划。

这是在所谓的"长刀之夜"（Nacht der langen Messer）前，纳粹四人组的最后一次会晤。他们无论如何要避免与作为法西斯社会秩序发动机的军工复合体发生冲突。为了他的战争计划，希特勒需要与国防军将领和商界保持良好的关系。于是罗姆成了一个双重的威胁，因为他想用他的冲锋队和军方一争高下——而他的社会主义倾向也不讨康采恩老板们的喜欢。此外尤其是希姆莱，这个昔日的鸡农和自封的道德守护者，将在党内人尽皆知有同性性取向的罗姆视为眼中钉。通过有计划地剥夺罗姆的权力，希姆莱希望把自己迄今为止笼罩在冲锋队阴影下的党卫队发展成主导组织——首先是一个经济帝国。在他看来冲锋队对集中营的管理并不尽如人意，在经济方面效率低下，应该把集中营改造为一个党卫队大企业的经济基石，由他出任穿黑色制服的企业经理。

10 天后的 1934 年 6 月 30 日，一场决定性的内部清算拉开了序幕，这场清算将终结纳粹运动的一切社会革命抱负。在那之前不久有人散布传言，说罗姆正在策划一场夺取德国大权的政变。凌晨 2 点，希特勒的飞机在波恩附近起飞并于 4 点左右降落在"纳粹运动的首都"慕尼黑，他立即前往巴伐利亚州内政部。慕尼黑的警察局长和当地的冲锋队指挥官们已被召集于此。希特勒佯装暴怒地撕下了他们的肩章，痛斥这些人叛国并下令将他们逮捕。清晨 5 点时天气已很温热，所有人都出汗了，本想等待亲卫队增援的独裁者再也无法忍受这种紧张的气氛。他担心正在泰根湖（Tegernsee）与冲锋队全体高层领导开会的罗姆会得知这次袭击计划并转头展开反击。希特勒当即钦点了几个党卫队士兵作自己的卫队。他们驱车穿越清晨的巴伐利亚，一个半小时后抵达泰根湖：巴特维塞（Bad Wiessee）的汉塞尔鲍尔酒店（Hanselbauer Hotel）招牌上写着"非请勿入"，冲锋队的高层领导们还在床上安睡。

110

6 点 30 分希特勒手执鞭子冲进 7 号房间，他的司机后来证实，他冲着昔日的挚友大吼，而后者正困倦又惊恐地坐起身来眼神呆滞："你被捕了，罗姆！"罗姆褐色的丝绸衬衫和裁剪得无可挑剔的弧形裤子整整齐齐地挂在椅子上。"万岁，我的元首！"冲锋队队长咕哝道并揉着眼睛想消除睡意。而后希特勒又一次咆哮道："你被捕了！"[116]与此同时身着黑色制服的人进入酒店的其他房间，把前一晚豪饮、此时仍宿醉的冲锋队领导人被拖到走廊里。屠杀开始，有一百多人被枪决，包括罗姆在内。

谋杀之后是对名誉的抹杀。冲锋队中有几个人在汉塞尔鲍尔酒店同床共寝，戈培尔充分利用这件事在民众中抹黑被枪杀的冲锋队高层。像在利伯塔斯的祖父菲利普侯爵和威廉二世皇帝一案中那样，对同性恋的厌恶又派上了政治用途，这次是以一个更为恶劣的新名义。

6

哈罗的父母很是担心他们的儿子。在 1934 年夏天的大屠杀中遇害的不仅有冲锋队成员，还有许多不受欢迎的参政者，例如魏玛共和国最后一任总理库尔特·冯·施莱谢尔、前任国防部副部长斐迪南·冯·布雷多（Ferdinand von Bredow），以及纳粹党的社会革命家格奥尔格·施特拉塞尔（Georg Strasser）等。哈罗在清算浪潮中幸免于难，但他明白：政权变革的希望现在已荡然无存。纳粹党的"社会主义"分枝被剪除了——未来更恰当的名称或许是国家资本主义。

前路未定，头脑中的矛盾重重，在 1934 年的那些夏夜里哈罗紧张不安地在夏洛滕堡（Charlottenburg）穿行。"他衣着杂乱而肮脏"，一位女性朋友证实道——那可不是他的常态。唯一使他得到消遣的是在哈弗尔河（Havel）边蓝-红（Blau-Rot）码头认识的几个新伙伴，他有时会去划一个朋友泊在那里的蓝色划艇。这个小团体的核心人物名叫里夏特·冯·拉费（Richard von Raffay），昵称"里奇"（Ricci），是个广告设计师，而且是"货真价实的汉堡人，安静并且总是十分有趣"。[117]他们夜晚出行时总爱带上哈罗，或是去"一家三流的波希米亚式酒吧"伦特（Lunte），或是走进位于从波茨坦广场到莱比锡大街（Leipziger Straße）道路右手边的艺术家咖啡馆约斯提（Josty），又或者是去里奥-利塔酒吧（Rio-Rita-Bar）里跳摇摆舞。

但这与他往日和亨利一起绕着房屋漫步是不一样的。黎明时哈罗回家，却不再带着办《对手》时的英雄气概。他不会再在"强盗新娘"的怀里书写那些用来改变世界的文字，而是独自钻进被窝，好在上午去部门里又一次喊出"希特勒万岁"前再睡一小会。

7

1934 年德国最受欢迎的 10 部电影中有 4 部来自米高梅公司。 112
利布斯的工作显然做得很好——并且与哈罗相反，她对工作毫无疑
心。然而，她真的获得了在职业上进一步发展的机会了吗？女子要
在纳粹德国做出一番事业并不容易，即使在好莱坞工作室里也是如
此。利伯塔斯设想通过为米高梅工作来接近她自己拍摄电影的目
标，但这被证明是幼稚的。她无法从事公关以外的工作并且萌生了
辞职的念头。但她应该去做什么呢？自 1933 年意图把女大学生的
比例压缩到 10% 的《反对德国学校和大学拥挤法》（*Gesetz gegen die
Überfüllung deutscher Schulenund Hochschulen*）颁布以来，上大学对
年轻女性而言成了一件难事。作为米高梅的新闻秘书，利伯塔斯认
识了一些记者，她在考虑：或许去一家较大的报社或杂志社做影评
人是一条出路。

她在私人领域建立了新的联系，这些联系决定了她后来的命运。
利伯塔斯也认识里夏特·冯·拉费。在 1934 年 7 月 14 日，法国的革
命纪念日和自由日这一天，25℃ 的气温十分宜人，她坐着拉费命名为
"葡萄号"（Haizuru）的小船出游，身着被官方命名的"两件套"
（Zweiteiler），并且自 1932 年"三角衬布法令"（Zwickelerlass）① 颁

---

① 指 1932 年 9 月普鲁士内政部颁布的关于公共泳池内着装的规定，因为多次提及
"三角衬布"（Zwickel）一词而被德国民众戏称为"三角衬布法令"。

布以来在公共场合禁穿的比基尼躺在船头。这时一条蓝色的小船向他们划来。

An der Schreibmaschine. Sept. 44

113　　　　　　　　　　**在米高梅做新闻秘书的利伯塔斯。**

只有一个消息来源描绘了这次相遇。利伯塔斯在一首诗中记述了她和哈罗的初次见面：

> 傍晚的金辉里有小帆一叶，
>
> 划过白色的睡莲。
>
> 因这时分如此可心，
>
> 她穿着宽松的红色长裤装和无袖连衣裙
>
> 站在船头。

一艘蓝色的小船驶到旁边，
船里有个头发被风吹乱的少女
身上带着整个世界的光辉。
一声欢呼骤然划破静谧。
傍晚沉浸在阳光里。

利伯塔斯热爱在水上的自由。

114

里奇·冯·拉费没有打扰这二人的相互吸引，他识趣地把自己
115　的船停在了蓝-红码头并告辞离开。剩下哈罗和利伯塔斯二人继续
划船，那首诗继续写道：

> 温热的七月之夜来临，
>
> 它是那般充满柔情，
>
> 而她那般满心欢喜，
>
> 因为他们的灵魂彼此寻觅，
>
> 而那浩渺的星穹里，
>
> 都没有给他们足够空间，
>
> 把那新发现的奇妙世界，
>
> 去全心全意地尽情享有，
>
> 温热的七月之夜过去……[118]

当哈罗脱下他的衬衣时，那些还清晰可见的鞭痕和结痂一半的
创口吓了利伯塔斯一跳，他便轻声地、带着迟疑地向她述说起来，
有时又情绪激动、目光锐利；当她的手指轻抚过他的伤口时，利伯
塔斯一面听着他讲，一面开始了她长久渴盼的思索，而当哈罗感受
到她的温柔时，也开始了自己格外需要的疗愈。

8

他俩精力充沛得令人难以置信，没有一秒钟是无聊的。美好的

时光紧密相连，夏日变得美丽，他们正值妙龄，相貌出众——并且两人的家室也非同寻常；利伯塔斯的家族声名更显赫，但不乏争议，而哈罗的家族名望则无可指摘，尤其是提尔皮茨的。哈罗真正的财富是一个稳定的家庭和随时都能说上话的父母，这正是利伯塔斯缺失的，不过她有一座城堡可供炫耀。

116

1934 年 8 月 1 日，哈罗搬进了里奇·冯·拉费在霍亨索伦大街（Hohenzollerndamm）的寓所。与外界隔绝的日子结束了，现在他和朋友们一起吃大桌的晚餐，利伯塔斯也会来。他们牵手、拥吻，去电影院看葛丽泰·嘉宝出演的《瑞典女王》（*Christine*）、约翰·韦恩（John Wayne）的新西部片和约翰尼·维斯穆勒（Johnny Weissmüller）演的《人猿泰山》（*Tarzan*）。他们还去酒馆，在骑师酒吧（Jockey-Bar）里彻夜跳舞，那里一个叫恩格尔（Engel）的钢琴师后来加入了"喜剧人乐团"（Comedian Harmonists），这个乐团把爵士乐和流行乐的曲目与巴赫和莫扎特的作品相结合。他们也常光顾餐厅，尤其是彼时开始流行的亚洲餐厅。例如在康德大街（Kantstraße）可以"吃到真正的中国菜，有许多米饭、竹笋、辣酱和奇怪的鱼类"。[119]

对于 1934 年 9 月 2 日年满 25 岁的哈罗来说，他的生活开启了一个新的时期，假使没有那些挂满建筑门面的纳粹旗帜，日子几乎像以往一样。虽然与雷吉妮分手后，他起初不想再找一个女友，但利伯塔斯与他无比般配，在床上也是如此。又有谁能抗拒她呢？她不过 20 岁，却已沐浴过利本贝格兰科湖里一汪清澈且无比浪漫的湖水。如今她终于可以发挥自己全部的魅力了！嘿，她祖父还和皇帝上过床呢！哈罗认定他的父母知道关于利本贝格圆桌会议的巨大丑闻，因此向他们写信说："至于身为老奥伊伦堡的孙女这一点，她是无法改变的：但她身上肯定没有人们归给她祖父的那些特质。"[120]他很自豪：自己呈现给盖世太保的形象尤为无害且正派了。和利本贝格城堡的利伯塔斯约会，并且她还是纳粹党员，这听起来真的不像共产党人的做派。他写信告诉父母："我必须和完全无害的好人待在一起；和他们为伴是完全合宜的。"[121]

117

利伯塔斯同样也从新的关系中受益。哈罗满足了她的求知欲，他拥有吸引她的严肃与深沉，也与她本人所追求的灵魂与诗意的深度一致。此外他生得无比英俊——并且，感谢上帝，他暂时不想要孩子，还和她一样拒斥纳粹宣传中"炉边蟋蟀"① 式的性别定位。

他们最喜欢的还是一起划船，在里奇慷慨转交给他们的小船上度过尽可能长的时间，而他们只需付一小笔维护费，蓝-红码头的泊位也给他们打了折扣。1934 年八九月的哈弗尔河和万湖上，当阳光在他们头顶照耀，土地散发出夏天的气息，万籁俱静之时，只有风在沿岸树叶间沙沙作响，吹得船帆发出嘎吱声，也让他们紧靠在一起。风变大时他们必须完全信赖彼此，一人发出指令，而另一人要不假思索地执行……傍晚的云彩泛红，他们就在水上过夜，热切地相拥而睡，抛锚在哈弗尔河一个河湾里的小船晃动起来。

118

而后秋天来了，里夏特·冯·拉费和他的两个伙伴搬出了霍亨

---

① 这一典故来自英国作家狄更斯（Charles Dickens）的家庭小说《炉边蟋蟀》（The Cricket on the Hearth，德语：Heimchen am Herd），描绘了一对底层夫妇的恩爱生活。"炉边蟋蟀"一词被用来指代传统的家庭主妇，类似中文里的"上得厅堂，下得厨房"。

激情四射的"对手"们：哈罗、利布斯和库尔特·舒马赫（Kurt Schumacher）在万湖上。

索伦大街的公寓，利伯塔斯则在 1934 年 10 月 1 日搬了进来。他们把两个空下来的房间转租出去，于是这里仍是一间合租公寓。一年后利布斯从她的嫁妆钱里拿出 1000 帝国马克买了一辆二手的欧宝（Opel）敞篷车，并以写出文化哲学著作《西方的没落》（*Der Untergang des Abendlandes*）的斯宾格勒①为它命名。至于她是想借此表达文化悲观主义，还是通过提及右翼的斯宾格勒来表明自己身上占主导的仍是保守主义的观点，就不得而知了。无论如何，他们

———————————

① 奥斯瓦尔德·斯宾格勒（Oswald Spengler, 1880—1936）是德国著名历史哲学家，也是重要的保守派政治作家，其著作受到纳粹推崇。在其最重要也备受争议的《西方的没落》一书中，他提出了西方文明已处于衰亡阶段的悲观理念。

能开着"斯宾格勒"轻松抵达城里的所有娱乐场所，还能出城去利本贝格放松。在那里，利布斯会改骑她的马儿"谢尔措"，而哈罗则会躺在兰科湖岸边。

　　这种恋爱生活暂时和抵抗运动还没有什么关系。表面上看来他们遵纪守法，参加了一个英国空军驻外武官，也是利伯塔斯一个朋友的招待会，在会上走动的只有高级军官和外国外交官，作为情侣的他俩给人们留下了良好的印象；又或者他们和航空部的同事们一起去郊游，这使哈罗名望大增，因为利伯塔斯吸引了所有人。哈罗的战术奏效了。一切看起来都无可怀疑、充满希望，并且魅力四射、完全是"雅利安式"长相的哈罗和利伯塔斯在不经意间成了帝国首都一对新的神仙眷侣。

9

　　但哈罗的内心仍然躁动不安，他决心再度积极地投身政治。他想重新在写作方面试试运气，这是他最大的爱好。这一次他选择的载体是《国家意志》（*Wille zum Reich*）杂志。杂志的内容绝对不像标题那样符合制度，在这里聚集的不只有民族革命派的知识分子；有几个哈罗的老同事也在这儿发表文章。杂志的头版看起来总是没有害处且忠于当局的，但再往后翻，比如在文化版面，就会有不同风格的文章。那里有备受争议的法国作家安德烈·纪德（André Gide）；有德国雕塑家和画家恩斯特·巴拉赫（Ernst Barlach），尽管他的作品被认为是"堕落的"；还有在纳粹德国同样被禁的法国画家保罗·高更（Paul Gauguin）。《国家意志》像是报刊亭里的一个特洛伊木马；许多作者用假名发表文章，哈罗也署名"图尔克"（Türke），并且自 1935 年春天起担任主编，就像之前在《对手》时那样。在他的领导下，这份刊物变得更时髦了，原先的副标题"一份展现德国青年精神的杂志"也改成了更现代化的"文化与政治半月刊"。

利伯塔斯也参与进来，她翻译外国作者的文章，做编辑工作，并且试图以这种方式掌握她伴侣生活的世界。只是有一个问题，她很快就对这些事情感到厌烦了。《国家意志》的干巴文字里满是深沉、具有世界意义的思想。为它供稿的都是对时事兴趣颇深的人，比如哈罗，又或者是另一个作者——尖刻而博学的瓦尔特·库兴迈斯特（Walter Küchenmeister），他是一个熟练的钢铁车工，1918 年曾作为水手参加十一月革命。① 不，利伯塔斯对政治理论没什么兴趣。对她而言，哈罗如此热衷的那一套理性阐释都不如一种在错误中正确生活的感觉重要。她并着双膝蹲坐在狭小的编辑室里，梦见了德国，这个她如此深爱的"腐烂的国家"，这是她在一封信里的说法。[122]

而对哈罗来说《国家意志》正合心意。他终于可以倾吐心声，为自己对外交和国防政策的看法找到表达空间。对他而言，现代的真正悲剧就隐藏在文章那些枯燥的标题背后，譬如《美国经济危机

① 十一月革命（Novemberrevolution）指 1918 年 11 月爆发的反对德意志第二帝国的政治革命，起因是基尔港的水兵认为德国在第一次世界大战中大势已去，拒绝出战。革命最终导致了帝国灭亡，魏玛共和国成立，第一次世界大战结束。

问题》《反逐利行为或军备强度》《反对帝国主义——为了原材料基地》《自由经济是军事叛变》，等等。他的老主题，即对资本主义的批判显得比以往任何时候都更具有现实意义。同样他也重新关注欧洲的团结，给在巴黎《计划》杂志的老伙计寄去了一份样刊。"这份杂志肯定得办得很规矩、很一体化，但为了和我们的朋友保持正常联系，它总好过没有。"在附信里哈罗如此写道，他把附信邮寄到了日内瓦，因此不必担心审查制度。[123]在这封信里他还勾勒出未来几年的战略，并告诉他的法国朋友，虽然他还没有想过成立组织，但已经在举办小型的秘密会议了，并且开始"结识更活跃的人士"。[124]他认为目前看来有效反抗纳粹当局的机会是存在的："盖世太保的任务每一天都变得更艰难，因为自由批评的受众在不断增长。"他认为穿越机构的长征也在取得成果："到处都有政权的反对者，在各部门里，在党内，在秘密警察中。许多不成熟的革命主义已经消失了。"[125]他感到，现在每个从事政治的人都处在至少是一定程度的危险之中。

　　然而，局势并非真的充满希望。在 1935 年这一年里，此前还活跃于搞杂志和传单运动的社会民主党与德国共产党地下网络基本不复存在。盖世太保在几乎每一个角落里都安插了眼线，并且大范围地摧毁了各个共产主义党派用以维系组织结构的工作。有大批人在这些行动中被捕，其中许多人根本不是社民党人或共产党人，而是致力于其他的目标。哈罗看到这些事后可能会从中得出结论，即这种不以私人关系为基础的组织不适用于对抗极权主义体系的工作。相反，渗透不以某种意识形态，而以友谊为主导的小圈子则要困难得多。

1935 年夏天，发生在帝国首都核心区域的公开反犹主义暴乱表明了采取行动的必要性。暴乱的导火索是一部在选帝侯大街放映并大获成功的"喜剧电影"——《佩特森与本德尔》（*Pettersson & Bendel*），这部瑞典片是第一部被戈培尔以"有益于国家政策"一语赞赏的外国影片：一个犹太人在斯德哥尔摩港上岸并以本德尔为假名做坏事，欺骗了一个名叫佩特森的失业者，一个诚实的瑞典人。本德尔在试图把佩特森的未婚妻也夺走时败露了，他被驱逐出境，不得不回到船上，原路离开瑞典。有传言称，这部电影在选帝侯大街上映时有犹太观众在不断地干扰放映。柏林被一体化操控的各家日报报道了这一事件，于是夏洛滕堡发生了反犹主义袭击，那里是医生、银行家、律师和艺术家的，也是富裕犹太市民阶层和艺术先锋的首选住宅区。被谋杀的亨利·埃尔朗格的父母也住在该区。1935 年 7 月 15 日，一群穿着褐衫的暴徒聚集在选帝侯大街一家高级影院门口，殴打他们认为长得像犹太人的路人，在犹太人的商店和艺术家酒馆前抗议，谴责所谓的"犹太种族亵渎者"与"忘本的德国妇女"的行径。暴行持续了 4 天，直到 1935 年 7 月 19 日，柏林警方都没能恢复秩序。哈罗在信中痛苦地告诉父母："昨天参加暴乱的人中有一部分今天又来站岗（这次穿着制服），以防止暴乱重演。"[126] 警方与纳粹党的暴力机关，如冲锋队和党卫队的合作始于 1933 年春天，那是亨利·埃尔朗格死去的时间，之后这种合作一直在加强。纳粹党领导层以选帝侯大街的动乱为契机，把这种看起来真切，实际上是对戈培尔的宣传人为挑起的"人民之怒"加以利用，为将于 1935 年在纽伦堡党代会上通过的种族法案做准备，那些法案构成了对在德犹太人进行歧视、迫害乃至灭绝的法律基础。

10

1935 年圣诞节，这对相恋一年的情侣前往米尔海姆的哈罗父母家。利伯塔斯被介绍给哈罗的家人，并如预期般受到欢迎。平日里不苟言笑的父亲埃里希·埃德加一看到儿子选定的女友就欣喜得几乎忘形。还有哈罗的弟弟哈特姆特，又唤作"哈特姆特老弟"，年仅 13 岁的他也对这个城堡中的贵族小姐一见倾心。利伯塔斯言行坦率，甚至有些浮夸，但能达到想要的效果，她告诉大家她和哈罗会过得"越来越幸福美好"。而后利伯塔斯观察起他们的住所。她在这间米尔海姆的富裕市民家中获得了相当多的乐趣，丝毫不亚于哈罗第一次在北欧式礼堂里鉴赏空的骑士铠甲，以及菲利普侯爵从挪威带来的鲸牙时的新鲜劲。埃里希·埃德加曾作为船长在海上航行过几年，因此他家里不仅摆着许多来自世界各地的古董家具，墙上还挂着一个木鼓，还有一面巨大的中国锣、几张来自非洲和中东的基里姆毯①和地毯，房里还摆满了书籍，其中不乏异国情调的厚册和大开本古书。[127]

利伯塔斯兴奋极了，她很感激终于"有了一个家庭"，于是在

---

① 基里姆（Kelim）是中东地区的一种梭织的地毯和缂织壁毯。

立着圣诞树的客厅里打开手风琴弹奏起来，这一晚上她都在唱圣诞歌、民歌、厨房歌①、童子军歌，唱德语歌、英语歌和法语歌。[128]玛丽·露易丝对二人的结合持怀疑态度，因为她更希望哈罗找一个踏实的市民女儿而不是一个捉摸不透、祖父还丑闻缠身的贵族小姐，但她也不得不承认利伯塔斯拥有使人愉悦的特质，散发着深切而热烈的情感；她自己对此再清楚不过，因为到那时为止，家里拥有这种情感的只有她一人。此外，利伯塔斯还有足够的耐心去听她讲述在德国殖民贸易公司妇女协会的工作——而舒尔策家的其他人对此都不感兴趣。

晚餐吃的是卡塞尔（Kassel）的腌猪排配酸菜。一般来说平安夜晚上会吃些家常便饭，免得主妇太过操劳。但玛丽·露易丝是个糟糕的厨师，除了红果糊以外几乎什么都做不好。埃里希·埃德加对此并不在意，他已经习以为常，即使对做得最糟的菜也能心平气和地夸上几句——哈罗则会大口吞下面前所有能吃的东西。而利伯塔斯也不在意玛丽·露易丝糟糕的厨艺。她吃够了侯爵家的大餐，现在爱吃市民家的粗茶淡饭。她觉得这里的一切都很接地气，感动地宣称自己是这家的新女儿。最打动利布斯的是玛丽·露易丝那有时叫哈罗难以忍受的关心，因为她十分怀念自己家里的这种关怀。这个来自利本贝格的少女从未感受到过像鲁尔河畔这家人间那样的亲情——至少她是这样认为的。她把哈罗母

125

---

① 厨房歌（Küchenlied）是一种伤感的德国民歌，因为常由女仆和厨娘在厨房哼唱而得名。

亲有时表现出的侵略性解读为爱——这或许是真的，并且她忽视了这对夫妻间的隔阂，也没有意识到舒尔策夫妇在各方面的诸多分歧，有许多事情被掩盖起来——他们已经用一种包容代替了爱情。哈罗的父母长期以来都睡在不同的卧室里，房间的陈设大可映衬出他们迥异的性格：埃里希·埃德加的房间布置得极为简单，单人床、衣柜和只摆着牙刷与刮脸用具的盥洗盆，看起来像间僧房；玛丽·露易丝的卧房则要大上许多，附带的独立外廊被打造成植物茂盛的温室，屋里上上下下塞满了她的小物件、香水瓶和杂七杂八的玩意儿。[129]

　　平安夜——动情而敏感的时刻，中央供暖放出舒适的热气，装点好的圣诞树静静地闪着光，而后是赠礼时间：大面包桶、耶拿（Jena）玻璃制成的量杯、绞肉机、浴袍。没有奢侈品，而是多多少少有些用处的日用品，但这也没有让利伯塔斯懊恼。她喜欢端着一杯莫泽尔酒（Mosel），懒洋洋地靠坐在扶手椅上，听埃里希·埃德加讲的滑稽故事，他像吞了根棍子似的在椅子上坐得笔直。他讲起哈罗小时候曾看见一个人从红砖房里跑出来，背上的麻袋装得满满当当，这时哈罗发现楼梯间里的地毯不见了——于是他追着那人跑。"小偷，小偷，小偷！"哈罗喊道，于是那人丢下了赃物。地毯又回到了家里，所有人都感激小男孩哈罗。

　　哈罗喜欢别人和他分享这类故事。夸奖对他很受用，谈及他的中学毕业证书时也是如此，那上面写着"希望他颇高的智力能对德国有益"。[130]但哈罗也明白：现在要应对的可不只是失窃的地毯，当他环顾自己的家人，尤其是他母亲的情况，并将之推演到所有德国人身上时，他会感到不安。在这个平安夜，他和玛丽·露易丝吵了起来，因为她随口对哈罗说利伯塔斯有一张"犹太人的嘴"："我没法不在意她那张犹太人的嘴。"[131]去年夏天哈罗和他的母亲就有过类似的争执，那时她拿他头部的 X 光片说事，赞扬他那所谓的"圆颅"是雅利安人的标记。"只要你还说这种话，"那时哈罗给她的信里写道，"你就不必惊讶于我把和你的争论看作毫无希望的举动。毕竟这关乎问题本身，而非我个人的情况。此外你用的'圆颅'这个词其实一直就是错的，而你对这整个问题的基本看法已表明，你在很大程度上已经成了某些极其低劣观点的受众。"[132]仅仅两年时间，这个在 1933 年时还敢厚着脸皮为亨利·埃尔朗格之死对抗党卫队的聪明女人就被折服，开始在"种族优生"① 的范畴内思考问题。

　　哈罗和母亲对于女性形象的看法也大相径庭。虽然他能欣慰地感觉到母亲对女友的喜爱，但只要她还没理解"利伯塔斯从来不是你长子的资产，她永远只是他存在的一种延伸，并完完全全是他面对的世界里的一部分（从头到脚都是如此！）"，他就无法摆脱在察觉到母亲充满爱意的兴奋和有些天真的骄傲时那种苦涩的杂感。[133]在圣诞节几周后的一封信里他又谈到了这个问题，对他而言这是个政治问题： 127

---

　　① "种族优生"（Rassenhygiene）是一种盛行于 20 世纪初的理念，主张由公认最强健、聪明的人来繁衍后代，对基因不良者则可采取绝育乃至消灭；该观点后来成为纳粹种族屠杀的主要理论依据。

就目前来看，利布斯在工作上花时间帮助我要远比她在厨房里做饭、去市场采购或除尘来得有意义与有效益。我不想把在中欧盛行的让妇女进厨房这一刑罚引进我们家。这不是因为我有什么革命性的理想，或是不着边际的幻想，而仅仅是因为如果利布斯和我的婚姻不是建立在共同的生活、工作之上，那么必然会像建立在流沙上一样，这流沙就是整个资产阶级社会中女性的没落处境。[134]

平安夜晚些时候，父亲把哈罗拉到一边。他不得不同意妻子的观点：甚至当家人来访时，利伯塔斯的睡衣也在柏林的住所里显眼地四处散落，这绝非个例——显然这只是为了炫耀他们反传统的同居生活。[135]虽然知道自己的儿子喜欢挑战世俗，但他觉得如此狂野的同居不是长久之计。

结婚——哈罗不喜欢这件事，但这个词总萦绕在脑海中，像利伯塔斯一样他也知道：埃里希·埃德加是对的。他们的非法同居惹人注意，出于安全考虑哈罗不希望如此。而且由于他在航空部的收入依然少得可怜，还有一个世俗的原因促使他这样做：结婚会带来经济利益，利布斯在出嫁时会得到一笔高达 10000 帝国马克的可观嫁妆，而哈罗本人在部门里的收入也会有些许提升。因此，复活节时他们驱车前往利本贝格，和利伯塔斯的母亲托拉商讨了一些细节，婚礼定在了 1936 年 7 月 26 日。通过他写给父母的请帖风格可以看出哈罗内心对既定婚礼的疏远：

128

民事和教堂婚礼将于周日上午进行。近亲里还有几个人会来（总人数：18）。我把《耶稣仍引领!》（*Jesu geh voran*）从节目单里去掉了，并提议换成《坚固保障歌》（*Eine feste Burg*），①哈特姆特得把它背下来，因为总得有人去唱歌。牧师的发言会做得简短些。他清楚这一点。接下来是丰盛的午餐。然后利布斯和我会离开。下午你们可以去喝茶和散步。[136]

舒尔策夫妇提前一天从米尔海姆出发，哈罗的妹妹黑尔佳和她的意大利丈夫卡罗（Carlo Mulachie）从威尼斯赶来。所有人都在城堡里分到了一个单人的、带热自来水的房间，连弟弟哈特姆特也不例外。这天哈罗例外地既没有穿空军制服，也没有穿蓝色毛衣，而是身着晚礼服亮相，利布斯穿的则是她多年里第一次回城堡的时装设计师父亲特意为婚礼设计的白色连衣裙。

这是一场小圈子内的庆典，没有朋友出席，还要办得迅速且顺利。哈罗对利本贝格毕竟没有那么热衷：虽然他爱那里的森林与兰科湖，但他和利伯塔斯的家人，尤其是那个纳粹党人温特侯爵政见不同。婚礼在城堡的小礼拜堂里举行。这是一场"美妙——虽然称不上华丽，但可以说是富有情调的婚礼"，正如利布斯的母亲托拉描绘的那般。[137]托拉演唱了父亲菲利普所做的五首玫瑰之歌中的第一首《月季花》（*Monatsrose*），新郎、新娘得到了《我的奋斗》作

①《耶稣仍引领!》和《坚固保障歌》都是基督教的经典颂歌，常运用在基督徒的婚礼中。

129

为国家的新婚献礼，而后他们在用灯笼装点的露台上落座。埃里希·埃德加做了一次无可指摘的演讲，为此他准备了许久；他们共进欢宴，并享用了利本贝格酒窖里的佳酿，这是哈罗父亲尤为期待的。[138]菜单上有王后汤①、产自兰科海希特（Lankehechten）的蛋黄酱、骑兵式黇鹿脊肉配沙拉和自制的越橘蜜饯。摆在菠菜叶上形如自由女神的酥面小糕点被命名为"自由旗舰"（Libertas-Fleurons）。饭后甜品则是为哈罗准备的：它叫"航空炸弹"（Fliegerbombe），一个用冰淇凌、蛋糕、干果与鲜果、坚果、奶油，还有巧克力酱制成的庞然大物。

饭后北欧式礼堂里供应白兰地和杜松子酒，埃里希·埃德加抽了每日三支烟定额中的一支，人们赠送礼品：利布斯收到了温特舅舅给的500帝国马克和一套瓷器，还有她母亲送的银餐具。玛丽·露易丝和埃里希·埃德加则提供了新婚夫妻所必备的手巾和床单。哈罗的母亲让人在每块亚麻布上都绣上了姓氏首字母"SB"。之前哈罗只是非正式地使用"舒尔策-博伊森"这个双姓，因为他觉得它比单单一个"舒尔策"要更随意些，但成婚后它成为正式姓氏并被录入人口登记册，利伯塔斯也正式改姓。她心花怒放，因为对她而言，从这一天起开始了一种新的生活，那是如她所愿的一次飞跃，进入她名字所承载的自由②——然而在独裁的时代里，这种自由可能是致命的，尤其是当她的丈夫叫作哈罗·舒尔策-博伊森时。

---

① 王后汤（Königinsuppe）是一种在鸡汤里加入奶油、面糊和各种蔬菜制成的浓厚高汤。

② "利伯塔斯"这个名字来自拉丁文中的"libertās"（自由）一词。

看起来再平常不过了吧？1936 年复活节时，哈罗、利伯塔斯与她 130
的母亲奥伊伦堡女伯爵托拉一同在利本贝格城堡里。

11

　　在瑞典度蜜月期间，他们探访了利伯塔斯的亲戚和哈罗的老熟 131
人们，之后新婚夫妇回到穿上了节日盛装的柏林：奥林匹克运动会
于 1936 年 8 月 1 起在这里举行。"女士们穿着漂亮的夏装，甜美可
爱的小姑娘身着白色连衣裙向获胜者递上月桂或橡树叶花环，而当
一个德国人得到金牌时，就会有穿着白色阅兵礼服的水兵升起那面
骄傲的德国新国旗，"哈罗昔日的朋友恩斯特·冯·萨洛蒙如此描

写这场盛会，"街上挤满了外国人。"[139]然而，这些外国人看到的帝国首都的面貌并不真实，而是经过浓妆艳抹的。放着带有反犹主义大标题的《冲锋报》（Der Stürmer）①的阅报栏消失了，长椅上禁止犹太人停留的标语也不见了，而在万湖沙滩浴场，彼时穿别着党徽的泳裤已在那里蔚然成风，在奥运会那几周里又破例对犹太人开放了。[140]德国以一个秩序、礼仪与法治之国的面目示人。外国人在市中心漫步时，会经过刚落成的帝国航空部新楼，也就是哈罗新的军队办公楼，但他们必须明白这个和平的姿态不过是蒙骗外国客人的幌子。

132 　　这栋第三帝国最大的行政楼由数座4到7层的副楼组成，过道总长达到7000米，两侧有2000多间办公室，楼里正在筹备着战争。明面上看，大楼是在短时间内拔地而起的，实际上这是6000名建筑工人三班倒昼夜赶工的辛苦成果。这艘意欲征服世界的巨型飞船就停在将要退役并被拆除的老"战争部"②近旁。今后在这座钢筋混凝土的大楼里工作的将是戈林的部门：多达3000名部员，包括一个负责开发新型飞机和在世界各地规划、建造机场的庞大工程部。数十个打字员流水作业把未来的军事工业理念敲进键盘。在民族社会主义的大脑里，这个崭新的、飞速增长的航空部是一个控制中心——但也是一个肿瘤。毒剂在这里被生产出来并灌入金属壳中，再被带上天空以杀死地上的人们。纳粹主义从这里飞向更高的

---

① 《冲锋报》是自1923年起创办的私人政治宣传小报，具有强烈的反犹太倾向。

② 1935—1938年，德国国防军总部位于柏林的"帝国战争部"（Reichskriegsministerium），1938年被"国防军最高统帅部"（Oberkommando der Wehrmacht）取代。

空间，伸手够向星辰，并且想要把钢铁的假肢架在世间所有的高山和大洋上。它还具有建筑学上铰链的意义，坐落在旧的与新的权力中心之间，前者在帝国总理府周边，而后者位于与克罗伊茨贝格交界的阿尔布雷希特王子大街上，盖世太保正在那里扩建他们的总部——希姆莱也住在那儿。这栋巨型建筑将使柏林成为"世界之都日耳曼尼亚"（Welthauptstadt Germania）：硬朗笔挺，带有极简主义的冷酷和现代主义的实用，同时填满了意识形态色彩，外墙镶嵌的弗兰肯（Franken）贝壳灰岩不仅分量沉重，而且还有一种视觉上的厚重感。天气晴朗时，从外面看这样的外墙会使如今联邦财政部（Bundesfinanzministerium）所在的这片大楼仿佛在放射白色的光芒。　133但这道白光是短暂的，下雨时它会化作昏黑。

　　1936 年 8 月的第一个工作日，哈罗从威廉大街进入，在纪念广场上高达 5 米的青铜鹰雕塑之间穿梭，通过一扇铸铁的大门进入石砌的接待大厅。那里毫无接待来客的亲切，相反它低矮的石质天花板使人感到压抑，弯折的长矛围成的栏杆后有一个石砌的壁龛，里面的火盆燃起熊熊火光给房间照明。哈罗的影子在花岗岩地板上忽明忽暗地摇曳，也闪动在模仿大理石的石膏涂层上。这种替代品覆盖在所有柱子的表面，而那些柱子并非用来承重，只是用以加深房间幽闭感的道具。[141] 展出的慕尼黑希特勒政变"血旗"（Blutfahne）① 周围阴影环绕，正是在那场政变中，1923 年 11 月 9

---

　　① 1923 年 11 月 9 日在希特勒领导的慕尼黑啤酒馆政变，又称"希特勒政变"（Hitlerputsch）中，一面纳粹旗帜被一名身亡的冲锋队队员的鲜血染红，之后这面旗子成为纳粹党最为神圣的物品之一，常在重要场合展出。

日上午这里的部长戈林被击中腹部，他从此成了一名吗啡成瘾者。

　　哈罗走上石厅后面的楼梯，却看不清它通往何处，因为那里的光线太过耀眼。墙上浮雕上的空军雄鹰展开长达 6 米的双翼，而哈罗能看清的只有其下几句浮夸的文字：

> 重获新生的
>
> 德意志国防军
>
> 德国的城市与美丽的乡村
>
> 现在得到守护
>
> 国家力量在他们之上守护着
>
> 空军雄鹰在上方守护着。

134　　　哈罗的手指掠过航空铝制成的扶手，那是制造飞机的金属。他向同事们点头致意，穿过无数道门，走过无尽的走廊和门厅，登上一个橡木内包的厢式电梯，以超过每秒半米的速度上升，这比柏林其他建筑中的电梯要快上许多。

　　奇怪的是，当他沿着五楼长长的走廊走向他的 5148 号办公室时，哈罗没有看到任何一个人。这里是如此安静，以至于他能听到一队巡逻兵从几道转角外走来时，镶铁板的军靴发出的啪嗒声。在他们出现前，哈罗已经来到他的新办公室门口，推开门把手走了进去。15 平方米是航空部所有单人办公室的标准大小，带有墙柜、内嵌式盥洗台和用于存放机密文件的保险箱。一进办公室就会发现屋子的左右两边各开了一道门，它们连接着哈罗的房间和所谓的部员通道，所有的部门内部访问和交流都要从这里走。因此，房间外的走廊里总是如此空荡而安静，巡逻队可以不受干扰地来回踏步，看起来也很"体面"，正如戈林期望的那般。

哈罗解开腰带，把军帽挂了起来，透过同样带有航空铝制把手的窗户望向外边。窗外莱比锡大街灯火闪烁，欧洲最大的韦尔特海姆（Wertheim）百货公司宫殿式外墙的柱子高高耸立。

在 1933 年 1 月 30 日以前所谓的"斗争时期"（Kampfzeit）里，希特勒宣称的目标一直是用他的褐色运动征服威廉大街。新的帝国航空部覆盖了这一整块的权力轴线，他的目标终于实现了。但当纳粹到来时，抵抗也化形为哈罗修长的身躯，以同样的方式到达了这里。

135

12

哈罗在贝壳灰岩装饰的墙内得知的第一个军事机密就事关重大。他和《对手》时期的旧友维尔纳·迪塞尔在航空部"飞行员之家"（Haus der Flieger）的赌场里见了面。他们坐在吵闹的空军军官之中，哈罗要求他的朋友用正常的音量说话。他说只有窃窃私语者才会惹人怀疑。[142]但迪塞尔很难不压低声音，因为他说的事情是不能公之于众的：两个装甲军团驻扎在作家特奥多·冯塔纳（Theodor Fontane）的出生地、布兰登堡北部的诺伊鲁平（Neuruppin）城外——行军路线指向西班牙。

这则消息与哈罗在部门里亲耳听到的信息相吻合。这是高度机密，但在向着部员通道开了侧门的办公室里，他仍能察觉空军正在组建一支所谓的"秃鹰军团"（Legion Condor）。它产生自空军少将赫尔穆特·维尔贝格（Helmuth Wilberg）领导的"W特别指挥部"（Sonderstab W）。参与的士兵可以得到更高的报酬并有望提前退役。他们身着便装，伪装成度假者，通过一个"力量来自欢乐"（Kraft durch Freude）项目①前往西班牙，但到达后他们不会被分配住进沙滩酒店，而会得到一件不带国徽的橄榄色制服。他们穿着这身衣服去支援法西斯将领弗朗西斯科·佛朗哥（Francisco Franco）的军队对马德里的左翼民选政府发动的政变。这是1918年以来德国士兵第一次在国外活动，并且还是秘密行动。

136

与迪塞尔会面几天后，哈罗得知破坏分子计划在德国阿勃维尔（Abwehr）②的策应下潜入牢牢掌握在共和派手中的巴塞罗那，并发动一场反革命政变，他想警告当地的负责官员。合适的人选是他们在霍亨索伦大街的房客、伦敦记者埃文·詹姆斯（Evan James），他是利伯塔斯的一位远交，负责向英国实时报道奥运赛事和柏林的情况。[143]哈罗请求他把破坏分子的名单转交给英国广播公司（BBC），但这个年轻的英国人拒绝了。这件事对他而言太过棘手，他不想危及自己的职业生涯。报道西班牙内战并不属于他的工作。在哈罗看来这种反应叫人失望，同时又预示着英国人的战略，即允

---

① "力量来自欢乐"是纳粹德国一个具有国家背景的大型休假组织，通过为广大劳动群体大众提供度假活动来宣扬纳粹党的优越性，并通过促进旅游业发展来提升经济，1939年二战爆发后解散。

② "阿勃维尔"是1921—1944年的德国军事情报机构，虽然其名称本义是防卫（abwehr），但实际上发展成了一个直属德国国防军最高统帅部的情报机构。

许希特勒充当反对共产主义的堡垒，而不反对他朝各个方向展开侵略。被人嘲讽为"我爱柏林"（J'aime Berlin）的英国首相张伯伦（Arthur Neville Chamberlain）① 以其绥靖政策在大范围内所行之事，记者埃文·詹姆斯在小范围里继续实施。但经历过保龄球馆事件的哈罗明白，绥靖对纳粹分子没有用。但这一失败没有让他气馁。他决定先认真地收集能全面证明德国卷入了西班牙内战的证据。

他也渐渐意识到：在航空部工作的决定使他处在一个重要的战略位置上，他在这里坐拥一个信息源。为了拓宽接触军事信息的渠道，他打算在机构中升迁，因此他对工作格外热情，并且把所有任务都完成得尽如人意，例如为部门附属的空军邮报撰写扎实可信、广受好评的专业文章。他的努力取得了成果。在一次内部工作考核中他的上司巴茨证实道：

> 身为海军军官之子的舒尔策-博伊森无疑从家庭中得到了极为不错的教育，此外他还格外努力地锻炼自己，因此虽然年纪尚轻，但他在智力和社交方面已经可谓一个完美的人物。他拥有十分得体的思想和人生观，天生就有一种高尚的思维方式。他举止体面、审慎而谦和，厌恶一切装腔作势的行为。尤其应当强调他在写作和说话时清晰的逻辑，还有他机敏的见解和思考方式……他友好、乐于助人的天性以及他得体的举止使

137

---

① 亚瑟·内维尔·张伯伦（1861—1940）于 1937—1940 年担任英国首相，对纳粹德国二战前的扩张行为采取妥协、绥靖的态度，因此被戏称为"J'aime Berlin"（法语"我爱柏林"，发音与 Chamberlain 相近）。

他在同伴中颇受欢迎。在社交方面他是一个出色的谈话者，即使在激烈的讨论中也能把持住从小养成的底线，避免任何粗暴的言行。[144]

138 　　他对哈罗的这段描述有些天真，但也是准确的——尽管如此，上级们在考虑晋升的时候还是会暂时略过哈罗，有私下的传言说这正是因为他不确定的政治观念。此外他没有完成大学学业，这也增加了此事的难度。既然如此，他要如何才能得到晋升呢？

　　得让利伯塔斯来帮忙。这是她的第一次行动，或许她根本没想到哈罗计划中的非法活动，她想到的更多是自己的帮助会有助于哈罗的事业。为此她很乐意用上自己最有力的武器，那便是她的魅力。行动目标是她丈夫的部长赫尔曼·戈林，他的狩猎庄园"卡琳庄园"离利本贝格不远，他的林务员则是利本贝格林务员的儿子。后者曾向这位体重超标的帝国猎手醉心大谈利本贝格硕大的赤鹿，还有传说中打破了纪录，曾在 30 年前让威廉皇帝兴奋不已的驼鹿。利伯塔斯得知，她的温特舅舅接到了一通官方来电，告知戈林有意来访，为的就是捕获一头那样的猎物。狩猎的日子定在 1936 年 9 月 6 日，这天利伯塔斯也前往了利本贝格，她能从房间里越过北欧式礼堂望见三辆黑色的奔驰轿车驶入城堡庭院，停在了尖顶盔形的喷泉边上，那是皇帝在二人友谊尚存时送给她祖父的。戈林下了车，和随从们前往为兽类开辟的交配场所。"胖子"（der Dicke）打到两只驯鹿后，城堡里举办了一场盛大的茶会。[145]这位贵客特地为此更衣，穿上了宽袖的丝绸衬衫，短皮衣上系着带铂金皮带扣的宽腰带，皮带扣上镶嵌着的各色钻石组成了胡伯图斯雄鹿（Hubertushirsche）① 的形状。他的身侧挂着一柄 40 厘米长的剑，上面也用彩钻镶出了带着挂饰、号角和绳索的"雄鹿猎人"，而他肥胖的小腿外套着高筒软靴。利伯塔斯在等待一个合适的机会，衣着无比华丽的戈林则梦见自己被死去的菲利普伯爵所写的曲调和奥伊伦堡的托拉的歌声领走，进入了一个英雄的北欧神族世界，一段事实上从未存在过，却将在"第三帝国"得到华丽复兴的辉煌日耳曼历史。

帝国猎手戈林在狩猎驼鹿。

139

① 根据德国中世纪传说，原本残暴的异教猎手胡伯图斯（Hubertus von Lüttich, 655—727）在见到一只两角间带十字架的雄鹿后，意识到了上帝也存在于他创造的生灵之中，从此成为笃信基督教的猎人，后来成为天主教的圣徒和猎人的守护者。"胡伯图斯的雄鹿"象征着节制狩猎的美德。

最后他从茶桌前站起身来，去了卧室。利伯塔斯在那里拦住了他。她等在他的客房门前，一贯易为女性魅力倾倒的戈林邀请城堡
140　主人最年轻的女儿进入自己的房间。他很乐意和她交谈，平静地倾听她富有才华的丈夫的故事，后者就在戈林的航空部工作并且想要成为军官——然而，两年半以来他的升职申请屡屡被拒，尽管他的上司空军上尉冯·比洛极为赞赏他的工作。哈罗如此能干却不得不靠着仅仅200帝国马克的月薪过活，并且在航空部里再也看不到自己的发展前途。这一点难道不该得到改变吗？戈林点点头，向这位精于谈判的迷人女士保证自己将会亲自处理此事。[146]日后，这个国家的二号人物将为他的这步举动深感后悔。

13

1936年10月1日，哈罗和利伯塔斯搬进了位于魏茨街（Waitzstraße）2号花园洋房顶层四间半明亮的工作室里，街角处就是选帝侯大街。这是一座合乎他们品位的"金矿"，"房间美妙得令人惊叹——甚至叫人陶醉，它们几乎具有魔力"，利伯塔斯兴奋地写信告诉她的婆婆玛丽·露易丝。[147]尤其是第二个房间就像是为沙龙定制的：它长达10米、宽近7米，带有巨大的侧边窗和天窗。它主要的魅力在于一道深色的木质楼梯，宽敞的房间被其一分为二，看起来就不那么像一间大厅，楼梯向上通往一间小客房，构成了一座拥有"柏林屋脊"（sur les toits de Berlin）般视野的廊台。[148]

他们把这间波希米亚风格的住所布置得明亮而现代：用沙发床

替代双人床，镜子没有镜框，玛丽·露易丝想从米尔海姆寄给他们　　141
老式深色乌木桌子和橱柜，但他们拒绝了，因为利伯塔斯实在是
"害怕这种家具风格"。[149]相反他们购置了打字机办公桌、用于存放
机密文件的卷帘门柜，而最重要的家具则是一台"我们用以探听外
部世界的巨型四管收音机……时值冬日，一台巨大的接收设备将会
是十分有趣、有用且在技术上有益处的。实际上我们能完全不受干
扰地得到整个世界的信息"。[150]

　　为了继续保持合租公寓的样貌，并且看起来不至于太老夫老
妻，也为了省钱，他们把四个房间中的两个转租了出去。因此，在
总计 100 帝国马克的租金里要他们支付的只有"每月 50 马克的可
笑数目"，正如利伯塔斯所说的那样，她很快就在新的住所里感到
格外舒适："我们两个都……十分满足、畅享生活。晚上我们总是
一起读书并谈天说地。"[151]

　　但这段新婚生活里也存在一个麻烦，那与哈罗受过的折磨相
关。自从在改造过的保龄球馆院子里经历鞭刑后，哈罗就再也没能
摆脱这一病症：他的肾脏疼痛，里面的小结石"阻碍了尿液代谢，
这导致体内的'毒素'沉积，尤其是在关节处"，而自从他在航空
部向希特勒宣誓效忠后，情况变得更糟了——不久前他又遭受了一
阵绞痛，感觉像是有一把锯子拉过他的腹部。"那些小晶体刮伤了
肾脏组织，"他写信告诉弟弟哈特姆特，"难怪我会变得没有耐心、
烦躁不安。这些结石在身心双重意义上让我变得敏感。这样也有好
处，我自然拥有了比周围其他人敏锐得多的'触角'。人的感觉越　　142
敏锐，感受也就越细腻，就像身体里有一块放射性晶石。起到这个

作用的可能正是肾结石。它把拿破仑赶得满世界转。歌德则被它带到一个又一个女人身边。①"[152]

哈罗又被肾结石带去了何处？这些"肾里的碎石"首先对他的性生活产生了影响：因为做爱"会使这些结石滑动：触及肉体和灵魂的痛！后果往往是肾脏出血（尿液发红），大脑缺血，外表憔悴（眼睛！）"，听起来使人不安，于日常生活也是有害的："肾结石使我难以履行丈夫的责任。我为鱼水之欢付出的代价比别人高昂，所以它一定得很'值得'我去做，我需要比正常人更强的刺激。"与歌德相反，哈罗从中得出的结论叫作节欲："一定的禁欲对灵魂而言只有好处。"[153]

但对利伯塔斯，这个如花似玉、充满魅力的迷人女子来说这就不妙了。她不过 22 岁，无法想象清心寡欲的生活。有些她无法用话语说清的东西需要用爱抚来传达。但自从河马皮鞭抽打在哈罗的皮肤上、纳粹标志刻画在他的大腿上后，哈罗发现自己很难再有性欲。在一封信里，他向弟弟哈特姆特坦陈，在这一方面他和利布斯的关系就像花剑和重剑，当她挥舞着重剑时，他却"在那方面不像她一样热切"。[154]利伯塔斯意识到：现在不过新婚燕尔，她就得为了让哈罗尽丈夫的职责而全力以赴。

143　　　为了打动哈罗、证明现在自己已与他高度一致，她在 1936 年与 1937 年之交的这个冬天退回了纳粹党员证。"作为女人参与政治

----

① 历史上拿破仑和歌德二人都长期患有肾结石，哈罗认为这种生理上的病痛增强了拿破仑的征服欲，也使歌德更加风流多情。

的先决条件在我结婚后就不存在了"，她的理由言辞中肯。她低调而有效地运用纳粹的修辞，机智的做法取得了绝佳的效果，这个体系被自己的意识形态武器打败了："我当然和其他每一个德国同胞一样，始终准备着做出牺牲，然而就我对元首的话的理解，这种投入必须始终保持在家庭，以及作为家庭成员和妻子的其他义务允许的范围之内。"[155]从表面上看，她装作一个不问政事、只对丈夫尽责的家庭妇女——这项神圣的任务是如此神圣，以至于党员身份都会使她分心。利伯塔斯通过这一举动向哈罗示意：他可以信赖她，在这场斗争中她站在他的身旁。

14

1937 年 1 月 21 日在魏茨街 2 号举办了"正宗柏林式的放浪艺人狂欢"。[156]在哈罗给父亲的信里，一切听起来都很平常："我们度过了愉快的野餐之夜。……这是一种绝佳的方式，我们可以时不时地瞧见所有的朋友，并以一种合理的方式履行所有的职责。我们只供应茶水，其他人带来饼干、红酒等食物。首先我们会花一到一个半小时读一些好书，然后是音乐和舞蹈直到 12 点。12 点整我们把一切都丢出去。"[157]在这个寒冷的冬夜有 25～30 人来到这里，炉子里烧着廊台楼梯下存放的煤块，"即使在零下几度时也能够给整个工作室，甚至还有隔壁的侧室供暖"。[158]有几个客人戴着贝雷帽，其他人穿着领口敞开的深色衬衫：这是思想上背离民族社会主义的人典型的打扮。[159]留声机放着音乐，与此同时，利伯塔斯也拿起了手风琴，带着人们在黄色的丝绒地毯上伴唱和跳舞。她喜欢这种反抗，就该一直这样！一场可以调情的轻松聚会，与以往的两种《对手》活动不同的是，参与的女性数量甚多，这本身就带有政治意味。纳粹分子想尽一切办法把女性排挤出社会生活，赶回炉灶前。一个男女人数相当的空间，譬如 1937 年 1 月底这个周四夜晚的魏茨街 2 号顶楼，这本身就能营造出一种独特的氛围。但即使在这里人们也要考量，有哪些人是值得信任的。自 1934 年 12 月所谓的《卑劣法》（Heimtückegesetz）生效以来，如果有损所谓的国家和政府声誉，即使是"非公开的恶意言论"也会带来牢狱之灾，人们必须谨言慎行。数千人因为一句不经意的表达，也许是弗洛伊德式的无意识口误被送进了集中营。于是魏茨街的"野餐之夜"便拥有了一层私密感，并促使人们提高警觉。正确识人的能力有时能救人性命。

　　这一次和接下来几次聚会的灵魂人物叫作吉塞拉·冯·珀尔尼茨（Gisela von Poellnitz），一个 26 岁、有着金色短发的纤瘦女子，不幸患有肺疾。她通过远房表亲利伯塔斯的介绍在合众社（United Press）当打字员。她是魏茨街的二房客之一，并通过这种方式认识了现任男友里夏特·冯·拉费。[160] 这天晚上，里奇（里夏特）穿着一身皮装现身，他把那辆取代了帆船的哈雷戴维森（Harley Davidson）摩托车停在了街上。吉塞拉开门迎客，介绍彼此认识，并确保每人都有饮料喝。"她巧妙的款待使人感到愉快，"一位客人回忆道，"同时我能察觉她在看到人们展开交往和谈话后的喜悦之情。她有一种用来发现志同道合者的感官。"[161]

类似哈罗，吉塞拉·冯·珀尔尼茨也遭受过国家机关的暴力。1933 年 11 月，她在未被告知任何理由的情况下第一次被捕。她在审讯中遭到一名警官殴打，她做出了反抗并因此被判入狱两个月。[162]之后一年里她再次受到检查。据盖世太保的报告记载，他们查获了一张纸条，"上面写着带有共产主义意味的可憎诗句"。[163]在随后的彻底搜查中，他们发现她的内裤里藏着一本德国红色互助会（Roten Hilfe Deutschlands）的会员手册，这个自 1933 年起被禁止的组织亲近德国共产党，是一个早先由罗莎·卢森堡（Rosa Luxemburg）的朋友克拉拉·蔡特金（Clara Zetkin）①领导，以援助政治犯为目的的救济组织。吉塞拉从警官手中抢下小册子，迅速将它撕碎并把纸片吞下。而后她又在监狱里待了两个月。此外当局拒绝向她签发驾照，因为"不能期望她会遵守那些为保障公共交通安全而颁布的、每个机动车驾驶员都必须遵守的法规。……向她颁发驾照只会让她……能更轻易地进行某些敌视国家的宣传活动"。[164]

但吉塞拉·冯·珀尔尼茨绝不是一个恪守教条的左翼人士，而是一个叛逆者和冒险家。贵族的出身并没有使她得到共产党员的认真对待，反而招致了高度的怀疑。[165]她的爱好是在世界各地的历史名胜中漫游：去苏格兰摘覆盆子，或穿越巴尔干半岛前往希腊。她总是一人出游。[166]甚至连盖世太保都为她做证，不能认定她进行这些旅行是为了共产党，这仅仅是因为她渴望更丰富的经历。[167]但即

146

---

① 罗莎·卢森堡（1871—1919）与克拉拉·蔡特金（1857—1933）皆为德国共产主义女革命家。

使如此，这在一体化的纳粹社会中也是可疑的。

维尔纳·迪塞尔也出席了第一次"野餐之夜"，并且带来了关于诺伊鲁平附近坦克的信息，此外还有哈罗博学的工人朋友和《国家意志》编辑部的同事瓦尔特·库兴迈斯特，他的医生女友埃尔弗莉德·保尔博士（Dr. Elfriede Paul）也一道前来，她是个小个子女人，已数次前往伦敦与巴黎协助犹太朋友移民。[168]在场的是完全不同的人物——他们对应当给予伴侣多少自由也有完全不同的看法。将他们所有人团结到一起的，可能也是这场无人为之命名却悄然兴起的运动的本质，是一个极有可能基于罗莎·卢森堡的话的共识："自由永远是指异议者的自由。"这正是要点：人们是否能够不插手别人的私生活。纳粹独裁奸诈阴险、引人不快的地方正在于此：它渗透进了最私密的领域，想要操控人们的思想世界和性爱领域，用集中营惩罚同性恋，禁止"雅利安人"和犹太人发生性关系。接受开放式恋爱或许是进入这一系列阁楼聚会的门票，但不是必要前提。譬如埃尔弗莉德·保尔博士毫不赞成开放的恋爱关系，她认为这种关系充满了潜在的冲突，因此是毫无必要的。尽管如此，如果有人决定要过这种生活，她也可以接受。她最好的女伴奥达·朔特米勒（Oda Schottmüller）也在来客之列，这位 31 岁的雕塑家和面具舞者曾和克劳斯·曼（Klaus Mann）① 在奥登林山学校（Odenwaldschule）是同窗，她是一个神秘、机敏又极富幽默感的女

① 克劳斯·曼（1906—1945）是大作家托马斯·曼的儿子，也是一位著名的作家和评论家。

子，与小麦发色的库尔特·舒马赫有一段绯闻。[169]后者是哈罗最早的朋友之一，不是那个同名的社民党政治家，① 而是一个对法伊特·施托斯（Veit Stoß）② 和阿尔布雷希特·丢勒情有独钟的雕塑家，艺术学院（Akademie der Künste）的研修生，还在大学时就获得了"大国奖金"（Prämie des Großen Staatspreises）。[170]库尔特·舒马赫接到了为戈林的地产"卡琳庄园"制作门雕的委托，虽然拒斥纳粹体制，但作为一名施瓦本人，他还是尽职地完成了任务。[171]库尔特是个好动而健壮的小伙子，长着法翁③式的尖耳，会随口说怪话、不经思考地做判断。他的妻子伊丽莎白·舒马赫（Elisabeth Schumacher）随他前来聚会。她听过丈夫和奥达的绯闻，但并不十分担心。她性格大方，有时自己也会喜欢上别的男人。此外她坚信，库尔特无论如何都会回到她身边，因为独立而任性的奥达总有一天会不再需要他。伊丽莎白·舒马赫的父亲是一位死于第一次世界大战中的德国电器公司（AEG）高级工程师，也是一个犹太人，因此伊丽莎白是一个"半犹太人"。她因此无法成为一名自由艺术家，只能做一个自由职业的平面设计师：这是她反对纳粹政权的又一个原因。

这是哈罗和利伯塔斯举办的第一次聚会，它进行得很顺利，因此不会是最后一次。他们每两周邀请一次客人，每次都定在周四。第二次

① 指社民党议员库尔特·舒马赫（1895—1952），战后联邦德国民主制度的创始人之一。

② 施托斯（1447—1533）是文艺复兴时期德国的木雕大师、晚期哥特式巴洛克的风格代表。

③ 法翁（Faun）是罗马神话中半人半羊的尖耳精灵。

聚会举办于 1937 年 2 月 4 日，那天是"妇人狂欢节"（Weiberfastnacht）。① 哈罗做了一通狂欢节演讲并取笑了政府，而有几个屋里的人觉得这过于大胆了：参会的圈子是不是已经太大、太杂了，公开的发言会不会因此而太过危险?[172] 哈罗对此有不同的想法。在他看来对外界而言这些聚会是他自然的社会交往。[173] 而对他自己来说这是一次探索：和谁可以坦承想法——和谁则不行? 他在晚会上深入了解了一些人，并邀请他们参加更私密的会面。[174] 而后哈罗打开了那个存放航空部机密文件的卷帘门柜。木片柜门被拉下来，他取出了一个文件夹：有汇编在蓝色和粉色的纸张上的、他搜集到的关于德国卷入西班牙内战的资料，有来自军事专业期刊的插画和地图，还有一些表格，其中一部分被伊丽莎白·舒马赫用摄像技术缩小到邮票大小。但大多数参加野餐之夜的客人完全没有注意到这些。

因此，起初阿尔布雷希特王子大街 8 号的警官们对魏茨街 2 号的热闹活动不感兴趣，甚至在 1937 年春天哈罗被告发时也无动于衷。一个名叫卡尔·冯·梅兰博士伯爵（Dr. Graf Karl von Meran）的参与者早先曾在国内外充当纳粹的密探，他在与希姆莱个人参谋部②的一个部员共进晚餐时提到了在舒尔策-博伊森夫妇那里的经历，并把哈罗骂作"巧妙伪装的共产主义者"，还有一大批同样可疑的"同谋"。[175] 但即便如此，秘密警察们也没有出手干预，阁楼上的舞会继续进行。那个以同性恋闻名的伯爵所说的话没有得到太多

① 德国民间一个专为女性设置的狂欢日，在玫瑰星期一前一周的周四举行活动。

② 全称是"党卫队全国领袖个人参谋部"（Hauptamt Persönlicher Stab Reichsführer-SS），1933 年由希姆莱建立，职责是协助党卫队全国领袖进行日常活动和处理下级事务。

重视。

两个月后，情况发生了变化。1937 年 8 月，哈罗的朋友维尔纳·迪塞尔被逮捕，用盖世太保的话来说是因为"布尔什维克文化活动""对国防军的共产主义颠覆"和"过失泄漏军事机密"。[176]当局发觉了迪塞尔"曝光国防军支持西班牙佛朗哥势力"的计划，因此向他提起了这些严重的指控。[177]这一计划围绕着驻扎在诺伊鲁平的装甲军团，而一年前他在航空部的赌场里告诉哈罗的正是此事。那么哈罗也会被卷入其中吗？当他收到一份去秘密国家警察局澄清未决问题的邀请时，事情一下子变得棘手起来。虽然他可以假设，迪塞尔对他们在赌场的谈话守口如瓶，但现在要紧的是，在可能的当面对质中不要暴露自己。

4 年前，他被要求去那里为亨利·埃尔朗格所谓的自杀作证，而现在的他已是一个穿戴整齐、全副武装的空军军人，腰带上挂着短剑、别着 6.35 毫米的黑内尔-施迈瑟（Haenel-Schmeisser）手枪，头上戴着军帽。哈罗第二次爬上了那座黑色砂岩建筑的楼梯，它就在航空部弗兰肯贝壳灰岩外墙的对面。

15

哈罗走进了问询的房间。他明白现在自己如履薄冰，但仍设法表现出一副轻松、友好且坦率的样子。[178]正如之前预测的那样，他要和维尔纳·迪塞尔对质。哈罗热情地问候他的朋友，他愉快地微笑且举止自如。请问这里允许抽烟，并且可以给被捕的人也弄根烟 150

抽吗？他向警官询问道。他们不想显得比哈罗更不自在："没问题，请便。"这是自然而然的答复。

哈罗向迪塞尔递去满满一长盒 R6 香烟。"你们介意我把这包烟给他吗？"他飞快地瞥了警官们一眼并问道。

"当然不介意。"

"你们要先检查一下这包烟吗？"

"不，我们根本没有这个打算。"

哈罗安慰迪塞尔道："不会那么糟的。你不是唯一出这种事的人。"

迪塞尔明白了这个暗示，当他从盒子里挑出一根烟时，也不动声色地检查了烟盒并发现了隐藏的字迹。锡纸下用微小的印刷体写着："未知之地的冯塔纳以外"（Extra Fontana Terra Incognita）。

哈罗给他点烟。迪塞尔抽了第一口，并努力思索着。"冯塔纳"——这指的是诺伊鲁平。而"以外"——说的可能是诺伊鲁平"城外"，也就是此前装甲军团驻扎的地方。那么"未知之地"的意思就一定是，盖世太保们还没有从哈罗那里得知关于这件事的任何消息。迪塞尔吐出一口烟雾。现在他知道，可以继续安心地对航空部赌场的那次会面保持沉默了。他很少抽那么美味的香烟。

"为什么你这糊涂虫没有把这件事告诉你的朋友，那个堪称典范的德国军官呢？"在哈罗离开房间后，警官问迪塞尔。

"是的，我本该告诉他的，"他回答道，"但我没有，我不想给我朋友增加负担。"[179]

哈罗心情愉悦地漫步走回他的贝壳灰岩堡垒里。盖世太保也没有他们自以为的那么聪明，他这样想着，关上了身后的 5148 号房门。

16

与此同时，空军总司令戈林为了哈罗的事给汉斯-于尔根·施通普夫（Hans-Jürgen Stumpff）中校打了电话，后者是哈罗的人事部部长，后来当上了空军参谋总部的部长。施通普夫因为哈罗早年在《对手》的行为而对其晋升表示有顾虑，因为他没法担保哈罗对民族社会主义当局的积极态度，而戈林则不理会这些异议。戈林觉得那些都已是陈年旧事，他为睦邻友好的老熟人、奥伊伦堡的托拉的女婿从上层铺平了事业道路。这是"部长个人的愿望……希望我从现在起能尽快完成训练并成为一名预备军官"，哈罗满意地写信告诉父母。[180]因此可以说利伯塔斯对戈林的干预取得了成功：即便没能完成大学学业，哈罗也能从此走上父亲和舅祖父的老路——成为一名军官。这意味着更多的收入，更高的名望，同时他也能在一个更有利的位置收集机密信息。

但这也意味着更多工作——于是利伯塔斯会不可避免地遭到忽视。

17

西班牙的内战在升级。无数难民在巴斯克地区的城镇格尔尼卡

（Guernica）躲避佛朗哥的军队，而德国秃鹰军团的飞机把那里夷为了平地。这是第一次世界大战后首次对平民的空袭，造成数百人死亡。肇事者就在航空部里，与 5148 号办公室相隔不过几道门。

同时，哈罗每天都会收到伊比利亚半岛局势最准确的报告。[181]他的"驻外空军部"与选定轰炸目标的作战部相连。[182]格尔尼卡不是唯一被德国人从空中摧毁的城市。雪白的航空部大楼已经异变为策划屠杀的场所，幕后真凶们就坐在对部员通道敞开的办公室里。周围的人都在合作共谋，而哈罗则看清了眼前的形势。"西班牙交战双方的残忍与恐怖让人们对将会发生的事情有了一些预感，"他写信告诉父母，"中世纪的文化宝藏、整座的城市，等等，全部陷入了火海，现代科技手段只被用于越来越精密的杀戮与毁灭。"[183]

但哈罗该怎样告知西班牙人那些想要渗透进巴塞罗那的破坏分子的信息呢？在与那个拒绝向英国广播公司传递信息的胆小英国记者交涉失败后，这回他必须找一个可靠的联系人。

只有一股力量正有效地反抗法西斯主义在西班牙的蔓延，那就是苏联。克里姆林宫当然也在搞自己的权力博弈，用战士、武器和物资供应支持民主力量，同时也充分利用这种援助，对成分复杂的西班牙民族阵线施加影响。哈罗意识到了这一点："无论在莫斯科还是马德里，信奉托洛茨基的无政府主义者都会被拉到墙边枪毙。"[184]尽管如此，事实就是只有苏联人能阻止法西斯主义政变者继续挺进。哈罗汇编了他能找到的一切关于这次秘密行动的信息，包括一份潜入国际纵队担任"挑衅者"（agents provocateurs）的德国密探名单，并把它们装进一个信封里。现在他得把它转交苏联人。

但是该怎么做呢？他认定盖世太保监视着菩提树下大街上的苏联大使馆，因此必须再想一个办法。他们在小组里讨论了这个问题，有人想出了一个可行的方法：吉塞拉·冯·珀尔尼茨计划去参观巴黎的世界展览会。在那里她可以把信封安全地带给苏联大使馆。[185]这个计划付诸了实施：作为合众社职员，吉塞拉不受怀疑地乘火车前往了所谓的小型世界博览会，漫步穿过战神广场（Marsfeld）和特罗卡德罗花园（Trocadéro），造访了阿尔伯特·施佩尔设计的德国展馆，以及漂在塞纳河上的德国饭店，还参观了西班牙展馆，那里展出了一幅震惊世界的画作——巴勃罗·毕加索的《格尔尼卡》（Guernica），这幅画作向全世界的公众展现了德国轰炸之下的惨状。在这一刺激下，吉塞拉完成了她的使命，把装有哈罗搜集到的信息的信封投进了布洛涅林苑（Bois de Boulogne）边苏联大使馆的信箱。

哈罗和利伯塔斯在柏林紧张地等待着吉塞拉的信息。此时的迫害在不断加剧，对政权反对者的死刑判决也不断增加。被当局处决的人数甚多，以至于希特勒在 1936 年下令，不再使用沉重的短柄斧执行斩首，改用更高效的断头台。于是在带有一个钳工和淬火车间的特格尔监狱（Tegeler Gefängnis）里就安装了 20 台这种杀人机器。

哈罗在想，这或许正是一个消失几周的好时机，终于可以去一个遥远的疗养地，好让他的肾脏恢复、休养身体。对利伯塔斯而言，在表亲吉塞拉去执行任务的这段时间里，出门远行大概也是合宜的。通过里夏特·冯·拉费，她认识了汉堡的船东汉斯·西默斯

155　　**战争之前，踌躇满志：28 岁的哈罗·舒尔策-博伊森。**

（Hans Siemers），他的运煤船"伊洛娜"（Ilona）号过几天就要驶向黑海。利伯塔斯早就想要出一次海，在她的想象中这一定浪漫极
156 了，此外吉塞拉经常兴奋地向她描述独自出游的乐趣。1937 年 9 月
27 日，哈罗与利伯塔斯开着"斯宾格勒"前往圣保利（St. Pauli）

的码头栈桥。利布斯在那里上了船，带着手风琴、徕卡相机、绘画材料、书籍和一个空的笔记本，她要在本子上写一篇游记。

"小伙子得了肾结石，而他的猫正乘着汽船周游世界，"她从旅程的第一站——阿尔及利亚的港口城市奥兰（Oran）写信道，"这可真是妙极了！"[186]但哈罗丝毫不为她的冒险之旅所动。他平躺在黑森的疗养地巴特维尔东根（Bad Wildungen），喝着萝卜和芹菜汁，直到"第一块结石被排出"，他很高兴能摆脱它："以后它们可能会变大、变危险并难以去除。"[187]他现在肾脏受损、不举地躺在病床上，何不让利伯塔斯在这段时间里去获得新的经历呢？

要说有谁完全不能理解这些事，那便是哈罗的母亲玛丽·露易丝。她误以为一对新婚夫妻没有按常理结伴出游，而是让其中一人，并且还是女方独自坐上一艘载满男人的货船出海，而另一人——这回正是她心爱的宝贝儿子，却抱病在床。虽然她参加了旨在把德国的年轻女子送往世界各地的"殖民妇女协会"，但她无法容忍利伯塔斯看起来并不是服务于更高理念的海上冒险之旅。也许她的旅程关乎对自我的寻找，但这是玛丽·露易丝理解不了的。此外，她得知在哈罗回到魏茨街后，做护士照料他的是在此期间从巴黎平安归来的吉塞拉·冯·珀尔尼茨，也就是利伯塔斯的表亲，这对玛丽·露易丝而言，进一步证明了丑闻不断的奥伊伦堡家族的道德败坏。哈罗不得不向母亲解释，他俩属于新一辈人，对婚姻关系有着完全不同的看法："事实就是，当初是我想让利布斯出游，而这也正是因为我希望，我的妻子能习惯于保有自己的人格，在与我分开时也是如此。倘若在这之前她说，'没有我她一天也活不下

157

去'，那就是某种程度上的不自立，长期看来这是无法忍受的，至少在我们的生活，以及与我们相称的人生目标中是如此。"以开放式关系为基础对抗民族社会主义，对抗腐朽逼仄的褐衫小市民，这就是哈罗所谓的"人生目标"，但清楚这一点的只有他自己，而非他的母亲，因此她不会明白哈罗的暗示："倘若有朝一日，命运要用暴力使我们分开（对我们这类人来说这是难免的！），到那时候，利伯塔斯必须能在某些情况下百分之百地投入工作、履行职责，一切皆取决于此。"

当玛丽·露易丝因为儿媳的黑海之旅而质疑两人的整段关系时，哈罗勃然大怒，展开了反击："你到底知不知道，幸福的婚姻是基于哪些美妙的、无限美妙的法则？即使到今天，我也还有足够的男子气概，不断渴望着为我的妻子而战，冲破阻碍获得爱情。既然我不是一个性爱掠夺狂，既然我对自己的妻子只有无尽的爱，那么我就不会把冒险和阻碍从婚姻中移除，相反，我会把它们带进我的婚姻。"

158　　哈罗相信，他们的爱情不会像他母亲预料的那般因为空间的分离而破碎，相反这"只会给溪流增加新的流水，并且有助于克服每段婚姻都面临的乏味的风险"。[188]一切也正如他所料：利布斯得在狭小的空间里和水手们一起待上数周，但她和他们无从聊起，也没法从他们那里学到什么东西，她总是想着哈罗，并写下一封封饱含思念的长信。[189]并且她似乎还摆脱了几段早年间不为人知的恋情。1937 年 10 月 21 日她在黑海上写道："至于我的忠诚，小伙子，你再没有什么可担心的了。"[190]

　　旅途中每过一天，她对哈罗的想念就多一分，在远方她明白了
他最吸引自己的一点：那种精神、那种智慧，与他交流总使人兴
奋。他是一个值得自己信赖的男人，在他身边她感到安稳。哈罗理
解她，这是远方的人们和那些水手做不到的，尽管她给水手们卷了
许多香烟，并且"能够眼睛都不眨一下地连灌 4 杯啤酒，最后却还
是被误解了。……啊，你啊"。1937 年 11 月 1 日，利伯塔斯已经能
看见克里米亚了，她写信告诉他："每一个小时我都越发明确地感
到，我们俩是不可分割的！回到你身边时，比起那个与你吻别、极
其艰难的分离时刻，你的猫不会有任何变化，只是更坚强也更聪明
了一点。真的！"[191]

18

　　在这段独居的日子里，哈罗在选帝侯大街的一个公交车站上遇　159
到了君特·魏森伯恩（Günther Weisenborn），一个在《对手》时的
老朋友，他与贝托尔特·布莱希特相熟，早年曾担任人民剧院
（Volksbühne）的戏剧顾问。在此期间，魏森伯恩还成功发表过小
说和剧作，一部分用的是假名，那些不会惹上麻烦的文章则用他的
真名发表——他总在纳粹当局的审查制度下打擦边球，当局于 1933
年 5 月 10 日在柏林的倍倍尔广场（Bebelplatz）上焚烧了他的小说
《野蛮人》（Barbaren）。哈罗问自己，魏森伯恩适合参加抵抗活动吗？
他们又自发地碰了几次面，而后这位作家受邀前往魏茨街 2 号。

　　"一个戴眼镜的矮个黑发男子坐在这里，他是鲁尔地区那些博

学工人中的一员，名叫瓦尔特。"魏森伯恩记下了他参与的第一次非法集会，那次瓦尔特·库兴迈斯特也来了，他曾是哈罗在《国家意志》的战友，这份杂志后来被禁止了，这也意味着在独裁统治下从事时评工作的尝试已然破灭。此外，库尔特·舒马赫也在场，"他有着一张年轻的、艺术家的脸庞，金色短发，眼里有着某种纯粹的狂热"，这是魏森伯恩对他的描述。他们四人坐在一起喝茶，先是聊些家长里短，而后谈到了纳粹政权。"既然您反对它，那么您难道不该做些什么吗？"库尔特问他。[192]

160　　"当然……但是，"魏森伯恩不安地答道，"反对它有意义吗？那样做几乎没有希望。风险倒是大得惊人。"

　　"但如果，"哈罗满怀热情、亲切地望着他，答道，"如果有很多人，有数十万人行动起来反对它，是不是看起来就完全不一样了呢？"

　　4个年轻人坐在一张摆着茶杯的桌前，最后他们彼此都握了手，并以"你"互称。与他人坦率交流：在独裁的年代，需要建立起信任关系后才能这样做。一种可以发展深厚友谊的氛围被营造出来，在一座满是谎言的城市里，那是一个真相的空间。"这些人都很有勇气——并且也给了我勇气"，这是魏森伯恩不止一次得出的结论。

　　他还不知道的是，他将会痴狂地爱上哈罗的妻子。

19

　　平安夜那天，利伯塔斯带着写满的笔记本从远航中平安归来，在北欧大厅里唱起了圣诞歌曲，母亲用三角钢琴给她伴奏，厅里立起了一棵"巨大的、真正的圣诞杉树"，树边是放礼物的桌子。[193]利布斯和哈罗用彩条把大树装点得美轮美奂。可惜没有下雪，通往利本贝格教堂的路上天气阴沉，教堂里也没有牧师，而是由受过意识形态训练的校长照看庆典的举办。往年总是有牧师和村里的年轻人一起排演传统的圣诞歌曲。令所有人失望的是今年这项活动被冬至诗歌和凸显元首的宣传口号取代了，这正符合希姆莱的意图，用异教的"尤尔节"（Jul-Feier）① 取代基督教的圣诞节。但对利伯塔斯的姨妈玛丽（Marie zu Eulenberg）、温特侯爵的妻子也就是利本贝格的女主人而言，这显得太蠢了，她大喊着要求唱《平安夜》（*Stille Nacht*），很快所有人都加入进来。"文化部或者宣传部的指示……在这种情况下被广大农村地区真正的权力关系彻底抹平了"，哈罗对此事做出了中肯的评论。[194]

7 点 30 分时赠送礼物。哈罗和利伯塔斯拆开了礼品，有一支四色自动铅笔、一个来自中国的烟灰缸、奥古斯塔奶奶送的 12 把瑞典银茶勺、托拉为哈罗挑选的一双黑色皮拖鞋，而他收到最重要的礼物则是一条量身定做的马裤，售价高达 50 帝国马克，不过玛丽·露易丝和埃里希·埃德加也提供了赞助。这条裤子是对他身体健康的一笔投资，因为人们相信骑马运动能磨碎哈罗腹部的结石。在维尔东根疗养后，这些结石仍然纠缠着他，因此假期里利伯塔斯拉着他去一位远近闻名的专家那里就医。[195]医生认为，他的脾脏和

①　古日耳曼民族在冬天庆祝宗教节日"尤尔节"，接受基督教化后改为庆祝圣诞节。纳粹统治时期曾试图恢复上古的节庆，以复兴所谓的日耳曼传统。

胰腺也受损了，于是哈罗告诉他的父母："医生很难对此进行治疗。我的整个身体都'硬化'了……必须通过一次生产（别慌，我指的是一次男子汉的重生，也就是业绩和工作）来使它放松，好让血液重新流通起来。"哈罗要做的"工作"已十分明确了，但还没怎么落实到细节。毫无疑问，他将继续竭尽所能地反抗纳粹，利伯塔斯也明白这一点。在哈罗离开诊所后，医生把利伯塔斯拉到一边："哦，如果你丈夫只是一个器官出了毛病，我要做的就容易多了!"

162

圣诞节那天天气寒冷，第二天晚上就下起了雪，皇帝喷泉尖盔形的顶部在清晨被白雪覆盖。穿着新裤子的哈罗与利伯塔斯并排骑行，穿过积雪的树林，去往兰科湖边的小屋。这次骑马外出或许能磨碎那些肾结石，直到他能把它们排出来。如果能让这香甜冷冽的空气足够深入他的身体，那么在河马皮鞭下受损的器官就都会恢复健康。这便是希望。在康复这件事上，利伯塔斯会助他一臂之力，她相信他俩将会满怀激情地重享肉体之爱。

夫妻两开着"斯宾格勒"从结冰的道路上返回柏林。节日庆典已经过去，很快就得认真起来了。"你们知道的，"1937 年 12 月 27日哈罗给父母写信道，仿佛他们能读出字里行间隐藏的意味，"对我而言一切就取决于这项事业，一项只要我活着就会投入其中的事业。在这一点上利伯塔斯和我完全一致。"[196]

20

雪下个不停。一条白色的毯子盖住了柏林，与这个城市十分契合，因为积雪轻快地掩盖了城市的喧嚣，抹平了它的棱角，并带给它一层柔软的外壳。白天太阳时常露面，而在这个时节的柏林，阳光并不常见，冬日因而变得美妙，而利伯塔斯喜欢来"一段小跑"横穿蒂尔加滕区（Tiergarten）。[197]

　　1938 年 1 月 12 日，利伯塔斯与君特·魏森伯恩第一次见面，哈罗也在场。因为利布斯总是公开与人调情，从不遮遮掩掩，因此哈罗并没有注意到那次二人间的吸引力。一个礼拜后他们又碰面了："晚上我在舒尔策-博伊森家……在大约 30 个听众面前朗读作品，而后进行点评，反响不错"，作家魏森伯恩在他未发表的日记里写道。[198]第二天他和利布斯去了"天津饭店"吃中国菜，三天后两人一起喝了酒，并去电影院看了战争片《名誉担保的假期》（*Urlaub auf Ehrenwort*）。利伯塔斯喜欢上了魏森伯恩：他是个天生的开心果，无论聊的是他在南美洲与印第安人同住的探险之旅，还是在纽约当街头记者的生涯，他总能把她逗笑。他最有力的武器是牛角框眼镜后愉悦闪动的眼睛，这赋予了他必要的知识分子气质：他是一个派对狂人，穿着内衬破了洞的鹿皮拖鞋——但他首先是一个出色的作家。两人的化学反应似乎并没有使哈罗感到困扰。他们三人一起出去玩乐，譬如 1938 年 1 月 27 日，他们参加了一场以"彩色灯笼"为主题的盛大化装舞会，参加者多达 7000 人，魏森伯恩和利布斯在那里"长久而美妙地"共舞。之后他们还参观了一场"艺术家庆典，气氛十分高涨"。[199]

　　君特和利布斯在艺术与职业方面也彼此亲近。他乐意帮助她开发写作天赋，相信她在航行日记中展现出的潜力，并且打算把她介绍给出版商恩斯特·罗沃尔特（Ernst Rowohlt）。作为回报，她愿意支持他创作一部新的戏剧。这部剧将被命名为《善良的敌人们》（*Die guten Feinde*），讲述关于罗伯特·科赫（Robert Koch）① 的疯

164 狂故事，人们认为这位著名的医生发明了一种后来被证实无效的结核病疫苗。为了推动创作计划及他们友谊的进展，1938 年 2 月 10 日，两人开车去了德累斯顿，魏森伯恩想在那里探讨关于罗伯特·科赫的思路："我们在贝尔维（Bellevue）酒店开了两间房，好极了！我们洗漱一番，在雨中漫步穿行德累斯顿，在市政厅地下酒馆吃了午饭。利布斯筋疲力尽，下午我和她去了海涅出版社（Heyne-Verlag）。回到宾馆，我们一起进了她的房间，美妙。然后我们去了国立歌剧院。利布斯和我坐进了包厢，美好的夜晚，利布斯棒极了！之后我们共进晚餐，晚上在她房里过夜，太棒了，令人兴奋。"[200]

　　而在 1938 年 2 月 17 日，发生了一些意料之外的事。那是一个寒冷的晴天，正当希特勒和信奉民族社会主义的奥地利内政部长赛斯－英夸特（Seyß-Inquart）一起筹备德国对他家乡的占领，也就是所谓的德奥合并时，盖世太保的官员在 10 点 30 分左右敲响了蓝－红码头上那间离岸很远的船屋的木门，屋子的半边建在陆地上，另半边用桩子支撑在水面上。[201]那是吉塞拉·冯·珀尔尼茨和里奇·冯·拉费的浪漫居所，而这已是年轻的吉塞拉生命中第三次被捕。

---

　　① 科赫（1843—1910）是著名的德国医生和微生物学家，是细菌学的创始人之一，1905 年因结核病的研究获得诺贝尔生理学或医学奖。

这倒并不是因为她投进苏联驻巴黎大使馆信箱的那个信封，像她起初担心的那样，而是因为一桩已过去 5 年多的罪行，即"于 1933 年 2 月 3 日至 4 日夜间散布腐蚀性的文字"。[202]哈罗和利伯塔斯并不知道她被捕的这个原因，他们只是从吉塞拉第二天受问询的兄弟那里听说，她现在遭到盖世太保的羁押，此外他们还没收了一些文件：那是吉塞拉本该为哈罗完成的翻译工作，上面有航空部的信头和印章，以及哈罗的签名。[203]这导致了一场盖世太保对空军参谋部的质询：哈罗·舒尔策-博伊森是否犯下了一起泄密罪行？空军上尉冯·比洛被要求对证物做出判断，哈罗为此忧心。虽然他把这些文件视作无害的，但他的上司是否也这样认为呢？而如果被捕的吉塞拉交代了她的巴黎之行，又或者盖世太保早已知道了这一切又该怎么办？自己会不会被再次关进纳粹的酷刑地牢？哈罗和利伯塔斯立即处理掉了住处里所有的涉密文件，并与君特·魏森伯恩一起计划逃往阿姆斯特丹，利布斯的弟弟约翰内斯·哈斯-海耶（Johannes Haas-Heye）在那里当记者。"有一些十万火急的事要做，"作家如是记载 1938 年 2 月那段戏剧性的日子，"我开车跟在哈罗后面，他比我更有经验，会四下观望。如果他连续闪动三次刹车灯，那我就得立刻停车。如果闪灯超过三次我就得掉头或拐弯。"[204]在逃离盖世太保之路上的三角恋情：魏森伯恩想不出比这更刺激的小说情节了。

之后，哈罗从航空部得到了警报解除的消息。他的部门就此事召开了一次会议："我们对在冯·珀尔尼茨小姐那里找到的翻译文件进行了审查；整体而言它毫不具有行政法规规定的涉密性质。舒尔策-博伊森并未犯下罪行。"[205] 于是，哈罗、利伯塔斯与君特取消了逃亡计划。哈罗认定"既然现在结论已经公布，我就不该再出境了"。于是，是夜他们三人转而一同去万湖上的游艇里参加了化装舞会。毕竟现在还是狂欢节。[206]

21

166　　　这段暧昧关系并没有影响哈罗与君特·魏森伯恩的友谊——起初也没有影响他和利伯塔斯的婚姻。他只是渐渐感到惊讶：那两人的关系一直在发展。他们公然试验着哈罗对开放关系的偏好，仿佛那是世界上最正常不过的事。他们驱车前往施泰锡林湖（Stechlinsee）却没有带上哈罗，在宾馆里过夜，返程时去利本贝格喝茶，利布斯把她的情人介绍给了母亲托拉。哈罗原以为这不过是一段短暂且无足轻重的艳遇，但两人已经发展出一种更深入的关系。至少，他这样宽慰自己，利布斯会在魏森伯恩那里得到善待。无论她向后者诉说或袒露什么，哈罗都不必提防君特，他也参与了自己的反抗事业。他只是希望，利布斯还能从他那里学到一些关于写作的本领。至于她和他的朋友在床上享有颇多乐趣这一点，却叫哈罗有些恼火，毕竟他才是她丈夫，而所有人都知道她对自己不满意。还是说在他们这个拒斥社会规范的圈子里，一个解放了的女性本就可以想和谁睡，就和谁睡，而不必局限于自己的丈夫？除了继续展现自由主义者的姿态，他还能做什么呢？他甚至把这件事告诉了他的父母，丝毫不觉得羞耻，这大概是最有利于健康的做法：

"最近我更频繁地见到君特·魏森伯恩，他写过各类不错的书。……总之他现在总是和我们在一起，利布斯也觉得他挺亲切。可能不只是'亲切'吧。他会做很多事，我们能从他身上学到一些东西。利布斯需要一个写作方面的老师。"[207]

尽管如此，在他性功能出问题的时候和别人分享自己深爱的妻子，对哈罗而言一定是痛苦的。但哈罗并没有插手，那两人在精神层面也发展出越来越紧密的联系，他们定期在国家图书馆碰面，一起写下关于罗伯特·科赫的素材，之后在克兰茨勒咖啡馆（Café Kranzler）吃饭，在罗马式咖啡馆（Romanischen Café）喝些东西，在丛林酒吧（Dschungel-Bar）"跳舞、欢笑"，有时开车"凌晨 2 点去波茨坦"，并在宾馆里一起睡觉。[208]利伯塔斯很享受这段缠绵。这就是作为自由作家的生活！她本就能习惯这种生活方式。她就是喜欢写作和爱情，这有什么不对呢？她从未像在 1938 年的这个春天那样接近自我实现，或许君特·魏森伯恩确实帮上了忙，把她的自由扩展到一个新的维度，让她在情感上也不再依赖于哈罗，这样她在紧急情况下能够自立生存。这不正是他们一直以来的追求吗？

22

1938 年 6 月 5 日，被盖世太保关押了近 5 个月的吉塞拉·冯·珀尔尼茨得到释放。她十分憔悴、皮肤苍白如纸，但她守住了秘密，对她前往巴黎的真正原因，以及哈罗关于德国插手西班牙内战

的情报只字未提。但在监狱里还是出了一些事，那是所有人早先就
168　担忧、害怕的：她那脆弱的肺部在牢房里染上了结核，一种危及生
命的传染病。往后，这位年轻的女冒险家不能再和里奇·冯·拉费
一起住在船屋里了，不能再和他一起骑着哈雷摩托车四处驰骋了，
也不能再参加狂野的派对和进行孤身的探险之旅了，相反，她需要
特别的照顾和长期的医疗护理。瓦尔特·库兴迈斯特的女友埃尔弗
莉德·保尔博士帮她在肺病疗养院搞到了一个床位，先是在布兰登
堡，后来在瑞士，但吉塞拉的状况从一开始就不好。她变得日渐瘦
削和糊涂，无论朋友们给她寄了多少食品包裹——也无论利伯塔斯
多么频繁地去看望她，利伯塔斯总是会震惊于她表亲的外貌，她面
无血色地躺在枕头上宛若洁白的圣母。[209]

　　1938 年的这个夏天，利伯塔斯过得也不好。吉塞拉危及生命的
病情使她揪心，并且现在和魏森伯恩的关系也出了问题。她在生命
中的两个男人之间游移不定，出现了腹痛的症状，她担心自己怀孕
了，血液循环也不甚畅通，甚至一度失去过意识。[210]

　　为了远离这一切，恢复健康和清醒，1938 年 7 月底她独自前往
巴伐利亚，然后去了她深爱的瑞士，1928～1932 年她曾在苏黎世的
市属女子中学上学。她在苏黎世遇到了移民作家伊尼亚齐奥·西洛
内（Ignazio Silone），他曾是意大利共产党员和反法西斯人士——也
是哈罗的熟人。西洛内的人脉很广，还认识彼时住在苏黎世湖畔屈
斯纳赫特（Küsnacht）的托马斯·曼，而利伯塔斯计划向这位著名
169　作家讲述自己的丈夫。她担心哈罗的处境，他们还不知道，那时他
已被列入了"A 类卡片索引"，这份名单由国家安全总部部长、恐

怖的莱因哈特·海德里希（Reinhard Heydrich）①制定，盖世太保负责管理，记载了早先就引起过注意，因而可疑的政权反对者，一旦出现政治危机他们就会被"立即逮捕"并关进集中营，哈罗所属的集中营是萨克森豪森（Sachsenhausen）。[211]

"她担心哈罗会遭遇不测，倘若真出了事，她希望公众能知晓哈罗和他的道德立场"，西洛内这样记述利伯塔斯的来访。[212]他向利伯塔斯保证，会让她结识托马斯·曼，尽管后者事务繁忙，他正打算放弃在瑞士的住所，组织他家庭的搬迁。曼一家打算在8月中旬最后一次前往恩加丁河谷（das Engadin），在希尔-玛丽亚（Sils-Maria）木屋酒店里向欧洲道别，而后前往美国，去普林斯顿。不过目前这位"语言魔术师"仍在苏黎世，1938年8月6日他带着29岁的儿子戈洛·曼（Golo Mann）拜访了出版商埃米尔·奥普莱希特（Emil Oprecht）。西洛内也得到邀请并带着利伯塔斯出席。"吃吃喝喝，聊天——雷雨"，这是托马斯·曼在他的日记里对这次"晚餐聚会"的记载。[213]利伯塔斯被介绍给他，她提到了哈罗和他的活动。从资料来源中无法得知，这次会面是否导致了双方更长期的交往。盖世太保1942年的一份记录中提到了哈罗·舒尔策-博伊森曾"试图接近托马斯·曼"，指的就是此事。[214]

回到柏林后，利伯塔斯又试着和完全不同的人亲近。哈特姆特弟弟到魏茨街来做客，他现在16岁了。资料来源没有透露是谁提

170

---

① 海德里希（1904—1942）是纳粹大屠杀的主要执行者之一，许多史学家认为他是纳粹高层中最为黑暗的角色，甚至希特勒亦称其为"铁石心肠之人"。

出了这个主意，但事实就是，利伯塔斯把哈特姆特领进了性爱的大门，而哈罗知悉，甚至可能推动了此事。

　　不知是否与这次性爱启蒙有关：利伯塔斯与君特·魏森伯恩的恋情逐渐走向终点。还在瑞士时，她就给他写了一封"痛苦的信"以保持距离，但他们仍会碰面，并继续合作完成关于罗伯特·科赫的剧本。他们谈到这部戏可能会在首都上演。"柏林国家剧院给了一个机会，只是小君特现在还不完全敢这么做，"利伯塔斯写信告诉她的婆婆玛丽·露易丝，"在一切可能出问题的事情上，他都要去问戈林。但我相信，这事能成。"[215] 她和魏森伯恩一起去了不来梅准备剧场首演，而 1938 年 9 月 26 日他们在那儿的宾馆里收听了希特勒讲话的广播转播，帝国总理在那次讲话中宣布了对所谓"苏台德地区"的吞并："这是我要提出的在欧洲的最后一点领土要求，"人民收音机里的声音沙沙作响，"但对于这点要求我不会让步，并且以上帝之名，我将实现它。"[216]

　　对哈罗而言，政局的这一步发展意味着在航空部加班成为常态。希特勒对捷克斯洛伐克的领土要求演化成了一场国际危机，有可能引起一场热战。陆军指挥部里有几位将军确信：在这个时间点发生军事冲突将导致德国的灭亡。他们已经制订出一项政变计划，即将付诸实施。但后来有一位外国元首阻挡了国防军将领们的道路，他就是内维尔·张伯伦。为了不惜一切代价维护和平，这位英国首相连续数次访问德国，去过莱茵河畔，也去过希特勒在阿尔卑斯山上的庇护所贝格霍夫（Berghof），最后去参加了慕尼黑会议，在会上决定了捷克斯洛伐克的命运，而后者的代表没有受到参会邀请。希特勒成了这一事件的大赢家。国防军未经战斗就开进了苏台德地区。准备发动政变的将军们惊愕地取消了计划。

哈罗并不知道陆军指挥部里的那些变故：即便如此，他也能在办公桌前像带着放大镜一样窥见"世界政治的物质和心理'机制'"，正如他在信中向父亲所说的那样。[217]他意识到英国人的利益显然在于瓜分苏联，为此他们会允许德国在东面自行其是。而希特勒挑衅的说法，将捷克斯洛伐克称作欧洲中部的一艘布尔什维克主义航母，也在伦敦产生了一定影响。

1938 年秋天的这些日子叫人紧张——只有夜晚是孤寂的。有时，哈罗在下班后走向魏茨街，在霓虹华彩下选帝侯大街的最后一个街角转弯，面对的是那栋空荡荡的房屋，宛若一块眼下没有戏拍的电影背景板，上面孤零零地放着一张卡片，利伯塔斯在卡上写着，她今天可能又要晚归了。她和魏森伯恩的事显然还没有完。

9 月 30 日晚上哈罗和魏森伯恩一起去喝啤酒，跟他彻底讲清楚了状况。第二天魏森伯恩在日记里写道："我没有见到她。也不想再见了。"[218]这是哈罗个人的一场胜利——而他并没有因此忽略地缘政治局势："现在和平真的暂时'突然来临'了，就像在周三晚上得到第一条消息时，我立刻清楚感觉到的那样。"他在 1938 年 10月 1 日给父亲的信里写道并进一步做出预言：

172

后世对眼下这段日子的评判，取决于和平是否会真的像张伯伦先生所料想的那样，长久地降临欧洲。如果 1 到 2 年后我们要重新面对战争，那么死难者的数目会是现在开战的 10

倍⋯⋯那么历史的评判会是残酷的。我们尽量往好处想。[219]

对哈罗而言，捷克斯洛伐克的危机是世界冲突的缩影。这年 10 月，他为此和瓦尔特·库兴迈斯特一起写了第一份非法传单：《突击队》（*Der Stoßtrupp*）。其中对"苏台德地区"的吞并被描绘为一场惨烈的人类浩劫的预兆。库尔特·舒马赫从批发商那里采购了行动必需的纸张；作为艺术家，他买这些东西不会引人怀疑。这位雕塑家为了买邮票而四处奔走，以免因为在一个地方买的张数过多而引起嫌疑。他们将那篇（没有留存下来的）文章复印了大约 50 份，这项工作由库尔特的妻子伊丽莎白完成，而利伯塔斯则在官方电话簿里查找她觉得还算聪明的人的住址：教师、医生、律师和其他信息传播者。[220]

信封上的文字是用打字机打出来的，打字的人戴着棉手套，在装袋和贴邮票的时候也得戴手套。而后埃尔弗莉德·保尔博士开着她的车——一辆福特埃菲尔（Ford Eifel）上了路。[221]倘若遇到检查，身为医生的她总能给出行找到理由。她在投递信封时带着轻巧的女士手套，这在 10 月也是合乎常理的。她在每个邮箱里只放一到两份传单，而后便继续上路。这个朋友圈子的第一次集体行动取得了成功，一切都进展得十分顺利：这是一次试运行也是一份证明，证明他们可以信赖彼此。

23

1938 年 10 月，哈罗在航空部里和他的上司巴茨谈了话，要求

获得多日加班的报酬，把薪资提高到至少 400 帝国马克，还要一笔
单次付清的津贴以进行一趟休养旅行，他迫切需要一次这样的旅行
来维持自己的精力并稳固自己的婚姻。他声称，若是他的要求没有
得到满足，就会在新的一年里辞职。

　　施压取得了成效：巴茨想要留住他，因为他在哈罗身上看到
了"真正非凡的品质和能力"，正如他在工作考核中所说的那
样。[222]愿望得到了满足，这是除开瑞典的蜜月旅行和在瑞士的几次
短暂拜访以外，哈罗和利伯塔斯第一次一起出国度长假。他们开 174
着新车，一辆被他们命名为"恺撒"（Caesar）的菲亚特（Fiat）
敞篷车，"很久才付清买车的费用"。他们从高速上一路开到拜罗
伊特（Bayreuth），第二天驶过慕尼黑和尧芬山口（Jaufenpass）进
入意大利，傍晚时抵达威尼斯，"那是最美妙的时分，因为看不清
残破的外墙和污垢，那些宫殿显得比在日光下更动人"，哈罗写信
告诉父母。[223]他们把"恺撒"停进一间车库，和哈罗的妹妹黑尔佳
见了面，后者和她的丈夫，以及第一个孩子住在运河边上一栋古老
的威尼斯式房屋中一间美丽宽敞的寓所里。

　　第二天中午，利伯塔斯和哈罗在灿烂的阳光下坐进了餐食丰盛
的轮船头等舱，穿越亚得里亚海到达杜布罗夫尼克（Dubrovnik），
过去此地叫作拉古萨（Ragusa），曾是一个独立自治的海上共和国。 175
在老城区那些要像钻山洞一样进入的店铺里，他们愉快地购物：衣
服首饰、皮带、一件绣花的马甲、一枚银色的胸针。最大的一笔采
购是一条基里姆毯，宽 2 米、长 3 米，由绵羊毛织成，蓝红相间，
花了 1300 第纳尔（Dinar），约合 85 帝国马克。"要是不讲价就得

爱与抵抗：哈罗和利伯塔斯站在他们浅蓝色的 24 马力菲亚特敞篷车"恺撒"前。

花上 2000 第纳尔！"哈罗骄傲地写信告诉父亲，他知道后者会赞赏自己讨价还价的手段。[224] 在同一家古董店里，利布斯找到了一枚出自拉古萨时代的古老纹章——她几乎不敢相信自己的发现。银镶边的徽章上有三道红色的对角斜线，上面有几个黑色的大写字母，拼出一个单词：LIBERTAS。

这是一个象征！至少这意味着，哈罗幸运地选对了度假地点：他们去了正确的地方。纹章上的词语将是他们接下来两周的座右铭："自由"——是什么，需要他们去探寻。而这也可能意味着：不再回到那个笼子里——再也不回到那寒冷的德意志。这样做有许多理由；并且他俩很快对那些南斯拉夫人产生了好感。他们觉得这些人很讨人喜欢，并且"比那些意大利人之类的要沉着得多"，哈罗如是写道。[225]人们向他俩推荐了一个不该错过的地方：美丽的科尔丘拉岛（Insel Korcula）。只要够胆量，人们就可以在那里开启崭新的生活。人们可以在那里生儿育女，孩子们将宛如在天堂里成长。

他们决定一试，便登上了一艘汽船，1938年11月1日，当太阳落山，人们坐在屋前喝着新酿的葡萄酒时，他们抵达了科尔丘拉老城的小港口，这里的小巷设计得像鱼骨一样纵横交错，以期实现最好的通风。船只漂浮在德维尔酒店（Hotel de Ville）前平静、清澈的水面上。有格拉巴白兰地和金头鲷可供享用，早上哈罗可以在一个静谧的码头上喝咖啡、抽烟，然后脱下蓝色的衬衫，跳进同样是蓝色的潮水里。对哈罗而言，科尔丘拉也有安神的功效。他眼睛周围憔悴的痕迹消失了，躯体也不再像往常那样紧缩、僵硬。而午餐吃波斯煎饺的利伯塔斯终于又长了些体重。他们真的要留在这里吗？逃离那个疯狂的世界隐居于此？正在讨论这个问题时，他们发现了一幅装裱起来、挂在酒店里的照片。上面是一个再熟悉不过的人，他穿着白色的裤子、黑色的运动外衣，戴着有檐的白帽子。这是奥伊伦堡的邻居、哈罗的部长赫尔曼·戈林在1935年春天造访科尔丘拉时拍摄的，背景是一艘宽敞的游艇。

哈罗清楚地意识到：就像科尔丘拉曾处于威尼斯的势力范围内一样，现在也有一层来自北面的阴影笼罩在达尔马提亚（Dalmatia）海岸。法西斯主义，还有与专制政府合作的国际经济会不断伸展它

176

们的触角，直到天涯海角。必须阻断这个势头，只有在柏林哈罗才能最有效地遏止它，在别处则不行。留在岛上做自由作家，这的确是一个迷人的想法。但在这里，有谁会刊印他们的稿子呢？他们该靠什么谋生呢？而最重要的是，不是每个反对纳粹体制的人都能逃走的。

他们怀着沉重的心情结束了度假，乘汽船回了威尼斯，开走了"恺撒"。他们戴着紧实的皮帽抵御吹进敞篷车里的寒风，哈罗穿着浅色的大衣，利布斯则身着夹克和长裙。在进入德国前的最后一站苏黎世，他们又一次同伊尼亚齐奥·西洛内见面，他最后一次向他们展示了那是一种什么样的感觉：在流亡中生活。西洛内曾是共产国际的意大利代表，他讲述了自己在莫斯科时的经历，此后他就与共产国际决裂。西洛内自称是一个"没有教派的基督徒和没有党派的社会主义者"[226]——并且在某种程度上也是一个没有祖国的人，因为他不想在墨索里尼统治下的意大利生活。哈罗对斯大林主义的立场与之相近。他认识几个共产主义者，对合作持开放态度，但他热衷无拘无束，因此没法遵循任何党派的路线。

"多么好的一个人啊！"后来西洛内这样评价和哈罗的会面，"我不知道，可曾在别人身上见过那般的勇气和正气。利伯塔斯毫无保留地爱着他，而对于他可能会遭遇的事情，她无法一直掩盖住自己的担忧。"[227]

告别西洛内后，哈罗和利伯塔斯走上了那辆蓝色的菲亚特车。11 月 8 日他们"成功克服了一切海关的麻烦"，驱车沿着博登湖（Bodensee）驶过乌尔姆（Ulm），开往纽伦堡，并且于 1938 年 11

月9日开上了通往首都的帝国高速公路。[228]就像一匹在长途跋涉后飞奔回自家马厩里的马儿，哈罗利用1934年在《国家道路交通法》（*Reichs-Straßenverkehrsordnung*）里引入的驾驶不限速规定一路疾驰返乡。他们回来得正是时候，在无数的碎玻璃危及轮胎之前驶上了选帝侯大街，以及与之相邻的道路。

这是一个载入史册的夜晚，又一个11月9日。但这次不会像1918年时一样，有人满怀希望地宣布成立一个共和国。[①]当哈罗和利布斯拐入魏茨街，停靠汽车时，君特·魏森伯恩正在几分钟脚程以外，沿着康德大街行走。当他走近鸡舍街（Fasanenstraße）时，他发觉犹太教堂里像是在搞一场盛大的庆典。所有的窗子都被照得透亮，但突然间光亮黯淡下来，变成了一片宛若在地狱里燃烧的赤焰——还有团团黑烟从爆裂开的屋顶涌出。有一群人寸步不移地站在人行道上，他们的脸庞被火光映得通红。没有人来插手，一片沉默。柏林消防局的一辆救火车就停在不远处，但没有出勤。消防员们聊着天，嬉笑地抽着烟，还架起一张折叠桌玩斯卡特牌[②]。[229]

整个夏洛滕堡的犹太商店都在这个帝国"水晶之夜"（Reichskristallnacht）被摧毁，店主们绝望地试图通过扫除碎玻璃来把一切复原，他们用颤抖的手把商品放回原位。"毕竟选帝侯大街上80%的商铺都是犹太人的，"一个路人散布着假消息并煽动说，"他们不该这样扩张。他们遍布一切能快速生财的地方，不给别人

---

① 指1918年11月9日，社民党领袖谢德曼（Philipp Scheidemann）宣布魏玛共和国成立。

② 斯卡特（Skat）是德国的一种三人牌局。

经营的空间。"[230]

一群人号叫着聚在一家服装店门口。年轻人，也有年长和稳重的人在被砸碎的玻璃后面搜刮着一切能找到的东西：大衣、长裤、夹克、衬衫。犹太店主站在门前，泪水沿着胡茬儿流下。他手里拿着一件被反复涂唾沫的燕尾服，他试着用袖子把它擦干净，而众人都在嘲弄他。往日体面的公民怪声骂出粗野的种族主义脏话——他们曾经都是正常人，但现在经历了 5 年半希特勒的统治。

哈罗在科尔丘拉亲身感受到的那层阴霾就在那里，它"笼罩在我们所有人头顶，并不再允许任何人拥有无忧无虑的快乐"，就像不久后利布斯在给埃里希·埃德加和玛丽·露易丝的信里写的那样。这是一次痛苦的回归："今天又是一切如常。一阵陌生的苦恼像山崩般砸向我们所有人。"[231]

尽管如此，他们在南方补充了能量，他们的爱情或许比以往任何时候都更为坚韧。"关于这些事的细节我又有什么好写的呢。只要哈罗还在我身边（但愿我们还能在一起很久），就没有，根本没有任何事情是可怕的。"[232] 他们已经回到了纳粹德国，"水晶之夜"后他们再无法与之和解。哈罗亲吻了利伯塔斯整日佩戴的那枚银戒指，通过这一吻，他保证会永远爱她。现在他们齐心协力，直到从独裁统治中解放——又或者直到死亡。

第三章

抵抗与爱情

（1939—1942 年）

在柏林我没法好好写作。有无数的事情要做。
—— 哈罗·舒尔策－博伊森[233]

另外，在如今这样的时代里也有益处，那便是专注于历史的意义和严肃性的人们可以学到很多，在几天里学到的东西往往超过平常的数年，这当然也是一大益处。
—— 利伯塔斯·舒尔策－博伊森[234]

1

她身穿军蓝色大衣，脚蹬哥萨克高靴——那是"优雅淑女的时
尚套靴!"头戴贝雷帽，嘴里叼着烟，告诉滕珀尔霍夫机场汉莎航
空窗口里的女士说，她想坐下一班飞机去柯尼斯堡（Königsberg）。
这是哈罗的一趟免费航班，但他本人无法乘坐，因为航空部里有太
多事情要做，那里在策划对波兰的袭击。[235]

1939年夏天，利伯塔斯坐在靠窗的座位上，半小时的飞行后，
她看到奥得河（die Oder）的河口位于下方，旁边是波美拉尼亚省
（Pommern）的首府什切青（Stettin）。从那里起，波罗的海的海岸
线就变得别具一格，像·个突出的下巴般往北面伸展。飞机掠过佩
讷明德（Peenemünde），韦恩赫尔·冯·布劳恩（Wernher von
Braun）① 正在那里研制他的火箭。飞机向右侧下降前往但泽自由市
（Freie Stadt Danzig），利伯塔斯将在那里中转——"我恳请您，在
飞机着陆时熄灭香烟"。短暂的转机时间，而后是在东普鲁士上空
"一次十分美妙的夜间飞行"，从上空俯瞰这片土地形如一条巨大的
比目鱼。[236]

柯尼斯堡机场是德国最老的民用机场。柯尼斯堡的轻轨在这里
停靠，它载着利布斯，沿着靠城墙的轨道开往老城区，到达城堡湖

---

① 火箭专家韦恩赫尔·冯·布劳恩（1912—1977）自1937年起在佩讷明德领导德国
的V2火箭的研制工作；二战后前往美国并成为20世纪航天事业的先驱之一。

（Schlossteich）西侧的中转站，在那里有一个搬运工帮她把行李运到不远处的火车北站。开往琥珀海岸（Bernsteinküste）的列车从那里发车。利伯塔斯还从未去过库尔斯沙嘴（Kurische Nehrung）。她没带多少东西，她带了雷明顿（Remington）便携式打字机、徕卡相机和手风琴，但没有带泳衣，因为在尼达（Nidden）"没有任何法律规定人们要怎样洗澡"，正如旅行手册里所说的那样。[237]

184

　　30 分钟的行程后，乘客们在克兰茨（Cranz）下了火车，在这个东普鲁士最大的海滨浴场上有漆成白色的木屋，金黄色的阳光层层洒在屋顶上，往日有许多来自德国、波兰和俄罗斯的犹太旅客常来这里光顾。潟湖上的汽船从这里出发，轰鸣着驶向沙嘴。不知利伯塔斯是坐了"梅梅尔号"（die Memel），还是那艘有大餐厅、吸烟室、封顶和露天步道，"极为高雅的双螺旋桨摩托快船'库尔斯潟湖号'（Kurisches Haff）"？[238]3 个小时的航程使人愉悦，船上单独出游的女人多得出奇，她们都想前往尼达，一片位于波罗的海、潟湖与天空之间沙嘴狭地上的艺术圣地。在 1939 年的这个夏天，经常能看到往日的"桥社"（Brücke）成员马克斯·佩希施泰因（Max Pechstein）① 把画架摆在岸边，用明媚的南海岸配色②作画：水面上的木船，一个裸体行走在沙滩上的美人。在帝国最外围的尼达，纳粹崇拜似乎也多多少少受到了遏制，人们仍然可以随心所欲

---

　　① 佩希施泰因（1881—1955）是德国著名的表现主义画家，他的风景画色彩艳丽优美，构图简约新颖。1906 年他加入"桥社"，1910 年成为新分离派的创始人。纳粹执政期间他被指责为颓废艺术家，隐居于波罗的海的一个岛上直至 1945 年。

　　② 南海岸配色（Südseefarben）源自 20 世纪 20 年代美国迈阿密的本土风格装饰艺术，倾向于粉红、浅蓝、粉绿等源自迈阿密自然景观的浪漫温暖色彩。

地作画，可以听凭喜好地用色，而且比起德国大多数地方，在这里
可以更坦诚地说话。

自由女作家利伯塔斯·舒尔策-博伊森。

185

　　头一天傍晚，利布斯坐在人气颇高的布洛德（Blode）旅馆里
那条围绕在艺术家之屋（Künstlerzimmer）外的长廊上，通常会有
许多画家在这里碰面，陶醉的目光掠过墙上挂着的路易士·柯林斯
（Lovis Corinth）、马克斯·佩希施泰因、卡尔·施米特-罗特卢夫
（Karl Schmidt-Rottluff）等人的表现主义画作——这样的场面在希特
勒统治下的德国是独一无二的。人们在这条走廊上侃侃而谈，聊得
最多的是艺术，当然也聊政治局势。在对波兰可能的进攻发起前几
周去战略要地库尔斯沙嘴是一趟危险的考察——而这也使得某些游

客，可能包括利伯塔斯在内，感到格外兴奋。空气中弥漫着战争的气味，尽管人们还不知道它何时会爆发。至于哈罗可曾劝阻她做这次旅行，抑或出于促进艺术实现的原因而坚持让她前往，资料来源并没有记载。聊完天后，人们在走廊上唱歌。那是一首古老的库尔斯歌曲，它富有魔力的旋律叫利伯塔斯着迷：

> 傍晚麋鹿从沙丘走出
> 走过泥沼走上沙滩
> 黑夜宛如一位慈母
> 轻轻给潟湖与陆地盖上被单。

186　　　这首梦幻般的歌谣让她回想起自己在利本贝格写的那些诗——还有她面前这项充满诗意的任务。利伯塔斯随身带着她的手稿，那份行船日记。若是要集中精力写出一些东西，尼达是一个理想的去处。唯一可惜的是，她没能住进托马斯·曼的避暑别墅，1929 年他用诺贝尔奖奖金雇人在一座山丘上造了这座房子，1932 年最后一次到访。直到不久前，房子钥匙还在布洛德酒店的所有者、画家恩斯特·莫伦豪尔（Ernst Mollenhauer）手里，他可以在得到那位作家的许可后把房间提供给艺术家们。利伯塔斯与托马斯·曼在苏黎世会面时，大概就已讨论过这种可能。但就在她来这里的几周前，这座漆成红棕色、带有蓝色百叶窗与外檐的房子遭到了戈林主管下林业部的查封。利布斯在一户尼达渔民家里租了一间小屋。这儿也不赖，她就坐在屋里，把一张稿纸装进她的雷明顿打字机，隔壁屋里则是在修补渔网的房东太太和女儿们。

尼达是一片灵感之地，有许多著名的艺术家曾经或仍然在这里工作。但这也是一个挑战，在这里人的品味、追求会飞速提高。每当利伯塔斯工作受阻时，她就会跑到户外，穿过麋鹿出没的树林，奔向广阔的沙滩，脱掉衣服跳进无边大海的激浪里。比起德国别处的波罗的海沿岸，这里的海水要汹涌得多。有时她会骑自行车前往高丘区（Hohe Düne），那里也被称作"东普鲁士的撒哈拉"，用她的徕卡相机拍摄这片无路可走的土地，所谓的死亡之谷，这片粗野、原始之地曾让托马斯·曼也为之着迷。[239]

一年前利伯塔斯在柏林爱克发（Agfa）① 总部开设的一门强化课程中学习了摄影。最重要的是主题的选择，而有一天她在闪动的热浪中发现了一些看起来不寻常的东西。起先她以为那是一种错觉、一场海市蜃楼或是一次幻视，托马斯·曼可能也在此处见到了这种场景，而后把它写进了 1931 到 1932 年创作于尼达的"约瑟小说"② 里，小说讲述了以色列民族的逃亡，他们在当地人的迫害下逃出了埃及的沙漠地狱：一艘载得满满当当的船掠过高丘，驶向尼达的泊位，那是一艘挤满乘客的潟湖汽船。

---

① 爱克发集团 1867 年成立于柏林，其后发展成庞大的欧洲跨国公司，主要生产经营影像产品和摄影器材。

② 指托马斯·曼取材于《圣经·旧约》的历史小说《约瑟的青年时代》（Der junge Joseph）。

利伯塔斯想看得清楚些，她跑下了沙丘，沿着海岸跑向小港。船上的人带着许多行李箱和麻袋，他们看起来不像艺术家或游客，也不像本地人，他们之中无人下船。这些是想去拉脱维亚的犹太人，他们觉得那里是安全的。虽然拉脱维亚也是一个威权主义国家，但那里没有种族迫害，暂时还没有。自 1939 年春天梅梅尔重新并入德国以来，已经有许多犹太人逃向了波罗的海东岸唯一的大城市里加（Riga）。为此他们利用了从克兰茨到梅梅尔的常规航线，尼达是既定的中途停靠站。纳粹政府容许了这次迁徙。在东普鲁士没有集中营，因此纳粹分子们乐得看见那里的犹太人主动背井离乡。要放逐如此之多的人没法走但泽走廊①，因为波兰人会对囚犯转运征收重税。因此这条横穿潟湖、由难民自掏路费的航路对于纳粹国家而言是最省钱的方法，也是最优解。

利伯塔斯尽可能不引人注目地摆好了她的徕卡。她想要拍一两张照片就够了。这些以高大、荒芜的沙丘为背景的相片将具有象征意义。每一个人，无论他在地球上的哪一个角落里，都会立刻明白纳粹德国发生了什么。世人将醒悟，并且在为时已晚之前遏止这场反犹活动。在此之前，总是由哈罗从他工作的地方带回爆炸性的机密材料，而后朋友圈子里就此展开讨论。现在她也做出了一点贡献，并且可以表明自己并非肤浅之人，不像圈子里的某些人，譬如埃尔弗莉德·保尔博士一度指责的那样。她能证明，自己对于抵抗

188

---

①　但泽走廊（Danziger Korridor）也叫波兰走廊（Polnischer Korridor），是德国根据《凡尔赛和约》割让予波兰的一块狭长领土，把东普鲁士与德国其他领土分开，也使波兰获得了一个出海口。

运动具有重要意义，而非仅仅是哈罗的一个附属品。

她用左眼瞄着徕卡相机的取景器，对准了逃难的犹太人。

哈罗会为此爱她的。

"咔嚓。"[240]

2

利伯塔斯放下了徕卡相机。载着犹太难民的船只向梅梅尔驶去。一个警察站在她身边，要求她出示证件。陷阱一下就合上了，突然间她因为涉嫌间谍活动被押上了下一班前往克兰茨的汽船。她从克兰茨被转送到利茨曼将军大街（General-Litzmann-Straße）上的柯尼斯堡警察局，那是一栋用火红色砖头建成的堡垒式建筑，边上是往日的汉萨广场（Hansaplatz），现在此地叫作阿道夫·希特勒广场。穿过一条走廊，靴子踩在上面咔嗒作响，他们到达了一间大堂，主楼梯位于此处，条条走廊通往各个方向。这里满是穿制服的警察。利伯塔斯只得沿着主楼一路深入这座建筑。警卫室和办公室并布在两侧，一个大转角后连着第二座翼楼，这座翼楼里有一个内院。这里是牢房。她会不会在党卫队的羁押下遭受与哈罗一样的折磨呢？她以往最担心的事情现在发生了。没有哈罗，没有任何支持她的人，她孤身面对警察们，在这座满目风景的柯尼斯堡城中一间看不见景色的牢房里。

他们没收了她的胶卷，还有徕卡相机，重复着间谍活动的指控并一再问她，为什么要在尼达的港口拍摄那些陌生人。利伯塔斯在

189

犹豫怎么回答。这些警官对她、对哈罗了解多少呢？他们会把她的个人资料转交给柏林吗？他们会联想到吉塞拉·冯·珀尔尼茨吗？她多希望现在能坐在布洛德旅馆的露台上和人闲聊，然后纵身一跃跳进海里，但她不得不在这里和这些危险的傀儡共处一室，并与他们言行一致，这样才能尽快获准离开此地。

或许她可以施展魅力，迷惑那些警官？毕竟她还只是一个年轻的傻丫头，到了那个艺术家的圣地并想要写诗。她说之前自己并不知道给船上的那些人拍照是被禁止的。他们带着许许多多的行李箱，对此她感到十分稀奇。她根本没想过要拿这些照片去做什么，也完全不知道那些是什么人，只是觉得他们在那艘船上，看起来有点不寻常。因为这事很特别，她就把它拍了下来。

出于本能利伯塔斯什么都没交代，这个策略奏效了。她获准离开，但也得到建议，不要再回库尔斯沙嘴了。她如释重负、惴惴不安、有点失望、满头大汗，不知怎的还有些自豪，她搭上柯尼斯堡的轻轨去了机场并搭乘下一班飞机，一架新的四引擎"秃鹰"，回到了柏林的滕珀尔霍夫。[241]哈罗在机场接上了她。

3

鲁道夫·贝尔格特尔（Rudolf Bergtel），一个年近四十，发际线后移且神情忧郁的男子，因为在德国共产党遭禁后继续为其工作，被判处 8 年监禁。判决生效后他就在一个名为"灰村沼泽"（Aschendorfermoor），听来就十分压抑的劳改营里挖泥炭，那里要人命的可不只有蚊子。土地排干、沼泽排水：做德国式苦工，吃糟糕的伙食，更不必提冲锋队施加的肉体与精神虐待。

1939 年 7 月，贝尔格特尔以一件蓝色的机械师制服为伪装，成功逃出生天：他骑自行车到不来梅，从那里搭火车去柏林，而劳改营的鹰犬正为追捕他翻遍沼泽。全国性的搜捕在第三天展开，而彼时他已经通过在新克尔恩（Neukölln）管理市属图书馆的女友洛特·施莱夫（Lotte Schleif）结识了库尔特·舒马赫和伊丽莎白·舒马赫。[242]

1939 年 8 月 15 日，第二次世界大战爆发两周前，另外一位自称"汉斯"（Hans）、身穿空军制服的朋友把他带到了安哈尔特火车站。此时的贝尔格特尔仍很憔悴，他装备了背包、手杖和插上羚羊毛的帽子，打扮成专业的徒步旅行者。[243]那天并不是一个晴朗的夏日：气温不到20℃，下着小雨，在拥挤的火车站前厅回响着扩音器放出的广播声，挂在大厅里的不只有扎拉·利安德（Zarah Leander）和玛莉卡·洛克（Marika Rökk）主演的《华丽舞会之夜》（*Es war eine rauschende Ballnacht*）的电影海报，还有贝尔格特尔的通缉令。当局为抓捕他而寻求协助："此人犯有重罪，十分危险。"去纽伦堡的晚班列车在哪里上车？两人对了手表。到处是无序的拥挤，哈罗注意到，人们是如此的好勇斗狠，紧张兮兮。不断有人在争吵，即使为人熟知的那类和气、诙谐的柏林人还没有绝种，人们也会意识到，现在并非有趣的时代——这一点为报刊亭里的头条新闻所证实："对民主国家的最后通牒"——"轴心国冷静看待局势发展！对话国家经济部部长瓦尔特·冯克（Walter Funk）：和美国的贸

191

易因教条主义的不理智而破裂"——"抵制未造成明显损失"——"关税壁垒无法逾越"——"德国为合作做好准备"——"我们被推向战争"。他们终于走上了正确的站台。"欢迎购买食用马匹和马驹。倒下的马会立即被按需接收。距离不是问题。"哈罗把车票塞到贝尔格特尔手里：还有一分钟发车。小麦色头发的库尔特·舒马赫坐在相邻的车厢里，他同样身着登山服。列车长吹响哨子，信号灯亮起绿光。哈罗举起左手向他们道别。列车驶出站台，他也迈着从容的步伐离开了车站。

192

库尔特·舒马赫和鲁道夫·贝尔格特尔在卧铺车厢里度过了这一晚，他们假装不认识彼此。贝尔格特尔和其他乘客聊了些家长里短，做出融入人群的样子，尽管他面黄肌瘦。早上，他们在纽伦堡乘上了驶向奥地利境内布卢登茨（Bludenz）的快车。从此地，他们开始了艰难的攀登，目标是瑞士之门（Schweizertor），奔向渴望的自由。

库尔特是一个登山家，他熟悉这片地区，想要在一天内抵达目的地，可贝尔格特尔是否有足够的体力？每往上爬 100 米，这个逃犯就要喝一次葡萄糖补充体力。这次登山在条件和技术层面有中高到较高的难度：无论如何都必须步伐稳健，不能犯晕。半日之后，他们爬到了 1700 米高，并且遇到了一个看起来可疑的牧羊人。这个人是不是德国绿色边界上的看守？他们尽可能平常地问他是否知道某一间庇护所，他们得到别人的推荐，可以在那里舒适地过夜。牧羊人则试图让他们明白，他们无法在入夜前抵达要找的那间"窝棚"，并且询问他们的目的地。他们继续前行，那牧羊人久久地在后面观望他们，直到他们为了避开他的视线而拐进另一条路。他们因而错过了那个窝棚，在一个山洞里过了夜，第二天早上 7 点 30 分再度启程。他们仍在福拉尔贝格州（Vorarlberg）内，还在第三帝国的领土上。库尔特想要加快前进速度。他们爬到高处，追随太阳前进，经过 25 千米的高海拔跋涉后，他们抵达了山间那汪翠绿的吕纳湖（Lünersee）边，离目的地不过咫尺之遥。瑞士之门，那山岩上的巨大缺口已然在望，海拔 2119 米。他们听凭运气向着它越野行进：最后一个陡峭的上坡。到达顶部后，他们看到一条瑞士铁路横亘在山谷中。鲁道夫·贝尔格特尔向库尔特·舒马赫道别，并请后者代他问候哈罗，而后下山奔向自由。

193

4

从柯尼斯堡回来后，并非所有事情的进展都像利布斯预期的那般顺利。她没有因为在柯尼斯堡警察局担惊受怕而得到安慰，也没有因为机智地应对那些警官，以及勇敢地拍下犹太难民而受称赞——她遭到了众人批评，强烈的批评。那位严守纪律、始终清醒，并且以敏锐理智行事的女医生埃尔弗莉德·保尔博士认为她的所作所为是一桩"蠢事"。[244] 她认为利布斯的行为可能危及其他人，而哈罗为妻子所做的辩护则表明，他受她的影响过深。埃尔弗莉德建议所有人"克制地行使职责"："在最紧密的圈子里读好书或听音乐是眼下最为高尚的社交形式。"[245] 这是因为，"鉴于目前形势之严峻"，即在进攻波兰前夕，要尽可能地维持稳定的状况，不要惹是生非，如此才能在开战后有效行动。

开放式恋爱也不利于状况稳定。女医生决定和君特·魏森伯恩就此事谈谈，后者多重的恋爱行为可能会惹上麻烦。1939 年 8 月底她去探望，得了肺炎，发烧到近 40℃ 的作家卧病在床。虽然不久前，他和著名的舞者乌尔苏拉·戴纳特（Ursula Deinert）开始了一段新的恋情，但他会就此改变风流本性吗？

埃尔弗莉德的干预奏效了：几天后，两位男士在蒙蒙细雨中相会于蓝-红划船俱乐部：哈罗从码头走过来，"他的面庞在万湖夜空的映衬下显得清瘦、俊美而整洁"，魏森伯恩如是写道。[246]那是 1939 年 8 月 31 日，作家仍然抱恙，而哈罗则已连续不断地工作了 32 个小时——并且清楚地知道，第二次世界大战即将爆发。[247]

他们划着"匍匐号"出航，风越刮越大，哈罗坐在舵柄上，魏森伯恩蹲在船头。"今天晚上开始进攻波兰，"哈罗的声音从黑暗中传来，仿佛是自言自语，"直到此刻希特勒还有周旋的余地，但从明天开始能由他决定的就越来越少了。"[248]船儿在暗夜中穿梭，浪花涌进来，拍打着船板。魏森伯恩在黑夜中视力不佳，只能看出哈罗模糊的身形，对他的描摹却也因此愈加生动："战争前夜的一个德国人，一个炽焰般的男子，一位朋友。"

"之后他还会入侵苏联，"哈罗继续说道，"他现在真的在创造世界历史，只不过他不再是独自动手。我们所有人都将参与其中，我们周围的整个世界及……我们！如今每个民族和每个个人都要表明，他们的立场何在。这会是世界历史上最大的战争。但这个人活不过这场战争。"

水流朝着他们滚滚涌来。魏森伯恩再也看不见他的同伴，只听 195
到他明快、清晰的声音从艇上传来，哈罗知道，那个重要的时刻已
经来临。

5

1939 年 9 月 1 日是一个星期五，天空又是乌云密布。下午尚有
24℃，而傍晚气温骤降——这天，每一个在柏林的人都感觉到，有
一些东西正在发生根本性的变化。人们在选帝侯大街上匆匆而过，
下班的车流拥堵在陶恩齐恩路（Tauentzien）上，咖啡馆和小酒馆
里门庭若市，到处都有人在激动地对话。

英国大使内维尔·韩德森爵士（Sir Neville Henderson）走进米
特区的一家药房，要买可待因（Codein），在眼下紧张的局势里他
需要服用这类鸦片类药物，好使自己的神经镇静，避免做出错误的
决策。当药剂师要求他出示麻醉剂处方单时，韩德森以一种英式幽
默暗示了他的立场：倘若他被这药毒死，戈培尔肯定会给药剂师一
大笔奖金。于是没带医学处方的韩德森买到了他需要的药物，在回
使馆大楼的路上变得平静了些。[249]

18 时 55 分防空警报拉响。交通陷入停滞，汽车鸣喇叭，匆忙
拐进小路，行人惊慌失措地寻找庇护所。传言四起，说是有两架波
兰飞机进攻了柏林。但实际上那是德国的斯图卡（Stuka）战机飞
入了本国首都的管制空域，意外触发了防空警报。那可怕的 5 分钟
警报声大作，19 点整警报解除。柏林人已然真切地体会到了希特 196

勒在这一天通过入侵波兰发起的战争。

20 点 30 分左右黄昏到来，但由于自这个开战之日起生效的灯火管制法令，夜幕降临得比以往更早。昨日还是灯火辉煌的选帝侯大街此时一片昏黑，各大影院里数以千计的灯泡熄灭了，看不到《绿野仙踪》（*Zauberer von Oz*）和克拉克·盖博出演的《欲罢不能》（*Zu heiß zum Anfassen*）的海报，百货大楼一天前还霓虹闪烁的橱窗现在盖上了纸板。有一群人站在那个霓虹灯拼成的高大萨洛缇-摩尔人（Sarotti-Mohr）① 面前并望向上方。多年来这个巧克力广告都在不停地闪烁，但现在它不详地黯淡了，不再能向人们预示甜蜜的生活。还有丹赫酒庄（Deinhard）那个巨型霓虹灯——香槟酒瓶，往常会有彩光绘成的珠子从瓶里涌出，但现在它黑漆漆地指向天空，仿佛已被喝空：派对结束了。一辆关了头灯的公交车轰鸣着停下，车内灯光全部熄灭，里面的乘客只能依稀辨认，形同鬼魅。宽敞的人行道上难觅人影。有几个行人在胸前戴着一块大衣纽扣大小的磷光片，其他人则拿点燃的香烟作为标记。尤其是在小路上，开车变得惊险万分，若路上有树则更甚。"倘若能不出事故地回到家门口，你便幸运地挺过了一场艰难的历险。必须承认，"埃尔弗莉德·保尔如是描绘她对新形势的体验，"柏林如此魔幻地暗了下来，以一种真正德国式的彻底性，对此人们不得不一再发出赞叹。"[250]

① 成立于 1852 年的德国著名巧克力生产商萨洛缇长期使用黑皮肤的摩尔人作为其商标。

哈罗恰恰是在这个夜晚庆祝他的 30 岁生日——在他们的朋友恩格尔辛（Engelsing）夫妇家。赫尔伯特·恩格尔辛（Herbert Engelsing）——人称"恩克"（Enke）或"舒茨恩格尔辛"（Schutzengelsing）的生日也在这一天，他即将 35 岁，于是他们决定好事成双，一起庆祝。恩格尔辛是德国最重要的电影制作公司之一托比斯（Tobis）的制片人和法律顾问。他处于戈培尔的庇护之下，拥有最完美的政治关系，尽管他从不否认自己的人文主义观念。他在德国电影界的影响力如此之大，以至于尽管有纽伦堡种族法案，但在经过一番漫长的、希特勒亲自干预地来回拉锯之后，他甚至得到允许和他的挚爱英格伯格·科勒（Ingeborg Kohler）结婚，后者被定义为"半犹太人"。在恩格尔辛夫妇位于格鲁讷瓦尔德（Grunewald）的别墅里，人们可以畅所欲言，保有一种仿佛根本不受独裁政府影响的社交方式，这样的去处在柏林寥寥无几。他们的朋友圈子里有海因茨·吕曼（Heinz Rühmann）、特奥·林根（Theo Lingen）①、作家亚当·库克霍夫（Adam Kuckhoff）和他的妻子格雷塔·库克霍夫（Greta Kuckhoff），以及牙医赫尔穆特·希姆佩尔（Helmut Himpel），其声名远扬的医术使他受到乌发电影公司影星的青睐，而他也会在家里为那些诊所不允许接待的犹太病人秘密提供治疗，分文不取。他是一个人脉很广的牙医，顾客里有外交使团的成员，因此在随后的战争时期他甚至能影响到征兵体检，使一些应征者免于被部署到前线。

---

① 吕曼（1902—1994）与林根（1903—1978）都是 20 世纪著名的德国演员。

198 　　英格伯格·恩格尔辛是一位纤瘦而有些男孩子气的女士，很享受女主人的角色。她站在格鲁讷瓦尔德贝蒂娜路（Bettinastraße）2B那栋二层楼房的门口，头发蓬松，笑靥如花。她才22岁，比她的丈夫小了13岁。起初英格和恩克曾考虑过，因为战争的爆发而取消与哈罗的聚会。后来是英格下了决心："现在正是时候！"[251]

　　现在是21点20分，与别处的那些建筑不同，英国大使馆并没有熄灯。那里灯火通明，宛若一片昏黑的建筑之海中一束理性的火焰。内维尔·韩德森爵士派遣了一名信使去会见德国外交部部长约阿希姆·冯·里宾特洛甫（Joachim von Ribbentrop）①，向他传达了伦敦方面的要求：立刻将所有国防军撤出波兰。半个小时后的21点50分左右，法国方面发出了同样的照会。他们没有向德国发出最后通牒，并且严格避免使用"战争"一词。然而，这两个西方大国已经开始了战争动员。

　　在格鲁讷瓦尔德的别墅里，利伯塔斯拿起了手风琴。通过演奏，她想要表达自己矛盾的心情：一方面，她希望纳粹的幽灵能尽快消失，另一方面，她也害怕在那之前可能发生的一切事情。她忘情地演奏了《马赛曲》（*Marseillaise*），向参加生日聚会的宾客表达祝贺，所有人都加入了合唱。第二首则是在英军中广受欢迎的《蒂珀雷里在远方》（*It's a Long Way to Tipperary*）——向在英国的朋友们致意，他们现在指望这个世界强国进行强硬的干预。而后利布斯

---

① 约阿希姆·冯·里宾特洛甫（1893—1946）是纳粹德国的外交部长，曾积极支持日军的侵华行动，在二战结束后的纽伦堡审判中被判处绞刑。

演奏了波兰的国歌。屋里的大多数人并不知道这是什么歌，但哈罗热情地高唱：

> 只要我们一息尚存，
>
> 波兰就绝不灭亡。

　　歌声如此嘹亮，以至于英格伯格·恩格尔辛担忧地走到外边，去检查这声音是否会被邻居们听到。好在窗前厚重的天鹅绒帘子削弱了声响。

　　不知不觉，早晨已经来临，聚会接近尾声，一小圈人聚拢在利伯塔斯身边。留声机在播放着，他们探讨的主要问题："千年帝国"① 能维系到 1939 年年底还是 1940 年年初？哈罗参与了讨论。谈到纳粹时，他的下巴因仇恨而发颤。与大多数客人不同，他不认为纳粹统治会迅速崩溃。相信纳粹覆灭就在眼前，对柏林的空袭随时都可能发生，完全是一种幻觉。在航空部的工作使他得知，皇家空军还没有做好出击的准备，英国人整军备战需要时间。"我不想破坏乐观情绪，"他解释道，"小市民希特勒将无可避免地面临灭顶之灾，但事情没有那么简单。"[252]独裁政权在一开始甚至会进一步加强。波兰没有胜算，它会很快灭亡——这对德国的战争机器而言是小菜一碟。在哈罗看来，法国也无法对国防军造成阻

----

　　① "千年帝国"（Tausendjähriges Reich）是希特勒及其支持者对德国纳粹政权的称呼。

碍：他们没有斗志。而后德国将尝试去征服英国。这场战斗能否取胜是存疑的。光靠欧洲的西方国家是无法打败德国的。苏联将被卷入战争。但只有美国加入才能取得最终的胜利。西方各国需要过很久才能发起反击，而在此期间独裁政权会变得越发疯狂，无人能从巫婆的炉子①里脱身。[253]

他用灵动的蓝眼睛依次打量他的朋友们，嘴唇紧张地合在一起。此前英格伯格·恩格尔辛曾一度认为他"太过英俊并轻率"。她改变了这个看法，现在她看到的是一张充满个性、几乎透亮的面孔，在他满怀激情地表达自己的观点时，显得倔强而"动人"。[254]作为对那些预言的回应，所有人都瞪着他，哈罗突然意识到，自己现在呈现出一个多么怪异的形象：他穿着飞行员制服参加自己的生日聚会，而在周围是一伙有些无助的自由思考者，对他们而言，仅仅口头承认自己的观点就已是一种冒险。

他邀请利伯塔斯跳最后一支舞时，曙色已微明。两人一道起舞，体态优美，一如往常。屋里的所有人都对他俩加以赞叹。没有人知道，他们愿意冒多大的风险，去阻止这天爆发的世界大战中的疯狂。

6

柏林开始实施配给制。很快，衣物、粮食与零食，还有许多其

---

①　在德国传说、童话中常有邪恶的巫婆在炉子中炼制魔药或烹食人畜，"巫婆的炉子"（Hexenkessel）也成了形容混乱、危险局势的固定表达。

他的生活必需品都只能凭配给证获得。驾车出行受到限制，两辆自行车填补了"恺撒"的运力，它们被命名为"布鲁图斯"（Brutus）和"卡西乌斯"（Cassius）①。[255]防空部队的探照灯越来越频繁地划过帝国首都的上空，夜间哈罗和利伯塔斯通常待在家里。他们搬了家，住进了一套正经的寓所，房子质量上乘且面积足有 162 平方米。虽然不是魏茨街那套的波希米亚风格，但这房子采光良好，粉刷一新，浴室里铺了瓷砖、通了热水。此外还有中央供暖，因此他们再不必为煤炭操心。他们甚至还有一间佣人房，战争过去后，那里可以改成育婴房。门牌号是阿尔滕堡大道（Altenburger Allee）19号，房子临街，由一栋漆成亮色的完美柏林式建筑楼的顶楼扩建而成——楼房结实可靠，轮廓美观，位于时尚的新韦斯特恩德（Neu-Westcnd）街区，靠近奥林匹克体育场（Olympiastadion），街道外围绿荫密布。这样的居所与一位预备役中尉的地位相称，在几个月前希特勒 50 岁生日那天，哈罗晋升至这个军衔。[256]

　　他们坐在家里各自的桌前，打字机连动杆的咔嚓声响彻房间，在行末处发出铃音，在移行时噼啪作响。[257]常常只能听到哈罗的雷明顿在作响，他在"为这件或那件叫他高兴的事情工作"。[258]而对利伯塔斯来说，自战争爆发起，写作便成了难事。在尼达被捕的经历毁掉了她的创作之旅，让她再也无法平心静气地去写她的航行日记。来自职业作家魏森伯恩的有力支持，也随着那段缠绵的结束而

---

　　①　历史上正是布鲁图斯（Marcus Junius Brutus Caepio，前 85 年—前 42 年）和卡西乌斯（Gaius Cassius Longinus，约前 85 年—前 42 年）策划了对古罗马独裁者恺撒（Gaius Julius Caesar，前 100 年—前 44 年）的暗杀。

不复存在。眼下甚至是写信都叫她为难。有好一阵子，她坐在那里构思给埃里希·埃德加的生日贺词，却不知到底该从何写起，到何为止。现在一切事情对她的触动都远大于和平时期，彼时她还"可以间或在私人的欢乐与无忧的时光里喘口气"，以此转移自己的注意力。[259]

哈罗则能更好地应对这一沉重的时期。自对波兰的入侵开始以来，他显得极为精力充沛、斗志昂扬，利布斯很少见他这般模样。"哈罗在不要命地工作，但他兴致高涨并精力十足，"在给生父为数不多的信件中的一封里她写道，"并且他满怀希望。我却不那么有信心。在这个夏天里我失去了许多'爽直'，因为我在孤独中做了太多思考。实际上我本不该跟你说这些。……有时想得太多并不是好事，因为这样就得学着去理解很多东西……"[260]

这话听来有些乏味，但并非如此：利伯塔斯正遭受痛苦。她为波兰战场上的死者感到悲伤，相比于哈罗，她缺少有意识地控制情感的能力。因此，利布斯所说的"路畔之痛"对哈罗的折磨不像对她本人的那般深重，因为她的"精神不那么训练有素，她的情感不那么受自己支配"。[261]当她为"在这场战争中不得不牺牲的年轻、宝贵的生命"感到痛心时，哈罗却会把这看作一种必要性，尽管无限悲情，但这种死亡在对抗民族社会主义的斗争中是有意义的。她衷心地希望，自己能尽快变得像哈罗一样："否则我就受不了啦。"[262]

突然电话铃响了，把她拉出了沉思。当利伯塔斯拿起听筒，听到曾因为在尼达的事而痛批她的埃尔弗莉德·保尔的声音时，起初感到惊恐——当听到对方的话后，她崩溃了。有一件事她其实早就知道：吉塞拉·冯·珀尔尼茨已无药可医。现在这成了现实。就在一天前的 1939 年 9 月 14 日，她的这位表亲在瑞士的疗养院里去世，死因是在盖世太保羁押中染上的肺结核，卒年 24 岁。

7

那天晚上利伯塔斯睡得很早，而哈罗则一如往常地继续坐在书桌前工作，直到深夜。随后他也睡了几个小时，那台巨型四管收音机就摆在他身边。清晨来得太早了些，7 点刚过太阳就升了起来，透过宽大的窗台映红了他的眼皮，哈罗又伸手打开了那台长波收音机，穿上制服，戴上灰色的制服手套，那是母亲送他的 30 岁生日礼物，然后坐上木质内包的电梯下了楼，时至今日那部电梯仍在阿尔滕堡大道 19 号运行。

出了楼门再走几步路，就可以下到地铁站里：新韦斯特恩德是阿道夫·希特勒广场后面的一站。距离波茨坦广场有 11 站，车程 24 分钟，而后下车步行 10 分钟到帝国航空部，一场夜里的大雨把外墙淋成了黑色。他从那里的工作人员入口进了大楼，走过纪念性的石刻士兵浮雕，连证件都不必出示，就走向了那一大片航空铝制的扶手，走在巴伐利亚大理石的地面上，登上以最大限速运行的升降电梯，走向正在全速策划着征服波兰的 2000 多间办公室。

哈罗把战争行动的初始阶段视作抵抗运动的开端。无论在忙碌的开战头几周里，要多晚才能结束工作：真正的行动在下班后才开始。他脱下制服，换上适合运动的便装出门，去和志同道合之人建立联系。

这一时期与哈罗对接的一个重要圈子来自海因里希·谢尔（Heinrich Scheel）周围，这个克罗伊茨贝格（Kreuzberg）人曾在特格尔湖（Tegeler See）里沙芬贝格岛（Insel Scharfenberg）上具有教育改革性质的农场学校上学。他来自一个社民党家庭，搞的头几次传单运动是和朋友们一起揭露谋杀罗姆的背景，他曾是柏林大学历史专业的学生，现在则是空军的气象观测员。他在沙芬贝格岛上有一个名叫汉斯的同学，后者的姓氏是科皮：那是一个年轻的、很早就热衷于政治的活动家——他戴着厚厚的圆框眼镜，这使得他的双眼看起来大了许多，他拥有性感的厚唇和迷离的眼神。科皮的母亲在特格尔经营一家冰淇凌店，他本人则是一家机械制造公司里的车工——他是一个不知畏惧的人，18 岁时就曾因为分发传单而进过奥拉宁堡（Oranienburg）的集中营和普勒岑湖（Plötzensee）上的少管所。科皮曾是共产主义青年团成员，加入过"红色童子军"（Roter Pfadfinder），还和天主教的童子军有联系，并且曾和他们一起发起贴纸运动，反对 1933 年 11 月 12 日那场被一体化操纵的国会选举。他们用一个儿童打印盒打出了数百张纸条，上面写着："《以赛亚书》第 24 章第 2 行：看哪，你们属乎虚无，你们的作为也属乎虚空。那选择你们的是可憎恶的。"

"嘿，我结识了一个人，"谢尔和科皮聊起了哈罗，"对我们而言这个人会是不可或缺的。我们必须争取到这个伙伴，不能中断和他的联络。我们会从他那里获益无穷。"[263] 在图书馆员洛特·施莱夫的倡议下，谢尔和哈罗在她位于威尔默斯多夫的家中第一次见了　205
面，哈罗雄辩的口才和深入的分析给谢尔留下了深刻印象。自从帮鲁道夫·贝尔格特尔逃亡后，哈罗就结识了洛特，他穿着那件蓝色毛衣在她家现身，并且被称作"汉斯"。库尔特·舒马赫也在那里，海因里希·谢尔谈起了一个令他不安的话题：1939 年 8 月 24 日，苏联和德国签订了《苏德互不侵犯条约》，许多来自左翼阵营的希特勒反对者对此感到失望，或至少是恼火。鉴于此前苏联是唯一提出坚定反希特勒政策的国家，这难道不是一种背叛吗？

哈罗摇了摇头。苏联不过是想争取时间并引德国人去对付西方各国。当这个条约在进攻波兰的前夕签订时，英国和法国显然已打算向德国宣战。而同样显而易见的是，同盟国还无法领导这场战争，因为他们还没有完成战争准备。

在哈罗对此事做出这番解释时，图书馆员家里的气氛发生了变化。这根本不是互不侵犯条约，而是暂不侵犯条约——这是一步棋，目的是让俄国人能为即将到来的世界大战做好准备：希特勒摧毁西方各资本主义国家，之后由斯大林摧毁希特勒。这就是他对莫斯科这一计划的看法。

8

哈罗和谢尔同心合力，发起了一项盖世太保永远也无法真正理　206
解的进程。组建起来的不是团队，更不是组织，而更像是一个社交网络，它不分层级地铺展、交替，会在不同的时间从不同的地方浮出水面。它会自然增长、自由发展，而其中主要的活动则是信息的交互。

哈罗通过恩格尔辛夫妇认识的赫尔穆特·希姆佩尔也加入了这个网络。这位 32 岁的牙医在业余时间喜欢做金工，也喜欢喝巴登的葡萄酒，还有和他的未婚妻一起玩音乐，后者名叫玛丽亚·特维尔（Maria Terwiel），昵称米米（Mimi），是名 28 岁的虔诚天主教徒，会弹钢琴和吉他。因为她母亲是犹太人，米米不得不中断了成果颇丰的法律学习，尽管她早在 1935 年就写好了学位论文。身为"第一级杂种"的她无法和希姆佩尔结婚，否则就是"种族污染"（Rassenschande）。目前米米靠做完全配不上她资历的打字员勉强维生，她心里"基本上只有对纳粹的仇恨"，正如一位与二人都交好的钢琴演奏家赫尔穆特·罗洛夫（Helmut Roloff）所言："我们所有人都是如此。"[264] 罗洛夫在演奏时认识了希姆佩尔，"他也是你和他说上几句话后，就能从脸上看出他在想什么的那类人"，他如是形容那位牙医。当希姆佩尔问他今后是否愿意进行合作时，罗洛夫的第一反应是大吃一惊：一个钢琴演奏家该怎么和一个牙医合作共事呢？[265] 当希姆佩尔进一步解释道，他已通过这个问题把自己的生命交到对方手里时，罗洛夫幡然醒悟：他说的是抵抗。"好的，我们可以试试。"他不假思索地答道。

尽管这个无定形的团体在增长，他们还没有找到能有效地对抗当局的战略。事实上，在战争的第一个冬天进行抵抗工作艰难无比，而当国防军对挪威、比利时、荷兰，尤其是对法国取得的胜利定义了 1940 年的那个春天后，就更是如此。德国人处在一种胜利的狂热中。元首党卫队保安处在民众当中看到了"前所未有的内部团结"。

作为对此的回应，哈罗身边的朋友们也加强了秘密活动。他们一起做了许多事，在君特·魏森伯恩家碰面庆祝"南洋节"（Südseefest），女士们穿上了草裙，所有人都纵情起舞；他们还庆祝了一次春日派对，那次拉莉·安德森（Lale Andersen）也来了，她的《莉莉玛莲》（*Lili Marleen*）是德国历史上第一张卖出百万份的唱片，那是一首关于一盏路灯、一位忠贞的少女，以及一个年轻卫兵的伤感歌曲。[266] 1940 年 5 月 11 日，哈罗与利伯塔斯，还有库尔特·舒马赫、君特·魏森伯恩和他的新女友乔伊·玛格蕾特（Joy Margarete）、埃尔弗莉德·保尔博士，以及瓦尔特·库兴迈斯特和莱纳·库兴迈斯特（Rainer Küchenmeister）在五旬节那天驱车前往利本贝格，他们并没有在城堡里过夜，而是在兰科湖的夜空下露营，在篝火边弹吉他，利伯塔斯则拿起手风琴献唱欢乐的歌曲，琴声飘荡在黄昏的水面上。然而，这并不意味着躲进私人领域，他们碰面时当然会聊政治，谈到刚刚开始的西方战役①，但目前首要的事情是巩固生活状况。

1940 年 8 月 9 日，哈罗和利伯塔斯又去了一趟利本贝格，并且"为了满足战争中下一个冬天的需求，……特意做了一些覆盆子

①　西方战役（Westfeldzug）是德方对 1940 年春夏入侵法国和低地诸国的军事行动的称呼。

酱"。哈罗再度为兰科湖的湖水感到欢欣，它"颇为清澈、芬芳且水温宜人"。然而，即便是乡间也不再有和平时期的常态。"此外有战俘聚集在那里，波兰人和法国人，"他给父母写信说，"在后者中也有很多人受过教育，可以说是'面目可亲'，他们看来是不失尊严地接受了自己的命运。"[267] 虽然注意到了没有人去和那些人说话，但利伯塔斯还是忍不住给他们唱了一首法国歌，并用她的手风琴演奏伴奏。

　　1940 年这个夏天，利伯塔斯找了一份新的工作。她为发行量巨大的《国民报》（*National-Zeitung*）的文艺专栏撰写影评。这并不是一份轻松的差事，因为所有的电影作品都在戈培尔的掌控之下，它们与利伯塔斯对电影的理想几乎毫不相关。她自然无法随心地写作、评论，而是只能委曲求全，用上宣传部发行的《杂志服务》（*Zeitschriften-Dienst*）上对话框里的表达。每周都会有一本《杂志服务》寄给各家编辑部里的编辑们；里面会用家长式的友好语气，告诉他们什么能写、什么不能写，最重要的是怎么写。《杂志服务》的存在不应为民众所知。因此不能简单地照搬照抄，否则全国各地的报道就会太过相似。评论既要符合规定，又要表现出原创性，这是件难事。而对利伯塔斯来说还有另一个难点：她得不断写出比同事们更加有趣的文章，因为身为女子的她必须在占据主导的男性记者面前证明自己。[268] 此外，由于战争造成的纸张短缺，这个名为"文化与娱乐"的专栏必须为政治版面缩减篇幅——版面变得更窄了。而利布斯的对策是，对于那些明显不带什么艺术内容，只为引人注目的宣传影片，她照章办事，写出刻板的影评。而对于少数几

209

部她喜欢的影片，她的文字就有了不同的特色，风格变得华丽，有
时会把影评写成诗或情书。她会用尽一切办法，来表达自己的真实
看法。[269]

　　这是一种妥协的行事方法，是父权制的纳粹独裁下作为女性的生
存基本条件造成的。利伯塔斯有意识地做出决定，在一定程度上配合
这个宣传游戏，为的是日后能保有影响力、赚取金钱并表达自己的意
见。她不会越过某些界线，不会给《犹太人苏斯》（*Jud Süß*）或《永
远的犹太人》（*Der ewige Jude*）写影评，这二者是民族社会主义电影
工业最险恶的制成品。哈罗践行的也正是这种着眼实际、颇费精力的
平衡性方法，为此需要自我克制：利伯塔斯所谓的在纳粹国家里的正
常生活事实上无比苦涩。从小她就想成为诗人，但现在她在为受到审
查的电影作品写不自由的评论，当了一个思想被束缚的编辑，她对德
国电影业的现状不再抱有任何幻想。她在一篇文章里写道："只有在
一个工业如此集中化的专制国家里，才能把电影如此迅速而不受阻碍
地转换成战争产业，就像在德国所发生的那样。"[270]

　　这段时间里他们的个性也得到了发展：结交的新朋友带来了精
神鼓舞。在恩格尔辛家的一次晚宴上，哈罗与利伯塔斯认识了格蕾
塔·库克霍夫和亚当·库克霍夫夫妇。亚当现年 53 岁，是一个肩
膀宽厚的作家，有着沉静的黑色眼眸，他喜好讨论，在无人辩驳的
时候反倒会起疑心。他在魏玛共和国时期通过关于席勒的论文获得
了博士学位，出版过一套格奥尔格·毕希纳（Georg Büchner）① 作

210

———————

　　①　毕希纳（1813—1837）是 19 世纪德国最重要的现实主义戏剧家之一。

品的普及注释版本，还在德意志剧院（Deutsches Schauspielhaus）当过戏剧顾问。他的代表作是历史小说《巴扬库尔的德国人》（*Der Deutsche von Bayencourt*）。这一阵子他在写犯罪小说。后者可以顺利地通过审查，因为它不被当作严肃文学看待。这样一来就可以在里面隐藏一些微妙的信息。[271]此外库克霍夫也喜欢看电影，但他不久前拒绝了把《巴扬库尔的德国人》交给乌发电影公司改编，因为他担心自己的作品会遭到迎合纳粹意愿的歪曲。他 37 岁的妻子格蕾塔是位翻译，瘦长的面孔略显苍白，她参与翻译了希特勒《我的奋斗》的第一个完整英译本——此举是为了警告美国民众小心这个独裁者。此前，在美国市场上只有一个这本煽动性书的译本，其中删去了反犹主义的段落。格蕾塔与亚当有一个 2 岁的儿子乌勒（Ule Kuckhoff），这个名字源自提尔·奥伊伦施皮格尔（Till Eulenspiegel）①，亚当曾为他写过一个剧本。

211　　库克霍夫和舒尔策-博伊森夫妇之间一拍即合。吃饭时哈罗直率地要求亚当讲明自己的政治态度，这使后者感到兴奋，可以就此展开对话。哈罗毫不回避这个问题，一个彼时每颗良心都要面对的问题，而是全力投入、找寻解法。格蕾塔也颇为欣赏这个潇洒果敢、踌躇满志，并且在航空部的控制中枢里拥有一席之地的男子。她也喜欢利伯塔斯，尤其喜欢这对优雅的夫妻在谈话中互补的方式，两人能用简明扼要的语言做出即使是颇为艰涩的论证，同时凭

---

　　①　提尔·奥伊伦施皮格尔，又名捣蛋鬼提尔，是传说中 14 世纪德国一个聪明伶俐的捣蛋鬼。自 16 世纪以来，其事迹通过故事书广为流传，成为一个家喻户晓的文学形象。

着对不同国家和圈子如数家珍的了解而放出自信的光芒，就像她后来描述的那样。

　　而更重要的是，通过库克霍夫夫妇，哈罗和利伯塔斯得到了另一对夫妇的邀请，那两人同样对当局持批判态度：米尔德雷德·哈纳克（Mildred Harnack）与阿维德·哈纳克（Arvid Harnack）。两人住在蒂尔加滕区附近的沃伊尔施大街（Woyrschstraße）上一栋城市新贵住宅楼的顶层。为了防止窃听，他们在入住时甚至没装电话。阿维德是一名戴着镍制眼镜的知识分子，还不到 40 岁，但发际线已明显后移。他出身于一个声名显赫的波罗的海德意志学者家族，其中最杰出的成员是神学家与教会史学家、枢密顾问阿道夫·冯·哈纳克（Adolf von Harnack），他也是威廉皇帝学会（Kaiser-Wilhelm-Gesellschaft）的创始人——该机构后来更名为马克斯－普朗克研究所（Max-Planck-Institut），他是把德国的研究机构提升到世界顶级水平的人之一。阿维德曾领了洛克菲勒奖学金（Rockefeller-Stipendium）① 去美国学习经济学，并且在那里结识了他一生挚爱的米尔德雷德，一个有着蜂蜜色金发的美国中西部女孩，也是一位聪颖睿智的文学研究者，她和美国作家中的标志人物托马斯·伍尔夫（Thomas Wolfe），以及德国的畅销书作者汉斯·法拉达都有私交。

　　1940 年秋天，哈罗与利伯塔斯去拜访哈纳克夫妇，米尔德雷德给他们开了门，她灰蓝色的明眸愉悦地向他们闪动。房屋的客厅里

———————————

　　①　指美国洛克菲勒基金会（Rockefeller Foundation）向学者提供的资助，该基金会创立于 1913 年，以提高全世界人类的福利为使命，出资支持对社会问题的研究和解决。

有一张古董桌子，桌上点着蜡烛，摆着几个插了新鲜薰衣草的花瓶。人字拼木地板上铺着来自阿维德家的精美旧地毯，淡黄色的墙面上轻巧地点缀着浅蓝与绿色的饰品，还挂着阿维德母亲的亲笔画作为装饰。桌上摆满了华丽的旧银器，还有面包、奶酪、西红柿和猪肝肠。一切都如人们对生活优渥的市民知识分子的预想。

晚祷过后，阿维德带着哈罗进了里屋，那儿是他和米尔德雷德工作的地方，还有一间他们共用的藏书室。哈罗的眼光扫过一片书脊，发现了《资本论》（*Das Kapital*）。当被问及此事时，阿维德向哈罗证实，他相信计划经济是更优越的经济体制。他认为只有这种体制能剥夺那些权势滔天、危及民主的公司和卡特尔的权力。在他的构想里，应该建立一个以社会平衡为目标、以计划经济为组织的德意志民族国家，实行在东西方之间取得平衡的外交政策。

米尔德雷德与利伯塔斯两人也一拍即合。利布斯带上了利本贝格的老照片，因为她相信它们会给这个美国女子留下深刻的印象，事实也正是如此。魔力城堡的黑白照片勾起了米尔德雷德对于那个213　浪漫酒店式的德国的童年想象，那个她在迄今为止的现实中甚少见到的，属于森林、湖泊与堡垒的"日耳曼"。

那晚的会晤是爆炸性的，这主要是由于米尔德雷德和阿维德在进行的活动。自 1938 年以来，两人一直和来自美国的希斯夫妇保持着联系，并且和他们交换秘密情报。唐纳德·希斯（Donald Heath）是美国驻柏林大使的第一秘书，也是一名经济专员，同时还负责谍报活动。而阿维德也在帝国经济部（Reichswirtschaftsministerium）中的贸易政策总司工作，还是美国司的副司长，因此他和希斯的会面在外界看来并不惹人注目。两对夫妻已经结为朋友，他们会共度周末，去格鲁讷瓦尔德越野滑雪。作为柏林美国人社区的成员，他们有着自然的交往，而担任在柏林美国妇女俱乐部（American Women's Club of Berlin）主席和保守派的美国革命女儿会（Daughters of the American Revolution）柏林市代表的米尔德雷德则使他们的交往变得更加轻松。米尔德雷德辅导希斯夫妇的儿子学习英美文学。小唐纳德·希斯（Donald Heath jr.）则在这些场合里充当信使。

通过希斯，阿维德关于纳粹当局战时经济和军备的情报被送到了美国财政部部长亨利·摩根索（Henry Morgenthau）的书桌上，继而被送进了总统的椭圆形办公室。希斯写信告诉部长："这是一个有趣的例子，说明了德国国内反对纳粹当局的秘密抵抗是如何得以继续存在的。"[272]哈纳克夫妇每周的汇报中包括帝国银行的业务、外贸统计数据、德国的货币市场，以及纳粹的债务、黄金和外汇政策，IG 法本公司（IG Farben）[①] 的盈亏结算，还有隐藏在美国各家银行中，在紧急情况下可以被美国没收的巨额纳粹资产。阿维德参与了所有重要经济政策的制定，他还是与波罗的海各国，以及伊朗的秘密贸易协定的负责人之一。

214

而苏联人也对他感兴趣。早在 1935 年，阿维德就和苏联驻柏林大使馆取得了联系，向他们递交了各项秘密经济合约的复印件，

---

① IG 法本公司全称"染料工业利益集团"（Interessen-Gemeinschaft Farbenindustrie AG），成立于 1925 年，在纳粹党夺权后成为纳粹政权的重要承包商。1941 年美国对德国宣战后，美国政府没收 IG 法本公司的附属企业在美国的资产。二战后，IG 法本公司被盟国勒令解散。可参阅《致命卡特尔：纳粹德国的化学工业巨兽》。

还有关于希特勒帝国的外汇政策，以及向德国间谍组织提供资助的文件。随着 1937 年斯大林在莫斯科发动的"大清洗"，这项合作终止了，因为阿维德在柏林的联络人被撤走了。

虽然在官方层面上看，德国是苏联的盟友，但在菩提树下大街上的使馆里，仍有人不相信两国能和平共处。1940 年 9 月 17 日哈纳克家有人来访。傍晚时分，他们位于蒂尔加滕区用木雕装饰的屋门上的门铃响起，米尔德雷德开了门，站在她面前的是一位 30 岁出头的英俊男子，他有着浓密的浅棕色头发，带着友善的微笑。他用在奥地利学的带有维也纳口音的流利德语自我介绍说，他叫亚历山大·艾尔德贝格（Alexander Erdberg）。实际上他姓科罗特科夫（Korotkow），是苏联内务人民委员部（NKVD）部长的代理人。科罗特科夫知道阿维德对资本主义持批判态度，也知道后者早年和苏联有过接触。说不定双方能重新合作呢？

215　　　阿维德不需要考虑很久。于他而言这次来访终于提供了他渴望的机会，可以两路并进，充当美苏之间的桥梁。这种联系不正是为战后权力集团间取得共识迈出的第一步吗？为德国的抵抗运动建立东西双方的沟通渠道，从而在希特勒的鬼魅消失后能继续主张德国的独立，难道不是十分有益的吗？这种面向双方的定位正符合阿维德的政治理念：实行社会主义经济的自由主义社会体制。他深信，他所崇拜的美国总统罗斯福正是通过可以说是社会主义式的干预，实现了对平衡的追求，比如对银行的监管和委托给公共部门的大规模工程项目，使得美国经济在大萧条后得以重振。而事实则是，美国仍没有加入这场战争，相反苏联则受到了潜在的威胁，因此在阿维德看来与后者合作是有意义的。

1940 年秋天，在和一位与国防军高级将领有联系的企业家朋友的谈话中，阿维德·哈纳克意识到了希特勒德国对苏联的威胁有多严峻。有消息说，德国将于 1941 年在东面发动战争。目标是分割苏联直到列宁格勒—黑海（Leningrad-Schwarzes Meer）一线的欧洲部分。在这块领土上将建立起一个完全依赖德意志帝国的附庸国，而在苏联庞大领土的其他部分将建立起一个亲德的反共政府。[273]

哈罗是在 1940 年的最后几周里发现了对苏态度转变的第一个暗示，根据《苏德互不侵犯条约》，苏联迄今为止仍是一个盟国。他的俄语水平在此期间得到了极大的提升，可以阅读经典作品的原文，例如他能看明白《罪与罚》（*Prestuplenije i nakazanie*），其德语版本名为"罪责与赎罪"（*Schuld und Sühne*），但其直译应当是"犯罪与惩罚"。然而，当哈罗想从航空部的图书馆里借陀思妥耶夫斯基的书时，他发现俄国的文学著作突然被下架了。[274]托尔斯泰、普希金、果戈理——这些人的书都借不到了。难道是不想让国防军的成员再从《战争与和平》（*Krieg und Frieden*）里读到，拿破仑的军队是怎样在广袤的俄国覆灭的？

1940 年 12 月 13 日，希特勒签署了高度保密的指令，将对苏联的战争提上日程。于是 1941 年 1 月初，哈罗被从柏林市中心的威廉大街转移到位于波茨坦附近哈弗尔河畔的一片名为西部林苑（Wildpark-West）的林区里。空军总参谋部驻扎在此处，包括戈林的指挥部掩体"大选帝侯"（Großer Kurfürst），那里有独立的车站供他的 4 辆专列使用。[275]每个工作日哈罗都不会再和利伯塔斯一起

216

住在阿尔滕堡大道上，他搬进了林中的一间屋子，日复一日地从窗口望向冬日里光秃秃的树木枝干，仿佛巨大的荆棘顶破封冻的地面。[276]他的职责范围也发生了改变。现在他是德国空军在世界各地驻外武官的联络人，会收到来自各个重要国家首都的关于军备状况和其他敏感主题的机密报告。通过在利本贝格与戈林谈话开启的进程，利伯塔斯取得了丰硕的成果：哈罗现在处于德意志帝国战争机器信息流的一个节点上——并且恰在此时，他的新朋友阿维德·哈纳克和莫斯科建立起了日渐紧密的联系。

同事们并不知道他在想些什么：在帝国航空部的哈罗·舒尔策-博伊森中尉。

9

1941 年 1 月，关于国防军计划对世界上最大的那个国家发起进攻的第一个具体迹象被呈递到哈罗的书桌上。那是由从柯尼斯堡起飞的飞机从 6000 米高空秘密拍摄的航空照片。照片中有列宁格勒及其近海的科特林岛（Insel Kotlin），还有主要的铁路枢纽和港口，相片的分辨率甚至高到可以识别出单个的建筑物。同时沉睡的"苏联分部"也被唤醒，并且转为空军总参谋部的活跃部门，着手准备战争行动。1941 年 1 月 10 日，哈罗所在的部门接到了包含有"击败苏联"这一意图的明确消息，正如他的新上级约瑟夫·施密特（Joseph Schmid）上校后来回忆的那样。[277] 此后不久，哈罗就告诉阿维德，轰炸列宁格勒、维堡（Wyborg）和基辅的计划已经敲定，他还交给后者一份清单，德军将把清单中的桥梁摧毁以阻碍红军的物资和人员补给。

每周末哈罗都会坐电车进城，但不一定是去和利伯塔斯共度宝贵的时光，他最喜欢的是和新朋友阿维德一起散步穿过冬日里严寒又绝美的蒂尔加滕。两人会带着各自工作领域里的新情报参与这些秘密会晤，一幅关于国防军计划的图景日益周密地浮现出来——这些宝贵的信息本可以让对方能够做好充足的准备。新近几次与阿维德激动人心的联络让哈罗精神一振。他们二人组成了一种二元炸药：单独来看每一个的效能都一般，但自从这两个迥然不同的人走得如此之近后，眼下有一股惊人的张力正在形成。

219　　　　哈罗早已知晓，他的情报会通过阿维德传递给莫斯科，这并没有使他感到烦恼，而是恰恰相反。哈罗觉得自己有责任向这个和德国签订了《苏德互不侵犯条约》的东侧庞大邻国通报入侵的计划。苏联的军备还不足以抵御德军的一次突然袭击。如果希特勒再次发动他那令人胆寒的闪电战，直击乌拉尔（Ural）和高加索地区，并获得当地无可估量的资源和油气储备，其后果将难以想象。那样一来，纳粹帝国的世界霸主地位将得到保障。和丘吉尔一样，哈罗也意识到：凭借其取之不尽的原材料储备和实力雄厚的钢铁产业，苏联这个巨型共产主义帝国将为从军事上阻挡希特勒的全球扩张计划，进而促使民族社会主义灭亡提供最有效，甚至或许是唯一的可能。

　　　　哈罗还采取了另一种策略来破坏代号为"巴巴罗萨行动"（Unternehmen Barbarossa）的入侵计划。他想通过一份传单——也是他继《突击队》的第二份传单——告诉他的战友、国防军的军官们，对苏作战是毫无意义的。他利用在"西部林苑"那个僧房似的办公室里每一个无人注意的闲暇时刻，写文章讲述拿破仑·波拿巴及他在尝试征服东面庞大帝国的过程中遭遇的失败，文中潜藏着许多暗讽，每个德国人都能立刻把它们和希特勒关联起来。波拿巴并
220　非出生于法国本土，而是在科西嘉岛（Korsika），文中如是写道。他在一生中被很多法国人当作外国人看待。起初拿破仑曾声称，发动战争只是为了恢复自然的国界，而后法国军队便被消耗在欧洲各地。同时代的大多数人一度坚信，拿破仑也将在和俄罗斯的对抗中取得胜利。"然而，当这位无数战役的胜利者败走别列津纳河（die Beresina）时，他意识到自己对俄罗斯的土地和人民做出了完全错

误的估计。这场战争不是在军事，而是在政治层面上结束了。这位
皇帝被他本国人民中‘较高的圈子’抛弃了。"哈罗在那篇 6 页的
文章里如此写道。这次在写作方面帮助他的是 18 岁的霍斯特·海
尔曼（Horst Heilmann），一位来自德累斯顿的教授之子，他想要成
为外交官，也是哈罗在弗里德里希·威廉大学的外交学院里最好的
听众。哈罗于 1940 年 1 月在该校重拾学业，以期获得学位，那是
获得更高薪资的前提。由于学校讲师不足，哈罗还接手了几节研讨
课。霍斯特·海尔曼此前是希特勒青年团乃至纳粹党内一个死硬分
子，而在此期间他受到哈罗的影响，远离了法西斯主义。他成了那
份"拿破仑传单"的合著者，而帮他们发行传单的则是米米·特维
尔和伊丽莎白·舒马赫。传单还被缩到邮票大小送到慕尼黑的抵抗
者圈子里。[278]

　　哈罗不曾幻想过自己做的事会有什么爆炸性意义。他的父母似
乎发现，在 1940 与 1941 年之交这个漫长的寒冬里，哈罗的性命正
处在极度的危险中，他给他们回信道：

　　　　亲爱的妈妈——你和爸爸都写信告诉我要"多加小心"。　221
显然，我在做的并不是什么轻浮草率之事。然而现在是战争时
期，因此我们所有人的生命安全都没法得到保证。至于我个
人，你们一定要明白，长短根本不是衡量生命的尺度。我相
信，在 31 年的人生里我生活的深度、经历的广度已超过许多
其他人的总和。这样看来又能出什么叫人悲伤的事呢？请你们
不要再为我忧心！[279]

然而，当科罗特科夫想要亲自会见阿维德在航空部的联络人时，哈罗面临的风险就更大了。阿维德说自己可以去问问他是否对此做好了准备，但也提醒科罗特科夫必须谨言慎行。他说哈罗感兴趣的是扩大政治联系和信息交流，而不是进行情报协作。因此阿维德认为"应当保留那种表象"，即和哈罗见面的人，"正是迄今为止他所提供情报的接受者，却不一定是苏联当局的雇员"。[280]否则恐怕哈罗会把这次谈话看作一次间谍活动的招募而在原则上加以拒绝。

1941 年 3 月 27 日星期四，那个冬天下了最后一场雪。树木还是光秃秃的，但已经在体内积蓄力量，准备再次抽芽。下了班的哈罗穿着军官制服，乘电车经过波茨坦去往万湖，而后转车前往舍嫩贝格（Schöneberg）方向。气温低于 0℃，列车的铁轨上覆盖着新落的白雪，在沃伊尔施大街上，阿维德·哈纳克的书房里，则有火光在壁炉中闪动。

哈罗被介绍给一位名为"艾尔德贝格"的英俊男子。后者不愿在细枝末节上停留，而想集中精力直奔主题，于是这个带有维也纳气质的人便毫不拖泥带水地开了头。在谈话中，他得到一种印象，那便是哈罗很清楚自己在和谁对谈，并且已准备好今后向苏联提供情报。哈罗根本无意保留或隐瞒什么。最后哈罗从他的制服口袋里掏出一张纸，读出了上面标记着的铁路干线，它们将在第一波攻势中瘫痪。[281]

是日夜晚，亚历山大·科罗特科夫透过苏联大使馆里办公室的窗户，望向挂满黑白红三色的纳粹旗帜的菩提树下林荫大道。雪停了，他在打字机上敲打交给部长的报告。哈罗在内部用语里的代号是 "Starschina"，俄语里的 "中士"。这个勇敢的德国人清楚地知道自己想要什么，参加会面时有备而来，这给他留下了不错的印象。科罗特科夫敲击着刻有西里尔字母的键盘。哈纳克做的主要是面对未来的规划，是给他的同胞为纳粹独裁结束后的时代做准备，而与之相对的，舒尔策-博伊森则是个好斗的人，他想的是必须采取行动，以便促成哈纳克梦寐以求的目标。

10

由于和科罗特科夫的联络，哈罗犯下了 "叛国罪"，这是后来他受到的指控。这个法律术语比 "谋逆罪" 更为严重，是一名普鲁士军官所能犯下的最可耻的罪行，而哈罗正是其中的一员：很快这个国家里就不会再有这类军官了。是的，他的舅祖父冯·提尔皮茨元帅为皇帝创立了海军，而现在身为空军中尉的哈罗·舒尔策-博伊森认为自己已经意识到，他用生命支持并曾向其总司令宣誓的那个机构，已经背叛了其自身的使命，成了德国的敌人。而他作为一名军人，必须履行军人的天职：和敌人作战。其他人，也就是他的长官们背叛了国家，把国家推向了罪恶的对苏侵略和毁灭战争。他则要冒着生命危险，拯救由于两线作战而面临灭亡的德国。要把德国从这个能把正直之人变成杀人犯的政治体制中解救出来。在这种情况下，"叛国"，在他看来属于自己的责任。

223

汉斯·科皮，哈罗同名的朋友汉斯·科皮之子，曾在 20 世纪 90 年代初的"经济改革时代"（Perestroika-Zeit）前往莫斯科。在那里，他经过几次尝试后得到了一份早前由一个委员会公布的、涂黑的卷宗。由此他得以一窥苏联情报机构的文件。1941 年 4 月 2 日，从苏方角度记载的关于阿维德和哈罗事件的案卷第一次被盖上了"Sowerschenno sekretno"的印章，意即"高度机密"。"有必要最大限度地推进和'中士'的合作。"这是来自情报机构总部所在地卢比扬卡（Lubjanka）的决定。[282]当 1941 年 4 月 18 日科罗特科夫打开那个通过外交邮件寄来的硫化纤维手提箱时，便揭晓了案卷里的"合作"究竟为何。箱子里安装了一台便携式收发器，还附有图纸和操作说明书。那是一个电池供电的无线电台，因此不受制于电力供应，在野外也能使用，比如在一条船上。"一个备用电源，"附信中写道，"还有与我们建立联络的提示将通过后续邮件寄送。"如果真的和苏联开战，哈罗和他的朋友们将随时能够通过电波把军事情报直接从柏林传递到东面。

11

1941 年 4 月 20 日，希特勒的 52 岁生日，一个星期天。哈罗愉悦地骑着自行车，先后沿着哈弗尔河、大策恩湖（Großer Zernsee）和武布利兹河（Fluß Wublitz）穿越"西部林苑"的树林。他将新鲜的空气吸入肺中，对每一缕吹到身上的清风都心存感激。啊，春天！约莫半小时的骑行后，他到达了波茨坦东面的一个渔村马夸特

（Marquardt），把自行车停靠在一张公园长椅后。利伯塔斯与伊丽莎白·舒马赫已经乘列车到达，科罗特科夫也是如此，尽管并非和她俩同行。气温大约 10℃，太阳间或透出的光芒将树林照亮，也让水面波光闪闪，3 个年轻的德国人和一个同样具有艺术家气质的苏联人沿着河岸散起了步。

当局已经为所有即将占领的苏联领土指派了战时经济管理负责人，由此哈罗意识到，此时对苏联的进攻计划已经完备到何种地步。例如，指派给莫斯科的是一位布格尔先生（Herr Burger），此人是斯图加特商会的现任会长。和其他许多高官一样，布格尔收到了一份召集令，此刻正在从德累斯顿前往集合点的路上。这些信息都是由哈罗汇报的。

他们走向一个售货亭。不知何处有一个收音机在作响，播报着国际足球比赛：德国对阵瑞士。半场比分是 1∶1，国家队教练塞普·赫贝格尔（Sepp Herberger）① 的队伍对此颇感失望。哈罗点了一轮啤酒，他们坐在一张铸铁底座的方桌前。科罗特科夫本人曾在莫斯科迪纳摩足球俱乐部（Dynamo Moskau）的青年队踢过球。"德国队全力推进，"体育记者播报着，"但他们在球门前有所犹豫。他们的技术优势并不足以掌控局面。"[283]惊人的事突然发生了：瑞士人取得了 2∶1 的领先。这怎么可能，大德意志的队伍怎么可能落后于蕞尔小邦瑞士？科罗特科夫抽着烟，喝着皮尔森啤酒

---

① 赫贝格尔（1897—1977）是德国功勋足球教练，曾带领西德队夺得 1954 年瑞士世界杯。

226　（Pils），望向水面和对岸的树林。这看起来无比平常，两位男士与两位女士见面，附近在播放足球比赛，即使弱队也总有机会在这项美妙的运动中获胜。该由谁来携带无线电台呢？伊丽莎白吗？她很可靠，此外作为一个自由职业者，她有灵活的时间安排。或许可以让她的丈夫库尔特当无线电报务员。哈罗本人绝无可能保管这个箱子。在"西部林苑"的工作使他过于容易暴露，而在阿尔滕堡大道的房子也不适于安放电台，因为那里常会举办朋友聚会。并且比起富于梦幻的利伯塔斯，坚毅的伊丽莎白和这台冷静的设备更为相称，她在对抗纳粹的活动中十分坚强并始终满怀愤恨。

　　事实上，利伯塔斯是紧密的朋友圈子里行事最任性的那一个，从这天发生的事情中也可以看出这一点。她很乐意来参加和这个苏联特工的会面，把它当作一种有些刺激的社交活动并加以享受。但她的举止反复无常，并且这一点难以掩饰。她受到情绪波动的摆布——有时干脆就去做她的私事。进攻苏联将会使数百万人丧命，而在那之前的最后几个月里，她在做些"必要却无用的事情，比如给我兄弟找房子、放樟脑丸、写电影评论"，正如她自己所说的。[284]这些正是她喜欢做的事——然而，在和哈罗共度的生活中，它们又算得上什么呢？在这种生活里重要的别有他物，即使她能意识到这点，那也并非她真正的激情所在。这导致了两人关系的紧张，近期

227　他们的争吵越来越频繁，而在对苏开战前夕极度紧张的时刻，这促使利伯塔斯去寻找一条出路，一项"新的充实的活动……好尽可能地让我从柏林解脱出来"。[285]

　　有时和哈罗一起的婚姻生活并不好过，尤其是在某些时刻，他会

变得无比难以接近，他的身体，或许还有他的心灵并不在她身边，而在别处。或许在酷刑地牢里的那几个夜晚已使他失去了爱的能力，但她舍生忘死地爱上了这样一个男人，这是一种棘手而极端的情形。在难得的私密会面中，利伯塔斯也无法走到他身前，而只能从屋外瞧见他那张普鲁士军官脸孔的完美轮廓，他的双耳总是像灰猎犬一样滑稽地贴在脸侧，这叫她一再心伤。她又能做些什么呢？

对利伯塔斯而言，这段日子并不好过。连那本曾经意义重大的航行日记也被她搁置下来。"由于纸张匮乏和劳动力不足，不再有小说出版，除非能证明它们在国防经济和宣传鼓动方面具有价值"，她沮丧地写信给她的婆婆玛丽·露易丝，因此"按照我之前的计划继续写小说没有意义了"。一本关于一个女性在大洋上经历自我发掘与自我实现的书面临着艰难的时刻。她的未来又在何处？她该如何获得自由，实现自身使命，追逐深刻而真正艺术性的生活？难道真的要靠在哈罗筹备已久的复仇中当一个小小的齿轮？

1941 年 6 月 17 日，哈罗交给科罗特科夫的关于进攻苏联的全部军事准备已经完成的情报，在一次会议中被送上了克里姆林宫的桌子。但约瑟夫·斯大林摇了摇头：这是虚张声势！他坚信，和第三帝国的条约在今年内保有效力。"把你来自德国空军参谋部的'线人'送回他婊子母亲那里去，"他用那支绿色铅笔在 2279/M 号秘密汇报的边缘涂写道，"他根本不是什么线人，而是个造谣的。J. St."[286]斯大林在 1941 年仍把希特勒看作可靠的盟友——而不是他最凶恶的仇敌。他是一个多疑的掌控者，在角角落落都能感觉到背叛，但他真的相信柏林的独裁者会信守条约。

1941 年 6 月 17 日夜晚，魏森伯恩来到哈罗和利伯塔斯家做客，他们喝了酒。"家庭矛盾。"作家在他的日记里轻描淡写地记下。[287]事实是由于她付出的努力，利布斯在这段艰难的日子里收到了好几份工作邀约，都在柏林以外。《国民报》在埃森的总编辑部允诺让她担任艺术版块的负责人，一家新成立的通讯社为她提供了在日内瓦或里斯本的办公室主任一职，被德国人接管的法国大通讯社哈瓦斯（Agence Havas）也有意让利伯塔斯去被占领的巴黎出任一个职位。现在，自我独立的机会来了——还可以摆脱非法活动的致命危险，有机会去大世界里独自生活、赚钱，甚至以女性的身份青云直上。这一切都触手可及。但问题是，她是否真的忍心在这种棘手的局势下抛弃丈夫离去？

229 　　她决定向行事周全的格蕾塔·库克霍夫征求意见，在后者家里的露台上，她可以放松身心，库克霍夫家的乌龟在台子上爬行，小鸟勒则在那里午睡。利布斯找了一个阳光明媚的位子，闭上双眼坐在那里，格蕾塔端上咖啡和白兰地，问她过得是否还好，因为她看起来非常紧张。[288]利伯塔斯睁开眼睛，说她感到害怕。有些时候她会告诉自己，一切都不再有意义。如此重大的政治事件即将发生，她瘫软无力，觉得自己没有做好准备：这些政治事件"一方面叫人无力，另一方面又给人鼓舞，它无论如何会占据整个人的心力，叫人把所有的私人事务都推到一边、弃之不顾。……急需做出决定，而要做出正确的抉择是一件极为困难的事"。[289]她一支接一支地抽着约翰尼（Johnny）香烟，大口喝着咖啡。她希望格蕾塔没有误会：她认为必须做的事和过去相比只多不少。但她不觉得在最坏的情况下自己能扛得住盖世太保严酷的审讯。不幸的是，自她祖父和皇帝的丑闻发生以来，她的家族里就再没有人拥有强健的神经。

格蕾塔倾听着这一切。在抵抗活动中，人们可能会耗尽精力、疲惫不堪，质疑自己能否取得成功——可能会疲于面对死亡的危险；可能会过于频繁地问自己，这样做是否足够，或者接下来会发生什么。这样的行为是自我消耗，有时会叫人无法再迫使自己相信，为之冒尽一切风险的自由王国一定会在某个时刻降临。格蕾塔意识到：利布斯年轻，并且对生活充满期望，让这类喜欢听凭自己的冲动和感性行事的人从事一项如此严肃的工作，或许是错误的。但她也明白：利布斯在朋友圈子里有很强的归属感。对哈罗的爱定义了她的生活。此外她还是一位贵族小姐——她是朋友圈子里唯一能在高层圈子里活动而不惹人生疑的成员。如果她能留下，不是更好吗？

不知是白兰地重新给利伯塔斯带来了勇气，还是咖啡起了提神的效果，抑或格蕾塔振奋人心的提示使她明白能认识到自己的软肋是件好事：在和格蕾塔进行谈话后，利伯塔斯拒绝了柏林以外的一切职位。

12

1941 年 6 月 21 日，亚历山大·科罗特科夫和苏联大使馆的一位同事在克罗尔歌剧院的餐厅里享用美味的晚餐，他们是那里的常客。坐在隔壁桌的是 6 位年轻的国防军军官，他们兴致很高。还能这样多久呢？这个苏联人盯着他们的欢聚情形看了一阵，心里思忖道。与此同时在莫斯科，令人生畏的苏联情报部门负责人拉夫连季·贝利亚给斯大林送去一则简讯：

230

　　我再次要求召回并惩处我国驻柏林大使捷卡诺佐夫（Dekanosow），他还在用希特勒将对苏联发动进攻的虚假情报纠缠我。他报告称，这场攻击明天就会开始……驻柏林武官 W. I. 图皮科夫（W. I. Tupikow）少将也发报讲了同一件事。这位少将援引他在柏林的特工的消息，认为德国国防军的三个集团军将对莫斯科、列宁格勒和基辅发起攻击。他无耻地要求我们给这些说谎者提供无线电台。……但约瑟夫·维萨里奥诺维奇，我和我的人对您智慧的预言深信不疑：希特勒不会在 1941 年年内进攻我们。

231

　　无论这听起来有多么荒谬：甚至在那天夜里还有一辆载满乌克兰小麦的货运火车从东面驶入了德国的国界。苏联人尽职地依据《苏德互不侵犯条约》供应了商定好的配额。半夜 3 点已过，威廉大街上的外交部里仍灯火通明。一辆配有司机和党卫队卫兵的黑色奔驰车驶向苏联大使馆，弗拉基米尔·捷卡诺佐夫被强迫押上车。德国外交部长冷漠地接待了他，告知他德国刚刚对苏联发起了进攻。捷卡诺佐夫可以闻到里宾特洛甫口中的杜松子酒味。后者忽然间已不再是他最亲密的盟友，而是他最险恶的敌人。那个苏联人被告知，他在菩提树下大街的使馆将被封锁。

　　在莫斯科，苏联外交人民委员部委员（即外交部长）从同样震惊的德国大使冯·舒伦堡（Friedrich-Werner Graf von der Schulenburg）那里得知了这则噩耗，对此他不知所措："我们不该遭此厄运啊！"

维亚切斯拉夫·莫洛托夫（Wjatscheslaw Molotow）① 结巴着说："本来可以谈判的啊！"只有斯大林仍然相信，只要不接受真相并掩盖住事实，他就可以对其加以否认："希特勒肯定不知道这事。"

哈罗叼着烟斗、拿着手枪瞄准目标。这次是与埃尔弗莉德·保尔博士和库尔特·舒马赫在一起。

232

1941年6月22日清晨7点在"西部林苑"的户外响起了警报声。整个营地里的扩音器都在尖锐而夸耀地播报着，德军已经越过

---

①　莫洛托夫（1890—1986），1930—1941年任苏联人民委员会主席，1939—1949年兼任外交人民委员。

苏联边界，为的是将世界从布尔什维主义的统治下解救出来。太阳已经升起，光线在林中游移穿梭，这是一年中白昼最长的日子。身着蓝色锁子甲的光辉英雄齐格弗里德（Siegfried）就是在冬至日遭了阴郁的哈根（Hagen）的毒手。①

尽管对此并不意外，哈罗还是感知到了这一时刻的历史意义。对苏联的战争将成为一个转折点：它标志着纳粹独裁开始终结。现在将由地球上最大的那个国家来对抗柏林的这些罪人。他坚信：保持和莫斯科的友好联系将对后面的日子大有益处，并且有可能创造机会让德国维护民族的独立性，阻止新的《凡尔赛和约》出现。哈罗希望届时能成为一位受尊重的谈判代表。

在这个不寻常的日子里，柏林的生活依然照常。既定的德国足球锦标赛总决赛如期进行。95000 名观众在奥林匹克体育场的看台上热情洋溢、山呼海啸：一场维也纳快速（Rapid Wien）和沙尔克04（Schalke 04）之间的戏剧性对决。利伯塔斯透过不远处阿尔滕堡大道上敞开的窗户实时看到了每一粒进球。沙尔克队 3：0 领先，之后维也纳快速队掀起了一波轰轰烈烈的反击并追平，甚至在第 73 分钟打进了 4：3 制胜的一球。与此同时，在菩提树下大街被封闭的苏联大使馆门口围拢了被煽动起来的人群。有人伸手指向了烟囱里冒出的烟雾。这股污浊的浓烟，那人喊道，说明有人正在焚烧臭名远扬的好战狂的所有文件。应该剥夺他们的治外法权，立刻！[290]

① 齐格弗里德是传说中的屠龙勇士、勃艮第国王的妹夫，由于卷入权力和财宝的纷争而被廷臣哈根设计谋杀，从而引发了一系列复仇的故事。其事迹出自中古高地德语史诗《尼伯龙根之歌》（*Nibelungenlied*），另有许多以此为题材的戏剧、小说。

这一切进展的速度如此之快，让科罗特科夫也感到震惊，尽管他本该有所预期。或许他还不够信任自己的情报源？当使馆已被层层封锁时，两个无线电台中还有一个在他手上。[291]两个月前，他就该把这台设备交给伊丽莎白·舒马赫了。科罗特科夫知道这很疯狂，但他必须再出去一次，进入这个如今充满敌意的帝国首都。他要怎么带着无线电台和无线电密钥突破党卫队的封锁而不被发觉呢？大使馆的情势危急，电话线被切断了，无法再和莫斯科通讯。补给已捉襟见肘，却还要等好几天才能撤离。只有第一秘书瓦连京·别列日科夫（Walentin Bereschkow）被允许外出，因为他受邀前往德国外交部赴约，陪同他的是一个名叫海涅曼（Heinemann）的党卫队军官。科罗特科夫想出了一个计划。让别列日科夫拿大使馆地窖深处库存的最后一点鱼子酱和克里米亚起泡酒，去让那个德国人一饱口福。海涅曼果真上钩了，他变得亲切且向别列日科夫暗示自己的经济问题，于是苏联人给了海涅曼 1000 帝国马克。他存这些钱本来是为了买一个八音盒，现在他不再需要这笔钱了，因为他不能再输出现金。党卫队军官收下了这笔贿赂。别列日科夫再次送上了已是稀缺品的鱼子酱，还有各式熏鱼、伏特加和啤酒，这次他还讲了一个浪漫而哀伤的故事，关于一个名叫萨沙（Sascha）的使馆人员和他的德国未婚妻，如今她可能再也无法见到萨沙了。海涅曼提出，可以在别列日科夫下次到访外交部时把可怜的萨沙偷运出去，好让他和新娘道别。海涅曼自己也想立马这样干，到莫斯科去娶个媳妇。

行动时间到了，他们开着大使馆的一辆欧宝汽车，来到封锁

234

线。海涅曼挨着别列日科夫挤坐在前排，科罗特科夫则带着他的硫化纤维手提箱藏在后排，警卫并没有注意到他。他们在维滕贝格广场（Wittenbergplatz）的卡迪威百货（KaDeWe）门前把科罗特科夫放下车。后者坐上地铁去了伊丽莎白·舒马赫家。

235　　　　第二天他们又如法炮制。科罗特科夫最后一次和亚当·库克霍夫见面，在过去的几个月里他俩结下了友谊。但如今随着进攻的开始，他们之间也有了不和谐的声音。为了阻止德国的战争机器，科罗特科夫向目瞪口呆的德国朋友建议，把钉子和碎玻璃撒到柏林的公路干线上，以此来阻碍向东行进的汽车和坦克纵队。库克霍夫像是石化了般用黑眼睛盯着他。难道科罗特科夫不知道，国防军的编队已经深入波兰了吗？而且钉子无论如何也阻挡不了坦克啊。苏联人注意到了亚当的困惑，便试着让他平静下来：那不过是打个比方。他的本意是，必须尽一切努力减弱德军前进的冲劲。"相信我，我国强大有力，"科罗特科夫信心满满地说道，"战争会相对较快地结束。"[292]他递给亚当一包没有研磨因而可以长久保存的咖啡，作为临别赠礼。之后他们约定要在德国投降后交换住所——以便更好地了解对方的文化。

13

不久后，当国防军已进入白俄罗斯时，有人在柏林的一间寓所里打开了一个硫化纤维手提箱。[293]哈罗通过电波发送的加密测试信息是"向所有的朋友们致以1000次问候"。信息加密由阿维德完

成，他为此专门在公寓里腾出了一个房间。即便对他这样的密码棋　　236
高手而言，这事做起来也没那么容易，需要全神贯注。苏联人的复
杂密码让人头疼，他们的方法是从一本任意的书里取一串字符进行
编码。只有当接收人拥有一本同样的书，并且知道关键句是什么
时，才能把信息破译。[294]

搞加密已经足够困难了，而操作无线电台又是一大挑战。由于
时间的急迫与混乱，科罗特科夫允诺的专业指导无法兑现，因而于
事无补。虽然哈罗在军事培训期间参加过无线电课程，并且知道怎
样调到正确的波长，但在发出"1000 次问候"后，他还是十分紧
张地等待着回复，以证明信息已抵达目的地。真的有一条信息传了
回来。苏联人接收到并破译了他的测试电报。[295]

但今后该由谁来做报务员呢？和早前一样，由于职位的原因哈
罗不能亲自上阵，但他计划的库尔特·舒马赫也意外地无法履职。
这位雕塑家由于对苏战役而被征召入伍，在波兹南（Posen）看守
战俘。哈罗快速地寻找着替代者。他选择了汉斯·科皮，后者于同
年 6 月 15 日刚和他的挚爱希尔德缔结新婚。因为进过集中营，他
被看作不配服兵役的人，遭到了国防军唾弃——因此他能可靠地担
负起这个职责。莫斯科方面对这一计划的转变不甚满意，并且对缺
乏经验的科皮表示了质疑。然而，总部还是要求科罗特科夫接受这　　237
一决定，不要再为寻找合适的人选大费周折。

没有记录表明接下来的几个月里究竟有过多少次无线电发报的
尝试。事实是，苏联人急需来自柏林的机密军情，却没能如愿——
与此同时德国国防军夺取了大片土地，中央集团军总司令费多尔·

冯·博克（Fedor von Bock）元帅在比亚维斯托克（Białystok）和明斯克（Minsk）一带的围歼战中给予负责苏军西线的德米特里·巴甫洛夫（Dmitri Pawlow）陆军大将毁灭性打击。数十万红军士兵被俘，不久后国防军就占领了斯摩棱斯克（Smolensk），兵锋直指莫斯科。

汉斯·科皮又在做些什么呢？这个戴着镍制眼镜、眼神迷离的笨拙瘦高个每个工作日都得去上班，在特格尔的马克斯·埃姆克（Max Ehmke）机械厂接受车工培训，每周得辛苦工作长达60小时——他和希尔德住在博尔西格瓦尔德（Borsigwalde），并且他想和她生养一个孩子。下班后，他在屋子外边的门廊里翻阅关于无线电的教科书。他对这个物件仍所知甚少。眼下时间已十分紧迫，在苏联首都的市中心已竖起路障来抵御即将汹涌袭来的德军。可来自柏林的情报现在何处？或许此时在莫斯科担任内务部对外情报局德国分部负责人的科罗特科夫可以回答这个问题。他知道此事的背景：这个报务员得先学会这门技术。汉斯·科皮正在试着掌握附在手提箱里的那份复杂的操作说明。要在每月日期是4和7的倍数的日子发报，要于德国时间2点到3点15分在52.63米波段、16点15分到17点在42.50米波段、22点30分到23点15分则在46.10米波段发报。他得使用进行联络的那一天在德语星期表述中的第4、第1和第6个字母作为呼号。他如果在某个星期四（Donnerstag）通过电波向德国境外发报，那么他的呼号就是"ndr"，如果在某个星期一（Montag），则是"tmg"。

无论汉斯·科皮多么努力，在1941年那至关重要的后半年，联络还是没能建立起来。前线枪炮轰鸣，莫斯科方面却没收到任何情报，受挫感与日俱增。什么时候才能建立起联络，又有多少人的命运牵系于此？阿维德在经济部了解到许多关于德军进攻方向的信息，哈罗在航空部也同样有不少见闻。他们两人逐渐看清，纳粹的战略完全是建立在流沙之上的，因为德国的战时经济无法以足够的产能支撑与大英帝国和苏联同时进行战争。虽然现在苏联人的处境万分危急，但德国已是勉强支撑：一个转机将到来。1941 年秋天，德军已暴露出大规模的后勤补给问题。很快德军就会缺少燃料——而没有汽油就无法进攻。飞机数量不足，船只的生产也滞后了。除了残暴和数以百万计分发给士兵提供人为刺激的冰毒制剂柏飞丁，基本上什么都缺。这一关键的事实得到了来自哈罗和阿维德工作单位的数据支持，可以为同盟国坚持战斗的意志提供助力。若是能通过短波电台进行顺利、持续的通信，将产生不容低估的心理影响。

　　莫斯科的军方领导越来越迫切地需要军方情报机构格鲁乌（GRU）和民事情报机构内务人民委员部的信息。不久，后者的局长帕维尔·菲京（Pavel Fitin）决定，最终激活和柏林的通信渠道，他走出卢比扬卡广场上的办公楼、穿过冷雨，去和格鲁乌的同事们举行会谈。军方的情报机构在布鲁塞尔有一个代号为"肯特"（Kent）的特工，其人喜爱冒险。菲京的提议是，不计一切风险地把"肯特"派往柏林，以"阐述现状，搜集应当发往莫斯科的紧急情报，并且弄清现有的无线电台未能建立起联络的原因"，这是苏联机密档案里的记载。[296]于是，以下这条由内务人民委员部起草

239

的信息通过格鲁乌的频道，从莫斯科加密发送给了在布鲁塞尔的"肯特"：

> 去柏林威廉高地大街（Wilhelmshöherstraße）18 号找亚当·库克霍夫或他的妻子，电话：83-62-61，左侧第二个楼梯，顶楼，并且告诉他们，你是"阿韦德"（Arwid，原文如此）和"科罗"（Choro）的一个朋友派去的，"阿韦德"知道此人叫亚历山大·艾尔德贝格。提醒库克霍夫他在开战前送给那个朋友的书，还有那个剧本《乌棱施皮格尔》（Ulenspiegel）。向库克霍夫建议，给你安排一场和"阿韦德"及"科罗"的会面。如果无法实现，你得通过库克霍夫搞清楚：
>
> 1. 什么时候能建立起无线电联络，为什么现在它没有在运作？
> 2. 朋友们都身在何处、境况如何？
>
> ......
>
> 如果找不到库克霍夫，就去找"科罗"的妻子，地址是阿尔滕堡大道 19 号，电话：99-58-47，告诉她，派你去的人是她和伊丽莎白一起在马夸特结识的。即便你能找到库克霍夫，也要去执行这第二个任务。[297]

西里尔字母里没有"H"，它被转写成"Ch"，因此苏联人说的"科罗"就是哈罗。这条诞生于危急时刻、转化成数列的信息于 1941 年 8 月 26 日呼啸着越过了德国无线电防卫部的天线。这是一条疏忽大意的广播信息，因为它使用了真实的姓名、地址和电话号码——大概是由于局势的危急。可以确定的是，现在只有一样东西还能让哈罗、利伯塔斯、阿维德，以及亚当免于刽子手的屠刀，那便是苏联的加密技术，据说它是世界上最复杂的密钥，是无法破解的。

14

1941 年 9 月 3 日，君特·魏森伯恩在他的出版商那里和歌手拉莉·安德森喝了茶，傍晚时则与乔伊和哈罗去了万湖边，同来的还有一位刚从苏联前线回乡休假的朋友，他"讲了一些可怕的事"。[298]　241与此同时，那位被格鲁乌称作"肯特"的男子正在筹备他的柏林之行，他的化名出自一部英国间谍小说。在真实生活中，如果说"肯特"还有真实生活的话，他名叫阿纳托利·古列维奇（Anatoli Gurewitsch）。他出身于一个犹太家庭，曾在列宁格勒学习旅游业，彼时还过于年轻的他逃过了斯大林的"血腥大清洗"，并且在急缺新人的时候完成了一个间谍速成班。他第一次执行任务是在西班牙内战中当口译员。"肯特"个子不高，有一对招风耳、一个思想家的高额头，只要条件允许就会在嘴里叼上一个烟斗，因此他的下唇已有些许变形。目前他持一本名为文森特·西拉（Vincente Sierra）的假乌拉圭护照，居住在布鲁塞尔，衣柜里有 50 套西装，和一个名叫玛格蕾特·鲍尔曹（Margarete Barcza）的女人相爱，她为了躲避纳粹，和家人一起逃出了捷克斯洛伐克。苗条的金发女郎鲍尔曹并不知道丈夫的真实身份，但她会热情地参与作为一名成功企业家的丈夫的社交生活。27 岁的"肯特"是西梅斯克（Simexco）公司的老板，那是一家比利时的贸易公司，确切地说是一家幌子公司，讽刺的是该公司专门与德国占领军合作，为纳粹在西欧被占领国家里的所有建设工作提供工具和原料。于是双方有了联系，建立起真切的信任，西梅斯克公司顺便搜集与军事相关的情报。

242 在布鲁塞尔有一位人称"教授"的德国共产主义者约翰·文策尔（Johann Wenzel），他负责把搜集到的情报通过短波发送到苏联首都。在布鲁塞尔的只是一个分部。组织总部位于巴黎，受波兰裔犹太人和共产主义者列奥波德·特雷伯（Leopold Trepper）领导，一位颇具传奇色彩、为阿勃维尔畏惧并追捕的"总指挥"。特雷伯起先经营着一家名称浪漫的外国名品风衣（The Foreign Excellent Trench-Coat）雨衣公司，现在则从事建筑行业。组织在法国首都和托特组织（Organisation Todt）的关系尤为密切，后者正在为纳粹政权修筑大西洋壁垒（Atlantikwall）①。每当一座新的地堡，或是一处武装党卫队的营房落成：苏联特工不仅参与其中，而且从中谋利。

1941 年 8 月 28 日，在收到电文两天后，"小指挥""肯特"漫步前往 672 号行政区司令部，并且提出希望为西梅斯克公司出一趟差，他要去德国。不久他就收到了一纸文书，证实这趟出差具有国防经济方面的意义，1941 年 9 月 24 日，安全警察和安全部的负责人也批准了乌拉圭公民文森特·西拉前往德国本土，以及受保护国

---

① 大西洋壁垒是二战期间纳粹德国的西线防御工事，自挪威沿海岸北部至法国和西班牙的边界，长达 2700 千米，号称不倒防线，但在诺曼底登陆时未能阻挡盟军。

波希米亚和摩拉维亚（Mähren），即德占捷克斯洛伐克其余地区的出入境签证。[299]

大约一个月后的 1941 年 10 月 21 日，国防军离苏联的首都已经近在咫尺，德军装甲部队指挥官海因茨·古德里安（Heinz Guderian）已经可以用潜望镜观察到莫斯科一个电车站的人流，"肯特"则坐上了从布鲁塞尔开往科隆的火车，并且在那里停留了一个小时。他抽着烟斗，去看了大教堂，而后换乘前往纽伦堡的卧铺列车，于次日上午 10 点 30 分再度换车前往布拉格。他用西拉的名字在瓦茨拉夫广场（Wenzelsplatz）上的斯克鲁贝克宾馆（Hotel Skroubec）订了一个房间，为西梅斯克公司谈了生意，去拜访了当地的商会，还试着和一个特工同伴取得联系，却徒劳无功，对方已经遭到逮捕。[300]

1941 年 10 月 28 日，星期二，他从德国占领下的布拉格出发前往柏林。火车驶过易北河谷里树木丛生的山坡与堡垒，一场格外早来的、迷人的落雪覆盖了万物。经过一座工厂时，肯特掏出了他的笔记本，用隐形墨水记下了它的方位与名称。每当列车驶过一地，他就根据指示四下查看炸弹损毁的痕迹。此外，他还要留意可能用于生产化学武器的地方，为破坏行动做准备。然而，坐在过路的火车上执行侦察困难重重。但至少这场小雪还是让他感到高兴。如果 10 月底的德国就已如此寒冷，那就意味着今年会有一个严冬。那么苏联旷野上的德国国防军将面临严寒。

抵达柏林后——彼时，整个德国都开始驱逐犹太人，这位特工入住了他在布拉格时用电报预定的客房，位于安哈尔特火车站旁的

243

埃克塞尔西奥（Excelsior）酒店，那是一家为商务人士设计、可匿名入住的高档酒店，拥有超过 600 间客房，是欧洲大陆上最大的酒店。他躺在床上，一如往常惬意地抽着烟斗，提醒自己已经踏入虎穴，而后精疲力竭地进入梦乡。

第二天清晨他起得很早，细读了《晨邮报》（*Morgenpost*）里给当天过 44 岁生日的戈培尔的祝贺，也忧心忡忡地读到了自己的家乡列宁格勒被占领的消息。阿纳托利·古列维奇咀嚼着酒店自营的面包房里新鲜出炉的面包，并且四处寻找着服务员。他已经两次点了同一份早餐，仍胃口很好。列宁格勒周边的村庄在燃烧。从清晨到深夜都有炮火在轰鸣。即使没有见诸报端，古列维奇也知道：家乡的人们在挨饿。夜晚人们在极寒中挤作一团。早上冻毙的马匹躺在人行道上，就地被开膛破肚。男人的胡子上挂了冰柱，女人的头巾和头皮冻结在一起。

夜里又下了雪。

化名文森特·西拉的阿纳托利·古列维奇擦掉外套上的面包屑，在账单上签了字，是的，一样的早餐点了两次，这是他的一个怪癖，即使这有些显眼，因而有违秘密行动的准则。他穿上了厚外套，但这并不足以为他保暖。作为一个假定的南美人，他在冬日的德国像程序设定般一直在挨冻。接下来他走进了一个电话亭，又变回了特工"肯特"。他拨通的号码是 99-58-47。

在新韦斯特恩德的一处住宅里，电话响起。"我从您的一个朋友那里得到了您的号码，我是在一个温泉浴场认识她的，她叫伊丽莎白。"利伯塔斯拿起黑胶木的听筒时，对方这样说道。

他们在一个地铁站前碰面。是日，没有一缕阳光，下了雨夹雪，柏林的天气寒冷，路面肮脏。她沿着楼梯向上走时看见了他：来人看起来平和、友善，几乎是欢快愉悦的，这叫心在狂跳的利布斯松了口气。"我们能走几步吗？""肯特"问道，他们身边是拥向地铁口的人群，"在冷天里走走挺不错。"他德语说得还行，她想，看着他的眼睛点了点头。如果说她经常在过度的自信和彻底的不安之间摇摆，让一些人觉得她反复无常，那么在和这位苏联特工共度的时分里，占上风的则是她那让男士们总是难以抗拒的外向性。她用戴着手套的手指从烟盒里取出一支"约翰尼"，送到双唇之间。"您和您的朋友们过得还好吗？""肯特"问道。

"大家都很好。"

"为什么莫斯科没有收到你们的消息呢？"

她深吸了口气。她不知道无线电具体出了什么岔子，但哈罗告诉过她，有些技术问题。"我想，是设备坏了。"

"我能见见科罗吗？"

"我已经把您来访的消息告诉了他。目前他驻扎在柏林城外，明天下午这个时候可以和您在陆军大街（Heerstraße）电车站碰面。您看行吗？"

第二天在陆军大街电车站前，当身材瘦高、金发蓝眼的哈罗穿着湿漉漉、亮闪闪的空军制服向"肯特"跑来时，后者一度以为自己落入了一个圈套。这个军官想从他身上得到什么？但哈罗是只身前来的，并且声称自己是一个朋友。他们一道沿着普鲁士大街（Preußenallee）朝阿尔滕堡方向漫步，一刻钟后抵达了哈罗的

245

寓所。"肯特"在日式风格装修的门廊里脱下了帽子和大衣。利伯塔斯走出厨房，她已在那里准备了一些吃食。他们同桌吃饭，这打破了僵局，尤其是当哈罗从冰箱里拿出一瓶伏特加，并且从一个棕色的艺术风格五斗橱里拿出玻璃杯时，放在橱里的还有卢臣泰(Rosenthal)① 出产的"齐本德尔"（Chippendale）② 风格瓷器，那是一份来自玛丽·露易丝的礼物。

随后哈罗和"肯特"来到带壁炉的沙龙里，坐在利伯塔斯从利本贝格偷带出来的，出自帝国时代的高沙发上。"肯特"整个人几乎陷进沙发里，他伸出双脚踩在棕色的圈圈纱羊毛地毯上，注视着一个老式的瑞典橱柜，那是奥古斯塔奶奶说服利布斯买下的，因为里面可以装下任何东西；他装了一斗烟，并且把它点燃。他们的对话始于一个问题，即为什么至今没能实现通信，哈罗解释道，不知出于什么原因，他们目前无法收到信息，或是对无线电试射的任何确认信息。[301]

他们那头什么都没收到，"肯特"回答道，并与哈罗商定了一个新的 47 米波长波段，柏林人能在这个波段上收听到总部的信息。接下来，他用隐形墨水把哈罗对过去几周新闻的总结记了下来。德军的主攻方向并非莫斯科，而是高加索地区；进攻将于明年春天发起。德国正面临燃料短缺的问题；面向苏联南部城市迈科普

---

① 卢臣泰于 1879 年成立于巴伐利亚，时至今日仍是德国重要的陶瓷和水晶制品生产厂家。

② 该风格得名自 18 世纪著名的英国工匠汤玛斯·齐本德尔（Thomas Chippendale，1718—1779)，涵盖法国洛可可式、中国式、哥特式、新古典式等风格，一度风靡欧洲。

（Maikop）的攻势，就是为了改变这一困局。目前进行战争所必需的汽油储备只能维持很短一段时间。

在接下来的谈话中，哈罗着重向对方指出了德国产能的不足。他想要提振苏联人的士气，因为他从"肯特"那里得知，莫斯科方面对德国军队的恐怖战力感到忧虑。哈罗告诉他，德国占领区飞机的量产正处于停滞状态。到目前为止，在那里进行的主要是修理工作，总共只有大约2500架，至多不超过2700架飞机能投入战斗。根据记录，德军最近遭受了重大损失，包括特种部队。英国和美国对苏联提供的援助不断增加，这大大加剧了德军的行动难度。希特勒的权势绝没有人们想象的那般巨大。部分德军将领已经丧失了速胜的信心。

两个小时后，两位男士又回到了日式装修的门廊里。"肯特"向利伯塔斯也道了别。

"我这儿没多少新鲜事。"在这场爆炸性的会面后哈罗在给父亲的信里如是写道。事实上苏联人的来访让他心情大好。终于打通了一条渠道。莫斯科需要他们。

15

下属于国民教育宣传部的德国文化电影中心（Deutsche Kulturfilm-Zentrale）位于猎人大街（Jägerstraße）26号、柏林御林广场上。该部门成立于1940年8月，负责一切时长10到15分钟的短片，自1933年起，这些短片就作为插曲片段上映，并且不仅出现在顶级影院里。纪录片产业能够繁荣发展，是因为总要有新作品填满正式影片上映前的空白时段。通常每年都会有无数所谓的"文化电影"被小型的制作公司生产出来，影片风格各异、手法多样、主题多元，是纳粹控制狂的噩梦。文化电影中心尝试着去改变这一现状，它将在高级行政专员卡尔·诺伊曼（Carl Neumann）的领导下，成为"全德文化电影制作的中央生产领导部门"，以检查所有现存的影片，并勒令每个制片人，"首先把他的片子提交给中心并获得批准"。[302]

中心在为他们的"艺术、德国国家与人民、各国与各民族"部门寻找一名负责人，利伯塔斯报名应聘。或许是因为米高梅和《国民报》的推荐，又或者是因为她和"托比斯"公司著名制片人舒茨恩格尔辛的良好关系，她得到了这个职位。自"肯特"来访一周后的1941年11月1日，利伯塔斯入职之日起，她的月薪就高达800帝国马克，超过了哈罗，后者晋升为中尉后目前的薪资是500帝国马克。[303]

利布斯早就知道，她得停止写影评，最终转向自己创作电影。在文化电影中心的工作似乎是朝这个方向迈出的重要一步。但战争又一次阻碍了她，在上班的第一天她就意外地发现，自己得面对一项完全不同的挑战。她的新写字台上摆着几个信封，里面装着士兵自发寄来的恐怖照片，照片里的士兵们在杀人。官方严禁军队拍摄行刑的照片，但这些快照突然间就摆在她面前，其中有几张展示了所谓的特殊处理，即军队在执行对犹太人的大规模屠杀。利伯塔斯不知道这些照片是如何进入戈培尔的宣传部，流入文化电影中心，并最终被送到她这个"艺术、德国国家与人民、各国与各民族"负责人的手中，她仿佛当头挨了一棒。

16

这个冬天，哈罗又从西部林苑搬回了威廉大街，当寒流突袭、夜晚气温骤降到 0℃ 以下时，航空部墙上的贝壳灰砂岩发出刺耳的断裂声，听起来就像枪响。现在他又和利伯塔斯住在一起了。那天是 1941 年 12 月 20 日，一周前，希特勒向美国宣战，利伯塔斯的新老板、宣传部部长戈培尔则在呼吁德国民众给东部前线的士兵捐赠冬衣，他们为大雪所困，而相信会取得速胜的军方领导没有给他们配发过冬装备。在圣诞节前几日的这个夜晚，哈罗与汉斯·科皮沿着道路中间两排光秃秃的小树行走在帝国大街上，打开了 106 号的大门，边上就是阿道夫·希特勒广场，也就是如今的特奥多尔-霍伊斯广场（Theodor-Heuss-Platz）。他们走进漆成浅灰色的宽敞电梯轿厢，乘梯上行。

哈罗有奥达·朔特米勒的舞蹈和雕塑工作室的钥匙，后者并不在家，而是在法国与荷兰巡回演出，为国防军表演舞蹈、提供娱乐节目。她的居所是一间美妙的阁楼，可以从窗口向北方远眺。这里位置甚高，因此对两位来访者计划要做的事情而言是一处理想的地点。

汉斯·科皮把那个硫化纤维手提箱放在奥达的办公桌上，锁扣砰的一声解开，箱盖弹了起来。他的目光扫过刷成黄色的墙壁，墙

250

上挂着奥达自制的面具，一个金色的光头面具叫作"刽子手"，另一个则有着红色的厚唇、发亮的深蓝色眼睛和真人的头发，具有令人恐惧的生命力。偌大的房间里寒气袭人，一台留声机边上摆着一摞唱片集——室内乐，还有来自日本、印度和巴厘岛的音乐。[304] 一件网状的金色表演服挂在衣架上，奥达将穿着它跳一段名为"黄金"的新编舞蹈，编舞的用意是展现资本主义的荒谬性。旁边挂着一件灰绿色的斗篷和一件绘有骷髅的紧身衣，她穿上后者跳了一段名为"最后一人"，关于战场上的死亡的舞蹈。

哈罗戴着手套，他看了看手上的腕表，现在是晚上 10 点 20 分。他取出那个阿维德转交给汉斯·科皮的信封。一串打印的数字，5 个一组。10 点 29 分，发报时段将于一分钟后开始。汉斯调好了波长。他把右手食指搁在摩尔斯电键上。哈罗对弹簧的压力做过校正，在接通或断开电流时，既不会太松也不会太紧，每分钟可以敲出 80 到 100 个字符。

10 点 30 分，汉斯·科皮将右手肘搁在桌上。他现在明白了：电波的旋律出自放松的手腕，每一个无线电报务员都有自己的手迹，因此在电波另一端的人如果只知道代码，往往是不够的。还要认识搭档的手迹——只是汉斯·科皮迄今为止还没有机会，发展出一个可供识别的签名，因为他从未成功发送过信息。

他用拇指和食指捏住敲击杆。现在手不能紧张僵硬，否则可能会像弹钢琴的人一样患上肌腱炎。他敲击按钮五次。摆动的弹簧把电流接通又断开五次，接通又断开……五次……三次……六次……再一次：代码一定是这样的——暂停。房间里寂静无声。三……

抵抗之忧郁：奥达·朔特米勒，雕刻家与面具舞者。　251

八……

五……五……

战后有一名无线电防卫部的前部员声称，这些脉冲被德国调查　252
人员灵敏的天线截获了。没有证据证实这个说法。在一个像柏林那
样人口稠密的城市里测定发射方位谈何容易。这次的线索汇聚在城
西；于是车辆疾驰向那里。几分钟后停车，再次动用测向技术，将
结果发送到控制中心，接收后者发出的更新坐标，他们就这样潜行
接近那个墙上挂着面具，并且有人在揭露德军战法的地方。

一刻钟后，汉斯·科皮那细长、肌肉发达、现在已训练有素的手指再也捏不住按钮了，此时才刚发送完那串数字的一半。于是他短暂地休息了一会儿，而后继续放松手腕，手肘支在桌上，用食指和拇指从左到右地移动按钮，而哈罗则在窗前来回走动，好暖暖身子——他也像是一个来回移动的按钮。那夜，阿道夫·希特勒广场上的星空难道不是绝美的吗？

倘若已发现了哈罗和汉斯的踪迹，防卫部的汽车现在就会停下。这些人配有新研发的近场电磁测距仪，可以装进不显眼的手提箱里，箱里有几乎看不见的电缆连着迷你耳机，他们会下车，快速穿过街道，但也不会走得太快。他们大概还没有锁定确切的地址。

哈罗失望地摇了摇他那灰猎犬般双耳贴面的脑袋。这次也没有得到回复确认。汉斯关掉了无线电台。手提箱的锁扣砰的一声关上了。他们关了灯，锁上身后的门，乘电梯下行，来到阿道夫·希特勒广场上，星罗棋布的道路从这里延伸而出，广场吸引着来自四面八方的汽车，可能也包括那辆无线电防卫部的车子，它现在应该已到了目的地，却刚刚丢失了信号。

17

现在该把无线电台放到哪里呢？前一阵子汉斯·科皮结识了30岁的埃丽卡·冯·布罗克多夫伯爵夫人（Erika Gräfin von Brockdorff），她和格蕾塔、亚当·库克霍夫住在同一片老建筑群里。

她和被征召了的丈夫凯-胡戈·冯·布罗克多夫伯爵（Cay-Hugo Graf von Brockdorff）之间也实行开放式婚姻，二人育有一个 4 岁的女儿。比起其他人，埃丽卡大概能更为生动地体现那种利布斯与哈罗同样欣赏的反叛精神：那是一种与生俱来的反抗，在这类人身上有一种无法阻挡的冲动，要大声说出自己的立场，要活得异彩纷呈。埃丽卡是一个拥有金色短发的感性女人。在大多数照片里她面带微笑，但从她的目光中可以看出，她也能笑得很爽朗。她不惧怕任何人，也明白自己那自由的精神和曼妙的身姿会给男士们留下怎样的印象。在奥达家又一次遭受失败后，汉斯需要一个新地点来进行无线电测试，埃丽卡毫不迟疑地把她那几个宛若工作室的美妙房间提供给他们使用。直到最后，她家都是一处试验无线电和修理故障设备的营地。埃丽卡·冯·布罗克多夫很喜欢这个新角色，她尽情地享受着如今这种秘密生活里的每一个时刻。

18

　　1941 年的圣诞时节，没能成功征服莫斯科的德国国防军正在经历命运的转折，哈罗则结识了 42 岁的精神分析学家和心理治疗师、德国心理研究与心理治疗学会联合诊所（Poliklinik des Deutschen Instituts für psychologische Forschung und Psychotherapie）的主任约翰·里特迈斯特博士（Dr. John Rittmeister）。约翰出身于汉堡一个历史悠久的商人家族，是个纤瘦、敏感且聪明非凡的男子。对里特迈斯特而言，拒绝独裁和支持在这个政权下受苦的那些人一样，都 254

是理所应当的事。他帮助了几个犹太病人移民，并且通过出具可以免罪的鉴定意见为几个同性恋客户提供支持。约翰的妻子伊娃（Eva）比他小 15 岁，她想成为一名演员，并且在威廉·海尔博士（Dr. Wilhelm Heil）位于舍嫩贝格的私立夜校里上预科课程，在那里年轻的工人、职员和女学生们形成了一个批判当局的圈子。课后他们经常全体在里特迈斯特家会面，和他谈论心理治疗和政治话题，同时讨论可以做些什么来反对当局。

对约翰·里特迈斯特而言，与魅力无限、光彩照人的哈罗会面，并且听到后者那些有趣的消息和对时局的评估，是一种解脱。他突然有了一个可以与之平等交流的人——对方能为他提供补充。通过新结识的朋友，哈罗的圈子得到了迅猛的扩充，它囊括了约翰·里特迈斯特的整个小组。

255　　这似乎是一个再度活跃起来的理想时间点。自开战以来，前线第一次传来坏消息。德国人发现事情变得严峻起来：已有数十万年轻男子倒下了。在 10 月底时，已兵临莫斯科的各师被红军击退到 300 千米开外。这是一个浮出水面的良好时机，可以去进行宣传，与尽可能多的人建立联系，以及吸收潜在的志同道合者。哈罗和约翰想要写一本全面的手册，以唤醒那些在民众中沉睡的抵抗力量：去接触那些憎恶纳粹，却至今没能鼓起勇气做些什么的人，这种人在德国为数甚多。这本手册将激发至关重要的公民力量，让人们有勇气寻求新的开端——如今，隧道的尽头出现了希望的曙光。如今，时间紧迫。

19

　　东线的胜利遥不可及，纳粹当局便加大力度迫害欧洲的犹太人。自 1942 年 1 月 3 日起，犹太人不能离开德国，从罗兹犹太区（Lodzer Ghetto）到库尔姆霍夫灭绝营（Vernichtungslager Kulmhof）的放逐开始于 1 月 16 日。根据戈培尔的命令，1 月 17 日起，犹太人不得在售货亭买报，也禁止订阅报刊。1942 年 1 月 20 日，在哈罗与利伯塔斯相识，如今也常去划船的万湖边，当局在一间别墅里划定了"犹太人问题的最终解决方案"（Endlösung der Judenfrage）的权责。在盖世太保所属的国家安全总部部长莱因哈特·海德里希的领导下，系统性的大屠杀，即种族灭绝，被定为国家任务。于是第三帝国这个巨型机器中每一个知晓此事，却仍参与其中的个体，都成了杀人犯。这种人在德国数以十万计——而对此有所反抗的人屈指可数。1942 年 1 月 21 日，一列载有数千名被放逐者的列车从莱比锡出发驶向里加，过去难民们曾以尼登为中转站逃往那座城市，利伯塔斯给他们拍过照。

　　在德国文化电影中心，利伯塔斯每天都会看到在德国乃至整个欧洲的犹太人大屠杀是怎样进行的。越来越多来自东面的快照被送到她的办公桌上。在此前的很长一段时间里，利伯塔斯并不知道该如何处理这些素材，现在她有了一个计划。她把这些罪行存入档案，并且还不止于此。她和那些凶手取得了联系，后者甚至对自己的罪行加以夸耀，她会对那些人有时伴随照片寄来的信件加以回复，询问他们的完整姓名、所属部队的名称、在家乡的住址。她搜集尽可能多的细节，为针对这些凶手的大审判提供材料，她期望在战争结束、国防军被彻底击败后能有一场这样的审判。于是，她的影集成了颇具争议的巡回展览"国防军的罪行"（Verbrechen der Wehrmacht）的前身，该展览由汉堡社会研究学会（Hamburger Institut für Sozialforschung）筹办，让德国公众在半个多世纪后首次了解到军方在多大程度上参与了种族灭绝。

257　　在利伯塔斯存档的一张照片里，有一个小女孩和她年长一些的哥哥，还有一个婴儿和他们的母亲。这四人要一起被枪决。女孩还拿了一个用破布拼成的娃娃，并且按照命令把它摆在自己身边。

　　利伯塔斯在家里完成了这项繁重工作的绝大部分，包括把照片贴进相册、附上标签，以及和凶手们通信。1942 年 1 月她写信给婆婆："我时常感到深深的忧郁……我不知道，一个神志清醒的人怎么能忍受这个世界上每天都在发生的那些事情。但这一切肯定就快要结束了。我深信这一点。"[305] 她聚精会神地坐在办公桌前，而在沙龙的另一头传来哈罗的打字机那令人安心的敲击声。比起利伯塔斯的期望，他俩共度的时间大概更短些，同床共枕的次数也更少些，但他们总归是一对彼此深爱、相互理解的夫妻。哈罗把滑轨推到左侧，另起一段。暖气不知是坏了，还是因为战争而关停了：他的手指飞快地打着字，以免被冻僵。他采纳了约翰·里特迈斯特的建议，在给新的传单润色：

　　　　国家官僚机制以其愚蠢而闻名，如今它已很难完成交给自己的任务。在行政部门、经济生活、国防军中，最主要的是在党的各部门中，腐败已经到了令人发指的地步。[306]

自 1940 年流亡到加利福尼亚以来，托马斯·曼就通过英国广播电视公司发表讲话，在这些讲话的影响下，哈罗想要谴责纳粹政府一切应遭谴责的作为：他通过利伯塔斯了解到在东线的暴行，也了解国内日益捉襟见肘的供应状况、党内和纳粹控制下各机关里的腐败。这是一次全面进攻，它呼吁对德国社会进行一次社会主义的革新，呼吁全线和平、惩处凶手。 258

要集中精力干活并不容易，因为工作一再被防空警报的呼啸声打断。有时米特区会遭到英国皇家空军轰炸，而后是施泰格利茨（Steglitz）和滕珀尔霍夫。哈罗和利布斯接受了指派去做防火员，唯一的原因是他们不希望当自己待在地下室里时，有陌生的防火员在他们的住所徘徊。于是现在他们可以待在楼上，走到那间不曾被用过的育婴室里，打开电暖器，依偎在羊毛毯下，透过天窗望向透亮的天空，那是高射炮的火光在云层之上交织。照明弹在空中高悬了数分钟，他们能感受到发出噪音的敌机在炮弹爆裂的火光环绕中逼近。[307]"如果炸弹落到某人床上，那当然倒霉透顶，"哈罗用自嘲的口吻谈论他们不进防空洞的选择，"但炸弹要是偏上 1 米沿着房屋外墙落下，而后在避难所里爆炸，那底下的人可就倒了大霉，倘若他们还没有因为流感、肾炎、肺炎或其他的什么炎症死掉的话（我们在楼上可不会得这些病）。"[308]

在和父母通信时他总是轻描淡写，这只能说明，这些疯狂的事已 259

经完全成了常态："目前面临炸弹轰炸和周末在柏林乘坐任何一种现代交通工具的风险相比真没大多少。……目前看来它完全不值一提。但我们得确保自己不被弄疯。我们总会适应那些噪音的。"[309]即便有一次，一枚高射炮打出的哑弹正落在拐角处帝国大街的中央，而后剧烈爆炸，把房屋外墙炸得千疮百孔，震碎了无数窗户，在路基上留下了一个山洞般的大坑，哈罗也能泰然处之。他甚至可能在暗自窃喜，因为他知道：英军的轰炸给德国带来了越来越多的麻烦。吕贝克和罗斯托克（Rostock）的那些有数百年历史的砖砌哥特式建筑在一眨眼间就轰然倒塌，而科隆则即将面临"千禧年行动"（Operation Millennium），历史上第一次有超过 1000 架轰炸机同时出击。哈罗出生的城市基尔（Kiel）已经被摧毁。1942 年 2 月 14 日，哈罗在英国空军部的"同行"们收到指令，对民用目标发动地毯式轰炸，包括市中心和住宅区。很快，纳粹党的发源地、慕尼黑老城超过 90% 的建筑都不复存在。对战争有重要意义的企业——宝马、克劳斯-玛菲（Krauss-Maffei）、道尼尔（Dornier）① ——遭到重创。

　　根据航空部已有的生产数据来看，哈罗认定这些空袭会成功推动战争走向结束。同事中有人在讨论，同盟国把工业生产中如此大的部分投入制造不能用于空战的轰炸机上，在军事上是不是一个错误。然而哈罗相信，德国绝对无力承受更加激烈的空战。他不相信英国人"会顾及他们或是我们的宏伟建筑而停止空袭。他们的整个

260

---

　　① 克劳斯-玛菲公司主要设计制造载货汽车，道尼尔公司则是飞机制造商，二战期间这两家公司都有重要的生产基地设在慕尼黑。

战争计划是唯物主义的，其目标是在越来越大的程度上发挥出他们认定的生产力优势，而在空中他们可以最好地实现这一点"。他很清楚："由于缺少原材料，德国将无法弥补生产力方面的短缺——因此不必面临这些困难的敌国空军最终会取得胜利。但还会有多少无法替代的文化瑰宝要化为灰烬啊。"[310]

要制作新传单的话，现在是一个理想的时间点。它的题目叫作：《对德国未来的担忧在民众中蔓延》（ *Die Sorge um Deutschlands Zukunftgeht durch das Volk* ）。

20

利伯塔斯有了一个新朋友：卡托·邦切斯·范·贝克（Cato Bontjes van Beek）。她俩在莱比锡书展上相识，一起坐着"恺撒"回了柏林，在安全的车厢里两人无所不言。[311]在那以后两人又见过几次面，一起打乒乓球，或是听从瑞士走私进来的托马斯·曼的唱片。卡托微翘的小鼻子上缀着雀斑，红色的头发束在脑后，利布斯和那位"语言魔术师"在苏黎世的见面，以及和电影界的联系使她颇受触动。因此，当利布斯请求她到文化电影中心帮忙时，卡托立刻就答应了。利伯塔斯让她为国防军罪行秘密影集做文书工作。

卡托能毫无困难地把她的反纳粹观点付诸实践。她本来就已经在这么做了。她和朋友卡特娅·卡塞拉（Katja Casella）帮人逃避盖世太保的追捕已有一段时间，为此卡特娅贡献出了自己的画室。她们把这种做法叫作"换床"（Umbetten）。这些人没法再安全地待在自己家里，他们需要到一个警察找不到的住处待上一两天，也可能更久。当有空袭警报响起时事情就会变得棘手，因为就像柏林所有其他的房屋一样，卡特娅的画室也不得上锁，因为必须要让防火员能进来检查防空法规是否得到遵守。因此，卡托和卡特娅一再提醒她们的客人，发生空袭时要把钥匙存放到一个约定的地方，尽快离开房间，过一阵子再回来，在此期间不要和任何人说话。

为了对抗纳粹旗帜下德国的现状，卡托还做了一些其他的事。纳粹当局通过剥削无数被强迫劳动者的劳力来维持战时经济，这些人来自法国、波兰、苏联和许多其他国家，数量远超百万且还在增加。卡托同她的妹妹米特耶·邦切斯·范·贝克（Mietje Bontjes van Beek）还有一个"半犹太人"朋友西比尔·布德（Sybille Budde）一道，建立起了一个和法国战俘取得联络的机制。为此，年轻的女士们会去维茨莱本（Witzleben）电车站碰面，而同样年轻的法国人也在警卫的看守下分批从那里上车，列车开往韦斯特克罗伊兹（Westkreuz），他们到那里去给先灵制药公司（Pharmakonzern Schering）做苦工。每天早上，他们破烂的木拖鞋都在车站的楼梯和铺了瓷砖的过道上踩出咔咔声。法国人总是坐在最后一节车厢里，这是规定；而卡托、米特耶和西比尔总会姗姗来迟地走上站台，她们必须跑起来才能赶上列车——并且只能赶得及上最后一节车厢。一上车，她们中的两人就会去引开警卫，第三个人则趁机带着无言的微笑向法国囚犯们传递信息、分发礼物。

没过多久，卡托、米特耶和西比尔就收到了暗藏的订单，有人想要一些药品、铅笔、缝纫用具、水果、火柴、烟草。有一次她们带了一个足球给法国人，让他们下班后在临时营地里踢球。这种行为十分危险且容易暴露，因此那些囚犯恳求她们别再这么做了。但卡托还想继续。她无比享受这种小冒险，即使这有可能害她丧命。她是利伯塔斯的绝佳战友。

21

在1942年初的头几个星期里，一张依靠个体间的友谊组建起的网络在柏林形成，其规模鲜有人知晓。各个圈子互有交集，比如汉斯·科皮的沙芬贝格圈子、里特迈斯特身边的那群年轻人、戏剧顾问威廉·许尔曼-霍斯特（Wilhelm Schürmann-Horster）的多彩剧团（他们时常在布罗克多夫等人家里举行集会）、阿维德·哈纳克身边的讨论小组，以及米尔德雷德从柏林的成人夜校中挑选出的学生——以及围绕在红色的新克尔恩区记者约翰·西格（John Sieg）身边的共产主义者们。在前任普鲁士文化部部长和宗教社会主义者、战后联邦共和国最重要电视奖项的冠命者阿道夫·格里梅（Adolf Grimme）家中，同样形成了一个对话小组，参与者有他的大学同学亚当·库克霍夫、阿维德·哈纳克，还有约翰·西格。并非所有人都认识彼此。哈罗是领头人之一，但不是他们的首领，因为这个网络根本没有真正的首领。尽管如此，还是有许多条线路在他身上交会。

现在加入的成员超过了150人，他们中有艺术家、作家、医生和学者、工人和职员、士兵和军官；有保守主义者、共产主义者、社民党人，甚至还有曾经的纳粹党员，但其主体是无党派人士；有天主教徒和新教徒、犹太裔的男人和女人、无神论者、贵族和穷人、中学毕业生和老人——其中女性的数量多得惊人，几乎占到一半。7 个柏林的社交和抵抗运动圈子一起组成了这个无定形的网络，它的组织原则不由上层决定，它没有规定、没有章程、没有成员身份、没有结构或等级划分。在 30 年后，20 世纪 70 年代的巴黎后机构主义者为这种形态找到了一个概念："根茎"（rhizome）。那是一种信息组织的逐步发展，一种非等级化的传播形态，最后所形成的东西可能正是哈罗早在魏玛时期就已提出的构想：一个对手们的有机群体，他们互为战友和朋友。正如罗曼语学家维尔纳·克劳斯（Werner Krauss）所说，那是一个"坚定不移的生活乐趣之联盟"。

　　如此迥然相异的人物在会面时并非总没有矛盾。他们参差不齐的受教育程度、差异明显的年龄、各不相同的性别和性取向也会产生摩擦。"这是敌人的领地！"当海因里希·谢尔那颇具阶级意识的妻子第一次走进因为高居五楼、视线良好而被称为"意大利式公寓"的阿尔滕堡大道 19 号时，她咕哝道："这个街区！这间房子！衣架上还挂着一件女士皮衣！"[312]

　　哈罗的任务是在各类人之间进行调解，同时促进抵抗运动的根茎进一步生长：要欢迎每一个想要也敢去做些什么的人。他从父亲那里学来的手段、从母亲那里继承的威信，以及他独有的对同志情谊的感知力，在这里派上了用场。[313]他像一台发动机般把控讨论的走向。他们聊的往往是政治和军事局势，为此他会从部门里带出仅供公务使用的机密信息。[314]而集会中也永远不乏私人交往，其开放性超出了政府所宣传的性别定位。"好了，闲聊够了，说正事。"这句话成了哈罗的口头禅，用来打断一切无关紧要的事。有时会先办派对般的大聚会，再到赫尔穆特·希姆佩尔的牙医诊所或是埃尔弗莉德·保尔博士的全科诊所里开小会，哈罗和利布斯、库尔特和伊丽莎白还有奥达会不定期在那里碰面。[315]

　　通过利伯塔斯的引见，一个名叫约翰·格劳登茨（John Graudenz）的男子也加入会面中，他长得像演员加里·格兰特（Cary Grant），但比后者更为棱角分明。很快他就成了一个不可或缺的伙伴，与哈罗的友谊尤为深厚，并且也参与撰写了《对德国未来的担忧在民众中蔓延》这份传单，它将成为他们所有人的一类政治宣言。格劳登茨曾在《纽约时报》的柏林分社当过 4 年记者，20 世纪 20 年代，他在苏联为合众社做过报道，还是第一个向美国人报道列宁之死的记者。由于在文章里毫不留情地报道了伏尔加河流域的饥荒，他被苏联驱逐出境。格劳登茨身形高大，深邃的黑眼睛前总是垂着几缕顽固的额发，如今已是一个成功的商人，就职于伍珀塔尔（Wuppertal）的布鲁姆哈特（Blumhardt）汽车厂。多年来他一直在通过自己的商业关系帮助犹太朋友移民。他的朋友索菲·库（Sophie Kuh）就在他的帮助下以这种方式获得了自由。[316]约翰·格劳登茨的妻子名叫安托妮·格劳登茨（Antonie Graudenz），他们的两个女儿卡琳·格劳登茨（Karin Graudenz）和席尔瓦·格劳登茨（Silva Graudenz）正值豆蔻年华。

　　1942 年 1 月底的一个阴天，哈罗和汉斯·科皮、约翰·格劳登

265

茨，还有一个名叫弗里茨·提尔（Fritz Thiel）的新朋友——这个25岁的年轻人在蔡司-伊康相机厂（Zeiss-Ikon-Werk）做精密机械师，有过当无线电报务员的经验，属于约翰·里特迈斯特的圈子，他们一起拜访了卡托·邦切斯·范·贝克的小屋。在利伯塔斯的提议下，他们来测试这间屋子能否当作发报站，更重要的是他们还带来了《对德国未来的担忧在民众中蔓延》这份传单，一个6页的版本，要让卡托和她的诗人男友海因茨·施特雷洛（Heinz Strelow）把它印到版面模子上。哈罗鼓励他们在印制的过程中对传单的文体和内容加以改进。他们在约翰·格劳登茨买来的一台油印机上完成了胶版印刷。

266　　但对海因茨·施特雷洛而言，这一切发展得太快了。当来访者们离开后，他指责卡托对人未经考虑的信任：谁知道哈罗以化名介绍给他们的这些同伴是什么人呢？海因茨向卡托保证，他大致也能明白传单运动的意义。只是这回有太多不认识的人参与其中。他的女友却不以为然。她已经接过了《对德国未来的担忧在民众中蔓延》，读道：

　　　　一切有责任感的人都必须意识到这个事实：民族社会主义的德国再也不可能获得最终的胜利了。延长战争的时日只会带来新的不可言状的苦难和牺牲。战争每多打一天，最终所有人共同付出的代价就会增加一天。[317]

传单印出来后，格劳登茨带着一个鼓鼓囊囊的手提箱去了赫尔穆特·辛佩尔家。米米·特维尔在家里借助电话簿编好了收信人的名单，然后开始用打字机把地址印到信封上。他们第一天晚上没能装完信封，于是把所有东西藏到了希姆佩尔家客厅的一个柜子里，第二天晚上他们再次碰面，哈罗和汉斯·科皮这回也来了。要不惹人生疑地把这么多份邮件寄出去并不容易。他们在大量购买邮票、信封和纸张时就得分外谨慎——把传单投进邮筒时也是如此。因此他们几人分摊了投递的份额，好让投进各处邮筒的数目尽量少些。[318]

这一次传单的目标群体不仅是德国人，还包括在柏林工作的外国记者和重要的外交代表处。除此以外，还要让境外的人们知晓这个网络的存在，他们想要和整个反希特勒联盟取得联系，从而争取在所有战线上实现停火，也包括东线。此外国防军军区司令和纳粹官员，譬如时任司法部国务秘书、后来的人民法院院长罗兰德·弗莱斯勒（Roland Freisler），也会收到一份以单倍行距印制的传单。得让他们知道抵抗运动的存在和民众中流传的想法。独裁者同父异母的兄弟阿洛伊斯·希特勒（Alois Hitler）在维滕贝格广场上白拿了一座房子，他也在邮箱里发现了一份传单。每个读到《对德国未来的担忧在民众中蔓延》的人都会得到一个对时局不加粉饰的真实印象，还有对现状的冷静分析和激动的呼吁：

267

> 请尽可能多地传播这封信！把它传递给朋友和同事！您并不孤单！先独自战斗，再集结成群。明日的德国属于我们！

并非所有收信人都响应了号召去搞秘密传播。相反，最终有

288 份传单被交给警方和盖世太保，他们在一次每日汇报中提到了一场"共产主义运动"，尽管从传单里读不出这一倾向。"这些传单是用打字机打出来，再用影印技术复制的，被装在密封的信封里寄给了各个天主教教区办公室和一些民族同志①里的知识分子，譬如教授、医生、工学硕士等。"报告里继续写道，"传单里的文字指出，是民族社会主义的政策导致了时局的逐月恶化"——看来他们被戳到了痛处。[319]作为宣传部部长的戈培尔受到了尤为严重的挑衅，他写了一封信给盖世太保的统帅海因里希·缪勒（Heinrich Müller）：

> 附一份传单，它的编订方式十分诡异且狡猾，从四面八方来到我面前。……今天我收到了一份从柏林–夏洛滕堡 2 号邮局寄出的传单。我注意到，各地的传单用的都是同一型号的蓝色信封。这或许是一条线索。[320]

然而，盖世太保一无所获。他们只查出，这个非法文件是在一台"大概是老型号的单筒设备"上印出来的，用的吸墨纸和打印纸上有盖哈（Geha）公司的水印。[321]他们对售卖这个牌子纸张的商铺进行了核查，结果发现所有纸无一例外地都卖给了当局，尤其是国防军。对信封的调查也徒劳无功。在战时的德国只允许使用 4 类信封，然而装这些传单的 14 个信封颜色、大小和品质各不相同。"这些信封……彼

---

① "民族同志"（Volksgenosse）是纳粹时期对德国血统的社会成员的称呼。

268

此之间差异巨大，找不到任何可供进一步调查的特征。"盖世太保 269
不得不承认他们的失败，"到目前为止，对收件人的核查、对所用
的几类纸张和信封来源的调查、对字迹的刑侦检测，以及对信件的
鉴定处理都没有得出任何可供进一步调查的线索。……我们通过柏
林的帝国邮政部在邮局里拦截了几封信件，并且将它们密封转送给
国家警察局。这些信件被原封不动地转交给帝国刑事警察局
（RKPA）的国家鉴定中心进行指纹检测。对所有信件的碘蒸气熏
蒸处理同样没有成效。"[322]哈罗和他的朋友们做得天衣无缝。

22

然而，卡托的男友海因茨·施特雷洛依然认为，这一切行动的
暴露只是时间问题。他尝试和哈罗对话，批评说他们搞密谋的天赋
总体而言是有限的，并且在选择战友时太过掉以轻心。虽然他们展
现出了许多良好的意愿，但一直以来整件事就是一场即兴运动。在
外界非人的压力下，这样做迟早会酿成大祸。一边和苏联进行无线
电联络，一边制作宣传资料，这在他看来是极其危险的。因此，他
想要终止合作。

资料来源没有显示哈罗是否接受了海因茨·施特雷洛的批评。
然而，对哈罗而言这正体现出他们网络根本的特点：它根本就没有
固定的结构。他们不会去阻碍网络的增长，而是任由其扩张，使之 270
保持弹性。任何一个对体制持批判态度、乐于交际、思想开放、最
好还有艺术天赋并愿意接受智力挑战的人，都会受到欢迎。任何想

要过上自主生活的人都可以参与这场抵抗运动。只要他或多或少地相信，当迥异的思想相互碰撞、彼此促进、辩证发展时，会产生出多彩的增值。而当有人想要离开时，他同样可以那样做——就像现在的海因茨·施特雷洛。

　　第一个因为海因茨的离去而蒙受重大损失的人是利伯塔斯。卡托·邦切斯·范·贝克也随他离开了，因此她必须找个新伙伴来和自己一同制作关于东线暴行的秘密影集。

23

　　行动并未止步于《对德国未来的担忧在民众中蔓延》这份传单。他们现在不断出击。在一个气温接近夏日的夜晚，亚当·库克霍夫给自己有力的手指戴上了黑色的棉手套。他此前在写作时从没有这么做过。他坐在一张巨大的桌子前，桌子带有许多抽屉用以放置各类项目文件。这张桌子诞生于魏玛共和国时代，是亚当找人定制的。然而，今晚他写作的那篇非法文章格外具有爆炸性。他要把文本藏进一个秘密的夹层里，一张古老的哥特式地毯盖住了它在写字台边的入口。

271　　作家亚当为这篇文章找了一个合著者，德裔美国人约翰·西格，后者 1903 年出生于底特律，他曾在那里的福特汽车流水线上工作过；在 20 世纪 20 年代后期，他去柏林当了一个自由作者，当过《红旗报》（*Rote Fahne*）① 的专栏编辑。1928—1929 年亚当·

---

① 《红旗报》曾是斯巴达克同盟和德国共产党的机关报，1933 年被纳粹政权查封。

库克霍夫主编的月刊《行动》（*Die Tat*）刊载了西格在美国创作的小说，此外他还给《柏林日报》（*Berliner Tageblatt*）① 写过文章。[323]约翰·西格体形魁梧、笑容狡黠，他长期活跃在工人运动中，坚定不移地拒斥资本主义，并且怀有建设一个更美好世界的梦想。当现场记者的经历使他能够敏锐地感知细节，并且能更好地倾听对话。1933 年在被冲锋队关押期间，他拒绝了柏林冲锋队司令要他为一家纳粹党的报纸担任记者的提议。此后他再也无法发表文章，在德意志国铁路局工作到 1936 年。但他并不想放弃出版作品，并于 1940 年起发行多语种的《内部阵线》（*Innere Front*），这份胶印杂志是为被判处强制劳役的德国工人和外国战俘准备的，其目的在于鼓励他们发动起义。

　　亚当戴着黑色棉手套的手里拿着那张利伯塔斯转交给他的小女孩和布娃娃的照片。利伯塔斯的影集让他看到了恐怖的景象，看到了"巴巴罗萨行动"的疯狂，看到了发生在当下的世界末日。他的想法是，用直接和个人的口吻、用"我"作为自称，向读者提出问题，以这种方式引出回答——并且是在比理智更深的层面上。这封《致东线的公开信》（*Offener Brief an die Ostfront*）是写给士兵和军官，以及秩序警察②涉及的各个单位的——有超过 20000 名警官，其中许多人是家中的父亲，突然之间因为部署令而偏离了日常的生

---

　　①　全称《柏林日报和商业报》（*Berliner Tageblatt und Handelszeitung*），其特点是价格低廉、贴近大众，20 世纪后逐渐成为柏林最重要的自由派报纸，1939 年被纳粹政权查封。

　　②　"秩序警察"（Ordnungspolizei）是纳粹党领导下一个整合性的军警组织，几乎涵盖了纳粹德国所有的执法和应急响应组织，在战前被转变为军事化部队，开战后被部署到东线，参与对犹太人的处决、驱逐和对被征服地区的监管。

272　活，如今他们正在波兰、乌克兰和白俄罗斯参与主要针对犹太人的大规模枪决。这篇文章的目的在于和读者的无意识沟通，并且唤起其心中根深蒂固的荣誉感。谈话的对象是某个特定的"警察队长"（Polizeihauptmann），原则上他可以是广袤的苏联战场上任何一个德国士兵，有人给他讲了一个虚构的故事，说他的一个同志谋杀了一位母亲和她的三个孩子，其中一个女孩还为受刑特地摆好了她那个碎布做的娃娃。

　　但有一天他的神经终于承受不住了：他要去处理掉一个年轻的女人、一个农妇，以及她的三个孩子。"为什么？"他耸了耸肩："那是命令。"女人怀里抱着一个婴儿，天很冷，在生命还剩下的两分钟里，她徒劳地试着用一点可怜的破布裹住哭泣的孩子，给他保暖。她用一个无助的道歉手势表明她已一无所有，她的一切都被夺走了。跪在女人右边的是她6岁的儿子，左边的则是约莫2岁的女儿，在下跪前的最后一刻，女孩又摸索着回去，为的是取来自己的娃娃。是的——"娃娃也一起"。我说过，那是一个可笑又可怜的、碎布做成的娃娃。小女孩以

273　一种笨拙而幼稚的方式跪下后，又笨手笨脚地把娃娃以跪姿摆在自己身边的雪地里，看起来是这样的。"那么你们先射杀了哪个人，母亲还是婴儿？"我想知道答案。……是的，突然间那个6岁的男孩跳了起来，冲向了射手。据说受到攻击的警官和那个孩子间发生了真正的激战，当然只持续了几秒钟，前者受伤变僵的手指上的那道咬痕由此造成，他开了两枪才停，因

为第一枪打偏了，射进了男孩的一只眼睛里，把它打得血肉模糊。相反那小女孩则一声不吭，无言地倒在了娃娃边上。那个娃娃，正是那个娃娃成了我们那个凶手心里的"抽搐"，除此以外，那个无关紧要的娃娃就再没有什么好说的了。

文中不只有对这类可怖事件的描写。亚当和约翰还描述了心理上的影响，在《致东线的公开信》这个无伤大雅的标题下，他们呈现了这场战争在凶手的内心中制造的惨象：

最近我在公立医院里看望了几个东线送来的警察，都是因为精神崩溃。医院里的气氛如何您是知道的，那种特殊的静谧，还有人用花朵给病房增添生机，病人们可以听音乐，还有几缕阳光照进了那些颇为寒酸的情绪治疗道具里，像是小说里的描述。此外，同志们带着一种近乎畏惧的轻快感告诉我，医院里还有一个部门，躺在那里的是更为严重的精神崩溃者：昔日精力充沛的辖区警员现在只会蹦跳着前行，其他人则一边四肢着地爬行，一边若有所思地摇头晃脑，头发蓬乱地垂在他们脸上，至于他们的目光，有人信誓旦旦地反复说道，"像是圣伯纳犬的眼睛"。我从同志们那里听说了许多可怕的事，病房里的静谧具有欺骗性，他们心里狂躁不安。他们低声耳语、眼睛圆睁，希望能从我这里听到一句解脱的辩护，跟我讲了那些大规模枪决，那些骇人的暴行，那无边的血与泪，还有党卫队最后通牒般的兽性指令，以及许多受害者难以理解的

274

275

冷漠。……我当然没有跟任何一个病人说任何一句宽慰的话，尽管那能在夜晚降临、他们饱受恐惧折磨的黄昏时分起到帮助，为此他们越发急切地向我袒露自己的罪行。难道偏偏要由我驱逐被害者的冤魂，难道我应该给某人提供某种赦免？他事后承认，尽管是在痛苦的颤抖中，他仍像完成每日额定的工作量一般，奉命在数月里每天早上射杀最多50人。在这些可悲的行刑者中，有一个人——您作为犯罪学家会对此感兴趣的——无法摆脱掉那个小小的、肮脏的、碎布拼成的娃娃的形象，此外，他在迷茫的慌乱中补充道，由于一处讨厌的咬伤，他的一根手指变得僵硬了。……正是那个娃娃，那个最后且最无助的遗留物，如今恰恰成了他的"病"，或许很快他就不得不到"下面"去陪那些圣伯纳犬了。请您告诉我，警察队长，出于堕落、义务或是怯懦而杀人的谋杀犯，彼此之间又有什么区别呢？总之，仅仅是关于娃娃的那个荒谬细节让我记住了这整个故事，而此外在整个世界上有没有另外一段记忆、一个人、一本书，还有没有任何一种可能的记忆载体，能记下苏联人民遭受的一切暴行？！……最可怕的事情莫过于此：希特勒做到了这一点，把无数原本正派的人变成了他罪恶肮脏的帮凶！

276

对于东线正在上演的惨剧，这是一个令人不安的早期见证。然而，前线的单个士兵对此又能做些什么呢？这封《致东线的公开信》找到了一个答案，并且无所畏惧地把它说了出来。有人在抵抗德军的大屠杀：不只是红军士兵，还有苏联各地的男人和女人，他们拿起武器、躲进丛林，打起了游击战——这是一种有效的自卫方式，就连 1812 年抵抗拿破仑军队入侵的普鲁士人也这样做过：

> 警察队长，在这两类死亡中做选择，难道还不容易吗?!一边是普鲁士人骄傲光荣的传统在呼唤您的良知，另一边则是党卫队那帮混蛋们卑劣的兽性在威胁您履行暗杀苏联爱国者的"职责"。若是我——我会选择和游击队队员们并肩作战。我会毫不犹豫地站到他们那边。有的人由于缺乏决断力和纯粹的怯懦而选择同流合污，他们大概会加入那群"圣伯纳犬"吧。[324]

这是一个明确的号召，呼吁军警易边而战，叫他们当逃兵、去投敌。但有人会听从它吗？作者们对让大批警官彻底改变想法没有抱太大希望。不过，在打字机和黑色棉手套的伪装下，亚当和约翰想不遗余力地放手一搏。他们在文章的最后一段如是写道：

> 在如今的某些时刻，需要的不是所谓明智的那类谨言慎行、沉默不语抑或小心翼翼，而是积极主动、勇敢无畏，还有在必要时自我牺牲的能力。

这个文本在军中得到了多广的传播，我们不得而知。可以证实的是，在波兰军营里的库尔特·舒马赫通过他的妻子伊丽莎白和约

277

翰·格劳登茨得到了这封公开信，并且继续把它寄往苏联，这封信真的被送到了东线战场。[325]

　　或许这封信只是一把孤零零的语言之火，它的光芒隐没在无数枪口和坦克炮管的火光中，在雷鸣般的炮声中，它不过是一个轻微的声音。但在这场战争中，这是第一次有人用文字对部署在火线后方的那些行动部队开枪杀人的行为加以探讨。这也属于哈罗与利伯塔斯身边那个增长的根茎网络，它由抵抗、启蒙和对民众的唤醒组成。

24

　　1942 年春天，《火钳酒》（*Feuerzangenbowle*）作者海因里希·斯波尔（Heinrich Spoerl）的儿子、年轻的亚历山大·斯波尔（Alexander Spoerl）在泰根湖边的一个村庄里收到了一封神秘的电报。他被要求去德国文化电影中心报到。25 岁的亚历山大对此一无所知，但满心好奇，他坐火车去了首都，在安哈尔特站下了车，步行走向御林广场，在猎人大街 26 号的门房做了登记，并得到允许进入一楼。那里的几位陌生男士向他提供了一个优越得惊人的职位，并且把另外几位他同样不认识的男士介绍给他；尽管并不乐意，他还是行了德国式问候，和那些人握了手，最后被带往一个有些偏僻的房间。

　　为他开门的女人目光友善且充满梦幻，浅棕色的头发修剪得颇为时髦，垂在前额左侧。这女人比他大不了几岁，她请其他男士们离开，以便和亚历山大独处。而后她关上门，问他要不要抽支烟。

亚历山大用手捋了捋蓬乱的头发，后悔自己没把头发梳得再整齐些。"我必须告诉您，"他连珠炮似的讲起来，"我既没有编排戏剧的经验，也不知道文化电影为何物。"[326]他告诉她，自己在大学里学的是机械制造，但他真正的目标是当一名作家。他计划写关于女人和跑车的书。他觉得女人很了不起，汽车则使人陶醉。

"您还在搞您的'反波'（Antiwelle）吗？"利伯塔斯带着友善的微笑问他。

亚历山大恼怒地看着她。这女人是从哪里得知了自己的匿名抵抗活动，那份在电影圈子里广为流传的反纳粹传单？

为了让他安心，利伯塔斯解释道，她是从她的朋友赫尔伯特·恩格尔辛那里听说了此事，并且正是恩克（恩格尔辛）的推荐让她把亚历山大请到了这里。

亚历山大笑了起来。刹那间有一种得到认可的感觉取代了他的不安全感，"在那些投身反纳粹的人之间，有一种无须多言的默契"，并且他们必须相互信任，因为他们生死与共。"反波还在搞"，他边说边细细地打量着利伯塔斯，正如日后他对她痴迷的描述，在她身上，"女性的直觉、天真和热情与显得颇为男性化的才智完美地结合在一起。此外，说句有点犯蠢的话，她是一个让人着迷的人"。

但她要亚历山大做的事也不是没有难度的。不久后，他就得在房子自带的暗房里冲洗那些来自东线、带有定点屠杀画面的徕卡胶片。利伯塔斯很快就带他熟悉了秘密档案的制作。

279

很难再找到一个比她更令人兴奋的上司，也很难再找到一个比她更危险的上司了。[327]

25

在 1942 年春天，哈罗也缔结了一段爆炸性的情谊。没有资料记载那个女人是在何时、以何种方式进入哈罗的生活，但一切发展得很快，她做得天衣无缝，仿佛是有人专门把她安排给了他。她名叫施特拉·马尔贝格（Stella Mahlberg），哈罗没有计划过和她会面，没有刻意和她接触，也从未寻求过婚外的艳遇。然而，这事还是发生了。

施特拉·马尔贝格是"半犹太人"，在德意志剧院当演员，迄今为止只演过配角，比如《破瓮记》（*Der Zerbrochener Krug*）① 里的两位女仆之一。"当我靠近你时，我的整个精神仍在震颤，"1942 年 4 月初，哈罗给她写道，"那是一种十分愚蠢但又无比美妙的状态，让我想到一场日出。"[328]

这场热切的情感爆发并非全无来由，和性爱或许也没有太大的关系，对哈罗而言那不是重点，它更像是一次尝试，为的是能再次感受到某些东西。在地下保龄球馆的几夜过后，他失去了他的"强盗新娘"雷吉妮，因为他无法再敞开自己的心扉——之后

---

① 《破瓮记》是海因里希·冯·克莱斯特（Heinrich von Kleist）的著名喜剧，首演于 1808 年。

他接近了利伯塔斯，因为他相信这会是拯救自己人生规划的转机，事实也的确如此。然而，现在他的妻子也深深卷入了这场对他而言等同于生命的斗争，因此他和她的关系也是行刑室的产物，并且与那里密不可分。但施特拉的情况则完全不同。她生活在一个不问政治的世界里，是一个头发乌黑的感性女人。虽然她一再发问，但对哈罗的活动她仍一无所知，她对他的吸引力正在于此。他最喜欢她穿着一件朴素的毛衣，带着轻蔑与好奇的混杂来诱惑他——在她的目光中有几分不解，这一方面让他感到痛苦，另一方面让他想要更加热烈地吻她。

　　她的爱称是"菲克斯"（Fix），意思是恒星（Fixstern），他也正是这样看待她的：她是一个天外的世界，在那里运行的还是完好无瑕、不同于此世的法则。她是这个耗费了他无数精力的世界的对立面。拥有这样的一个逃避之处，一个在朋友圈子和工作以外的联络点，对哈罗而言颇有益处。那是一个现实之外的艺术世界，他本人憧憬在那里生活，在办《对手》的时候他曾找到过那样的所在，如今却早已失去。几次碰面以后，他意识到施特拉·马尔贝格会让自己变得易于亲近。他写信告诉她："只有在某些时候，我才能找到一个容许自己敞开心扉的人。"哈罗的时间太紧张、任务太危险，他不能仅仅和她搞一场无关痛痒的艳遇。她正是他希求的那种能给自己带来改变的人，她能帮他放开对自己的控制，帮他找回在对抗希特勒的斗争中失去的那一半自我。"我与你太近了，以至于无法面对你，"在一封给她的情书里，他有些无情地写道，"我跟你讲的话和跟世上其他人讲的是有些不一样的。讲给你听的只会是我和自

281

己的对话。"[329]

因此，这绝非一段无关紧要的暧昧——但要怎么做，才能不让施特拉卷入他的非法活动中呢？哈罗明白他身边已立起高墙，他只有停止捉迷藏，向施特拉说出真相、袒露心扉，才能拆除这些壁垒。但这样就会使她成为同谋，而且自己也将失去她，就像曾经失去雷吉妮那样。[330]在避免让他们那脆弱的关系遭到破坏的同时，他有没有可能再度学会去感受？或许他们之间注定无法超越一段有限的暧昧，但这并不会消减它的热度。在动物园站见面，再去做些趣事，就使得哈罗和施特拉快乐无比。他们都有一种冲动，想要逃离身边那个正在崩溃的世界，想让自己感觉活得有人味儿、有英雄气概，即便只有一天。

而利伯塔斯又会对此说些什么呢？

26

在 1942 年的复活节那天，伊丽莎白·舒马赫经历了一件可怕的事。事关她表亲年迈的犹太裔父母、盲人音乐学家里夏德·霍恩埃姆泽博士（Dr. Richard Hohenemser），还有他的妻子爱丽丝（Alice）。两人住在哈芬施泰因大街（Havensteinstraße）6 号，挨着一个公园，转角处是威廉皇帝大街：这是一块颇为抢手的绝佳地段，公寓很宽敞，高高的天花板上带有石膏花饰。一个党卫队队员声称要占领这间住房，这对老夫妻不得不考虑，是否要用他们的家来换取集中营里隔开的营房中的两张小床。他们为此把自己锁在家里，而伊丽莎白也听说了消息，她担心发生最坏的事。由于库尔特在波兹南执行军事任务，她急急忙忙地寻求菲利普·舍费尔博士（Dr. Philipp Schaeffer）的帮助，后者是受训于海德堡佛教研究院（Heidelberger Institut für Buddhismuskunde）的藏学家，也曾是作家安娜·西格斯（Anna Seghers）的大学校友。[331]菲利普精通梵语、藏语和汉语，他剃了光头、身材瘦削，外表看起来也像一个僧侣。此外，他还是伊丽莎白的情人。

菲利普毫不犹豫地陪她前去。他身高 1.75 米，身体精瘦结实、身手非常敏捷，而很快他就得用上这副身板，因为当他们走到公寓门口时，已经能闻到煤气味，两位老人拧开了煤气，想要结束自己的生命。然而令他们愕然的是，公寓管理员不允许他们破门而入。菲利普当即做出决定，"用防空绳从 3 楼降到 2 楼，再从窗户进去"。[332]这一行动必须秘密进行，以免被管理员发现——并且一定要动作迅速。

在菲利普攀索而下时发生了意外。防空绳断了，他从十几米高的空中掉进了院子里，落在石路上，遭遇了严重的脑震荡，以及小臂、骨盆和大腿骨折。伊丽莎白把他送进了医院，医生用一根 9 厘米长的钉子固定了他的髋关节，但那些复杂的骨折是无法完全修复的。菲利普的一只脚踝僵直且无法痊愈，从今往后他只能拄拐行走。持续的疼痛将伴随他的余生。而他的努力也没能帮上霍恩埃姆泽夫妇。在两天后的 1942 年 4 月 8 日，他们自杀身亡。后来，那个党卫队队员搬进了他们的漂亮公寓。

27

1942 年 5 月 8 日，在德国国防军投降和第二次世界大战在欧洲结束的整三年前，英国外交大臣安东尼·艾登爵士（Sir Anthony Eden）在苏格兰的爱丁堡发表演讲，呼吁德国人民发起抵抗：

> 德国人民继续支持和纵容那个把他们带往毁灭的政权的时间越久，他们要直接为这个世界蒙受的损失、付出的代价就越沉重。如果在德国人民当中还有群体想要回到一个建立在尊重法律和个人权利的基础上的国家里，他们就必须明白，在他们采取积极行动、把自己从目前的政权中解放出来以前，没有人会相信他们。[333]

284

艾登讲到了一个痛点。时至今日，国外对德国人对抗民族社会主义的抵抗活动知之甚少。广为人知的图像传递了相反的信息：欢呼的人群，对独裁者无条件的狂热支持。

1942 年 5 月 10 日，柏林 22℃的气温带有几分夏意，哈罗和利伯塔斯接了约翰·里特迈斯特和他的妻子伊娃上车，开向临近波茨坦的施塔恩斯多夫（Stahnsdorf），那里住着安托妮和约翰·格劳登茨，以及他们 16 岁的女儿卡琳和和小她 1 岁的席尔瓦，他们居住的小别墅带有一个挨着丛林的大花园。

格劳登茨一家在施塔恩斯多夫颇有名望，他们和市长交了朋友。成功的商人格劳登茨开奔驰汽车，他拥有一个价值不菲的图书馆，藏了不少好酒，还有一台高档的蓝宝（Blaupunkt）收音机，每年的收入高达 30000 帝国马克。他们在家里养了一头山羊供应鲜奶，有一间鸟舍用来饲养鸣禽，还有一条机敏的牧羊犬名唤"塔索"（Tasso），它甚至接受过扫雷犬的训练。

这个星期天，哈罗躺在草地上阅读《真理报》，利伯塔斯在接受少女的赞美，钢琴家赫尔穆特·罗洛夫则在和这家的男主人讨论东线的战损，后者赤膊坐在花园桌上的雷明顿打字机前。估计今年战线还能推进到伏尔加河，因为斯大林显然打算"遵照历史传统，只在察里津-斯大林格勒地区发动大战"，哈罗插话发表了他对地缘战略进展一贯精准的预见。[334]

后来玛丽亚·特维尔和赫尔穆特·希姆佩尔也加入讨论，还有最近刚满 19 岁的霍斯特·海尔曼，那个"拿破仑传单"的合著者，如今的他貌若天使，并总是穿着得体。他带来了一则有趣的新闻：在自愿加入国防军，并被征召到施塔恩斯多夫当地的第 23 后备通讯兵团（Nachrichten-Ersatz-Abteilung 23）后，他通过了考核，接到任命去陆军总司令部做破译工作。明天，即 1942 年 5 月 11 日，他就要去部队报到，今后负责处理英语、德语和俄语的电文。他还没有听说汉斯·科皮尝试发送无线电的事，因此他在不知情的情况下身居无线电防卫部的要位，而且该部门可能会对反抗小组构成巨大的威胁。

当天下午，在格劳登茨家那个不时能看见一只欧洲绿啄木鸟的花园里摆上了许多美味佳肴，在战争进行到这个阶段、吞噬了大量

285

资源的时候，这十分不寻常。早些时候，约翰让人在车库门前宰了一头猪，同时他的两个女儿卡琳和席尔瓦则不得不在车库顶上大声合唱，好盖过猪的嚎叫。这样做不完全合法，但现在吃到的肉十分美味。大家坐在长桌旁自得其乐，同时讨论着他们的下一步行动。

286　这次要对付的是于两天前的 5 月 8 日在柏林卢斯特花园（Lustgarten）开幕的一场宣传展览。这场展览名为"苏联天堂"（Das Sowjet-Paradies），正如展览目录里所说，它用 9000 多平方米土地展示了苏联的"贫穷、悲惨、堕落和困苦"。在一顶几乎和后面的博物馆一样高的巨型会展帐篷里，德国人会见识到他们最可恶的敌人，那个想要奴役整个世界的巨型苏联帝国被描述为一个犹太人的阴谋。展览位于大教堂和国家美术馆（Nationalgalerie）之间，完美的区位将使"苏联天堂"成为"第三帝国"一众宣传展览中最"成功"的那一个。[335]大厅前摆放着缴获的红军枪支和装甲车，它们锋芒毕露地直指柏林的城堡。"苏联天堂"的核心展区则是据说依据白俄罗斯首都原貌的明斯克城区复刻：坍塌的房屋被原封不动地从原地运过来。展板上细致入微地列出了哪些展品是"在苏联扣押并拆除的真实物件"，它们来自哪间酒馆或是哪座文化宫。[336]成群的游客被引进一排破旧的棚屋，屋里看不到任何文化的印迹，而破旧的壁龛里则摆满了抹上油污的东正教圣像，还有看起来颇为滑稽的宣传画。在一间空荡荡的食品店里，布满灰尘的橱窗玻璃后除

287　了几个伏特加酒瓶外再无他物；有一间肮脏不堪、设备简陋的医务室。后面的隔墙上再度列出了统计数据，试图证明在德军进驻后，通过私有化和让德国血统的农民接管农场，一些地方的经济得到了

改善。

举办这场诡异、恐怖的展览的原因非常简单：对苏战争吞噬了太多德国青年的性命，因此民众对其的反感与日俱增。战死者的人数已突破百万大关。在阿尔卑斯山和波罗的海之间有越来越多的家庭在哀悼他们死去的亲人。"这一定会成为一场一流的展览活动，并且以此在最大限度上宣传我们对苏作战的正当性。"戈培尔在日记中如此写下自己的期许。[337] 善良的德国人民将通过"苏联天堂"了解到敌人兽性、堕落的真实面貌，厌恶地转身离开，并更加坚决地支持纳粹当局的种族优越政策——甚至愿意随时为其牺牲自己的孩子。[338]

与《对德国未来的担忧在民众中蔓延》和《致东线的公开信》不同，这一次，哈罗和利伯塔斯，以及身边的朋友们不打算搞精密的论证，而是要真正大张旗鼓地行事，去传递令人印象深刻的口号。他们选定的媒介是贴条。但他们该如何不引人注目地把纸条贴到显眼的位置、贴到尽可能多的宣传展览海报上呢？哈罗有一个主意。不知是不是和施特拉·马尔贝格新近的恋情让他想到了这一点，为什么不利用爱情作掩护呢？他的建议是，行动时两人结对、装作情侣、彼此亲吻，同时其中一人悄悄地贴上一张纸条。当有人在大庭广众之下亲热时，拘谨作态的德国人会调转目光，因此这会是一个较为安全的方法。这次行动将在一周后的 5 月 17 日展开。

下午晚些时候霍斯特·海尔曼报告说，他在后备通讯兵团了解到，德国国防部最近拥有了能力，可以破解出向摩尔曼斯克（Murmansk）派遣护航舰队的英国无线电文。西方同盟国借助这些护航船队支援苏联抵抗希特勒的战斗，用急需的食品、航空燃油和短缺材料弥补苏联制造业 1942 年的短板。[339]苏联已通过这种方式接收了数百万吨的货物、5000 辆坦克和 7000 架飞机、35 万吨弹药和 1500 万双为苏联同志酸痛的双脚准备的美国靴子。在白宫的授意下，美国的宣传着重报道了这些跨越北海的护航船队，以强调在这场战争中和苏联的团结，若没有这些援助，战争的走向恐怕会有所不同。相比于其他两条运输线路，即穿越东西伯利亚的陆运和通过波斯湾的海运，穿过北海的路线是最短、最快的，但也是最危险的，因为它要近距离驶过德军占领的挪威。于是，哈罗立刻认识到，要就这一危险警示伦敦：否则毫无戒备的英国和美国海军就会在从苏格兰或冰岛前往苏联北部的航线上被德军一览无余，并且轻易地击沉。在挪威北部停靠着一艘极其骇人的德国战舰，单单它的存在就足以威胁到武装护航舰队，它有一个人尽皆知的名字。那便是"提尔皮茨号"，有史以来欧洲造出的第二大战列舰，仅次于"俾斯麦号"。但哈罗该怎样和英国人建立起联系呢？约翰·格劳登茨认识一位颇有影响力的纺织厂厂主和出版商马塞尔·梅利安德（Marcel Melliand），这个在纽约开了分公司的人居住在海德堡，是一个受到海德堡科学研究会（Heidelberger Akademie der Wissenschaften）嘉奖的自由主义世界公民，也是一个积极的纳粹反对者，娶了一个美国女人为妻。梅利安德在瑞士经商，由此把外汇带入德国，因此得到了纳粹体制的容忍。梅利安德在苏黎世与伦敦有联系。[340]格劳登茨提议要和他在南德见面，来协商这些事。

在格劳登茨家花园里这个美妙的 5 月傍晚，气温缓慢地下降，大家都获得了一种快要遗忘的饱腹感。两天前，英国外交大臣艾登在演讲中痛心地疾呼德国人去反抗，倘若他能看见这批人，理解他们用生命坚持的东西，并且得知他们决心要保护英国的护航船队，他又会如何看待他们呢？他会认可并支持他们吗？

<h1 style="text-align:center">28</h1>

1942年5月13日星期三上午，哈罗和施特拉在选帝侯大街见 290
面，一起走进了德意志剧院，在这个时间点，他们不会被任何人打扰。这段暧昧变得越发热烈。哈罗想要充分享受生活的点滴，并且不只和利伯塔斯，也要和施特拉一起，无论是否有战争在进行。

1942年5月16日，对此事仍一无所知的利伯塔斯开始了一趟为期4天的维也纳之行，为的是和负责几乎所有奥地利电影制作的维也纳电影公司（Wien-Film）进行谈判，该公司同样在文化电影中心的掌控之中。利伯塔斯是一个特立独行的审查员：在她看来，太过忠于路线的片子会被她"冷冷地晾在窗外"，出于编排困难的原因不予通过。相反，那些敢于拍摄新奇、高品位内容的制片人，则会得到她热情的支持。[341]那个周六的夜晚，她没买到卧铺车票，哈罗对她如此"可怜"地上路表示担忧。然而利布斯十分机灵，在半路上租了一张床至少半个晚上（"直到凌晨3点"），"这样一来就勉强还过得去"。[342]

因为这趟旅程，利伯塔斯没能参加反对"苏联天堂"的贴纸行动。为了商定最后的细节，1942年5月17日这个星期天，朋友一行6人在纽伦堡大街（Nürnberger Straße）33号、靠近选帝侯大街

的一间阁楼里会面。街角处是卡迪威百货和那个著名的女士广场
（Femina-Palast），每周日那里会举办"茶话舞会"。住在此地的是
精密机械师弗里茨·提尔，还有他年仅 17 岁的孕妻汉内洛蕾·提
尔（Hannelore Thiel）。他们所有人围坐在客厅的桌边，桌上摆着 15
厘米长、4 厘米宽的纸条，由约翰·格劳登茨负责设计和制作：

> 常设展览
> 纳粹天堂
> 战争、饥饿、谎言、盖世太保
> 还要持续多久？

计划中的行动既华丽又危险，因此朋友中有几位拒绝参加，譬
如君特·魏森伯恩。在弗里茨·提尔的家中，也有人在最后一刻提
出了批评。来自里特迈斯特圈子的 26 岁女大学生乌尔苏拉·格策
（Ursula Goetze）认为，被发现的风险实在太高，因此她建议取消一
切行动。

这时，因为和施特拉约会而迟到的哈罗走入屋内，身上还穿着
空军的制服。他立刻发觉屋里的气氛正趋于恶化，需要他来消除所
有的疑虑。他认为，在行动开始前夕突然停手会带来致命的后果。
这将使他们失去继续抵抗活动的积极性。此外一切都已准备就绪，
纸条也分发完毕。他心里说服同伴的乐趣一下子就被唤醒了，还有
他对唇枪舌剑、据理力争的兴趣。于是现在，哈罗性格中"对组织
里和我相关之事的那种狂热"显现了出来，就像他曾在一封给母亲

的信里描写的那样。[343] 在他看来，重要的是现在不能退缩，他带着
与生俱来的威严说道，尽管有危险、尽管有人认为这次行动的政治
影响力会十分微小。他们必须让柏林的人民感觉到，已有国内的势
力做好了准备。抵抗运动是存在的。倘若他们今天什么都不做，那
么他们将来也不会再做任何事。他环顾了身边的朋友们。没有人提
出反驳，包括乌尔苏拉·格策。现在时间刚过晚上 10 点。旁边的
女士广场热闹非凡，敞开的窗里传来零星的乐曲：

> 在那大都市的屋顶上
>
> 你会听到我的歌曲
>
> 唤你回到我的身边
>
> 因为我在爱着你

比起舍命对抗独裁，他们其实更想去那里欢度时光。

29

一小时后，哈罗把他的军用手枪、那支打开了保险的 6.35 毫
米黑内尔-施迈瑟藏到了空军制服的长外套下。气温刚过 10℃，选
帝侯大街沐浴在交织的光影中，此时的暗影多于亮光。这座城市为
了躲避空中的敌人而陷入黑暗，自开战以来夜夜如此。

走在哈罗前面的是玛丽亚·特维尔，她的发影融入了威廉皇帝
纪念教堂（Kaiser-Wilhelm-Gedächtnis-Kirche）对面那些典型的奠基

时代建筑的阴影里。看罢晚场表演的游人从一间杂耍剧院的门里鱼贯而出。走在玛丽亚身边的是弗里茨·提尔，他俩挽着手走向一条私人车道。弗里茨抱住玛丽亚、脸贴着她，他的手则伸进大衣口袋并拿出了一张纸条。行人如织。如果有人注意到了他俩，哈罗就会朝天开枪，把人们的注意力引到自己身上。不知在看到这个热恋场景时，他是否会想起施特拉·马尔贝格？他曾大方接受利伯塔斯和君特·魏森伯恩的自由关系，而自己在此之前还保持着对妻子的忠诚，一直如此。因此他毫无愧疚之情，而是坦然享受着和施特拉的调剂，那女人有一个美丽的名字，她的颧骨高耸、头发乌黑。弗里茨的双唇贴近了玛丽亚的嘴，他双手搂住了她的香肩。

　　常设展览

　　纳粹天堂

　　战争、饥饿、谎言、盖世太保

　　还要持续多久？

　　当晚有 8 对伴侣发起了行动。他们靠在车站、路灯、广告柱和树木上，彼此拥抱亲吻，像在电影里、在拉莉·安德森的歌里，同时张贴"纳粹天堂"的纸条。行动覆盖了大柏林市的 4 个城区，并且两度光顾选帝侯大街，因为街上有几家顶级影院，得让回家睡觉的人们在路上有些事情好聊。参与行动的还有一个 19 岁的"半犹太人"、高频机械工程师赫尔穆特·马夸特（Helmut Marquart）。他独自用贴条装点了选帝侯大街上那些高档商店的陈列柜。

在现实中也彼此相爱，结了婚还怀了孩子的希尔德与汉斯·科皮已启程前往莫阿比特区（Moabit），之后他们又去了威丁区（Wedding）。那里的人们还在用泵从排水沟里打水，工人们坐在敞开的窗户后吃饭、喝酒和抽烟。在成功贴完所有分到的纸条后，他们骑上摩托车，希尔德坐在后座上，回到了博尔西格瓦尔德的门廊住宅里。他们在那里又一次接吻，汉斯·科皮抚摸着妻子隆起的腹部。

伊丽莎白和库尔特·舒马赫也在一起贴条。在共产主义青年运动中成长起来的乌尔苏拉·格策把团结一致视作理所应当，现在她也坚定了外出行动的决心。她从家里打电话告诉她的男友、罗曼语学家维尔纳·克劳斯，虽然持有保留意见，但她还是会参与行动。毕竟他们是作为一个团体做出这个决定的。

"我绝对不会让你一个人去的。"克劳斯回答说，尽管他对这件事毫无兴趣。他本打算要在今晚写许多急需文案的啊！但他永远无法拒绝和比自己小 15 岁的乌尔苏拉一起去做惊险的夜游："我来接你。"[344]

晚上 11 点刚过，他径直从营房来到了乌尔苏拉四居室的住所，脸色比平日更加苍白。乌尔苏拉向他招呼道："弗里茨给了我一把手枪，让我带上。"但她没有拿那把枪。其他所有事都可以在路上讨论。[345]出发前他们查看了城市地图，寻找一条能最快到达萨克森大道（Sachsendamm）的路线，那是他俩被指派的行动地点，早晨在那里来来往往的一众工人们会读到这些纸条。

乌尔苏拉·格策与维尔纳·克劳斯这对性格迥异的情侣关系维持得有些艰难，但性生活十分活跃，他们乘电车环线直到帕佩大街

295

（Papestraße），步行穿过一条黄砖砌成的隧道时脚步留下回音，走到了郊区的站台；作为将柏林改造为"世界之都日耳曼尼亚"计划的一部分，那里已得到拓宽。他们经过管理员办公室、乘客候车室还有一间厕所，走到通向萨克森大道的出口。和他们同站下车的寥寥几位乘客已四散离开，而由于灯火管制，这条大道上没有一盏路灯亮起，看起来一片荒凉。他们短暂地停下脚步，等着看这个钟点还有多少人会从街角走来，但始终是寂静一片。会不会有人在街边房屋黑色的窗子后面盯着他们？乌尔苏拉觉得拥抱的把戏很蠢，发现各处都无人出没后，她决定独自去贴纸条。

　　维尔纳·克劳斯在她身后大约 30 米处尾随。在战前绝不会有人相信，柏林上空的星穹可以如那夜般明澈。他觉得这次行动变得越来越荒唐了，点了一斗烟便开始凭空畅想，思考人在无聊时的心理，兴许他能就此写一篇论文。乌尔苏拉沿着萨克森大道一路疾走，张贴纸条，而后拐入一条岔路，不见了踪影。维尔纳快跑着追赶她，过了一会儿瞥见她在电车站里的电话亭里，他才松了一口气。"你贴完了吗？"她点了点头。他们走上了站台。电车进站，车门打开，他俩坐到安哈尔特车站，下车进了乌尔苏拉父母开的图灵根霍夫（Thüringer Hof）酒店。他们在那里喝了一瓶红酒，安抚自己的神经。之后维尔纳·克劳斯开车回了营房。

296

　　　　常设展览

　　　　纳粹天堂

　　　　战争、饥饿、谎言、盖世太保

还要持续多久？

到明天早上将会有数以千计的柏林人读到这条信息。

30

几天后，盖世太保在一份关于"重大国家政治事件"的报告中认定，在柏林的各个城区有人分发"煽动性的共产主义传单"。他们的调查再度一无所获；阿尔布雷希特王子大街里的秘密警察们又被搞得一头雾水。对哈罗和他的朋友们而言，这次行动是一场巨大的胜利。他们勇敢地在公共空间里书写，把他们的信息覆盖在了第三帝国首都的表面。直到"纳粹天堂"的最后一点痕迹都已被市属垃圾处理部门的清洁工刮掉，他们的情绪仍十分高昂。他们曾和死神对视，尝到一点死亡的滋味——但他们还活着。他们从在提尔家阁楼里时的莫衷一是走向了最终的胜利，并且是以一种最美妙的方式，在拥抱和亲吻中完成了反抗暴君的任务。他们打破了沉默，松动了柏林在纳粹统治下单调的棕色，而他们自己则毫发无伤。无人被逮捕，也无人被拘禁，或许他们的行动给这座城市里的个别人带去了勇气。

297

31

利伯塔斯迫切地想知道一切进行得是否顺利。她对这趟行程感到满意，并且比计划略早一点从维也纳回到家，走进了阿尔滕堡大道上的房门前。这时，她听到带壁炉的沙龙里传出可疑的响动，那里摆着一张巨大的沙发床。[346]

"你这头猪！"她朝哈罗吼道，施特拉·马尔贝格则在匆忙地穿衣服。施特拉也颇为吃惊——但那是由于利伯塔斯的惊呼。"没对利布斯隐瞒。她了解情况，我从没骗过她。我们不做那种事。"在给施特拉的信里，哈罗是这么写的。[347]但显然那本身就是一句谎话。当利伯塔斯从施特拉的反应里看清这一骗局后，她彻底爆发了，肆意地发泄着怒火："我现在就跟你离婚！"

"你不能这样做！"哈罗激动地回答道，"我们知道彼此太多的底细了！"单是出于安全考虑他就无法接受在吵架后离婚。他有些无奈地笑了，在利伯塔斯看来那像是又一次对她的嘲弄，于是她宣称要去找恩格尔辛谈谈，听取离婚的法律建议。至少她在外面有人时，还是会和他上床。艳遇激发了她的性欲，因此他也能从中获益。但哈罗这边的情况并非如此。现在黑发的施特拉和她金发的哈罗之间有了某些东西。那是利伯塔斯无法得到的东西，它把她排除在外，并使她变得虚弱。现在，她已为他牺牲了一切，回绝了所有的工作机会，正在制作关于国防军罪行的影集，并且迫切地需要他的情感支持，难道现在的哈罗却不能站在自己身边吗？

32

不久之后，哈罗离开了柏林，这样做或许是为了淡化冲突，但更重要的是去会见格劳登茨那位和英国有联系的朋友，马塞尔·梅利安德。为了让外人觉得这趟旅程无关紧要，他先去弗赖堡（Freiburg）度过了愉快的几日，疑似感染了肺结核的哈特姆特弟弟住在彼处的一家疗养院里，母亲玛丽·露易丝在那儿照顾他。妹妹黑尔佳也来了，还带上了她的两个孩子，于是这意想不到地成了一次家庭团圆。唯独缺了埃里希·埃德加，虽然时年已 61 岁，但吃紧的战事使他再度被纳粹海军征召，并且被部署到德国占领下的荷兰。

在弗赖堡，哈罗松了一口气。空气很清新，和家人待在一起也对他有好处。此外，5 月下旬的布赖斯高（Breisgau）地区宛若天堂，万物生机勃发，让他想起了 20 世纪 20 年代末在这里的两年平静的大学时光，之后他去了柏林，这段疯狂的岁月也拉开了序幕。在此地度过的时光是无忧无虑的，他曾到城堡山（Schlossberg）上散步，一路走过德莱萨姆河（Dreisam）与格洛特塔尔镇（Glottertal），并且参观了镇上的"奶场"，也就是"奶牛农场"，还在夏夜里畅享鲜奶油拌草莓。是的，他花着父母的钱在这里度过了两年无比美妙的大学时光，现在他意识到自己从没有为此向父母表示足够的感激。在彼时，一切都是那么理所当然。

然而时代已经变了，他再也无法像从前那般无忧无虑了。打了 3 年的战争把沉重的负担带给了所有人。哈罗完全不向母亲掩饰自己的态度。在与母亲相伴而坐时他说，只有当准备好为自己信念牺牲的人足够多时，德国才能重新好起来。希特勒或许能杀害数以百计的抵抗战士，但那总有一个上限。

母亲则想知道，他自己是否也在这类人当中。哈罗用清澈的淡蓝色眼睛望着她并站起身来："我为什么不是呢?!"[348]

"1933 年那次，我把你救了出来，"玛丽·露易丝激动地回答，"我没法再救你第二次了。"

"呃，妈妈，盖世太保也没比我聪明多少。"

晚些时候，哈罗和生病的弟弟一起散步，随后两人坐在一张长椅上，望向层层叠翠的山谷，这时哈特姆特问他，自己能不能也加入柏林的活动，尽管对此他只是略知一二。

哈罗并没有立刻回答。万物静谧无声，偶尔有钟声响起，有只孔雀在邻近的农场里啼叫，一只燕子嗖的一声掠过，胡兀鹫和乌鸦在空中打斗。[349]

哈罗终于回了话，说家里有一个人去舍命冒险就足够了。不能让他们的母亲再承受更多了。

300　　离开弗赖堡后，哈罗去了中世纪盛期的骑士堡垒施泰滕（Stetten），他和约翰·格劳登茨，以及马塞尔·梅利安德约好在那里见面。盟军护航舰队的处境已岌岌可危，北海海战全面爆发。德国人投入了一切，想要阻断英国和美国对苏联的支援：U 型潜艇、战列舰、近战机——他们也取得了战果。过去几周里，西方盟国遭遇了惨重的损失。不久前，在雷克雅未克（Reykjavík）到摩尔曼斯克的这段航线上就有一艘英国商船被德军 U403 号潜艇击沉，另外还有两艘被德军驱逐舰击沉，四艘被飞机击沉。

要想进行私密会晤并讨论防御措施，施泰滕堡垒是一个合适的地点。在护城壕沟、带有半圆形侧翼塔楼的内城墙后面，哈罗、约翰和 51 岁的马塞尔感到颇为安全。当早晨的阳光照得人鼻子发痒、夏日的微风吹进半开的窗户时，这甚至像是在进行一场理所应当的度假。然后，他们在城堡内庭阴凉的院子里见面，早餐桌上摆着咖啡、可可、面包、黄油、果酱和鸡蛋。

马塞尔·梅利安德在休假时也喜欢穿条纹西装，他明白此事的急迫性，允诺会尽快和他的联络人取得联系，并申请战时所需的旅行许可。他希望 8 月能去一趟瑞士。时间拖得有些久，但没法更快了。

他们一同走下陡峭的山坡进入科赫施泰滕（Kocherstetten）村，走到河边、跳进坝下咆哮的河水里洗了一个清爽的澡。"一个天然的浴盆！"格劳登茨兴奋地呼喊道。"这可比浴盆更天然！"哈罗评论说，并享受着"水流涌动带来的全身按摩"。这次沐浴几乎像是宗教仪式，具有洁净效用，哈罗发觉他是如此需要自然，好"让我找回一点自己的本性"。[350]

擦干身子后，他们躺在阳光下的干草堆里。一个漂亮的年轻女人来和他们做伴，但哈罗"内心没有丝毫杂念"，他心情愉悦地写信告诉父母。他来这里可不是为了寻求艳遇，在柏林的风流已足够，而是为了别的东西，为了他的反抗事业。

因此，这天晚些时候哈罗又开始写一篇新的学术文章，他打算在未来把它编成一本书。该文探讨的是两次世界大战爆发的结构性原因。预选的合著者仍是霍斯特·海尔曼。[351]哈罗心满意足地坐在那里写着，此时的他或许明白了，自己的生活到底应该是怎样的。像他父亲一样挺直脊背坐在这里的人，日后会是一个博学的青年政治家，他在当下这个黑暗的时代里已冒险为他的人民做了许多事——而在未来还要做更多。在这里，他以德国的名义向英国人、美国人和苏联人伸出了双手，并且在德国的上空与他们携手，以抵挡悬在他祖国的头顶、随时会肢解它的那柄达摩克利斯之剑。

他在堡垒里待了三周进行写作，那是一段奢侈而美妙的时光。也难怪在收到施特拉·马尔贝格那些苛责的、带有强烈情绪的信件后他会感到烦扰，信中把矛头指向了这段关系中二人信息的不对等性。她老把自己当成厄勒克特拉（Elektras）①，他回信写道，并且不只是在舞台上。她总是在演戏。

利伯塔斯则不同。在她寄来的信件里，她的口吻"如往常般可爱"，而哈罗则期待回到她身边，让她看到自己"多年来第一次处于得体的状态"，他现在吃得很好且休息充分。[352]

他由此做出了决断，解决了这个本就想在居留南德时考虑的个人问题。利伯塔斯就是他今生最爱的女人。这甚至可以说是本趟旅行最重要的成果。

33

1942 年 6 月 30 日，"肯特"的助理电报员约翰·文策尔在布鲁塞尔的一间阁楼里遭遇了不速之客。[353]他刚发出两则无线电文，就听到楼下的同事激动地喊出了几句他不理解的话。已经能听到军靴踏着楼梯而上的咔咔声。他匆忙用一根火柴点着了还未发送的一

①　厄勒克特拉是希腊传说里特洛伊战争中的希腊联军统帅阿伽门农之女，多位希腊悲剧诗人都创作过以她为题的剧本，近代则有理查德·施特劳斯为其创作歌剧。

叠报告，拼命地朝它吹气。当火苗终于够大时，他把那叠纸丢进了火炉里。然而，纸张烧得并不够旺，军靴脚步声已到达门口。文策尔慌忙抓过桌上两条已经发出的电报，爬出天窗逃到屋顶上，把电文纸撕碎了丢进烟囱里。手枪激烈地向他开火。而他也不想被动等死，在盛怒中从屋顶扒下瓦片丢向在街上射击的士兵。然后他撒腿逃跑，想要冲出包围圈，在一个个屋顶间跳跃，天空清晰地映衬出他黑色的剪影。跑出大约 100 米后，"肯特"碰上了一堵防火墙，他顺着靠在一根烟囱边的梯子往下爬，溜进一座楼房，再从楼梯往上跑，勉强躲进了顶楼的一个小隔间。

有好几次德军就从他身边经过。

后来一个士兵拽着腿把他拖出了藏身处。

约翰·文策尔曾是德国共产党领导人恩斯特·台尔曼（Ernst Thälmann）的挚友，对纳粹来说是一条大鱼，因此被押往布鲁塞尔附近的一座要塞，盖世太保的布伦东克（Breendonk）拘留营。他们试图让他开口说出密钥，以破译西欧与莫斯科之间的电文——这其中也包括发送给"肯特"的关于哈罗和利伯塔斯的电报。然而，文策尔是一个训练有素的战士，要他开口绝非易事。倘若审讯者跟他说他们已经知道了一切，他便会冷静地指出，自己知道那不过是一个花招——而后陷入冷冰冰的沉默中。倘若审讯者声称别人已经招供，他原则上不以为然，就算真的有人招了，他也会说招供的人在撒谎，并且对他们的供词加以否认，因为正常情况下第三者提供的罪证并不足以给他本人定罪。正如一份在共产党领导者中广为流传的"被逮捕者行为准则 11 条"（11 Geboten für das Verhalten Verhafteter）里所说，

303

"即使各项证物都指向我，我也不会承认被指控的罪行，因为他们

304 会伪造证物、虚构事实，从而获取我的证词，好给我定罪"。[354]

但在布伦东克，文策尔切身体会到了盖世太保所谓的"强化审讯"为何物，而一切美妙的准则和美好的意图总派不上什么用场。先是一连五天的狂殴，其烈度远超他对殴打的认知。[355]他们平时用棍子、鞭子和橡胶警棍向他施暴，而当他拒绝招供时，就会用上更为精巧的手段。尤为痛苦的是用一把直尺或是一根手指粗的圆头或方头的棍子敲打他耳后、颈部、眼睑和颈动脉，这会导致文策尔出现严重的视觉、听觉和平衡障碍。在这般折磨下，他看到审讯他的盖世太保警员和屋里的物件都出现了重影，听到的喊叫与声响都像是地下室里的回音。他的双眼在挨打后严重肿胀，角膜受到损伤。他的一只眼睛失去了视力。

在这项由盖世太保警官福斯（Voss）负责的"击打审讯"之后，他又在所谓的反铐状态下，进行了一段安静而简单的审讯。文策尔的双臂被用一副特制的镣铐扭到背后。这种折磨无比残酷，一段时间以后它会使人臀部、背部和腹部的肌肉抽筋乃至麻痹。文策尔忍不住呕吐并又一次昏厥。但他仍保持沉默。

在盖世太保的羁押下度过了数周后，他试图在夜里用自己尖利的

305 犬齿磨破双手的动脉，还用上了板床上一颗折断的钉子，直到鲜血从动脉里喷涌而出。再度恢复意识后，他发现自己的前臂肿胀得如同一根捣衣杵，凝固的血液把伤口与深陷进皮肉的镣铐粘到了一起。他并没有死，而是被押往柏林的阿尔布雷希特王子大街8号。布伦东克仅仅是一个开头。从现在起，利伯塔斯和哈罗的生死取决于文策尔的忍耐力。

34

约翰·文策尔被关进了盖世太保的牢房，而与他素未谋面的哈罗与利伯塔斯并不知道自己已处在致命的危险之中。苏联军方的情报机构格鲁乌没有向其竞争对手、内务人民委员部情报局通报文策尔被捕的消息，因此科罗特科夫也没能向那些柏林人发出警告。

为了能更好地工作，哈罗与利伯塔斯给他们的住房搞了装修，把卧室搬到了入口处的房间里，而去年那里还住着一个二房客。这样又腾出了一个房间给利伯塔斯写作，而哈罗则继续占据那间带壁炉的客厅。他还用书架在屋里拦起了半堵隔墙。重新装修花销不菲，而如今业已完工。现在每个人都有了自己的地盘。虽然他们坐在不同的房间里，但敞开的房门又使得他们彼此相连，让他们能听到对方打字机的咔嚓声。他们依然没有使用长走廊右侧的那个小房间。那仍是一间可能会派上用场的育婴房。

1942 年夏天，哈罗和霍斯特·海尔曼联手写作的时间比以往多出不少。哈罗相信他们已"不动声色地准备好去做"任何事，而 19 岁的海尔曼也日益深入地了解这位过去的老师——还有利伯塔斯。[356]这位敏感的年轻人认为两人代表了理想的夫妻形象，他们认为荣誉高于服从。他柏拉图式地爱上了这两人，尤其是利伯塔斯，而后者也回应了他的爱意。两人间从未有过鱼水之欢，但他们的灵魂似乎在用同一个声音言语。海尔曼越来越多地了解到他们搞的非法活动。不过他对他们的无线电联络仍一无所知。鉴于海尔曼在无线电破译部门的职位，哈罗想尽量让他避开这些极度敏感的信息——无论如何，要尽可能久地这样做。不过，这个年轻的士兵还是亲眼看见了那份秘密影集，他意识到了东线恐怖罪行的真实存在，这使他进一步坚定了自己的决心，要跟随哈罗与利伯塔斯对民族社会主义发起抵抗。

1942 年 8 月的头几个礼拜里下了许多场雨，此时约翰·文策尔还在阿尔布雷希特王子大街 8 号接受审讯。每天早晨 7 点到 9 点，哈罗都在哈弗尔河上，划着他的奥运制式赛艇"杜欣卡号"（Duschinka），替换下的"匍匐号"现在归了魏森伯恩。哈罗并不在乎天气是刮风还是下雨，他甚至对冰雹不以为意，对浪涛也无所畏惧。他越来越清楚地意识到：现在他必须要真正终止和施特拉之间那郁结的关系了。8 月 5 日他给她写了一封诀别信。"我俩：在无边的飘摇里。倘若可能，我想要尽快地走出爱河，在战争结束后再回到你身边，试试我的运气。"他提出的分手理由是标准的哈罗式，即他在她身上感受到了一种"如此罕见而可爱的感受"，而他不想让这份情感面对当下处境中的无尽磨难。就像彼时和他的"强盗新娘"雷吉妮所说的那样，他声称：正是因为他爱着她，他不能再见她。"我不会再给你写信了，也不会再给你打电话。"[357]信毕。

与此同时，他和利伯塔斯的爱情则在复燃，而自 1942 年 8 月 9 日起每天高照的艳阳像是锦上添花。日子几乎又回到了从前：他们在万湖上划船、泛泛地聊天、游泳、做饭，而后同床共枕。他俩知道生命短暂，或许明天就会逝去：命运让他们生在艰难的时代。而这并非他们想要的。他们不过是凡人，想要活着并相爱；他们开车前往利本贝格，那儿闪动着干燥的热光，他们"晒成了美妙的棕色，一次次地下

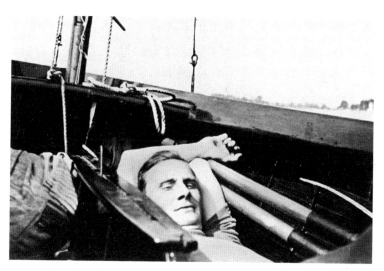

哈罗在"杜欣卡号"上，仍然很放松，"杜欣卡"在俄语里是"灵魂"。

水。兰科湖里的水清澄湛蓝——这在勃兰登堡边区是颇为罕见的"。[358]

然而，彼时的生活绝非无忧无虑。比如说，即便在农村，也没有 **308** 多少食物了。城堡和庄园的经济状况进一步恶化。温特舅舅对阿道夫·希特勒寄予的希望没能实现。侯爵抱怨说，今年的严冬会对明年的收成造成巨大的负面影响，从秋天起，所有人都得把裤腰带勒得再紧些。

坐在露台上，身前是荒废了的网球场，左手边则是需要重新粉刷的农场楼房，哈罗和利伯塔斯看到，是波兰和法国的战俘在维系着农场的运营。到处都能看到这些人，尤其是在田野上；最近还来了许多被俘的红军士兵。"此前民众只能通过宣传了解这些次等人，现在终于可以看到他们的真实面貌，"哈罗写信告诉父母，"所有人都在谈论这些苏联人。"[359]眼下在德国有超过 1000 万名强制劳工；正值壮年的男子不得不为他们的敌人当牛做马。

在柏林食物的供应状况也越来越糟糕。"实际上人们在不断挨饿。"[360]主要靠着利伯塔斯在文化电影中心的收入，如今的他们不必再为每一分钱斤斤计较，但即便如此，城里"甚至没有足够的食物能让人保持健康"。[361]商店里只发放最低数量的配给券，用于兑换面包、鱼、食油、蛋、果酱、糖和其他食品，这一配给量在 1942 年上半年再度被大幅削减：每月的面包配额从 9.6 千克减少到 6.4 千克，一个成年人每周只能得到 300 克肉、200 克油。每一口食物都要从下顿里扣除。而他们两人颇为喜爱的，此前一直是他们关系基础的生活乐趣，如今又在何处呢？他们分享美好事物、享用美食、去看电影或跳舞的那些梦幻时光，何时才能重回？如今的文化生活荒芜了，餐厅在倒闭，夜里总要熄灯。跳舞往往被禁止。带有桌面电话，还有可以让顾客互赠礼品的店内管道传输系统的雷西舞厅（Ballhaus Resi）已关门停业。战争吞噬着一切，也消耗着后备人员，把他们绑定在一种叫人疲惫不堪且颇为不满的日常生活中。这大概类似于阿维德·哈纳克所预言的"过度的资本主义统治形态"，最终"会把人民变成一支奴隶大军"？[362]

城里的餐厅还值得一去，因为哈罗和利伯塔斯经济上并不紧张，甚至可以去那些"要花上一大笔钱的地方"坐下吃饭。[363]即使能排除万难订到一张桌子，他们去赫尔歇（Horcher）、卢特尔与韦格纳（Lutter & Wegner）或是博尔夏特（Borchardt）等饭店时还是得带上食品配给券。在这几家餐馆里，他们仍能吃到像样的饭菜、喝到可以下咽的酒，在某些格外幸运的日子里甚至还能在博尔夏特用 2 马克 40 芬尼的价格买到奶油野猪后腿配酸菜。此外，服务员还要收取 50 克肉券、15 克油券，买甜点还要花上 20 克面包券。

　　他们不会再外出游荡直至深夜，而是早早地乘地铁回家。即便在周末，也有巨量的工作需要完成。由于战争形势，各地都已实行周日工作制，"对有家庭的人来说，这是一个沉重的负担"，在给父母的信中哈罗如是写道，并且表达了他对这一"不可持续"进程的忧虑，"但这大概就是如今这个时代的典型特征，发动机和技术设备能得到爱惜与维护，相反对于人力则没有这样的考虑，同时还指望他们做出惊人的业绩。"[364]但他仍以幽默的口吻暗示，关于要孩子的事，他和利布斯可不只是说说而已："由于我们晚上在家，家庭生活的各个方面都经历了新一轮的繁荣。"[365]

　　利伯塔斯整天都在文化电影中心辛勤工作，和她一样，哈罗也得每天早起。他起床后会用药酒擦拭自己紧张、僵硬的躯体，在奶粉里加入一点可可碎屑，再吞下一勺有机麦糊以防止营养不良。然后，他出发去航空部。工作数小时后去"飞行员之家"的赌场里吃午餐，对面就是盖世太保的总部——约翰·文策尔还在那里接受审讯。然而，部门的餐盘里也没有多少食物了。即便在一场和克罗地亚高官的会晤中，哈罗写道，吃的也不过是"合成西红柿汤、土豆和豌豆（没有酱汁，没有肉）、合成冰淇凌、面包和白奶酪（没有黄油）"——这还是在一个并非素食日的应酬场合。他们喝了不少酒，但那也无济于事，因为虽然喝进了嘴，"但因为胃里空空而没什么感觉"。[366]

　　在这段日子里，有一位朋友在一条被炸毁的街边见过哈罗，他

310

面容憔悴地坐在餐馆门前的一张桌边，老老实实、津津有味地把面前那点可怜的食物吃得一丝不剩。"这里的一切都多多少少有点'饥饿'，也就是说因为营养不良而弱化了，"他写信告诉父亲，还以一种不易被信件审查员发现的尖刻口吻补充道，"然而这并不会削弱人们对元首的信仰。只是当人们发现自己常常无法实现期望的业绩时，还是会感到懊恼。"[367] 1942 年的 8 月是一个充满紧张与焦虑的月份——唯独缺少放松。哈罗焦急地等待着消息，想知道马塞尔·梅利安德是否成功地到了瑞士，向英国人发出警告，而同时在苏联南部的署热里，斯大林格勒的战局也到了危急关头。

311

之后就出事了。经过数周"国家警察的深入审讯"，这是官僚话语的说法，阿尔布雷希特王子大街里的刑事调查员得到了"对加密方法的供认"。约翰·文策尔已经交代了关键句、密码和所需的书籍，现在轮到调查员们来破译那些从浩如烟海的信息中提取出来的苏联密电了。工作开始于坐落在马太教堂广场（Matthäikirchplatz）上的无线电破译部，不远处就是陆军总司令部所在的本德勒街区。在这里工作的是年轻的数学天才、国防军的密电员。霍斯特·海尔曼也在这里，然而由于一切严格保密，起先他对这项任务也一无所知。然而，他的同事中已有人感到惊异。此前他们借助对比表和概率计算做了许多无用功，没能从那堆杂乱的俄文数字里构建出半点意义，但现在出现了能够读解的句子。其中有几个句子里包含了柏林市民的真实姓名——有一个在阿尔滕堡大道 19 号的地址，还有哈罗和利伯塔斯家的电话号码。

向国防军最高统帅部提交报告的是威廉·沃克博士（Dr.

Wilhelm Vauck），他是一位教授数学、物理和化学的公职教师，也是无线电破译部的部长。

konnte auch ein Sende- und Empfangsgerät be-
schlagnahmt werden.

Die Gruppe "Kent" unterhielt mit Hilfe
des bereits erwähnten Funkers Johann
Wenzel mit dem Decknamen "Hermann"
und "Professor" einen lebhaften Funkverkehr
mit Moskau. Aus der Vielzahl der von den
Funküberwachungsstellen der Wehrmacht und der
Ordnungspolizei aufgefangenen Funksprüche,
deren Entschlüsselung durch die von Wen-
zel nach eingehender staatspolizeilicher
Vernehmung preisgegebenen Chiffriermethode
gelang, wurden wichtige Hinweise auf eine
in Berlin bestehende bolschewistische Nach-
richtenorganisation gewonnen. Hierdurch war
die Aushebung dieser Gruppe, an deren Spitze
der Oberleutnant d.R. der Luftwaffe

Harro Schulze-Boysen

und der Oberregierungsrat im Reichswirtschafts-
ministerium

Arvid Harnack

standen (s Teil IV dieses Berichtes) möglich.

'594

Wenzel

盖世太保的总结报告："……根据文策尔在国家警察的深入审讯后交代的密钥破译……"

［图上文字：……"肯特"小组在前面提到过的电报员约翰·

文策尔的协助下，和莫斯科进行活跃的电报联络，后者的代号为
"赫尔曼"或"教授"。国防军电报监听部门和秩序警察截获了大
批电文，并且根据文策尔在国家警察的深入审讯后交代的密钥，成
功将其破译，重要的是其中提及了一个在柏林的苏联情报组织。由
此我们得以挖掘出这个小组，其最高领导为空军的预备役中尉哈
罗·舒尔策-博伊森和经济部的高级行政专员阿维德·哈纳克（见
本报告第四部分……）

313   听取报告的是阿勃维尔局长威廉·卡纳里斯（Wilhelm
Canaris）海军中将。卡纳里斯本人也在秘密参加抵抗运动，和想要
消灭希特勒的陆军军官们联手，但他没有帮哈罗的忙。他不想卷入
这样一起显然和苏联敌人有联系的案件中。他的共谋有路德维希·
贝克（Ludwig Beck）、汉斯·奥斯特（Hans Oster）和汉宁·冯·
特雷斯科（Henning von Tresckow），和他本人一样这些人都是顽固
的反共产主义者，他们明确支持德国加入西方阵营。于是在一场有
卡纳里斯，以及他下辖的无线电防卫部部长，也是他后来在 1944
年 7 月 20 日那场未遂政变中的战友弗里茨·蒂勒（Fritz Thiele）中
将，阿勃维尔第三分局局长弗朗茨·埃卡德·冯·本蒂维尼亚
（Franz Eccard von Bentivegni）中将，还有党卫队上级领袖瓦尔特·
施伦堡（SS-Oberführer Walter Schellenberg）参加的会议中，他们决
定让盖世太保对空军中尉哈罗·舒尔策-博伊森展开调查。

    在秘密国家警察总部的"对敌调查与打击第四分局"（Amt IV
Gegner-Erforschung und -Bekämpfung）成立了一个由 30 人组成的特

别委员会，它被命名为"红色交响乐队"——之前在法国和比利时就有人用过这个名号。这一命名和分类反映出了调查人员的着手方向：他们认定这些柏林人属于一个位于西欧的苏联间谍网络。在阿勃维尔的行话里，无线电报务员就是一个"钢琴师"，负责把信号转化为接收者能用听觉获取的音调。自 1939 年 11 月 8 日格奥尔格·埃尔塞在慕尼黑贝格勃劳酒馆（Bürgerbräuhaus）孤身对希特勒发起炸弹袭击，以及 1942 年 6 月 4 日在布拉格对希姆莱的副手莱因哈特·海德里希进行的致命暗杀后，这是盖世太保历史上第三次组建特别委员会。被任命为柏林特别委员会负责人的是 39 岁的党卫队上级突击队大队领袖（SS-Obersturmbannführer）和高级行政专员弗里德里希·潘青格（Friedrich Panzinger）——绰号"潘兹"（Panz），他是盖世太保统帅海因里希·缪勒的一个老朋友。潘青格戴着镍制眼镜，是一个冷酷的官僚。他很少对特别委员会的调查施加影响；他的任务是让希姆莱及时了解调查进程。主导调查工作的是 31 岁的破坏行动专家、刑事专员、党卫队高级突击队领袖霍斯特·科普科（SS-Hauptsturmführer Horst Kopkow），他是一个沉默、分外勤勉的人，担任"第四分局 A2 科"的科长。在 1933 年以前科普科就"通过在冲锋队和党卫队中呈现的积极态度证明了自己"，正如一份工作考核中的记载："他有着模范性的举止和罕见的胆识，总会冲到会场斗殴的第一排。他属于那类拥有无限接受力和强大意志力的人"——一个无比纯粹的纳粹分子。[368]被科普科任命为本案刑侦负责人的是他最能干的执行警官、34 岁的刑事警官和党卫队高级突击队领袖约翰·施特吕宾（Johann Strübing）。特别委

314

员会的工作被划定为"国家机密"，拥有最高的保密级别。除非是出于工作方面的必须，否则国家安全总部里的任何人都不得知晓这项任务的进程。即便是知情者，掌握的也始终只有在执行各自具体任务时用到的那部分信息。

盖世太保接下来要做的是观察工作。他们要窃听电话、跟踪人员，把哈罗和利伯塔斯放到放大镜下细细打量。但这也必然是一项虚构工作，要编出一个贴合民族社会主义妄想症式思维结构的故事，证明特别委员会的支出落到了实处。"对敌调查与打击第四分局"需要敌人——现在则有了一个绝佳的机会。

35

315　　这年夏天，"白玫瑰"（Weiße Rose）① 的第一批传单在慕尼黑得到传播，而哈罗和格劳登茨也在策划一次新的传单行动。这次行动将超越以往所做的一切。格劳登茨建议设立一间非法的印刷厂。他可以从自己的公司里留出几套所需的设备。这样一来，他们就能够快速反应、大批印制，将关于战争进程的机密信息传遍全国，从而呼吁人民起义。法国人民推翻了拿破仑，正是因为他们意识到是拿破仑将他们的国家推向毁灭，而同样德国人也可以推翻希特勒。

----

① "白玫瑰"是纳粹时期慕尼黑大学一个知名的非暴力反抗组织，主要由汉斯·朔尔、索菲·朔尔等人领导，其最知名的活动是于 1942 年 6 月至 1943 年 2 月发出了 6 张传单，呼吁人们参加反抗希特勒政权的运动。该组织的 6 名核心成员于 1943 年被盖世太保逮捕，并于同年被送上断头台。

然而在 1942 年 8 月 14 日，先是发生了一些别的事。有两个人又见了面，这两人在眼下这个万分艰难的时期里拥有一段无比热切的艳遇。哈罗早先已和施特拉·马尔贝格分手，现在却又约会了。

利布斯对这段死灰复燃的暧昧感到抓狂。总之她的神经极度紧张。一段时间以来，她总感觉有人在跟踪自己。又或者说这只是妄想？电话里真的有噼啪的响声吗？是不是出现了一个之前没有的回音呢？当她划船的时候，岸上是不是站着一个拿着望远镜的男子呢？他观察的是万湖上的鸟儿，还是他们的奥运制式划艇"杜欣卡号"？施特拉·马尔贝格到底是什么人呢？哈罗怎么能和这个他自己都不怎么了解的女人又上了床呢？利伯塔斯越想越气，于是她决定出走几天，抽身去不来梅探亲。就让哈罗把自己缠进那个非法秘密活动的网络里吧，让他越来越深地陷进世间逃不出的那个陷阱里吧，让他卷进自己设下的套索里吧。

开上高速前她得合上"恺撒"的顶篷。这天下着大雨，此时雨水在航空部的贝壳灰岩上勾勒出迷彩图案，哈罗正坐在航空部的办公室里，透过窗子望向如今已经雅利安化①的韦尔特海姆百货公司那模糊的轮廓。在厚重的雨幕后有一个盖世太保的网络在悄然且秘密地运作，在哈罗身边越收越紧。

然而，即使派了人去严密地监视哈罗，霍斯特·科普科仍无法

①　"雅利安化"（Arisierung）指的是纳粹政府没收犹太人财产，将其变为政府财产的进程。

搞清他的状况。这是怎样一个人啊？他是空军中尉，他的舅祖父是传奇的提尔皮茨……而他——是一个苏联的特工？否则苏联人又怎么会让他们在布鲁塞尔的特工去和他见面呢？而利伯塔斯又扮演了一个怎样的角色呢？破坏行动专家科普科了解共产党员。他知道他们如何行动、他们的弱点又在哪里。他知道怎么对付苏联特工、怎么折磨德国共产党员，直到得到自己想要的结果——或者把他们弄死。但现在他锁定的这两个人以不同的方法行事、过着不同的生活。一个和年轻漂亮的女演员搞暧昧，另一个在万湖上划船，还去柏林北边的一座城堡里骑马，他们的家人是戈林的熟人，戈林曾去他们那里狩猎过大型驯鹿。利伯塔斯的祖父是皇帝最亲密的朋友——尽管名声可疑。这样的人不可能是共产党员。他们是柏林的放浪艺人。科普科被搞迷糊了。

317　　在这个大雨瓢泼的日子里，利伯塔斯开着她的菲亚特汽车向不来梅飞驰而去，而刑事专员科普科则观察到哈罗和一个陌生人在蒂尔加滕区穿梭漫步。那位他不认识的同伴戴着一副镍制眼镜，虽然看起来不过 35 岁左右，但他的发际线后退得十分明显，是一个典型的官员形象。因为嗒嗒的雨声，科普科听不清那两人说了些什么，他对那两人看得也不甚清晰，因为他们总是躲在伞下。无论如何也看不出有什么可疑的地方。两个男子顶着恶劣的天气在蒂尔佳滕散步，仅此而已。

此时的阿维德已是经济部的高级行政专员，他也发觉了自己被人盯上的蛛丝马迹。他挪到了自认为更安全的卧室里办公，还仔细地在沃伊尔施大街上的住所里搜寻窃听器，但并没有找到。他的弟弟法尔克·哈纳克（Falk Harnack）恳请他考虑逃往国外，却遭到了拒绝。"我怎么能在国外领导一场抵抗运动？我们最大的敌人正在此地，"他告诉弟弟，"再说如果我们走了，又该让谁留下呢？"[369]

哈罗和阿维德在这场大雨中交谈的内容没有保留下来。他们聊的或许是两人共同的朋友，卡尔-迪特里希·冯·特罗塔（Carl-Dietrich von Trotha），他也加入了一个正日益活跃的抵抗组织——日后盖世太保会把它称作克莱稍集团（Kreisauer Kreis）。冯·特罗塔是阿维德的同事，他是帝国经济部里的经济学家、能源工业领域的顾问，也是一个有民主倾向的高级知识分子。这个"集团"将自己定位为德国抵抗运动的智囊团，是唯一为战后德国的新宪法提出早期构想的抵抗组织，后来还得到了行刺希特勒的施陶芬贝格的认可。他们认为一个欧洲国家联盟应该包括德国和它战时的敌人英国，以及苏联：这一核心观点也与阿维德和哈罗的构想相契合。新生的世界应当以个体的人，而非集体大众为中心。[370]

但离这一步还很遥远。第二次世界大战还未结束，并且打得越来越残酷。在 1942 年这个夏季里，每天都有数千名士兵在各条战线上死去，还有数千人死在集中营里，每天都是如此。数以千计的平民死去，包括妇女、孩子和老人。哈罗在他的书桌前得知，1942年 8 月 23 日空军是如何向斯大林格勒投下无数炸弹，超过 40000名无辜的居民丧生。

1942 年 8 月 30 日，一个阳光明媚的星期天。在夏末的这几天，城市酷热无比，勃兰登堡边区的沙子火辣辣地摩擦着脚趾。头顶的天空如此高远，以至于它的蔚蓝看起来属于太空。这样一来，在这座熙熙攘攘的城市里，生活也拥有了无穷的意义。万湖上空热浪滚滚，气温攀升到 32℃，下午晚些时候刮起了风：适合划船的天气。哈罗上午就已骑车从住所来到了蓝-红划船俱乐部，汉内洛蕾和弗里茨·提尔也划着他们的小艇在这里靠岸。魏森伯恩也带着如今已是他妻子的乔伊前来。恰好三年前，他和哈罗两人也在这里划过船，彼时第二次世界大战刚刚开始，在那之前不久，他因为处处拈花惹草而挨了埃尔弗莉德·保尔一通数落。魏森伯恩变聪明了，他现在专情于乔伊，而哈罗呢？利伯塔斯还待在不来梅，那天在码头上向他们所有人漫步走来的，是一个看起来颇为有趣的 30 岁女人，她有着高高的颧骨，还有一个新的爱称，那是两周前，他们上一次幽会时哈罗给她取的：不再是含义丰富的"菲克斯"了，而是有几分讽刺和疏远意味的"施特丽齐塔斯"（Stellizitas）。

319

在哈罗生命中的最后一次泛舟前，当他帮施特拉登上甲板时，又会想些什么呢？他是否会为她的到来而感到气恼，因为他正思念着利伯塔斯，并且他俩初次相识又恰好是在此地？又或许他根本没有邀请过施特拉，而是后者在听说他们的远足安排后，径直就出了门，她想把握住这个机会——他的妻子正远在天边？等到太阳落山、星斗满天，其他人上岸离去后，她要在摇晃的船上给他甜美的一夜时，哈罗又怎能拒绝她呢？

她的到场一定会让哈罗感到不自在，因为船上还有另一位客人，哈罗得跟他谈些紧急且绝密的事情，那人就是霍斯特·海尔曼。在魏森伯恩面前哈罗可以无所保留、畅所欲言，并且和自己亲密的朋友们讨论要如何在现今的情况下行事，他逐渐明确地感觉到，自己已被盖世太保锁定。

哈罗从未向施特拉说明实情，现在他自食了恶果。在一艘小帆船上，想要和某人进行长谈却不想被同船所有人听到，这是不可能的。对哈罗而言，这趟航行是悲剧性的，他心事重重，却由于面前这个女人而无法畅所欲言，他无法向她敞开心扉，却还是引诱了她。他没能制订出任何可行的逃跑方案，也没能定下小组行事的关键策略——倘若他们被捕的话。

320

毫不夸张地说，如果没有和施特拉·马尔贝格的艳遇，一切将会有所不同——利伯塔斯肯定会尤为认同这一点。如今局面混乱，人们之间有了隔阂，正如埃尔弗莉德·保尔预见和警告过的那样。此前这位女医生一直认为，利伯塔斯的风流韵事和她浪漫主义的人生观会危及全局，现在出问题的却偏偏是哈罗，那个众人之中最为冷静的头脑在这个生死存亡的时刻犯了迷糊。他没有把施特拉送走——或许他觉得这样做太危险了，因为施特拉可能出卖他？而是请她坐到船头，在那里她只需要在风帆翻动时低下脑袋。有施特拉·马尔贝格在船上，这次航行就成了一次游船派对，诚然，这乍看起来不会令人生疑。然而，哈罗为此付出了高昂的代价。在事关生死的最后一个自由之夜里，他无法和魏森伯恩或海尔曼交流，而或许这两人本来还能用他们的建议帮到哈罗。

伴着施特拉·马尔贝格甜美的塞壬之声，这是一趟奔赴死亡的旅程。即使是在万湖中的沐浴也没能使他神清气爽：那湖水象征着爱与死亡，还有那个时代的癫狂。像在哈弗尔河里破浪前行的“杜欣卡号”那样，哈罗明白，此时盟军的战舰和商船的钢铁舰首正迎

着北冰洋里冰冷的浪潮挺进，而同时"提尔皮茨号"的火炮已就

321 位。因为他从格劳登茨那里听说，德国当局已经拒绝了马塞尔·梅利安德入境瑞士的请求。

太阳下山后，他们坐在蓝-红俱乐部里望向水面，风暴还没有降临，暂时还没有。终于有了密谈的机会，哈罗把霍斯特·海尔曼拉到一边，告诉了后者他在国外的联系人，并且说自己不知道是不是有人已听到了风声。海尔曼目瞪口呆地看着他。破译部门已得知了大部分莫斯科方面的无线电密钥，他惊愕地说，并且允诺明天上班时再去探查一番。

太阳落下后，哈罗格外庄重地向所有人道别，包括"施特丽齐塔斯"。或许她打算和他在船上过夜，但没有实现。他孤身一人骑车穿过闷热的丛林。因为心里太过烦躁，他还不想回家，而是想到了那位好友卡尔·冯·特罗塔，后者家就住在不远处的利希特菲尔德（Lichterfelde），哈罗常去那里做客。晚上 10 点左右，哈罗到了卡尔家。我们不知道两人聊了些什么。或许是关于逃亡的可能，或许是想要向在经济部的阿维德发出警告（此时阿维德已经和米尔德雷德一起出发去休假旅行了），又或许只是聊了些基本的经济问题，我们对此不得而知。可以确定的是，当晚哈罗从卡尔那里借了一本书，尽管他再也不会有机会阅读它了：犹太学者欧根·罗森施托克-胡西（Eugen Rosenstock-Huessy）所著的《欧洲的革命》（*Die europäischen Revolutionen*），一本关于世界历史的著作，书中将欧洲的历史看作宗教和世俗势力的斗争史——作者认为，二者最终会达成一种有利于自由的平衡。

36

1942 年 8 月 31 日，弗里德里希·威廉·恩斯特·保卢斯 322
（Friedrich Wilhelm Ernst Paulus）将军的第 6 军团已抵达斯大林格勒
的郊区。在这一刻，希特勒政权的权力扩张达到了地理意义上的顶
点：国防军离巴库（Baku）油田已近在咫尺，在高加索山脉的最
高峰厄尔布鲁士山（Elbrus）上也有纳粹旗帜在迎着寒风飘扬。但
德国早已伸展过度，现在时辰已到，钟摆开始回落，弹球开始下
坠，第三帝国迷醉的寓言调转了方向，不可避免地奔向终结。

在圣马太教堂广场上的无线电破译部里，霍斯特·海尔曼向他
的上司阿尔弗雷德·特拉克斯（Alfred Traxl）打听关于破译了的苏
联电文的消息。特拉克斯找出一个"红色交响乐队"的文件夹并把
它递给海尔曼。海尔曼在文件中找到了一个空军的军官。他的名字
叫哈罗·舒尔策-博伊森。此人和他的妻子利伯塔斯被揭露是莫斯
科的特工。

吊扇不知疲倦地转动着，吹动着闷热的空气。霍斯特·海尔曼
用颤抖的手指继续翻动着文件。他没有看到自己的名字。他该做什
么呢，逃跑吗？这样一来，哈罗就会失去最后一个逃出生天的机
会。不，他要保持对哈罗的忠诚，必须去警告他、拯救他——或者
和他一同赴死。尽管可能会搭上自己的性命，霍斯特·海尔曼还是
拿起了听筒。

电话接通了。然而，在另一头的不是他的朋友，而是哈罗部门

的秘书。她能为自己做些什么吗？

323　　海尔曼想了想，而后他请求让哈罗回电，尽管这样做是有风险的，因为他的话会被记录下来。他报出了自己的电话号码，而后把听筒放回挂钩上。他在等哈罗的回电。热浪变得越发难以忍受。[371]

　　而利伯塔斯正一脚油门踩到底，在从不来梅回柏林的高速公路上飞驰。

第四章

对敌打击

（1942 年秋）

即便它注定要吞噬我们，这仍是一段美妙的经历，我会这样说。
—— 哈罗·舒尔策－博伊森

1

霍斯特·海尔曼的电话终于响了起来。但此时他恰巧不在书桌
前。圣马太教堂广场上的房门也因为高温而纷纷敞开，响起来的电
话总得有人去接，于是陆军总司令部第四情报局的局长威廉·沃克
博士走进了海尔曼的办公室，接起了电话。

"我是舒尔茨-博伊森……"

沃克需要一点时间来重拾思绪。这是真的吗，他听到的声音正
来自那个数周来让自己感到振奋的人，那个国家头号公敌，如果他
正确地理解了盖世太保的话？但此人为什么要给海尔曼的分机打电
话呢？

"请问您的名字里是有一个字母 Y 吗？"这是沃克下意识想到
的话，他假装自己在记录来电者的姓名，好转达给海尔曼。

"当然。"哈罗困惑地回答道。他忽然后悔不该自报姓名，便把
电话挂断了。[372]

过了一会儿哈罗办公室的电话响了。海尔曼？又或者是利布斯
终于回来了？他满怀期待地接起电话。电话那头的是博克尔贝格
（Bokelberg）上校，帝国航空部总部的一位指挥官。他让哈罗到门
厅里去，说是有急事。哈罗把胶木听筒搁到挂钩上，把他的钢笔放
到一边。他犹豫了一会儿，而后站起身。他的眼里燃起冰冷的火
焰，尖细的下巴上肌肉抽动，他知道现在一切都完了。

他走下楼梯，手指掠过栏杆上航空铝制的扶手，这是最后一次

了。他乘上升降电梯，飞速下到一楼。

博克尔贝格在门厅等着，他护送哈罗走到门口。当带有粗大黄铜把手的黑色乌檀木门打开时，刺眼的灯光射了进来。

一辆没有熄火的轿车停在通道上。两个男人向他走来，把他夹在他们中间，和他一起坐进了汽车的后排。其中一人自我介绍说他叫霍斯特·科普科，是一名秘密国家警察（Geheime Staatspolizei）。汽车缓缓开动。这趟车程很短，却又仿佛无穷无尽。

2

利伯塔斯给航空部打电话，但哈罗没来接，只有他的秘书随后告诉利伯塔斯，他去出差了；她不知道他什么时候回来。而后她补充说，他的银质缨带还挂在衣帽钩上。

一个普鲁士军官是不会不拿缨带就去出差的。这一点利伯塔斯是知道的。

是日下午她在车站接了弟弟约翰内斯，并且告诉他自己担心哈罗已经被捕了。他们急匆匆地赶回阿尔滕堡大道，开始考虑是否要逃亡。然而，这座房子不是早就处于监视下了吗？放在这里的影集，以及所有那些材料，又该如何处理呢？

3

329　　当哈罗从椅子上站起来时，可以看到一小片天空。在他的 2 号牢房里，也就是通往右侧的走廊左面的第一间，还有一张小桌、一张白天可以折叠起来的板床，它铁质的边框叫人颇受折磨，那是四根横向、两根纵向的铁条，床上有一个没放铺盖的单薄草垫，它早已破旧不堪，睡在上面的人总得在某根铁条上寻求平衡，否则就会滑进空隙里。有两张长满臭虫的毛毯，对此一个警卫说：“没错，得辛苦你顺便喂饱这些小动物。”

　　哈罗听到院子里传来车声、关门声和命令声。下午 4 点哨兵喊话说，要立刻把他带走接受审讯。哈罗坐得笔挺，就像从他父亲身上学到的那样：坚毅，精力充沛。他狂热地思考着自己的应对计划：如果他们问这个——再问那个——最后问那个？那就这样答！如果他们在这之后还要追问——再进一步？想出个答案！要快。要令人信服。你马上就要被带走了。他的思绪一遍遍掠过所有可能的问题与场景。晚上 6 点有面包和黑咖啡。但仍没有审讯。他在牢房里来回走动，他的思维也是这般，一遍遍地兜圈子。他累了。这正是科普科想要的。晚上 8 点了。哈罗躺在板床上，时刻准备着一跃而起。不知何时他忽然听到钟敲了 10 下。天花板上有一个光秃秃的灯泡在发光，如同一只铁笼里的囚鸟。在他的房门上方有一条狭窄的长方形窗口，透过它，警卫可以查看灯泡是否真的亮着。11 点了。他还没有被叫去审问，耗尽了所有精力的他瘫倒下来，睁着眼睛仰面平躺，呆呆地望着肮脏的天花板。不知道利伯塔斯怎么样了？她会不会也被捕了呢？插进门锁的钥匙嘎吱作响。他筋疲力尽地爬了起来。一个警官站在他身前，以熟练而轻巧的手法把一副轻便的特制钢手铐套在哈罗的手腕上，把他的双手并到一起，再用一

330

把细小的钥匙锁住，发出一声脆响。[373]

他被带到楼上，穿过一条宽阔的走廊，廊上有带石膏花饰的穹顶和半圆形的大扇窗户，每扇窗前都有一把弧形的木质长凳。穿着不合身西装的男子们三五成群地坐在各处凳子上，用沙哑的声音说着话。有人短暂地抬头一瞥，看见还穿着空军制服的哈罗被从他们面前押走，带进一个长方形的房间里，带到一个斜面讲桌似的架子前录指纹。那儿有一把泛黄的浅棕色转椅，让他想起了学校里的家具。[374]哈罗被要求坐在上面，他的后脑被按到一根金属杆上，与他的右肩平齐处有一块写着日期和编号的标牌："秘密国家警察局1942年8月173号"。

他望向一台箱式相机，随着一道闪光，他的瞳孔急剧收缩，在他左边的一个警官拉动了一根一米多长、用钩子连着那把转椅的杠杆，于是椅子猛然转向右边，发出一阵嘎嘎声。第二道光闪下拍出了哈罗的侧面像，而后椅子再度艰难地转动，固定在拍半侧面像的位置。又是一道闪光。

4

331　　直到1942年9月2日，他33岁生日那天，哈罗依旧音讯全无。为了不惹人生疑，当天早上利伯塔斯依然去了她在御林广场上德国文化电影中心里的办公室。在这个无比危急的时刻，她该如何行事呢？要去警告其他人吗？但这样不就会把盖世太保的注意力引到自己身上吗？

一天前的 1942 年 9 月 1 日，战争爆发整三年后，东普鲁士的首府柯尼斯堡的暑气正盛。米尔德雷德和阿维德·哈纳克在火车总站下车，走到普列戈利亚河（Pregel）畔，驳船紧挨着停靠在河岸边，像是一副古代版画里的场景。在不走过同一座桥两次的情况下，人们能够走遍城里的 7 座桥吗？数学家莱昂哈德·欧拉（Leonhard Euler）在 18 世纪给出了否定的答案，并且从这一"柯尼斯堡七桥问题"（Königsberger Brückenproblem）推导出了一个地形学公式，借此可以避免不必要的路程，至今仍可用该公式设定邮递员和快递员，抑或微芯片中电流流动的路线。而阿维德和米尔德雷德也在尝试着尽量按目标行动，他们每人拎着一个皮质的手提箱，此外，谨慎如常的阿维德还带了一把雨伞，正是他在蒂尔佳滕和哈罗散步时用的那把。他们沿着河岸行走。这正是哲学家伊曼努尔·康德（Immanuel Kant）每天中午走的那段路，穿过绿桥（Grüne Brücke）走上中世纪风格的克奈普霍夫岛（Kneiphof），这座位于柯尼斯堡市中心的岛屿上有大教堂、市政厅和迷宫般的小巷，还是年轻小伙的康德常因为喝得大醉而无法在其中找到回家的路。仅仅在克奈普霍夫一岛上就有 50 多家老字号啤酒厂。

这里是米尔德雷德和阿维德的过路站。他们迫切地需要度个假——并于 9 月 19 日在海岸边庆祝米尔德雷德的 40 岁生日。她经历了一次腹腔妊娠并流产，一度危及生命。旅行的目的地是库尔斯沙嘴上一个慵懒的渔村普雷拉（Preil），就在往日利伯塔斯被逮捕的那个艺术家圣地尼达附近。不过，哈纳克夫妇想先参观一下柯尼

332

斯堡这座人文主义充溢的城市里那些梦幻凝成的建筑。康德之墓在
大教堂靠近大学的那侧：这正是他们所追求的东西，一种灵性，要
把自身充满责任感的行为当作万物的尺度。

米尔德雷德和阿维德取道克雷默桥（Krämerbrücke），走过鱼
市，来到城堡。那里展览的是传奇般的琥珀宫（Bernsteinzimmer），
由国防军在去年秋天攻占列宁格勒后从叶卡捷琳娜宫
（Katharinenpalast）里夺来的。[375] 他们着迷地凝视着这一光彩华美、
大约两年半后将消失得无影无踪的奇景，惊叹于镶嵌其中的"触觉
与嗅觉"，还有"听觉"，并且把自己的倒影留在了镶板上，随着
岁月的流逝那镶板的颜色变得深沉，呈现出一种高贵的白兰地色；
他们观赏着这间叫人心醉的屋子，看到自己的影子落在加工精巧的
琥珀上。然而他们发现，在观赏这一世界奇迹的游人中有一个形迹
可疑的男人。实际上自他们来到这座城市后，就再没能摆脱掉这种
感觉，仿佛有人在如影随形地跟着他们。

米尔德雷德和阿维德离开了城堡，尽量不去走得比平时更快，
来到电车站。他们是否该乘电车经过铁匠桥（Schmiedebrücke）回
克奈普霍夫岛，沿着岛上的主干道行走，再经克雷默桥返回此地，
从而甩掉可能的跟踪者？在完美的柯尼斯堡，一切都是井然有序、
面北而建的，刹那间这里就异变为了欧拉式地形——一种恐怖的地
形。电车四处运行：那是移动的囚笼——没有出路，只有终点站。
"铁栅栏——尺寸俱全，还能扩建"——还有一个指向地下室的箭
头。他们走过木桥（Holzbrücke）进入洛姆斯区（Lomse）。阿维德
把他的雨伞当作手杖来用，而后他们的步伐停了下来。在普列戈利

亚河畔的菩提大街（Lindenstraße）上曾伫立着一座宏伟的新犹太教堂，其建筑风格受到亚琛主教座堂（Aachener Dom）启发。在水晶之夜后，柯尼斯堡的犹太社区不得不把被烧毁的断壁残垣拆除。如今这里是一片木制营房，一眼望去无比平坦，里面住的是犹太强制劳工。隔壁砖砌的犹太孤儿院依然耸立着。那里开着窗户，院里挂着衣服，但只有少数犹太人还住在里面。柯尼斯堡曾经是德国第三大犹太人聚居地，一度拥有超过1500名成员。1942年6月24日，他们当中的第一批770人被运往位于明斯克郊外一片松林里的玛丽·特罗斯特内兹灭绝营（Vernichtungsstätte Maly Trostinez），运往一片连着铁路支线的刑场，列车停靠站的前头就是万人坑。[376]1942年8月25日，恰在阿维德和米尔德雷德到访的一周以前，第二辆列车载着763名柯尼斯堡犹太人上路了，这次是开往特莱辛施塔特，我祖父见过的那辆列车开往的也是此地。

　　米尔德雷德和阿维德在旅馆里度过了不安的一夜，第二天坐电车去了阿道夫·希特勒广场和火车北站。如今在发觉自己遭到监视的情况下，他们还要按计划乘火车去克兰茨，而后转乘潟湖汽船去沙嘴吗？但是，如果真的有人在监视他们，那么突然终止旅行，不就显得很可疑了吗？这样不就会增加自己的嫌疑吗？他们仍抱有一丝希望：既然他们没在柏林遭到警方逮捕，在柯尼斯堡也逃过了一劫，那为什么偏偏会在遥远的普雷拉被捕呢？照常继续这趟旅行，并且让盖世太保相信他们随后会按计划返回柏林，或许是最明智的选择？在沙嘴上甚至可能会有逃亡的机会，比如乘船去瑞典……

334

在 3 年前利伯塔斯买票的那个亭子里，米尔德雷德和阿维德·哈纳克购买了前往克兰茨的车票，只有去程，走进月台，随后上了火车。他们制订了一个策略，决定扮演他们本来就要充当的角色：平常的度假者。出于这一原因，他们在前往海岸的 33 分钟车程里给管家写了一张读起来没有疑点的明信片——并假定盖世太保也会读到它：

> 亲爱的格特鲁德·缪勒（Gertrud Müller）太太！我们二人向你致以诚挚问候！昨天我们参观了柯尼斯堡的琥珀博物馆。明天我们将前往库尔斯沙嘴。我们的地址是普雷拉村的库比鲁斯（Kubillus）家（乘"梅梅尔号"汽船去库尔斯沙嘴）。[377]

335　　他们在克兰茨投递了这张明信片，上面盖的邮戳是一个风格化的麋鹿图案。第二天，即 1942 年 9 月 3 日星期二上午，他们乘汽船渡过了深蓝发亮的潟湖。

5

审讯室在顶楼，是一间叫人难受的办公室，里面破旧的家具看起来像是胡乱拼凑在一起的。主审哈罗的是党卫队高级突击队领袖约翰内斯·施特吕宾，不应把他想象成一个爱动拳脚的施刑者。他年轻、聪明，是个训练有素的犯罪学家，还有几分幽默感。

当受过心理学训练的施特吕宾走向受审者时，他会唤起对方的希望，向对方做出承诺，恩威并施。他知道盖世太保有多么受人畏惧，而落入他们魔掌的人们又会有多么害怕。酷刑？可能根本就用不上。这位刑事警官掌握了各种审讯技巧，倘若哈罗愿意配合，就会得到一根香烟或是一顿尚可的饭菜，抑或保证不会让利伯塔斯出事的承诺。他会像一条乖巧的小狗一样得到奖赏。然而在哈罗那里，这招没有生效。如果资料来源是可信的——他的盖世太保档案并没有留存下来，那些经典的审讯用语，像是"你最好立刻老实交代，这样对所有人都好"，没有触动哈罗。[378]哈罗对任何指控都加以否认，并且提及他的出身来否认自己有任何叛国行为。[379]他说，自己所做的一切工作都是为了德国的福祉。即使审讯者向他出示了破译电文的副本，他也毫不考虑认罪。他说自己只是和朋友们搞私人会晤，有时会聊些政治。没做任何违法的事。施特吕宾改变了策略，和哈罗一起去国家安全总部附属的小公园里漫步，并且试图让哈罗参与一些无关政治的友好聊天，谈谈文学和自然科学，从而获得后者的信任，就像在同事之间那样。身上还穿着空军制服的哈罗看穿了这个计划，随意聊了几句后便又陷入沉默。

336

于是就要进行所谓的强化审讯了。强化审讯要按照固定的规章进行，这一规章是党卫队首领希姆莱设定的，海德里希对其加以修订，最终由盖世太保统帅缪勒起草成文。就在几周前的 1942 年 6 月 12 日，这一酷刑准则的官僚主义表达得到了扩充。它规定：

可以对共产党员、马克思主义者、《圣经》研究者①、破坏分子、恐怖分子、反抗运动成员、空降敌特、反社会分子、装病或拒绝工作的波兰人和苏联人……使用……强化审讯。根据事态可以主要采取下列强化措施：仅提供基本饮食（水和面包）、条件艰苦的营房、暗室、睡眠剥夺、疲劳训练，也可施以杖挞（如果杖挞超过 20 次则须请医生进行检查）。[380]

但这个潘多拉魔盒一旦被打开，又怎会止步于上述手段呢？哈罗被带进了"对敌调查与打击第四分局"四楼那间所谓的"斯大林房间"里。[381]这个房间和普通的办公室几乎别无二致，但一进门，他就能预见接下来会在这里发生的事。一具类似于床的诡异支架占据了屋内大量的空间。[382]哈罗被问起是否做好准备，在这种情况下做一番全面的供述。他拒绝了，于是被迫坐到一把椅子上，他的双手仍被反铐在背后。他看不到接下来发生的事，只能用身体进行感受。一个装置套到了他的双手上，它扣住了他的手腕。这个装置的左右两侧都安了金属螺钉。螺钉被旋动，钻进了他的皮肉。

审讯者在哈罗身上没能取得预期的成功，毕竟他是一个能在夹道鞭刑下额外再跑一圈的人，他们又把这一装置取了下来。他们命令哈罗脱下靴子和制服长裤。两个警察把他绑到那张怪异的

---

① "《圣经》研究者"（Bibelforscher），又名"耶和华见证人"，是从事圣经研究运动的一个基督教非传统教派，其教义与民族主义有冲突，因此在纳粹德国受到残酷迫害。

床架上，让他的头颅垂下，并在他的脑袋上裹了一层毯子。他们取来了另一样装置，套在他裸露的小腿上。这个装置的内侧同样安了金属螺钉。一旦受审者拒绝招认，警官就会打个手势并说："转一圈。"他的同伙会用一把螺旋夹钳将装置拧紧，于是螺钉便会钻入腿肚。

哈罗仍保持沉默，于是他们取下了腿肚上的夹钳，然后把那个支架拉伸开来，而他被绑在架子上的手脚也会跟着被拉动。根据指令，他们先是拉得又快又猛，然后拉得很慢。完成这道程序后，他们把他的手脚缚到一起，于是他只能以一种蹲姿站在屋里。一个警官拿着警棍来到他身后并按指令给了他一棍。在这种蹲姿下，哈罗无法保持平衡，砰的一声朝前栽倒，全身的重量都落到了脑袋上。警官重复这一流程，直到哈罗失去知觉。

6

阿尔滕堡大道 19 号的门铃响了。利伯塔斯开了门，站在门口的是霍斯特·海尔曼，他手里拿着被破译的电文。他们久久相拥，而后在住所里系统地搜寻窃听器，但一无所获。他们拣出一切可能被当作罪证的东西，把其中的一部分丢进了沙龙的壁炉里付之一炬，其中很有可能包括了利伯塔斯那本关于国防军罪行的影集。海尔曼把剩下的东西，尤其是那几篇他和哈罗一同撰写的关于两次世界大战爆发原因的研究论文装进一个手提箱里，晚些时候他把这个手提箱交给了一位对此一无所知的邻居保管，后者是一个名叫雷瓦·霍尔西（Reva Holsey）的女演员，住在她父母位于荷尔德林大街（Hölderlinstraße）的房子里。接下来他驱车前往施塔恩斯多夫，向他的朋友约翰·格劳登茨发出了警告。

第二天，格劳登茨的看门狗"塔索"不见了。

在阿尔布雷希特王子大街 8 号，特别委员会的成员们站在一幅巨大的拼图面前。科普科、施特吕宾，有时还有潘青格、阿尔弗雷德·盖普费特（Alfred Göpfert）和瓦尔特·哈克贝克尔（Walter Hackbecker）：他们点着烟，端详着一块大型面板，上面列出了所有姓名、照片和交叉线索。现在需要的是联想和想象的能力。最后会拼出一幅怎样的图像，仍未可知。由于霍斯特·海尔曼试图警告哈罗，他们只得匆忙地逮捕了后者，这打乱了盖世太保在获得足够的证据以前悄悄观察的计划。调查人员的工作变得越发艰难。霍斯特·海尔曼于 1942 年 9 月 5 日被捕。与此同时，盖世太保向文化电影中心的负责人发起了问询，而后利伯塔斯就发现，在走廊和食堂里遇见的同事对自己似乎有所猜疑，而老板则对她颇为冷淡。她向在布拉格拍电影的亚当·库克霍夫发了一封电报，却没有得到回复，她的内心于是更为不安。她和亚历山大·斯波尔一起坐了一趟电车，两人都认为自己受到了监视。车门关闭前最后一刻，两人在波茨坦广场下了车，分开行走，又在韦斯特克罗伊兹会和，决定前往亚历山大在万湖边的住所，因为他们觉得那里更加安全。之后利伯塔斯终于回了家，在阿尔滕堡大道 19 号的楼梯上有个邮差把她拉到一边，向她透露说盖世太保正在检查她的信件。

339

7

普雷拉村如鬼魅一般宁静，当地的美景令人折服，没有一丝风，沙滩上的渔船笼罩在初升的阳光里，当太阳照向另一侧的波罗的海时，它会把高高的沙丘沐浴在蓝色、绿色和红色的彩光中。阿维德坐在泻湖边，读着当地的日报《梅梅尔汽船报》（*Memeler Dampfboot*），这份报纸定价 10 帝国芬尼，它的名称太过猎奇，让人忍不住想要不时地去翻阅它。当天的头版头条是关于西方盟国护航舰队的，哈罗曾试图通过梅利安德守护它们，但徒劳无功。"38 艘舰船和巨量的战争物资被击沉了，"该报欢呼道，"德国的海军和空军如何再度在北海取得胜利。"副标题写的是："无畏、谨慎与果敢的合力。"而实际上最重要的原因在于德军破译同盟国电文的能力，他们能够清楚地知道，某支船队将于某时在某地启航。报纸上印了一张从德军秃鹰远程战机的驾驶舱里拍摄的照片，有一团黑烟从一艘正在下沉的英国货船上腾空而起。

几小时后阿维德上路了，去尼达的渡口接他的朋友、柏林大学的历史学家埃格蒙特·策希林（Egmont Zechlin）教授和他的妻子。到渡口要穿过大约 5 千米的麋鹿森林保护区（Elchwald），阿维德步行前往，他穿着短裤，背一个小包。[383]他在根系深深扎入沙丘的大松树间穿行，路过一片稀疏的白桦林，而后是一排阴森的、像士兵一样站得笔挺的云杉。在过去的几个月里，他依然能保持内心的宁静，并且沉着地面对将要发生的事，他认为这要归功于自身和世上一切善与美之间的关联，以及像他所钦慕的美国诗人沃尔特·惠特曼（Walt Whitman）那般面向整个地球的知觉。现在他正经过满是忧郁苦涩的沼泽之地。在这里生活的麋鹿"像是黄牛、马、驯鹿、骆驼和水牛的混合体，它们的腿很长，伸展着宽大的鹿角"，正如托马斯·曼在尼达逗留期间对它们的描述。[384] 阿维德给米尔德雷德采了一束花，有紫罗兰、拟南芥、百里香和小米草。尽管经历过苦难，他想，他仍可以满怀欣喜地回顾自己迄今为止的人生。光明盖过了黑暗。其中一个很重要的原因就是他的婚姻。[385]

8

阿维德和策希林夫妇乘坐一架装有厚橡胶轮的马车从尼达返回普雷拉，他们坐在穿长裙的农村姑娘和装满比目鱼干的篮子中间。

米尔德雷德和阿维德、安妮（Anne Zechlin）和埃格蒙特在渔夫库比鲁斯的花园里吃了晚餐。蓝色的百叶窗在傍晚的光线中闪烁，一缕和暖的微风拂过肌肤，夕阳照耀着倒映在潟湖上的云层，映出橙色的光芒。渔民们登上挂着锈棕色四方形风帆的渔船，出海夜捕白梭吻鲈，运气不佳时也可以捕白斑狗鱼。眼前的这个世界看起来像是在马克斯·佩希施泰因的表现主义画作里。

阿维德提议去散会儿步，踏上乡间小路后，他请女士们走到前头。埃格蒙特有一种预感，他的朋友要向他倾吐一些心事。他们在暮色中漫步了片刻，不时有归家的马儿在沙嘴上不羁地奔驰而过。

麋鹿森林的树木沙沙作响，大海亦是如此，农舍里飘出熏鱼的气味。[386]

"这般自由地投入大自然的怀抱，是多么美好的事啊，终于可以摆脱大城市里的那些阴谋诡计了。我对接下来的几天充满期待。"阿维德如此说道。他还没来得及再多说些什么，就有一阵强风吹来，预示着一场雷雨将至。雷声隆隆，他们不得不快步往回走，赶在暴雨骤降前回到住处。

于是，策希林教授再也听不到阿维德本想告诉他的事了。

9

晚些时候，天在完全暗下来之前就已放晴，米尔德雷德和阿维德散着步走向海滩，来到汹涌的波罗的海边，这让出生于爱沙尼亚的塔尔图（Dorpat）的阿维德倍感亲切。他们脱衣下水，细细的下弦月挂在空中，繁星满天。当米尔德雷德从容地出水走向陆地时，阿维德觉得她宛若一尊女神。

在回来的路上，他们突然遇上了一头不知从哪里走出来的麋鹿。它的鹿角上包裹着一层丝绒般的苔藓，那是探知这片史前森林中情绪的天线。这头动物悠闲地从他们面前走过，他们则久久凝望着它，直到它从视线中消失。

> 傍晚麋鹿从沙丘里走出
> 走过泥沼走上沙滩

342

黑夜宛如一位慈母

轻轻给潟湖与陆地盖上被单。

10

³⁴³ 盖世太保最喜欢在清晨出动。因为此时受害者还睡眼蒙眬，无法展开有效的反击。人在清早往往不够精明，无法坚定地自卫、逃跑，放手一搏。人们总是不愿相信命运的打击会在这个时刻到来，而这也是他们的灾厄之所在。早晨的时光是用来吃早餐和喝咖啡的，这是颇为宁静的事，尤其是当手里还有一份《梅梅尔汽船报》时，可以读着这份报纸惬意地开始新的一天。疲惫的渔夫们夜捕归来，得到了妻子的迎接，她们身后拖着装渔获的小木车。[387]只穿一件衬衫的阿维德·哈纳克在院子里和一位男士交谈，后者穿着不合身的西装。另有三位男士在不远处漆成牛血色的花园栅栏边徘徊。他们身后停放着两驾黑色的马车。

阿维德犹豫了一会儿才开口。他用平静的语调告诉走进院子的策希林："这几位先生和一位女士相约共进早餐，但他们忘了她住在哪里。"[388]他的话带有几分嘲讽的口气。一位警官掏出了他的铁皮名牌："我们是外事警局的。我们来这里做排查。"

策希林仍没觉得有什么异常，当阿维德和那位警官进入哈纳克夫妇的房间时，他说："那我马上去取我们的证件。"

³⁴⁴ 另外一位男士陪同策希林走进了他在屋子背面的房间，查看了

他的证明文件，像是随口说了一句：“我们接到任务，来告知哈纳克行政专员，他的部门需要他回去。你们真的是约好在这里见面的吗？”

“当然。”策希林不解地回答道，他穿过花园跑回屋子正面，敲响了朋友的房门。无人应答，他便打开了房门，看到米尔德雷德和阿维德正在三位警官的包围下收拾行李。阿维德向他走来：“我们得和这几位先生一起回柏林。部门需要我回去……”他短暂地停顿了一下，带着压抑的怒火补充道：“真是岂有此理，在德国你必须……”立刻就有一个盖世太保的人走到他俩中间，打断了阿维德的话。

“但这两位还没工夫吃早餐呢。”策希林插话道，并试着走近他的朋友，想听听阿维德是不是有什么话要跟他悄悄讲。然而，那几个警官的走动看似随意自然，却总能在必要的时刻夹在他俩之间。甚至当埃格蒙特想要帮米尔德雷德收拾行李时，也有一个警官箭步上前：“哦，让我来吧！”那位警官递给米尔德雷德一支烟，看到后者犹豫不决，他便劝说道：“您就抽吧，对您有好处。”

“我还是认为，至少要让我们一起喝杯咖啡吧。”策希林说道，他也加入了这场装模作样回部门的把戏里。“你跟我走吧。”他敦促阿维德道。

“这几位先生都很友好，”阿维德回答道，“他们也还没喝咖啡。你们先去吧，我们所有人稍后就来。”

教授离开了房间，急匆匆地赶往一家旅馆。他与妻子一同打包了一壶咖啡和一套食具，回到渔夫家把所有东西都摆在桌上，而哈纳克夫妇还在继续收拾行李。房间笼罩在一片可怕的沉默里。米尔德雷德双手掩面："太不像话了，真是太不像话了。"

"肯定是一场误会，很快就能说清楚的，"埃格蒙特对阿维德说道，想帮忙证明后者的清白，"如果还有什么是我能帮上忙的，请告诉我。"

米尔德雷德把两个皮质手提箱整理完了。阿维德的雨伞摆在最上面。她取下了床品，把一切都收拾得井井有条，她不想让他们的离开给任何人造成不必要的麻烦。起先她不知该如何处理阿维德给她采的花。然后她取来了洗脸盆旁的水壶，给花朵换上清水，再把花瓶放回桌上，把桌布铺好，再次打量着现在整洁无瑕的房间。

"教授先生，"当埃格蒙特·策希林动身去陪伴被带到屋外的阿维德和米尔德雷德时，盖世太保小队的头目向他说道，"我认为您是聪明人，不会不知道这里发生了什么。我接到的命令是尽可能低调地处理此事。由于您在场，我们没能完全做到这一点。但我得请您注意，不要向任何人说起您在这里的见闻，否则我们还得来找您麻烦。"他对埃格蒙特的妻子补充道："您也一样，尊贵的夫人。"

"这两人都是我的同事，"策希林回答道，"我会尽快把这件事通报给学院，你们阻止不了我的。"

"您做不成这事，"警官的语气突然变得尖锐，"无论您试图打电话还是发电报，都会被我们拦截。"

埃格蒙特吻了米尔德雷德的手，和阿维德告别时，他凝视着后者的眼睛。"亲爱的埃格蒙特，"阿维德说道，他通常不会直呼朋友的名字，"我感谢您所做的一切，包括今天的事。"他们握住了彼此的手，所有埃格蒙特还想跟阿维德说的话，都只能包含在这一握里。

阿维德和米尔德雷德被隔开，他们各自坐进一架秘密国家警察的马车离去了。

11

1942 年 9 月 8 日，柏林的雨下个不停。利伯塔斯总想转头往身后看，但她忍住没有这样做，并且尝试着让自己看起来平静些，不显露丝毫不安的迹象。她在开往特里尔（Trier）的夜班火车上订了一个卧铺，开车前的几个小时变得无比漫长。她想要去摩泽尔河（Mosel）畔拜访朋友——然后从那里前往瑞士。陪利伯塔斯和她母亲托拉前往安哈尔特火车站的是她早年在利本贝格的女仆，她如今在舒尔策-博伊森家和住在阿尔滕堡大道 19 号的其他邻居家工作。[389]站台上挤满了从前线回来度假的士兵，一辆伤员运输列车（Lazarettzug）运来伤员，到处都是穿着黑色或灰色制服的男人。

"我现在怕得要死，"利伯塔斯对她母亲说，"真的害怕极了，有人正在跟踪我。"

"可是我的孩子，为什么会有人跟踪你？"

"我被人盯梢了。"[390]

347

被盯梢？托拉不明白利伯塔斯指的是什么，但她能察觉到女儿真切的绝望感。在利伯塔斯和母亲告别、坐上开往特里尔的夜班火车之前，托拉摘下了自己的金项链，把它戴到了女儿脖子上。

利伯塔斯说了句"再见"，提着手提箱进了车厢。

没有人阻拦她，火车开动起来，她从打开的窗户里向外招手。当列车到达柏林市内的最后一站万湖时，她在车厢里被几个便衣警察逮捕，押下了火车。

12

几天后，她的母亲收到了一张通过帝国邮政寄来的印刷体明信片：

> 亲爱的妈妈！
>
> 我只想快些给你写信，好让你不要担心，因为你可能已经往特拉本-特拉巴赫（Traben-Trarbach）打过电话了。因为一项紧急的工作任务，我从旅途中被叫了回来，可能会在柏林城外待一星期左右。可惜眼下我无法向你透露更多的信息了。这项任务让我很感兴趣，因此我觉得损失一周的度假时间不是什么大事。我身体健康、精力充沛。尽管如此，我当然依旧希望我们还能一起去旅行！

(*Gehalten Sonntag 3. 13. früh*)

(*Abgesandt 9. Abend in Berlin*)

Berlin, den 9.IX.42

Gel.M!

　　Ich möchte Dir nur rasch schreiben ,
damit Du Dich nicht sorgst ,da Du vermutlich in
Traben-Tr. angerufen hast. Ich bin wegen einer
dringenden dienstlichen Angelegenheit während mei=
ner Reise zurückgerufen worden und werde wahrschein=
lich für etwa eine Woche ausserhalb von Berlin sein.
　　Näheres kann ich Dir im Augenblick leider
nicht mitteilen. Es handelt sich um einen Auftrag,
der mich sehr interessiert ,sodass es mir auf den
Verlust der einen Ferienwoche nicht ankommt.
　　Ich bin gesund und bei guten Kräften.

　　Ich hoffe bestimmt,dass es trotzdem noch zu
unserer gemeinsamen Reise kommt !

Alles Weitere dann
mündlich !

Tausend liebe
Grüsse und Gedanken

Immer

Dein

Postkarte

I.H.

Thora , Gräfin zu Eulenburg

Liebenberg - Mark

bei Löwenberg - Mark
Nord- Bahn

从盖世太保监牢里寄出的明信片。

13

349   小时候，利伯塔斯曾和她的弟弟约翰内斯在阿尔布雷希特王子大街 8 号宽阔的走廊里玩耍。彼时这里是国立艺术工艺学校（Kunstgewerbeschule）的授课地，她的父亲在这里开办了时尚专业课程。如今，此地仍沿用了她熟悉的石阶、明亮的走廊，还有摆在大扇窗户下的木质长椅。只是那里从前没有失败画家希特勒的胸像，也没有纳粹旗帜。以前在这些大厅里占据主导的只有一样东西，那便是创造力。彼时，这里的主人是她那外表英俊、往往穿着时髦的父亲，时尚在那里被创造出来。如今，这里已不再是她童年的天堂。现在这里是柏林城里最阴森的建筑国家安全总部，而其阴暗的核心则是"第四分局"，即"对敌调查与打击分局"，也就是秘密国家警察局。

    在这个地狱里，利伯塔斯唯一的光亮是一位 25 岁的迷人红发女郎，那是主审她的阿尔弗雷德·盖普费特警官的打字员。她名叫格特鲁德·布赖特（Gertrud Breiter），是安全总部第四分局 E6 科（南方防卫科）的秘书员，傍晚盖普费特离开牢房后会留两位女士独处，她们便闲聊起来。[391] 利布斯想知道为什么布赖特这样的女士会接受这样一份工作，打字员回答说她没能找到别的职位，而她曾以为来这里总比待在家里要好。此外，人们也不必百分之百认同自己的现状。但现在她对自己的工作感到厌恶。事实上她对利伯塔斯

350 所做的事情感到十分钦佩，并且为后者落入这番境地感到同情，不

过这并不是世界末日。因为盖普费特告诉过自己，利伯塔斯的案子不算严重。只要行事得当，她就不必担心遭遇重罚。由于她母亲和戈林的友谊，她不会有性命之忧。但是，她还是得在牢里待上一阵子。她总可以指望得到自己的支持。

找到了一个可以交流的秘书，利布斯感到欣慰。在这栋满是男人的楼房里，还有一个可以和自己交心谈话的女人，能向她倾诉一些事情——或许还包括了那份被哈罗和施特拉激起、在她心中仍未熄灭的愠怒。她和布赖特进行了 20 多次谈话，后者会到牢房里看望她并表示愿意提供帮助。布赖特很乐意这样做，因为这多少可以安抚她为自己留在这个职位上而不安的良心。渐渐地，这位打字员也会告诉利布斯自己了解到的其他囚犯的状况，会提起哈罗和霍斯特·海尔曼。她还答应会提供更多的便利，比如弄台打字机来，好让利布斯消磨在狱中的时光，让她写写诗，实现儿时做诗人的梦想。此外格特鲁德·布赖特甚至提出：她已做好准备，去提醒小组里的其他人逃离盖世太保的魔爪。

此时监狱外的朋友们大都茫然无措，不知该如何行事。最要紧的是，该把两个无线电台藏到哪里去呢？其中那台电池供电的设备还在汉内洛蕾·提尔的父母家，藏在帘子后的浴室里。那里储存着一些不常用的物件，比如一副雪橇，还有 4 月 20 日希特勒生日那天要挂的一面纳粹旗帜。[392]弗里茨·提尔在听说哈罗被捕的消息后，立刻赶往此地，为了不进一步牵连岳父岳母，他在手提箱外缠了一圈钢丝，并且用一把锁锁住了两头的钩环，而后把箱子带到了他在纽伦堡大街上的住所里。1942 年 9 月 11 日下午 2 点 30 分左右，他

351

17 岁的妻子汉内洛蕾把这个危险的箱子藏进婴儿车里，放在他们新生的孩子身下，漫步走到不远处的利岑堡大街（Lietzenburger Straße）6 号，在走廊里把电台交给了牙医赫尔穆特·希姆佩尔和玛丽亚·特维尔。赫尔穆特·罗洛夫已等在屋里准备接收这个硫化纤维手提箱。[393]希姆佩尔把箱子转交给他，并且说把它放在罗洛夫家最不会惹人生疑。钢琴演奏家问他，里面装的是什么，牙医则回答说，他还是别知道为好。

"有一件事可以肯定，"赫尔穆特·罗洛夫回应道，"如果这个箱子被人找着了，我们的脑袋就该落地了。"

"所以绝不能让他们找到它。"希姆佩尔淡淡地答道。[394]

乘电车从利岑堡大街 6 号到陶特瑙大街（Trautenaustraße）10 号罗洛夫家的富裕市民式公寓只需要几分钟，赫尔穆特和他的父母与姐妹一同住在那里。然而时间具有相对性，在运输这样要紧的东西时，他感到这段车程无比漫长。到家以后，这位音乐家把手提箱藏在了三角钢琴的乐谱柜后面，并且决定开始弹奏莫扎特的乐曲，直到盖世太保来敲他的房门。而后按照他的计划，他会骗那些警察说自己什么都不知道，他只是一个不停弹奏莫扎特的怪诞音乐家。

352　　格蕾塔·库克霍夫的邻居埃丽卡·布罗克多夫也摆脱掉了那个放在她工作室寓所里的要命的电台。她把它装进一个袋子，而后在莱布尼茨大街（Leibniz Straße）到柏林大街（Berliner Straße）的转角处把它交给了希尔德·科皮，此时汉斯·科皮的妻子已处于孕晚期。

没有人想拿下这张鬼牌。他们没有深思熟虑地计划眼下该如何行动，这是致命的。罗曼语语言学家维尔纳·克劳斯和心理治疗师约翰·里特迈斯特相约在一家电车高架桥下的小饭店里见面，一边喝酒一边讨论被捕后的对策。"即便这会让我掉脑袋，"左翼和平主义者约翰说道，他是一个狂热的真理信徒，以被当作异端烧死的文艺复兴哲学家焦尔达诺·布鲁诺（Giordano Bruno）为榜样，"我也要坚持真理，当面告诉这些人我对他们的看法。"

"我们最不欠敌人的就是真理，"克劳斯反驳道，"哈罗曾说过，在抵御盖世太保的斗争中，一切不伤及第三方的手段都是合理的。我们要以这种方式为自己的生命而战：这是我们的责任。"[395]

14

9 月 2 日，亚当·库克霍夫在布拉格被捕，伊丽莎白·舒马赫在位于滕珀尔霍夫的住所里，她的丈夫库尔特则在位于波兹南的营房里被捕，希尔德·科皮在特格尔监狱对面的门廊里，在军中的汉斯·科皮则在波美拉尼亚的希雷姆（Schrimm）被捕。汉斯·科皮的父母，还有他的兄弟库尔特（Kurt）也被投入了监狱。甚至希尔德的母亲也遭到了盖世太保的囚禁：连坐制。作为"电报员"的汉斯·科皮是一个极为重要的角色。盖世太保没有让任何人知道他被逮捕的消息。

这天，前一晚睡在天台花园里的格蕾塔·库克霍夫起得很早。天气回暖，太阳正升起来，星星正暗下去，城里还很安静。只有笼里的黄雀在喧闹着，试图用它们的歌声把野外的鸟儿引来，但一如既往地失败了。[396]

格蕾塔前一天晚上就做好了早餐，她走进公寓里最大的那个房间——他们的工作室里，坐在铺着红色印花布的长沙发上。现在没人来打扰她，有时间读书了，于是她打开了托尔斯泰的第三部，也是最后一部长篇小说《复活》。这个故事读来像是一部电影剧本——亚当会喜欢它的。不过她也喜欢那些干巴巴的、直接与宗教有关的段落。这样的大部头虽然读起来费劲，但会让读者获益匪浅。

她的目光在工作室里游移。房间并不十分整洁，不过这次她破例没有为此心烦。她准备好了熨衣板，以便在上午能继续熨衣服，而在板边摆着几个收拾了一半的行李箱。等亚当从布拉格回来，他们就会立刻动身前往阿尔卑斯山，终于可以度假了。

早上 6 点整，有人敲响了门，分秒不差。格蕾塔大吃一惊："时候到了！你要拉起熟睡的孩子，跑上天台，然后从另一侧的楼梯往下走。"然而，她很快就陷入了怀疑之中：这样做难道不是完全无用的，甚至会徒增危险吗？如果来的真是盖世太保，那么他们肯定已经对这座楼房里的楼梯和过道了解得一清二楚，就像她自己一样……

354　　于是在这个事关生死的时刻，格蕾塔陷进了盖世太保无漏洞监视的传说中，不再认为自己可以逃脱——因此没有选择逃亡。再说，她又能逃到哪里去呢？去投奔远在法兰克福的父母？还是去找那些无忧无虑、对自己所做的事一无所知的朋友？她极力思考着，随后敲门声又响了起来，比第一次更加急切。她忽然意识到自己犯下了一个不可饶恕的疏忽，那便是不曾想好一个应对计划。自从哈罗被捕后，她多少有些把头埋进了沙子里，希望这一切会与她擦身而过。现在没有时间了。她胃里泛着恶心，趿拉着鞋，穿过狭窄的走廊走到门口。

"希特勒万岁，库克霍夫太太。我是刑事警官亨策。来自秘密国家警察局。"一位警官向她出示了别在大衣翻领内侧的铁皮名牌，他的左右两侧各有一名警员。"请问您的丈夫是军官吗？和哈罗·舒尔策-博伊森中尉有联系吗？"

格蕾塔挑衅地瞥向那个警察。他的提问表明他对此事的认知出奇的匮乏。"如果您要在大清早拜访我，还是把事情了解得清楚一些为好，"她说道，"我的丈夫是个作家，和他有联系的是利伯塔斯·舒尔策-博伊森，因为他俩都搞文化电影。目前他在布拉格，在做剪辑。"

"您肯定知道我们在找什么，"亨策不为所动地答道，走进了屋子，"您能帮我们找到那玩意儿吗？请带我们去您的书房。"

格蕾塔知道电台不在她家里，于是便稳住心神，把那三人领进了书房。"我当然愿意帮助您，"她说，"但您总得让我知道，是什么把您引到了一个诗人和戏剧顾问，而非一个军官的家里。" 355

亨策没有回答，而是用眼光扫过格蕾塔写字台旁的书架："我们在找某样特别的东西。"

"您是在找马克思主义的藏书吗？这我倒是有几本。您会发现里面夹满了便签。把《我的奋斗》翻译成英语时，我得用到这些书。对社会主义的充分了解是我翻译希特勒作品的前提。但您看，架子里也有些其他的东西，"她凑到书架前，"《20 世纪的神话》（*Der Mythos des 20. Jahrhunderts*）、《工作与为人》（*Werk und Mensch*）[1]。" 她还打开了一个绘有古典图案的罐子，取出了三枚党章。"还是说您在找这个呢？"

警官们笑了起来——这正是格蕾塔想要的。亨策微笑着点了点头："楼里的邻居们向我保证过，您的言行是端正的。"

这时小乌勒已经醒了。他睡眼惺忪地走进书房。"妈妈，这三位叔叔这么早就来做客啦？"

"他们不是你叔叔，"格蕾塔有些尖刻地回答道，"你的叔叔们在外头打仗。"

"库克霍夫太太，现在我们想请您把所有橱柜的钥匙交给我们。包括这个柜子的。"亨策指着一个巴洛克风格的柜子，柜上按中式装饰风格用黑漆和金色的图案做装饰。这位警官的嘴突然抽动了一下："另外请您脱光衣服。我们必须给您搜身。然后您就可以准备出去了。"

356　　　　格蕾塔大惑不解地看着他。她不情愿地服从了他们的指令。小乌勒也像他妈妈那样做了。他显然没发觉在三个陌生人面前这么做有什么问题。格蕾塔不得不浑身赤裸地站在警官们面前，然后再穿上衣服。在此期间，有一个警官去了天台上，把装着黄雀的鸟笼带了下来，此外还拿了鸟食和沙子，他穿过楼梯间，把鸟儿安顿在一位邻居家里，并且向后者解释说，库克霍夫太太的身体突然出了问题："能

---

① 这两本书都是纳粹政府推崇的作品。前者为纳粹思想中枢阿尔弗雷德·罗森堡（Alfred Rosenberg）所著，宣扬种族主义论；后者是埃里希·格里斯巴赫（Erich Grissbach）撰写的关于戈林生平的插图传记，风格类似《我的奋斗》。

不能请您发发善心，在这段时间里帮忙照顾一下她的宠物呢?"

库克霍夫家的乌龟也被托付给了邻居。在此之前格蕾塔还得准确地向邻居描述，要怎么照料、喂养它。

"这趟出门要这么久吗?"

"在出门时，您绝不能让任何人知道您被逮捕了，"亨策回答道，他的眼光扫过乌勒的玩具火车，"如果我们在楼道里碰上了您的邻居，请证实您遭遇了一场精神崩溃。而我们则是医生，要把您送进一家高级疗养院。"

"您是医生吗?"

"对，"亨策回答道，"我是主任医生。另两位是精神疗养院的看护。"

"我的精神很健康啊。"

"您别得意得太早，库克霍夫太太……算了，我们不谈这个。"

"那孩子怎么办?"格蕾塔看了乌勒一眼。

"您如果愿意给我们您朋友的地址，我们就开车送他去那儿。不过您也可以把他带在身边。这或许不是个坏主意。"

然而，格蕾塔另有一个主意。她和盖世太保们一起把乌勒带到了地下防空洞里。那里有一间装修特别的儿童房，墙上画着格林童话里的故事，给小男孩的小床上有浅蓝色的毯子，给小女孩的则是粉色的。此外还有一位女护工。"在我母亲来这里之前，请您对乌勒好一点。"格蕾塔把孩子交给那位女士，并且向吃了一惊的后者说道。尽管格蕾塔把眼光瞥向了陪她同来的几个男人，可那位女护工仍不明白到底发生了什么。"什么，白天也留在这里吗?"她疑惑地问道，"可是他会很孤单的。"

"但愿我不会离开太久，"格蕾塔回答说，"这几位先生说要不了多久的。"她又一次瞥向了那三名警官。他们还没来得及上前阻止，她就平静地说道："我被逮捕了。"

"不幸的是，库克霍夫太太必须进精神疗养院，"亨策立刻插话道，"她刚刚说的话是她症状的典型表现。那属于她的妄想。她罹患被害妄想症。您最好忘掉她刚刚说的那些胡话。我们是来接库克霍夫太太的医生和护工。您记住这一点就行了。"

格蕾塔和乌勒道了别，她大概再也见不到自己 4 岁的儿子了。

而后她就和亨策，以及他的同事们一起走了出去。有一辆黑色的奔驰车停在街对面的一家奶制品商店门前。过街时亨策想要扶住格蕾塔，这时一个笑容满面的邮递员朝他们走了过来。有一则好消息，他是来把亚当的《乌棱施皮格尔》在波兹南市立剧院的 800 帝国马克演出费交给格蕾塔的，她对此期盼已久。

358 　　"嗨，别提了。这钱是我欠我母亲的。请您把钱给她捎去吧。"格蕾塔从容地答道。若是她收下了这笔钱，肯定会被盖世太保没收，而不久后就得领养乌勒的母亲每月退休金仅有 50 帝国马克，家里却得再添一张嘴，正可以用这笔钱救急。格蕾塔在大街上重新填写了汇款单，而亨策则平静地看着她，他接到的指示是无论如何，要避免一场闹剧。

"去夏洛滕堡吗？"他们上了那辆黑色轿车后，司机问道。

亨策转头看向格蕾塔："哦不，我们更想把您带到亚历山大广场去。您对那里不太熟。"

15

　　早晨6点，约翰·格劳登茨16岁的女儿卡琳被一声巨响惊醒。别墅里某处出现了骚动，有人厉声喊道："别动！站住，不然我就开枪了！"

　　格劳登茨一家从来没有像在此刻这般想念过他们的德国牧羊犬"塔索"。约翰·格劳登茨跑进了地窖，从那里离开了别墅，再爬楼梯跑上地面，想要穿过挨着树林的大花园逃出生天。他看到了亮光，那是东升的太阳，从已经开始泛黄的树叶间隙照射进来，于是他冲了过去——然而，已有一个穿长大衣的人站在了那里。约翰·格劳登茨犹豫了一下，随后这位前《纽约时报》的记者转头向西面跑去，但那里也站着一个警官。一只绿啄木鸟受惊飞起。

　　逮捕他们的警察都是年轻的小伙子，当他们一家人都坐在露台上，约翰·格劳登茨的双手被反铐到背后时，少女卡琳感到这些人其实根本不想做这件事——他们或许更想和她，以及她的妹妹调情。"他们大概根本就没想到，会看到如此和谐而幸福的一家人。"75年后，卡琳在同一栋小别墅的花园里这样告诉我。如今她仍住在那里。

16

　　阿辛格（Aschinger）饭店门口的蒸汽打桩机轰隆作响、尘土漫天，9 月里，人们弄不清楚该穿什么衣服：现在算夏天还是算秋天——帽子肯定要戴，但大衣呢？尽管有几分寒凉，女士们还是爱穿薄丝袜：因为好看。乞丐们在禁止犹太人坐的长椅上铺了《冲锋报》。铺完再睡到上面，在意识形态层面就无可指摘了。他们痛饮着烧酒，但那算什么酒啊，就是死尸也不愿浸在那种劣质酒里。[397]

一座砖砌的巨楼矗立在亚历山大广场上，将这部分城区笼罩在自己的阴影之下：它叫作"红堡"，是警察局总部的驻地，带有专属的调查监狱。1933 年 5 月 1 日，玛丽·露易丝就曾在这栋楼里为儿子哈罗的自由而战。在那些高墙后实行所谓的纪律与秩序：要用摔破的搪瓷小碗盛清汤，没有勺子，要直接从碗里喝，有点恶心，但问题不大。大量被捕人员搅乱了这里僵化的机制，在监狱 5 楼划定了一块额外的女子监狱区。顶楼前台的一块石板上写着新入狱者的姓名和牢房号。格蕾塔·库克霍夫看到了已怀孕 7 个月的希尔德·科皮的名字。要交出贵重物品，还有围巾、腰带等所有可以勒死人的东西。格蕾塔的手提包里装了亚当家的传家宝，还有她近 40 年的人生中收到或购入的所有首饰：胸针、项链、手镯和戒指。所有物件都将得到托管，她希望这些首饰能回到她父母和小乌勒手里。

之后，格蕾塔看了看 16 岁的卡琳和她的母亲安托妮，心想：她们总不可能犯过什么大罪。女士们攀谈起来，格蕾塔讲了她不得不与乌勒分别的过程，年轻的卡琳意识到，命运凄惨的可不止她一个人。

17

1942 年 9 月 16 日，埃丽卡·冯·布罗克多夫、奥达·朔特米勒、汉内洛蕾与弗朗茨·提尔、玛丽亚·特尔维、赫尔穆特·希姆佩尔、卡托·邦切斯·范·贝克与海因茨·施特雷洛、埃尔弗莉德·保尔与瓦尔特·库兴迈斯特、海因里希·谢尔等人都失去了自由。

9 月 17 日，赫尔穆特·罗洛夫可以停止演奏莫扎特了。"手提箱在哪里？"这是进入他琴房的警察们提的第一个问题。[398]

"什么手提箱？"他用灰色的眼睛盯着闯入者。

"不要撒谎。希姆佩尔先生已经把一切都告诉我们了。"

警官的话里透露出两个信息：赫尔穆特·希姆佩尔被捕了，盖世太保知道了手提箱的事。这种情况下再否认是没有意义的。"哦，您要找的是这个手提箱啊！"赫尔穆特·罗洛夫说道，并且把箱子从乐谱柜后拖了出来，装出一副不为所动的样子。 361

"里面是什么？"

"这我可没法告诉您。我不知道。"

"您有钥匙吗？"

"没有。"

警员们用随身携带的钳子剪断了钢丝，然后开始开锁。钢琴家紧张地在一旁看着他们。当他们打开手提箱后，罗洛夫一眼就认出，装在里面的真是一台无线电发射器。

29 岁的赫尔穆特·罗洛夫被两名警官夹在中间带走了。他尽力装出不以为意的样子，并且试着在母亲和来访的姑妈面前维持正常的氛围，但他棕色头发下的方脸还是比往日更红了些。在和她们道别前，他支持她们晚上按原计划去看歌剧。自己不过是要短暂地外出一阵子，向几位先生澄清一些事。

门前停着一辆配有司机的黑色小轿车。虽然车后排几乎坐不下三个人，但两位警官还是把他夹在了中间，第三位则拿着箱子坐到了前排。"今天我们终于走运了，找到了这玩意儿。"一个警察告诉司机。一刻钟后，汽车在国家安全总部的内庭里停下，他们坐电梯上行，而后两个警察带着手提箱走进了一个房间，第三个警察则轻声地说："您刚才说得很像那么回事。把这个故事继续讲下去。"赫尔穆特·罗洛夫不动声色地直视着那人的双眼。正如哈罗所说的：现在到处都有人在抵抗——甚至盖世太保里也有。那位警官给罗洛夫戴上了手铐，带他进了牢房。[399]

18

哈罗望着太阳，靠着墙站了几个小时。在遭受腿肚钻孔的酷刑14 天后，他才能再度下地行走。[400]每周的时日加速流逝，金合欢树落下了第一片叶子。已经过了两个、四个，还是六个星期了？地牢的窗户略微高出地面，能看到一点绿色已是美事。每当听到飞机的嗡嗡声，他就希望能有炸弹击中监狱：或许可以趁乱出逃。

只有在放风时才能呼吸到新鲜空气，可时间总是太短，且只能看到广阔无垠的天空被压缩成黑色高墙之间的一块长方形。放风时会有一个盖世太保陪同哈罗，一般是施特吕宾，他会和哈罗聊天，并且确保除自己外再没有人和他说话、交流信息。在放风出行时要尽量减少他和朋友们的视线交流。

　　但还是有人看见了他，并且向其他人述说他穿着一套运动服，还有他的蓝色毛衣，在做体操来给自己受伤的小腿复健，让饱受摧残的身体保持健康。[401]虽然面色惨白，但他绷紧了每一根神经，脸上带着一副像是已克服了这一切的表情。

　　如今的国家安全总部逐渐变成了一个鸽子笼。人源源不断地被带进来。一共有 120 多人被捕，其中有些人和抵抗运动的关系实际上十分模糊。"哦，哦，真糟糕。每天都有新的人进来。"负责清理囚室的海因里希·施塔克（Heinrich Starck）如此抱怨道。几乎每天都有盖世太保"保护性拘禁"① 的人被带进来：君特·魏森伯恩和他的妻子乔伊，约翰·里特迈斯特和伊娃·里特迈斯特，原本在海德堡的马塞尔·梅利安德，常去布罗克多夫家的戏剧顾问威廉·许尔曼-霍斯特。盖世太保不得不占用施潘道街区上军事监狱的一部分监区，因为他们自己的监狱系统已不堪重负。阿尔布雷希特王子大街地下室里的 38 间单人囚室早已关满，新入狱者的识别照片被一张接一张地拍出来，几台打字机齐声作响。审讯在闷热的顶楼进行，那里的梯形工作室窗户下沿离地有一人高，会让人想起艺术

---

　　① "保护性拘禁"（Schutzhaft）是纳粹德国对犹太人和反对者实施的迫害手段，受害者会在未经司法程序的情况下遭到逮捕和关押，当局则辩称这是为了保护这些人免遭人民的怒火。

工艺学校的时代，如今这些窗户始终紧闭。往日的大房间被隔墙分割成了一片迷宫，单个的房间和隔间之间用门连通，随着警官们不断被从一间房叫到另一间，这些门也不停地开开关关。[402] 审讯时常被打断，而轮到自己受审之前，囚犯们得在地下室里等待，那里的两条长椅之间有一道隔墙，每人都独自靠墙而坐。

364　　那些体力透支、一支接一支抽烟的警官并不会抱怨他们超负荷的工作。加入"红色交响乐队特别委员会"被视作一项特权，并且报酬丰厚。刑事警官比歇特（Büchert）在阿尔布雷希特王子广场上与一位囚犯一起散步时说，他从没有处理过"一起这样有趣的案件"。"若不是法律禁止，这本是一个很好的故事素材，"这位警官还觉得往日的艺术工艺学校正是适合这出戏剧上演的地点，说道，"因为艺术工作室和艺术家都在这场抵抗运动中起到了重要的作用。"[403]

审讯总是按照固定的程序展开。开头先问个人经历，比如出国旅行和朋友熟人，最后才问非法活动。由于哈罗和利伯塔斯的网络里没有等级结构，每一项任务不会分配给具体的某人，因此原则上任何一个人都有从事任何一项活动的嫌疑。起初有几个囚犯并没有意识到，他们每一个人的生命都处于极度的危险之中。由于不熟悉盖世太保的行事风格，卡托·邦切斯·范·贝克、学生利安娜·贝尔科维茨（Liane Berkowitz）、舞蹈家奥达·朔特米勒、医生埃尔弗莉德·保尔，以及弗里茨·提尔和他被吓坏了的妻子为了证明自己并非罪大恶极，做出了一些本不该做的事：他们供认了一些轻微的罪行，这些罪行听起来不值一提，他们认为不会有什么严重的后果。事实证明这是一个错误，因为盖世太保会对这些乍看起来微不足道的供述加以培育：悉心浇灌、任其生长，尽可能让它们长成庞然大物。"作为了不起的审讯专家，"海因里希·谢尔事后回忆，"那些警官巧妙地抓住了微小的细节，然后把它们聚拢凑成重罪。……他们依据在我们之前被捕之人犯下的错误展开审讯。而面对在我们之后被捕的人，他们审讯的依据就是我们犯下的错误。"[404]

当有人提及自认为是非政治性的私人会晤时，实际上就已是在自掘坟墓，因为在盖世太保对现实偏执狂式的理解中，他们所做的一切都是可疑的，一切都是一场巨大阴谋的组成部分。一切都在为敌人效劳，这个敌人在最可怕的情况下会是苏联——在此案中正是如此。一切都是对祖国的背叛，却对苏联人的军事行动有利，此时保卢斯的第 6 集团军正被其钳制在斯大林格勒。即使是最细微的活动也会被解释成一场宏大行动中的一环，这场行动的目标是消灭德意志帝国，把它丢进红色兽群的血口中，乃至最终摧毁欧洲的文化。盖世太保竭尽全力，把每个被捕者一切与哈罗和利伯塔斯有关的行为都描述为道德的堕落：他们是没有道德操守、生性低劣的人，想要摧毁整个西方。

正是这些小小的意外，是他们对一个姓名、一场休闲聚会的交代，填充了盖世太保早已拟定好的框架。对一次度假野营的描述——所有人光着身子聚在水边，哈罗叼着一个烟斗——在审讯记录里逐渐变成一场阴谋聚会，为的是把东线英勇的国防军战士的生命置于险境。奥达·朔特米勒对这些警官工作方法做出了准确的形容："即使是我们嘴里最无聊的空话也会被他们翻来倒去，直到能从中拉出一条要命的绞索。"[405]

因此，秘书埃尔娜·雅努斯策夫斯基（Erna Januszewski）涂完指甲油后打出的不是哈罗所说的话，而是施特吕宾对前者所说的话的总结。所有措辞都指向一个目的：定罪。需要极强的毅力才能对审讯记录施以些微的影响。维尔纳·克劳斯的策略是把自己描述成一个孤僻的怪人，和其他所有人都没有过实质性的接触，他是这些人中唯一坚持用自己的话来写审讯记录的人，他说这是他的合法权利。他的审讯官惊愕地说"克劳斯教授的审讯记录中的大部分是他自己起草，或是在他表述的影响下记录打印出来的。"[406]然而，其余朋友中再无人能厚着脸皮做这样的事，那些决定他们生死的供词是由警官们用自己的话写出来的。格蕾塔·库克霍夫回忆道："我们不被允许对记录的初始版本提出任何异议，这版记录里不允许有丝毫语言表达的差异，尽管之后的控告恰恰是基于这些差异的。"[407]即使对某一表述的反对意见得到采纳，记录中仍会保留原表述，纠正的内容仅会被写在其上方，一般只起到补充作用。"我知道……"被篡改为"我否认自己实际上知道……"于是他们又往下滑了一截，在那只巨型蜘蛛黏糊糊的网里越缠越紧。

最好的应对方法是沉默。但真的有人能始终一言不发，并且否认自己和所有其他人的友谊吗？所有人的社会关系都会被问及。原则上来讲，全柏林的居民都是潜在的嫌疑人。在对为数甚多的被捕者进行数天审讯后，一个巨型数据库在短时间内生成，盖世太保们

可以对其加以操纵，从中提取所需的信息。然后他们就能走到某人
面前，向他出示一个已交代了某些信息的朋友的供词，然后自然是
给那人辨别真伪的机会。又或者问他事情的真相究竟如何。如果某
人对他人的供词感到惊异——或者加以否认，他们还会让两人进行
对质。这是一场发掘信息的大战；所有便携日历和笔记本、没收的
日记都会被从头到尾地加以梳理，其中记载的每一个姓名都会被详
加考察。

　　例如按道理说，审讯者绝不会知道 1942 年 5 月 17 日在弗里
茨·提尔家举办的那次集会，会上众人对贴纸行动进行了讨论。
这次集会没有留下直接的记载，但他们还是一点点地把这个故事
拼凑了出来。最先交代的是汉内洛蕾·提尔，盖世太保带走了她
3 个月大的婴儿作为谈判的筹码，然后她的丈夫也开了口，等
等——于是一块块马赛克石板被拼到了一起。如果所有人都顽强
地闭口不言，那么审讯者们就永远不会得知那一晚的事，不会得
知哈罗拿了自己的军用手枪给接吻的人作掩护。但人不可能沉默，
至少不可能永远，也很难一连数日保持沉默，没有受过专业训练
的人更不可能做到这一点。现在可以清楚地看出，这是一个多么
松散的组织，其成员是一群理想主义者。显而易见，这群人里没
有任何一个在莫斯科受训的骨干，他们都是普通的柏林人，大部
分根本没有受审的经验。他们可能不久前还处于自由之中，忽然
就有一份不曾听说过的苏联电文出现在他们面前。然后突然就来
了一个盖世太保警官，劈头盖脸地告诉这些人说，莫斯科出卖了
他们。

19

368　　　赫尔穆特·罗洛夫坚持他的策略，声称自己一无所知。他固执地对一切加以否认。他的审讯官有所不知：坐在他们面前的这人看起来是一个怪诞的音乐家，但事实并非如此，罗洛夫拥有法律学位。他明白招供是一项大忌。在盖世太保的世界中，他只能通过谎言救下自己的性命。审讯者一再提及那个装着无线电台的箱子，并且指出罗洛夫必然会对箱里装的非法物件有所怀疑。钢琴家终于承认，他曾突发奇想，或许希姆佩尔真的往里面藏了什么东西：那就是他的病人为表谢意送给他的苹果。除此以外，他真的再没有想过这个问题，他只是继续投入地弹奏钢琴。他希望自己不会因为没有上报苹果的事而遭到过重的惩罚。由于赫尔穆特·希姆佩尔和他的未婚妻玛丽亚·特维尔都没有做出任何可以给罗洛夫定罪的供述，几天后他的牢门便被打开了，他说了句"走吧！母亲已经把咖啡煮好啦！"便被送回了家。[408]

　　总而言之，哈罗的挚友们无一例外地证明了他们对彼此的忠诚。女人们也表现得格外勇敢刚强。为了帮赫尔穆特·希姆佩尔开脱，玛丽亚·特维尔把两人所有的作为都揽到了自己头上，而希姆佩尔也为她做了完全一样的事。[409]交代一些看似可信的东西，给自己开脱而不背叛他人，这正是应对审讯的技巧。[410]

20

阶段性的调查结果会定期通过特派信使转达给希特勒。盖世太保统帅缪勒会间或步行前往航空部，告诉戈林最新的进展。1942 年 9 月 25 日，戈林、希姆莱和缪勒召开了会议，讨论下一步要如何处理哈罗和利伯塔斯等人。各类非法活动逐步被揭开，其丰富程度令调查人员感到吃惊。多份传单、张贴"纳粹天堂"的行动、援助犹太难民、插手西班牙内战、举办狂野派对以招募更多人员、给强迫劳工发行的多语种报纸——完全是一场针对民族社会主义的阴谋。迄今为止，在希特勒的帝国里还没有过这种事——以后也不能再有了。这远远超出了起先预设的间谍活动的狭隘范畴，因此必须做出一个决定。当局在惩处这个多彩的团队时应当奉行怎样的路线呢？戈林、希姆莱和缪勒达成了一致：坚持既定方针。这个网络的成员将会因为间谍活动和叛国而受审。要把一切抵抗活动都归在这个主要的罪名下，从而掩盖发生在德国首都中心地带的真实情况。

戈培尔也读到了特别委员会的第一批报告——并且做出了同样的反应。"在柏林铲除了一个谋逆和叛国的核心组织，他们通过短波电台和苏联保持联络。"宣传部部长在他的日记里写道，而他在下文中对戈林的旁敲侧击也揭示了纳粹高层中的诡计——自战事失利以来，他们在日益疯狂地为国防军的困境寻找替罪羊。通过一些细节上的失实，也可以看出戈培尔在日记里写的并非实情。

369

370

譬如他就错误地把利伯塔斯的职位归在自己的部门里："甚至有一部分最为重要的军事机密被转交给了苏联。尤其要命的是，有一些空军参谋部的军官卷入了此案中。其中的一位军官还和我们文化电影中心的一个秘书结了婚，后者也加入了这个组织，并且因此和那位军官一同被捕。这整件事令人感到十分尴尬，更让空军大为出丑。现在正在展开积极而仔细的调查，人们希望能挖出至少一大部分布尔什维主义病菌的携带者。……在对这起破坏战争罪行的打击中如果有所仁慈和迟疑，那么这本身就是一种对战争行动的罪行。"[411]

21

1942 年 9 月 28 日下午，埃里希·埃德加·舒尔策收到了一封他兄弟从柏林发来的电报。电报里附有一个要他立即拨打的电话号码，"会告知关于你儿子的坏消息"。[412]第二天早晨 7 点，他抵达了柏林的波茨坦火车站，在波茨坦广场上的弗斯滕霍夫酒店（Hotel Fürstenhof）里订了间房，然后去了航空部。他拿到了办公室编号并被带到了对应楼层。"然而，相应的办公室乃至周围的几个房间里都空空如也"，事后他指出。在荒废的办公室里穿行让他有些毛骨悚然。据一位被留下来处理后续事宜的军官说，哈罗所在的部门，即随员组，被派往了别处，而巴茨上校则在军医院里。他说哈罗被调往了另一个岗位——但没有到岗。面对他们的疑问，航空部发出指示，禁止再问这类问题。因此，他们猜测哈罗遭到了盖世太

保的拘押。具体细节就不得而知了。然后埃里希·埃德加便说自己
要去找阿勃维尔的部长、他在海军里的老战友卡纳里斯中将，那位
善后的军官对此表示赞同，认为这是正确的做法。于是埃里希·埃
德加拨通了国防军最高统帅部军事情报机构阿勃维尔的电话。但不
巧卡纳里斯出差去了。不过，他的副官冯·本蒂维尼亚上校已做好
准备，于下午 2 点在提尔皮茨岸线 80 号的阿勃维尔接待哈罗的父
亲。埃里希·埃德加顶着大雨上了路。本蒂维尼亚殷勤地接待了这
位颇有学识的参谋官，同时也是提尔皮茨元帅的外甥，并表示自己
了解此事。最后他甚至证实，这起案件将会移交给盖世太保处理。
他坦率地承认哈罗目前就在国家安全总部里，并且派了一辆车把这
位 61 岁的父亲送到了阿尔布雷希特王子大街。他让后者去那里找
负责处理此事的行政专员潘青格。

　　下午 2 点 30 分，特别委员会的负责人在秘密国家警察局的 306
室接待了埃里希·埃德加。"我们可以破例向您、一位功勋卓著的
军官，透露一些信息，"潘青格庄重而礼貌地说道，"您的儿子卷入
了一起严重的、可能无可挽救的案件。我想把主办此案的专员、刑
事专员科普科叫过来，好向您介绍更多情况。"当科普科来到他们
身边时，埃里希·埃德加注意到这位警官看起来如此年轻，而他
"咄咄逼人的目光"又是如此的生硬。

　　"您儿子参与了共产主义的活动，"潘青格说，"作为父亲，您
一定更了解他，能请您跟我们解释一下为什么会发生这种事吗？"

　　埃里希·埃德加思忖了片刻。"哈罗成长于一个政治动乱的年
代，彼时的年轻人不信任国家的领导层，而在世界大战那不幸的结

局后，一切权威都遭到了动摇，"他以一贯的辩证风格做了回答，"尤其是在一个头脑十分灵活的男孩身上，父母的家庭教育无法完全左右他的思想。"他又提到1933年《对手》被封禁，哈罗也遭到逮捕。虽然走出了阴影，但或许那段时日还是在哈罗的心里留下了一些刺痛，因为他本来没觉得《对手》的理念是和民族社会主义的思想水火不容的。

"当年给您儿子的教训是他应得的！"科普科突然厉声插话道。

"您儿子承认，数年来他一直在采取各种手段对抗元首和民族社会主义政府，尤其是他自行撰写和传播的各类煽动性传单。"潘青格如此说道，并且补充了一些更令埃里希·埃德加感到担忧的内容。有人怀疑，哈罗把一些极为重要的情报送往了国外，送去了瑞典。一共有大约60份机密和绝密级别的文件，其中包含政治、军事内容，还有关于德国暴行的报告。哈罗出具了那些文件的清单。据哈罗说，目前它们仍被保管在瑞典某个安全的地方，尚未得到传播或公布，但他声称只要"摁下一个按钮"，那些文件就会被转交给敌人。那就意味着叛国。

大吃一惊的埃里希·埃德加回答说，他对此一无所知，也无法想象哈罗会做出这种事，潘青格则提议让他于次日下午5点来和哈罗见一面。而后他俩就可以谈谈那些被藏匿起来的文件。

回到弗斯滕霍夫酒店后，埃里希·埃德加拿起一支铅笔，把他在这一天的经历写了下来。"虽然这些惊人的信息极大地震撼了我，但我仍努力地尝试把一切印象和对话准确还原出来。"他希望，自己的记录"能帮后人了解眼下依然昏暗模糊的事态"。

是夜，埃里希·埃德加应恩格尔辛夫妇之邀，前往他们位于格鲁讷瓦尔德的别墅里吃晚餐，第二次世界大战爆发的那一天，哈罗就是在这里和利伯塔斯彻夜跳舞，迎接自己 30 岁生日的。一同出席的还有先灵工业的董事哈尔滕施泰因博士（Dr. Hartenstein），他有一个当律师的朋友吕迪格·冯·德尔·戈尔茨伯爵（Rüdiger Graf von der Goltz），他认为后者是参与此案的最佳人选。然而，埃里希·埃德加并不认为还有机会进行正常的辩护。他说他的儿子被控叛国，那是所有罪行中最严重的一项。

第二天下午，这位父亲准时在阿尔布雷希特王子大街现身。接　374待他的仍是潘青格和科普科，这次两人告诉他，哈罗已决定，如果自己和朋友们被判处死刑，他就会让人把材料交给英国政府。"请您问问您的儿子，那些文件是否真的在瑞典。我们认为他或许会告诉您真相。还得请您劝说他终止自己的叛国行为，让他给出一个取走那些文件，并且把它们带回德国的方法。"

"我希望立刻和我儿子谈话，让他亲口告诉我他被指控的罪名是哪项，而他又觉得自己在哪方面有罪。"埃里希·埃德加轻声但坚定地说道。

"那就请您跟科普科刑事专员走。他会带您去见儿子。"

科普科和哈罗的父亲一起走出办公室，通过电梯上到顶层。科普科把他领进了一个看起来不常使用的房间。房间的角落里有一张空的写字台，靠墙有一张沙发、两把简易的扶手椅和一张小桌。埃里希·埃德加一个人在房里待了两分钟。突然，另一扇门打开了，哈罗走了进来，陪在他身边的是科普科和施特吕宾，后者自我介绍说："我是您儿子的看护。"哈罗拖着缓慢而有些沉重的步伐向父亲走去，像是不习惯走路的样子。他身板僵直、双手背在身后，以至于埃里希·埃德加起初以为他儿子戴着手铐，但事实并非如此。哈罗穿着一件灰色的便装和一件蓝色的衬衣。他的面孔灰暗而瘦削。脸庞本就分明的棱角显得比往日更明显。不过除此之外，他看起来还是得到了悉心的照料，剃了胡子、梳了头发，大概是专门为和父亲的会面做了准备。他蓝色的明眸周围布满阴影，当父亲上前拉住他的手时，他向父亲投去了温暖而深情的目光。他俩各自坐到一把扶手椅上。埃里希·埃德加靠近哈罗，握住了儿子的双手。他们紧紧相拥了一阵子，无言地看着彼此。

　　警官们在角落里的书桌前坐下，观察着这场父子相会。埃里希·埃德加把扶手椅调转了一个角度，不让警察们看见自己被情绪侵袭的面孔。"我这么晚才来，"他说，"是因为两天前我才听说你被捕的消息。我是作为你父亲来这里的，来给你帮忙和求情。我想听听要怎么做才能最好地帮到你，以及你究竟为什么会被关进牢里。"

　　"要想给我提供任何帮助，都是不可能、没指望的，"哈罗平静地回答道，"我已经有意识地犯了好几年'谋逆罪'，也就是说，尽我所能地对抗这个当局。"两人双手的接触就像一场无声的内心对话，和有声的谈话一同展开。"做那些事时，我完全明白会有危险，"哈罗继续说道，"我决定从现在起承担这一切的后果。有时，出于战略原因我不得不使用一些特定的方法和手段，尽管一般来说这些方法不是无可指摘的。"他的双手从父亲的手上移开，在膝盖上方交叉，一动不动向前方凝望，好更加专注于自己的表达，他的话会被施特吕宾记录下来："但我没有犯叛国罪。"

听到这话的两位警官耳语了一番，当埃里希·埃德加转头看向 376
他们时，他们摇了摇头，表示并不同意。

"他们说你让人把重要的文件、政治机密之类的东西送到了瑞典，
从而给自己提供保险，"埃里希·埃德加问儿子道，"这是真的吗?"

"是的。"

"你能说出文件所在的地方，并且声明你愿意帮忙把它们弄回
来吗?"

"我不能也不会这样做。"

"即使我请求你也不行吗?"

"是，即使如此我也不能这样做。那意味着背叛我的朋友，对
他们来说，那些文件是唯一的保险。这不是为了我自己。我知道自
己已经没救了，也准备好了为自己的行为承担责任。但即使并非如
此，我也不会说出那些文件在哪里，它们具有极高的政治和军事意
义。倘若它们得到公布，对希特勒和德国当局的打击将远大于一场
战事的失利。那会产生不可估量的后果。"

"我不会催你，也不会强迫你去做违背自己信念和良心的事。"
埃里希·埃德加说，直到此刻都有一股力量强撑着他保持着镇定的
外表，但他感到那股力量正在流失。"你的面前是一条艰难的道路，
我不想把它弄得更加坎坷。"

哈罗和埃里希·埃德加站起身来。他们竭力自持，不在那两名
警官面前流露自己的情感。哈罗紧挨着父亲，坚定而骄傲地看着
他，眼里流出泪水。可以流泪，不过只流一滴。埃里希·埃德加能 377

说的只有："我对你本有别的期望，我始终爱着你。"

"这我知道。"哈罗轻声回答道。

埃里希·埃德加将双手伸向哈罗，哈罗紧紧握住。父亲向门口走去，又转过身来向儿子点了点头。像一位普鲁士军官那样，哈罗在两个盖世太保的挟持下站得笔挺。

22

埃里希·埃德加被再次请进了特别委员会负责人的办公室里。"您的儿子拒绝帮忙找回那些文件，这真令人遗憾，"潘青格说，"帝国元帅戈林下了命令，要不惜一切手段找回这些文件。"

埃里希·埃德加惊愕地看向他。"我强烈反对在任何情况下用暴力迫使我的儿子招供。那样只会适得其反。"

然后，潘青格再没有说一句话。

是夜，埃里希·埃德加在旅馆里写道："或许他的意愿和行为是错误的，但他今天的言行正体现了人类的伟大与尊严。就算我不是他的父亲，我也能体会到这一点。在他身上展现的是真正意义上的悲剧命运，就像一切不可捉摸的事物一样，对此要满怀敬畏地接受。"

378　　两天后的 1942 年 10 月 2 日，党卫队全国领袖介入了调查：下午 4 点 30 分，希姆莱亲自参与了一场对哈罗的审讯。10 月 8 日，他和盖世太保统帅缪勒讨论了那些据称可以给纳粹政权定下重罪，却被哈罗送到了国外的文件。[413] 10 月 12 日，埃里希·埃德加被再次叫到了柏林。他的儿子想再和父亲谈一次话。尽管担心这次自己也会被监禁，当成对付哈罗的谈判筹码，埃里希·埃德加还是坐上了开往柏林的火车。

进行这次接待时，潘青格告诉埃里希·埃德加，哈罗已经声明，同意说出那些文件的下落，条件则是他们得向他保证，把一起被捕的朋友们可能的死刑执行日期推迟到 1943 年 12 月 31 日，即明年年底。出于对高层政治利益的考量，有关部门深思熟虑后决定接受这笔不同寻常的交易。潘青格向震惊的埃里希·埃德加出示了哈罗起草并签了名的书面声明：

> 我已做好准备，在我父亲、海军中校 E. E. 舒尔策在场的情况下，对那些文件的下落做出必要的陈述，以防止其被公布和传播。我决心这样做的另一个原因是证明自己没有叛国的意图。我之所以把那些文件用作武器，是为了防止我和我的朋友因为我们的政治理念和行为方式而不被当作德国人来对待和处置。

379

接下来是一份适用缓刑的人员名单。声明的结尾补充道：

> 我的妻子也应受到同等对待，尽管她根本不应被判处死刑。同样，这一承诺必须在我父亲在场的情况下做出，并且被视为对我父亲的承诺。

"如您所见，您的儿子只为一同被控告的朋友们争取了缓期执行。而没有为他自己，"潘青格评论道，"不过我们把他也囊括进了承诺里。"

吃了一惊的父亲被领上顶楼，进了上次和儿子见面的那个房间。在场的警官仍是科普科和施特吕宾，后者把哈罗带了进来。

埃里希·埃德加细细地打量着他的儿子。虽然还是面无血色，但哈罗看起来比上次更为清爽。他的眼中有一抹满意且自信的神色，进房间时，他对警官们展现出了一种优越感。或许他真的成功地在力量对比中占据了上风，尽管还没能扭转局势？父子两人久久地握手。他们又一次坐到了房间角落的小圆桌前，这次哈罗坐在沙发上，埃里希·埃德加则坐在一把扶手椅上。

"在我发表声明之前，"哈罗对警官们说，"我想再次得到确认，只要我对文件的下落做出符合事实的表述，我们的协议就会立刻生效。"

"我可以向您确认这一点。"科普科说。

哈罗点了点头。"在很长一段时间里，我意识到自己身处危险的境遇之中，因而一直在思考，该如何把那些文件送往国外作为保险。最后我意识到，为达到这一目的，我根本不必真的把文件送往瑞典，而只需声称我那样做了。然后我只要在审讯中保持'强硬'，并且不顾各种威胁，坚持声明文件在国外。虽然遭受了最为严酷的压迫，但我的确足够强硬，科普科先生可以证实这一点。现在我可以发表声明了：我根本没有把任何文件寄存到国外。它们都完好地保存于我在航空部的文件中。"

"你确定事实的确如此吗？"埃里希·埃德加疑惑地问道。

"这就是全部的真相。我不会在此刻向你说任何谎话。"哈罗坚定地望向他的父亲，他的眼中闪动着击剑老手般狡黠的目光，"你可以放心地为我担保。"

埃里希·埃德加转向科普科："就我对我儿子的认识而言，我绝对坚信他说的是实话。"

"假设您的儿子只是对我说了这些话，我是断然不会相信的。"科普科说道，他并没有预料到此事会有一个这样的结局，"但既然他以一种如此庄重的形式向他的父亲做出了保证，我认为他说的可信。"

"现在能将我们的协议视作生效了吗？"埃里希·埃德加不安地问道。科普科认可了这一点，并且没加任何限制条件。

这一次，儿子脸上胜利的表情帮助父亲克服了离别的沉重。哈罗对谈判的结果颇为满意，几乎是喜笑颜开地看着父亲。"好啦，爸爸，你可以放心了，我过得很好。"

"不寻常的是，"最后，在埃里希·埃德加离开国家安全总部之前，科普科冷冰冰地说道，"在上一周里您的儿子极为频繁地提到或问起您。'我父亲还得再来一次。'他总是这样说。"

23

审讯阿维德和米尔德雷德·哈纳克的警官叫作瓦尔特·哈贝克（Walter Habecker），此人学过金属抛光的手艺，年已 49 岁却还只是一个刑事警探，也不会再有升职的机会了：比他年轻 17 岁的科普科高他两级，他只能给后者打下手。哈贝克"身材矮壮，剃了一个粗糙的光头，汗涔涔的鼻子下方留着一撮希特勒式的小胡子，他的脸看起来就像一幅典型的罪犯肖像里画的那样"。[414]同样接受哈贝克审讯的君特·魏森伯恩这样描写他："他的面孔发灰且有杂色，脸上一双土黄色的眼睛如狙击手般尖锐、闪烁着不祥之光，他线条生硬的宽下巴也是这种肤色。他会把一支烟切成两半，只把其中的一半点来抽，他把纸张和铅笔摆放得很死板。"受害者被带进办公室后，他喜欢先拿一支新的铅笔，头也不抬地削起来，削得很慢且近乎享受。这会花上很长时间。很久。房间里一片死寂。哈贝克不是科普科和施特吕宾那类受过专业训练的年轻犯罪学家。他是一个老派的警察，会把自己的警用手枪明晃晃地摆在书桌上，会突然动手打人，有时还会用上一个转经筒。他常常对着人的面部拳脚相加，而囚犯们根本无法抵挡，因为他们的手脚都被束缚住了。[415]哈贝克还会用靴子踢人，他还格外爱用削尖的铅笔。[416]

米尔德雷德·哈纳克起先被关在阿尔布雷希特王子大街的25号牢房里，之后被送进了皇帝大道1号的警察监狱里，和其他的囚犯及她的亲人失去了联络。她既不能给她的家人写信，也不能收邮件或见访客。显然由于是美国人，她的狱中生活变得分外艰难。每天放风时，其他的犯人都沿着监狱长方形内庭的围墙走动，而米尔德雷德则只能走对角线。她在放风时会穿一件带绿色兜帽的深色大衣，把帽子拉到额头前，好盖住自己突然变白的头发。她看起来憔悴得吓人，而出于某种畏惧，其他囚犯总会和她保持恰当的距离，为的是不让盖世太保怀疑她在违反规定，试图和别人说话。[417]即使在 40 岁生日那天，她也是迈着大步从一个墙角斜穿到另一个墙角，眼睛不看任何人，嘴里像念咒语般反复低吟着歌德的诗《遗嘱》（*Vermächtnis*），直到此时，她还在努力把它译成英语：

任何存在都不能崩解为无！

永恒在万物之中存续，

你要把存在欣然坚持！

存在即永恒：因为法则

会维护富有生机的宝藏，

那是宇宙万物的装饰。[418]

24

1942 年 10 月 15 日死了一个人。来自底特律的约翰·西格，那个善于发现细节、聆听对话的记者，那个和亚当·库克霍夫一同写作《致东线的公开信》、发行非法杂志《内部阵线》的人，于被捕 4 天后在自己的牢房中自缢。他终结了自己的生命，也就不必在酷刑下做不愿做的供述。

10 月下旬，盖世太保统帅缪勒建议尽快在人民法院对哈罗和他的朋友们发起审判，法院的新院长正是令人生畏的罗兰德·弗莱斯勒。希姆莱采纳了这一建议，并且把它传达给了希特勒。然而，希特勒想让戈林来承担恶果，这一切都是由于后者在航空部里对哈罗的亲手提拔酿成的，他指示帝国元帅，"要把烂疮烧尽"。[419]这样一来，他同时也给了戈林一个保护自己的机会，让他通过组织一场审判来证明自己没有卷入其中。

　　在这段日子里，还有人从另一个方面跟戈林说起了此事。那是曾经给他唱玫瑰歌谣、请他去城堡做客打猎的奥伊伦堡的托拉，来请求他帮忙救下她女儿的性命。但戈林粗暴地拒绝了她："我曾让那女人勾得神魂颠倒，还把她的丈夫提拔到了活跃的军官阶级，这真让我后悔无比。我绝不考虑给她一丝一毫的帮助！"[420]在英国上空失败的空战已让他的名望大大受损，他不想进一步让自己的声名扫地。因此他必须确保自己能稳妥地处理好这件事，他下令在帝国战

385 争法庭（Reichskriegsgericht，简称 RKG）里对他的空军军官进行审判。哈罗的朋友们也将在这里受审，包括其中的妇女，以及和军队毫无关系的平民。审判从一开始就突出"资敌"和"叛国"的罪名，因为这个德国最高的军事法庭负责审理的正是这些罪行。

　　这一决定对当局而言也并非全无风险。战争法庭被视作一个普鲁士式的机构，由于其公正的审判而拥有良好的声誉。尽管如此，戈林仍有信心把这场审判安排成希特勒希望的那样。1942 年 10 月 17 日，他去了位于彼时"狼人"元首司令部（Führerhauptquartier Werwolf）附近的乌克兰城市卡尼夫卡（Kalyniwka），找了一个人来负责此事。此人是专为戈林处理政治事务的特别委员、空军上校曼弗雷德·勒德博士，他生于 20 世纪开始的那一年，如今 42 岁了，但在空军拍摄的肖像照里，他看起来像一个不久前才因为长大而失业的黑发公司童星，稚气未脱的面孔上戴着一顶看起来过于宽大的军帽。戈林十分赏

绝情的态度，不惜一切的决心，娃娃脸：
最高战争司法委员曼弗雷德·勒德博士。

识他绝情的态度、不惜一切的决心，以及对犯罪的感知力。勒德的社
交礼仪无可挑剔，他的热情活泼会让人产生好感，此外他还善于讨好
上司、欺压下级，因此从参加工作起就不断地得到推荐提拔，尽管他
的智力并不出众——他甚至不是纳粹党员，不过加入了冲锋队和民族
社会主义德国法律工作者协会（Bund Nationalsozialistischer Deutscher
Juristen）。在勒德看来，此案涉及了比党派更加根本的东西：保卫这
个国家政权。[421]戈林明确地告诉他："总的来说，长期监禁没有什么
意义，因为它并不能真的让犯人改过自新，反而让人担心他们会演
变成国家的敌人。对于被认为是无可救药的国家公敌，在长期监禁
和消灭罪犯之间，更应当选择后者。"[422]

386

希特勒批准了戈林元帅的做法。虽然他不完全相信帝国战争法庭，认为它会做出过轻的判决，但他相信戈林的担保，即只要有"寻血猎犬勒德"在，一切都会按照控方的意愿展开。[423]无论如何，确认判决的权力掌握在他自己手里。

回到柏林后，勒德被引荐前往阿尔布雷希特王子大街，他在那里摆出一副颐指气使的态度，一有机会就强调自己和盖世太保统帅缪勒和戈林的友谊，使得那些对上级言听计从的盖世太保们对他十分恭敬。虽然他把办公室搬进了隔壁楼里航空部的 4256 室，但他还是在大街另一边的"对敌调查与打击第四分局"里感到更为自在。[424]勒德在这里发挥了自己的本色，他毫不掩饰自己的野心，要成为所有人里最肆无忌惮的迫害者。他为此案的处理指明了下一步的方向，而发现自己残酷的行事风格得到了认可的盖世太保们对此颇为欢迎。

于是，哈罗对抗的那个体系有了一张人的面孔。勒德就是那个再可怕不过的对手。他的目标不仅在于杀死每一个犯人——只要他们向贴纸行动等反抗活动展现过哪怕一丁点的支持，还要永远抹去对哈罗、利伯塔斯和两人朋友们的记忆。

25

387　　1942 年 10 月 26 日，一个时值深秋但空气和暖的星期日上午，阿维德的弟弟走进了阿尔布雷希特王子大街 8 号。法尔克·哈纳克博士时年 29 岁，在魏玛的国家剧院里担任戏剧顾问。他把自己的贵重物品交给了同来的朋友，并且让后者去附近的一家酒馆里等他。倘若 2 小时后自己还没回来，这位朋友就得拉响警报。"当我走进那座楼里时，"事后法尔克回忆起自己的这次拜访，"毫不夸张地说——我心中怀着极大的忧虑，因为不知道自己还能不能从那里出来。"[425]

"您的哥哥没救了，"这是潘青格对他说的第一句话，"证据确凿，他对此无可否认。"[426]他让法尔克等在前厅里。一刻钟以后他被请了进去，阿维德就在他面前。他们紧紧相拥。"我做了一些事，"阿维德开了头，他看起来明显变老了，"我也招认了。"

法尔克把经过事先检查的礼物递给哥哥：半盒蛋糕、香烟和火柴、20 片默克（Merck）公司产的科比翁（Cebion）维生素 C 制剂，还有同等数量的维生素 B 片。

这时一个警官进来递交一些物品，潘青格为此分了一会儿神，法尔克便打手势问他哥哥有没有挨打。阿维德俯身贴在桌面上，低声说："他们让我吃了苦头。"法尔克可以从他的面部表情里看出，那绝对是一段可怕的经历。

"以前我一直是家里的顶梁柱，"阿维德突然又收敛住感情，"现在我没法继续了。从今往后得由你来当家了。" 389

"这我可以向你保证，"法尔克回答道，停顿了一会儿后他又说，"我们已经在尽全力给你找合适的辩护律师。"

"去和克劳斯谈谈吧。"

法尔克看了他一眼。阿维德说的是他们的表兄克劳斯·邦赫费尔博士（Dr. Klaus Bonhoeffer），他的弟弟是迪特里希·邦赫费尔（Dietrich Bonhoeffer），那位和谋划刺杀希特勒的军官们有联系的牧师和抵抗战士。法尔克对此的理解是，阿维德在那一刻全权委托自己和邦赫费尔兄弟等人进行联络，开展一场营救行动。"我相信，我做的事情从原则上来讲是正确的，"阿维德在告别时说道，"这场战争必输无疑，唯一的救赎是我们选择的那条路。我相信世人还会需要我们的。"[427]

26

几天后，圆润光头上生了稀疏发丝的迪特里希·邦赫费尔牧师抽着烟，坐在法尔克面前。他不久前刚去过瑞典，在那里与英格兰教会（Church of England）的乔治·肯尼迪·阿伦·贝尔（George Kennedy Allen Bell）主教进行了交谈，后者是英国外交大臣艾登的朋友。然而，艾登仍不想了解任何关于德国抵抗运动的事。他告诉贝尔，这种抵抗不符合英国的国家利益，以此回绝了贝尔在英国和准备发动政变的国防军军官之间建立联系的设想。

389　　在第一次会面时，法尔克向邦赫费尔兄弟建议，鉴于哈罗、阿维德等人被捕的形势，应该让各个抵抗团体紧急联合起来。所有人必须一同向独裁政权开战。如果能发动一场政变，就能把阿尔布雷希特王子大街里的囚犯们解救出来。军队中的，还有前任莱比锡市长格德勒领导的保守主义抵抗势力都明显倾向西方盟国，这是有现实政治风险的。抵抗者们需要阿维德和哈罗建立的东面联系。

接下来法尔克·哈纳克与汉斯·朔尔、亚历山大·施莫雷尔（Alexander Schmorell）见了面，二人是慕尼黑那场后来被称为"白玫瑰"的大学生抵抗运动的策划者。他们在法尔克驻扎的开姆尼茨（Chemnitz）会面。朔尔和施莫雷尔下榻于萨克森霍夫（Sächsischer Hof）酒店，他们三人谈话时一改平日从事非法活动时的习惯，彼此坦诚相待，因为他们清楚坐在面前的都是何许人。[428]

　　"到目前为止，我们从事抵抗活动都是出于一种感性和理想主义的态度。"亚历山大·施莫雷尔如此说道，这个 25 岁的年轻人有一头浓密的黑发，是一个生于俄罗斯的德国人。他带来了 1942 年夏天分发过的 4 份传单。这些文本仍具有浓厚的哲学气息，他们希望能在未来形成一种更加贴近现实、有明确政治立场的写法。汉斯·朔尔，"一个皮肤黝黑、精力充沛的南德小伙子"，声称他的目标是"建立一条广阔的反法西斯阵线，从左翼延伸到自由主义阵营，再到军中的保守主义反对派"。他深信，可以通过这种方式完成对抗纳粹独裁的动员。要先点燃一座灯塔，之后一切自由而缺乏目标的反抗力量就会自动结合并活跃起来。为此汉斯·朔尔想给大学生抵抗运动寻找一个更广阔的基础；他要在每个大学里成立小组，把它们互相串联起来，"这样就可以在瞬间展开一致的传单行动"。

　　这些话说得好听，却没有了下文。慕尼黑和柏林的志同道合者没能实现联合。法尔克在迪特里希·邦赫费尔那里也遭到了拒绝。邦赫费尔说他在自己的团体里已太过显眼，无法再承担额外的风险。法尔克十分沮丧：审讯的雪球在柏林腹地的阿尔布雷希特王子大街越滚越大，而各自为战的德国抵抗运动仍处于被动，他们之间政治分歧过大，也不够勇敢，错过了合力对抗纳粹当局的时机。各

390

类团体本可以相互渗透，就像哈罗与利伯塔斯身边的几个圈子一样，但它们保持了分离的状态。"于是德国的抵抗运动失血至死"，任务失败的法尔克·哈纳克得出了这个惊人的结论。

27

1942 年 11 月 19 日，苏联红军在斯大林格勒发起了反攻。在红军重炮的轰击下，30 千米开外的地面都在震颤。国防军败势已显，而德国人早已开始寻找罪人，以及所谓的叛徒，他们相信可以在阿尔布雷希特王子大街把这些人绳之以法。然而正如斯大林冷静分析的那样，要为国防军"陷入危险境地"负责的并不是哈罗、利伯塔斯和他们的朋友，那些来自夏洛滕堡、克罗伊茨贝格或米特区的作家、记者、企业家、医生、职员、大学生、中学男女生、工人、艺术家、女舞者、雕塑家、女画家、女演员，还有孕妇。真正的问题在于，国防军的"战略目标不切实际"，他们"想要两头兼得：既要石油，又想包围莫斯科"。[429]

就在此时，又有一位嫌疑人被押往了柏林，此人于 1942 年 11 月 15 日在马赛被捕，他自称是一个来自乌拉圭的商人，名叫文森特·西拉。"肯特"先是在比利时的布伦东克要塞接受了初步审讯，他的电报员文策尔也曾在那里受过酷刑，之后他被押往柏林，此时距他来这里拜访哈罗与利伯塔斯过了将近一整年。这次他没法住埃克塞尔西奥酒店了，而是在帝国安全总部地下室侧边的一间牢房里吃苦头。11 月 22 日，施特吕宾向他出示了一张编号为"秘密国家

391

警察42年9月178号"的肖像照，"肯特"立马就认出了照片里的女人，尽管她"彼时的发型和现在不同"，正如审讯记录里的记载。那是利伯塔斯。调查人员找到了一条关键证据，证明她积极地参与了哈罗的抵抗事业。

两天后，"肯特"又坐在了施特吕宾面前。哈罗有没有发过电报？"我不能肯定，""肯特"解释说，"他们后来有没有成功发出过电文。但可以确信的是，彼时'科罗'的小组没能把电文发出来，因为莫斯科的总部没有听说过这个小组。"[430]

盖世太保们不悦地拉长了脸。然而，勒德会在意这点吗？

28

那位没能和莫斯科建立联络的电报员的妻子——希尔德·科皮如今已处于孕晚期，她被转移到了巴尔尼姆路10号的女子监狱里，那里离亚历山大广场不远。在双性恋的威廉二世皇帝执政时期，这里关押的是妓女和堕胎的妇女，此外还有那些呼吁同工同酬和给予女性选举权的女子。这里也关押过罗莎·卢森堡，而无数柏林人则在监狱自带的产房里见到了人世的第一缕亮光。

1942年11月27日，这一场景再度上演，希尔德·科皮生下了一个健康的儿子。他将沿用父亲的名字：汉斯。

两位汉斯·科皮只见过一面，那是在1942年12月9日。婴儿被裹在一条毯子里，和他的母亲一起坐车在城市里穿行。那是一个灰暗无光的日子，间或有阵雨落下，气温8℃。父亲戴着手铐，站在国家安全总部里的一张桌子后面，左右两边都有警卫。当希尔德终于向他走来时，他眯起了眼睛，想要看得清楚些。警方收走了他急需的镍制眼镜——仿佛还有必要做这种事来加深他的无力感。国家将夺走他最根本的所有——他的孩子。如今当局还想谋杀他最深爱的人——他的妻子。因为现在他的希尔德已不再受让孕妇免于死刑的法律庇护。她完成了生育，行使了自己的权利。

393

希尔德请求警官们，允许她离自己的丈夫再近点，好让他看清楚自己。她掀开毯子，给他看了他们的孩子。身高 1.86 米的科皮躬身向前，当渐渐看清婴儿正用灰蓝色的大眼睛望着自己时，他的身体颤抖起来。

29

曼弗雷德·勒德博士工作起来夜以继日，他每晚在航空部办公室里的一张折叠床上睡至多两三个小时。他对被捕者中的几人又进行了一番审讯，最终把厚达数百页的起诉书递交给帝国战争法庭第二合议庭的主席亚历山大·克雷尔博士（Dr. Alexander Kraell）。[431] 这份文件事关哈罗与利伯塔斯·舒尔策-博伊森、阿维德与米尔德雷德·哈纳克、伊丽莎白与库尔特·舒马赫、霍斯特·海尔曼、约翰·格劳登茨，还有汉斯·科皮等人的生死。他们将在第一轮审判中被定罪。而对亚当与格蕾塔·库克霍夫、米米·特维尔、赫尔穆特·希姆佩尔、弗里茨·提尔、奥达·肖特米勒、乌尔苏拉·格策、希尔德·科皮、维尔纳·克劳斯，以及君特·魏森伯恩等人的审判将在明年进行。

1942 年 11 月底，由霍斯特·科普科撰写的 90 页盖世太保总结报告也定稿了。希特勒、希姆莱、戈林、戈培尔等纳粹高官都收到了一本封皮是黑色卡纸的册子。封面上清一色地写着"布尔什维主义的谋逆与叛国组织"。为了读起来更直观，册子里附上了照片、组织结构图，甚至还有一张"谋逆与叛国罪犯舒尔策-博伊森夫妇的家族谱系图"。这一谱系树呈现的脉络从舅祖父阿尔弗雷德·冯·提尔皮茨和德国社会学创始人斐迪南·滕尼斯，到玛丽·露易丝和埃里希·埃德加，以及奥伊伦堡侯爵菲利普，最后延伸到那两个敢于用自己对生命的热爱对抗希特勒政权的个体。但报告里肯定不会这么说。那里面对自由、正义和良知，以及责任和人的尊严等概念只字不提，而是描述了一个被破获的苏联特工圈子，他们活跃于巴黎、布鲁塞尔与阿姆斯特丹——而哈罗、阿维德等人则被错误地定性为一个隶属于这个圈子的柏林小组。

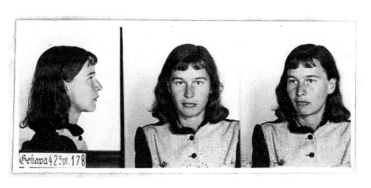

盖世太保为利伯塔斯·舒尔策-博伊森拍摄的识别照。 394

对哈罗与利伯塔斯和朋友们举办的聚会，以及在阁楼里搞
的"野餐"之夜，盖世太保则做出了如下的报告："持续举办的
讨论晚会，常常夹杂着性爱的高潮，主要地点是他的住所，他
和他的妻子利伯塔斯巧妙地用这种方式对参与者施加政治影响，
这正是一个用社交性的间谍活动进行情报收集的典型案例。"[432]
科普科在报告里把利伯塔斯描述为一个"带有浓厚个人野心的
冲动女子"，担任"她丈夫的副手"："她曾充当信使、参加非
法集会、制作破坏性的手册、招募合适的人员来组建柏林的游
击队伍。"[433]

395

凭借对过去三个月调查的总结，盖世太保为第一阶段的工作画
上了句号。阿尔布雷希特王子大街上洋溢着欢乐的气氛，他们的工
作得到了肯定并获得了丰厚的奖赏。戈林批准了一笔特别基金，发
放了 10 万帝国马克的奖金，"以奖赏在这场格外重要的调查中取得
的卓越成就"。这笔"血腥钱"①被分发给 65 名警员，其中霍斯
特·科普科得到了最大的一笔：将近 3 万帝国马克的巨款。潘青
格、亨策、施特吕宾和哈贝克也都得到了奖赏——而格特鲁德·布
赖特得到了"傲人的" 5000 帝国马克，还有一封希姆莱的个人表
彰信、一枚二等战功十字勋章，以及"薪酬上升一级"。[434]她成功骗
取了利伯塔斯的信任，后者吐露给这位秘书的一切信息都会被立刻
送到她上司盖普费特的桌上。

---

①　"血腥钱"（Blutgeld）原指日耳曼习惯法里杀人者赔偿给死者亲属的赎罪钱，后
用于形容通过受雇杀人或出卖他人获得的利益。

30

致米尔海姆的玛丽·露易丝与埃里希·埃德加·舒尔策，手写 396
信件：

1942 年 12 月 10 日

亲爱的父母！

牢房里其实没有多少新鲜事好说。我很容易陷入沉思，尤
其是回忆当中，感到那些看似无比重要的东西逐渐褪色——而
其他习以为常的东西成了我思考的核心，这真是一种独特的体
验。我不想在自己的生命中错过这场盛大的回溯。找到回家的
路：首先是回到你们身边！在经历了诸多动荡的时日后，我终
于迎来了这片伟大的宁静；只是当我一再发现自己给你们带来
了多少痛苦后，我的内心也颇为沉重。

听说哈特姆特的身体好些了，这令我十分欣慰。我多么喜
欢回忆在弗赖堡和你们共度的时日啊：妈妈，黑尔佳，还有快
乐的孩子们！我从这一切回忆中汲取养分，它们就像我每天的
食粮。不，事实上我并不孤单，也不是"孤苦无依的"。甚至
在梦里，生活也会向我掀起迄今为止并不熟悉的面纱的一角！
人真是一类奇妙的存在——他多么容易受到环境的塑造！倘若
说我可以就此得出对人生的真理性认识，那自然是谬误。但这
是一项十分重要的补充，我必须为此表示感激。我也这样做 397

了。并不是说现在我生活中的其他东西都被形而上学取代了，但我至少能感知并亲身体验到某些以前我只能部分理解的东西。

我终于幡然醒悟，明白了一位诗人朋友给他某部小说写的座右铭是什么意思：

> "牺牲掉一切，你所拥有的东西，
> ——最后你还会牺牲掉，
> 你为之牺牲了一切的目的!"

当然，自我保存的精神动力会在一段时间里与之相抗，但荣誉感不允许我在困苦中退却。不过，"你知我知"，一切事物在见光之后都会变得无比简洁而单纯。回首再看，一切本质性的、不加修饰的生命动力，以及命定的事物将会成为画面的主体。

如果不断深入地接近本我，人的生活是否会有所改变？显然不会："什么时候你还不解，这'死与变'的道理……"①

向你们致以深情的问候。

你们的 H[435]

---

① 本句引自歌德的诗歌《幸福的渴望》(*Selige Sehnsucht*)。

31

在对第一批被告展开审判前一日的午夜0点，哈罗的牢房门被打开了，他正戴着手铐躺在板床上。"躺着别动！你是哈罗·舒尔策-博伊森，对吗？明天你将接受帝国战争法庭第二合议庭的审判。你被控犯有如下罪行……"一个响亮的声音读出一段段内容，每读完一段都会以法律措辞加以总结，"这些你都听明白了吧？好的！"[436]这一过程持续了不到一分钟，并且在阿维德·哈纳克和汉斯·科皮那里又重复了一遍，此外还在皇帝大道1号利伯塔斯的牢房里、在亚历山大广场边伊丽莎白·舒马赫和埃丽卡·冯·布罗克多夫的牢房里，还有施潘道军事监狱里库尔特·舒马赫、约翰·格劳登茨，以及过道尽头霍斯特·海尔曼的牢房里上演。[437]

1942年12月15日，夏洛滕堡的维茨莱本大街上，新巴洛克建筑风格的帝国战争法院门前的每一级台阶上都站着装上了刺刀的士兵。每扇窗户前都有一个额外的哨兵，严阵以待防范可能发生的劫狱。当局高度紧张。甚至连位于东普鲁士蚊虫泛滥的沼泽丛林里的狼穴（Wolfsschanze）"元首总部"也在审判开始之际加强了安保。

然而，这还不是最令当局害怕的事，他们最怕的是这些犯人活动的规模与成效为外界所知晓。[438]因此，第二合议庭审判大厅的门上挂了一块标牌："公众禁入。"任何人都不得谈论这次审判。违反这一禁令的人会被关进集中营。被告的亲属没有收到审判开始的通知。官方指定的辩护律师一次都没有见过他们的委托人，甚至都没

398

有收到过诉状。对辩护律师的隐瞒是经过考量的，因为除了几份严刑逼供得到的供词以外，首席检察官勒德的手头几乎一无所有。仅凭这些供词，他能在帝国战争法庭上实现目的吗？第二合议庭的主席亚历山大·克雷尔博士被认为是位保守的军事法官，在自己的纳粹党籍和维护国防军司法机构免遭纳粹滥用的意愿之间见机行事。他不是勒德的朋友，对这位新贵嗤之以鼻，和盖世太保的警官们不同，他并不觉得勒德的粗鲁与冷酷可与勇敢等同。对合议庭主席克雷尔而言，在帝国战争法庭神圣的审判厅里，勒德不过是一个没水准的煽动者和野心家，他完全是靠不光彩的原因崛起的。

不过勒德已做好准备，要给国防军的司法机构捋一捋是非曲直。目前的战争形势正合他意：美军已于摩洛哥登陆，夹在的黎波里（Tripolis）和班加西（Bengasi）之间的埃尔温·隆美尔（Erwin Rommel），战局不利，而斯大林格勒的第 6 集团军也遭到了包围：数十万德军士兵给养不足，在天寒地冻之中落入绝望的境地。对因为资敌而被带上帝国战争法庭的被告而言，没有比这更糟糕的时间点了。他们出庭时得坐在适当间隔开的座位上，面对形似扁平马蹄铁的弧形法官桌，桌子的右侧则是最高战争司法委员勒德的高椅。

1942 年 12 月 15 日早晨，审判厅里仍空无一人。合议庭的五个空位前——除了克雷尔外，还会有一位法学家和三名国防军高级军官坐在此处——摆着一堆码得整整齐齐的空白稿纸、三支颜色各异且削得十分尖锐的铅笔，此外还有三顶军官的帽子：两顶宽檐的陆军将官帽和一顶饰有银鹰的海军将官帽。指定辩护律师的座位在大厅的左右两边，与被告的座位相距甚远，因此双方无法在审判期间进行商议。审判厅的前侧立着一尊所谓的"战争与司法最高主宰"希特勒的胸像，在雕像眼睛的位置上是两个拳头大小的黑色空洞，它以死气沉沉的凝视掌控着整个房间。另一个较小的胸像则代表了被蒙住双眼的正义女神。

9点刚过，大门为少数精心挑选过的观众打开了。几位隶属于国家安全总部的警探走了进来，他们看起来就像普通的市民。随后各个被告被领了进来：哈罗、穿着灰色套裙的利伯塔斯、米尔德雷德与阿维德·哈纳克、霍斯特·海尔曼、伊丽莎白与库尔特·舒马赫、汉斯·科皮、埃丽卡·冯·布罗克多夫，最后是约翰·格劳登茨。[439]9点15分，合议团进入房间。[440]大厅里的众人全体起立并高举右手，被告们除外，他们事先被告知不得行纳粹礼。合议庭主席和陪审员们坐得笔挺。克雷尔念出了被告人的姓名与出生日期，核实了他们的身份。他把头转向一侧："请最高战争司法委员勒德先生发起控诉。"

勒德没有像法官们一样坐得"像数字1一样笔直"，而是吊儿郎当地坐在位子上宣读起诉书。[441]在"一众可以说是戏剧性的事件"中，他从吉塞拉·冯·珀尔尼茨投进苏联驻巴黎大使馆信箱里的那封信件开始讲起。接着他描述了那些传单，从《突击队》到《拿破仑·波拿巴》，再到《对德国未来的忧虑在民众中蔓延》。他说传单在"呼吁公开的暴动"。[442]接下来谈到对盟军的资助。勒德以斩钉截铁般的语气说道，空军中尉哈罗·舒尔策-博伊森"得知，德国的阿勃维尔部门可以破译英国调遣派往苏联的护航舰队的电文，他将这一消息告知了另一被告格劳登茨，后者通过在海德堡的朋友们与亲英的瑞士圈子取得了联系，并且提醒那些人必须将这一消息转告给英国人"。[443]他短暂地停顿了一下，抬头看向前方。审判厅里有许多人在低语："叛国。"

接下来轮到利伯塔斯了。她的辩护律师戴着一副单片眼镜，他不得不一再使劲把它夹在右眼上，以防止它滑落下来。他望向这位今天早上才第一次见面的委托人，眼中闪过一丝慈父般的怜悯。其他律师也好奇地打量着这位"城堡小姐"。他们的脸上划过近乎享受的愉悦。就是这么一个女子，是她丈夫"最积极的同谋"，她"为他的才智所折服"，这是盖世太保总结报告里的说法。[444]她为《突击队》"提供了技术支持"，勒德急切地汇报道，也参与了《对德国未来的忧虑在民众中蔓延》的制作。间谍活动她也有份："她向她的丈夫提出建议，可以把无线电发射器安放在某几间房屋里。……她至少两次把写给敌方的笔记转交给哈纳克，她知道后者会对这些信息进行加密。"[445]她至少读过一张写有德国飞机制造参数的纸条。

402　对于本打算将国防军的罪行归档记录的利伯塔斯而言，德国最高军事法庭上的形势也开始急转直下。

32

之后，在另一层面上演了一出奇迹。盖世太保隔离犯人的做法没能在帝国战争法庭上得到延续，在第一次休庭时，所有被告都进入了同一间休息室。甚至连男子们的手铐也被打开了。在经历数月的强制分离后，再次相聚一堂使他们感到十分自在。然而，这次团聚并非一团和气。现在利伯塔斯从其他人口中听说，自己被格特鲁德·布赖特欺骗了，后者把自己告诉她的一切都转交给了盖世太保，那些信息会危及某些人的性命。有人指责说，利伯塔斯出于胆怯，也为了换取自己的自由，出卖了其他所有人。

她陷入了深深的耻辱感和愧疚感当中。她怎么会蠢到去相信那个打字员？她一直以来最害怕的事情终究还是发生了：她变得神经质了。她太天真了，而在面对纳粹时，人们绝对不能展现出这一特质。这也是哈罗早年在酷刑地窖里度过几个日夜后，一直在尝试克服的弱点。利伯塔斯的内心被击溃了。这比她能想到的任何刑罚都要可怕得多。然而此时，奇迹出现了。其他人原谅了她的软弱、她的失误。在她面前的每一个人都领会过盖世太保的手段——那极端的暴力。所有人都知道，要顶住压力，从不神经质，是一件多么困难的事。其中有几位遭受过可怕的折磨：库尔特·舒马赫、汉斯·科皮、约翰·格劳登茨、阿维德·哈纳克，还有哈罗。他们不会互相指责。在经受过监禁和严酷的审讯后，每个人都能准确地分辨出背叛和心力衰竭之间的区别，尽管二者都会导致严重的后果。"我们中间没有叛徒，"战后海因里希·谢尔写道，"那些在审讯的压力与折磨下摔倒的人，会被那些由于他犯的错而处于更大的危险之中的人扶起，哪怕只是一个鼓励的眼神、一句快速的低语。没人感觉自己遭到了抛弃，必须孤身一人走完那条黑暗的路。"[446]

在这个自身的软弱得到原谅的时刻，利伯塔斯的感受是"如此伟大而美妙，几乎无法用语言形容"，几天后，在给母亲的诀别信

403

里她如是写道。此刻休息室里的所有人都与他人，以及自己的内心和谐相处，"在一种只有共迎死亡时才会有的团结中，我们一起走向终结。没有悲伤，没有苦痛"。[447]

　　就连看守们也意识到这里发生了一些不同寻常的事情，在囚犯们分享随身带来的食物的时候，法庭的工作人员送给他们一壶啤酒。之后所有人又被带回审判大厅里。

33

404　　奥达·肖特米勒，那个身型瘦长而有力、步态灵动而坚定、面孔宁静而宽阔、眼睛硕大而质朴的女人几周后出现在同一合议庭上，对帝国战争法庭她没有一句好话。"那里的力量对比完全失衡，"在一封狱中的密信里她如是写道，"司法判决是在这样一种意义上做出的：正义掌握在有权势的人手中。每一个国家都会保护和捍卫自己。然而在我的案子中，我体会到的是一个残暴政权在拼命自卫时犯下的暴行。"[448]

　　对勒德，奥达则只剩下嘲讽。在之前的审讯中他表现得咄咄逼人，而在描写他努力装成一个"时髦的小伙子"，想在法庭上给人留下另一种印象的举动时，奥达则用上了"明快且文绉绉的惯用语"。由于勒德的表现过于可笑，她几乎难以保持严肃："他是一只没法用语言形容的骄傲的公鸡，我竟然觉得这样远比他之前更有人味。……在一段漫长的时光后，突然就有了这么多笑料。"而指定的辩护律师则被奥达称作"圣诞老人""拿报酬的动物"，以及

"顶级的无用之物"，她在想，"哪个体面的人会屈身接受这样一个可怜的角色呢——可以说是那个假惺惺的正义女神的遮羞布"。她对几个法官也没有什么好话：

> 　　几位先生都给我留下了一种已是筋疲力尽的印象。那位戴　405
> 着假发卷的海军上将出席了——他已经累得够呛，不过至少还
> 睁着眼睛，笔挺地坐着——尽管已十分吃力。另外两位先生看
> 起来则对庭审漠不关心——不过偶尔还是会有所表现，证明自
> 己在认真听。一个鼻子染了怪色的圆脑袋光头则完全睡着了。
> 我甚至根本不忍去看他——因为他的脑袋老是垂到桌面上，实
> 在是太滑稽了，让我浮想联翩。遗憾的是，主席不得不两度请
> 我保持严肃。我当然怀有这一良好愿望，对我来说这当然是一
> 件十分严肃的事——但第二次我还是尝试着请求他，送那位同
> 事去睡觉或是把他叫醒，因为我觉得虽然这一幕年代剧十分滑
> 稽，但实在是太无耻了。

在描写 1943 年那场对自己的审判时，君特·魏森伯恩同样辛辣地抨击了这个德国的最高军事法庭。望向他的是挂着绶带、肩宽体胖的法官们"五张苍白的军官面孔"，他们的神情机械呆板、全无精神，"像是一桌疲惫的斯卡特牌友，透过餐车窗户望向外边荒凉的景致时的那种表情"。[449]

34

406　　　举证完毕之后由勒德进行总结陈词。大显身手的时候到了，他不再进行务实的陈述。他要从道德层面对被告们加以责难，攻击他们留下的记忆。其目的是将他们卑劣的罪行和败坏的道德联系到一起，把敌人独立知识分子、艺术表演者，以及政治左翼人士的形象糅合到一个骂人的词眼"沙龙社会主义"（Salonbolschewismus）① 里，来表明他们没有"正派的品格"。[450]他要剥夺哈罗、利伯塔斯，还有其他"敌人们"的信誉。在审讯中，有人承认他们有开放的性生活和婚外情，为的是强调他们的社交互动在政治层面是无害的，可如今这一点被颠倒过来用于证明他们罪大恶极。即便是一场"在舒尔策-博伊森家举办的晚间跳舞活动"、带有"自由的氛围"，在勒德看来也属于叛国行为，应该受到最严厉的惩罚。

　　尤其是埃丽卡·冯·布罗克多夫，这位毫不掩饰自己魅力的感性女子成了他的一颗眼中钉。他认为这位热爱生活的女士、5 岁女孩萨斯基亚·冯·布罗克多夫（Saskia von Brockdorff）的母亲"精神麻木"，她在"工作室寓所"里的活动在这位检察官看来是性格软弱和布尔什维式劳碌的结合。[451]他认为只有一个精神上"有缺陷，

---

　　① "沙龙社会主义者"（Salonbolschewist）是 20 世纪 30 年代起对一些欧美国家中对社会主义抱有好感，但同时享受奢侈生活的人士的贬称，类似的表达有英语中的"香槟社会主义者"（Champagne Socialist）。

且对自身名誉漠不关心"的女人，才会在自己孩子安睡的时候和电
报员科皮·汉斯"出于某些原因发生亲密关系"，后者有一把她寓 407
所的钥匙，因此可以"随时进来"。[452]埃丽卡站起身来，她并没有做
陈词，而是突然大笑起来。"你很快就笑不出来了！"勒德怒吼道。
不过显然，埃丽卡并不像他竭力描述的那样存在精神缺陷。她机敏
地回敬道："只要还能看到您，我就会一直笑下去！"[453]

35

以德国人民的名义！

为了更容易地做出判决，法官发明了一种积木模块式的体系。
单块的积木分别是谋逆、战时背叛或叛国、破坏国防军、资敌、间
谍活动，或是以上几类的组合。那是一座由法律术语搭成的空中楼
阁，内庭里则摆着一架断头台。房屋的结构并不稳固，但在此刻它
足以取人性命。

> 对于总计犯下策划谋逆、破坏国防、资敌罪行的被告，依据
> 《帝国刑法典》第 83 节第 1、3 条第 1、2、3、73 款及 91b 款，《军
> 事刑法典》第 57 节和《战时特别刑法条例》第 5 节第 1 条第 1、2
> 款中的法律规定，除死刑之外的任何其他刑罚都不适用。[454] 408

这是对哈罗的判决。之后轮到利伯塔斯、米尔德雷德与阿维

德、约翰·格劳登茨、汉斯·科皮、霍斯特·海尔曼、埃丽卡·
冯·布罗克多夫、伊丽莎白与库尔特·舒马赫。

36

狱中的基调改变了。现在他们成了待执行的死囚，被称作
"TK"。睡觉前，他们必须把所有的衣物装在一个包裹里，搁到牢
门前的一个板凳上，这样一来他们就没有可以用来自杀的工具了。
他们必须戴着镣铐赤身裸体地睡觉。

只有米尔德雷德·哈纳克和埃丽卡·冯·布罗克多夫的情况有
所不同。令勒德大失所望的是，她们只被判了有期徒刑——因为法
院认为她们并没有积极地参与犯罪活动：米尔德雷德被判 6 年，埃
丽卡被判 10 年。负责在帝国战争法院和"元首总部"之间传递信
息的军官耶斯科·冯·普特卡默（Jesko von Puttkamer）于降临第
四主日①奔赴狼穴。1942 年 12 月 21 日星期一，那位虽然服用了大剂
量的巴比妥（Barbiturate），在夜间却仍难以入睡的"司法与战争最
高监督者"（oberste Gerichts-und Kriegsherr）[455] 口述了如下指令：

409　　　 I. 我维持帝国战争法庭 1942 年 12 月 19 日对空军中尉哈
罗·舒尔策-博伊森等人的判决……

II. 我拒绝给予赦免。

---

① 基督教降临节（Advent）后的第四个星期日，在 1942 年是 12 月 20 日。

III. 判决应予执行，且应对……哈罗·舒尔策-博伊森、"阿威德"（Arwid，原文如此）·哈纳克、库尔特·舒马赫，以及约翰·格劳登茨执行绞刑。对剩余的死刑犯执行斩首。

IV. 我撤销帝国战争法庭1942年12月19日对米尔德雷德·哈纳克夫人和埃丽卡·冯·布罗克多夫伯爵夫人的判决。她们将交由帝国战争法庭另一合议庭进行审判。

签名：阿道夫·希特勒。[456]

"元首"丝毫没有留情。就连关于这个团体的记忆他都想一并抹除，因此不能留下任何能说出真实故事的活口。米尔德雷德和埃丽卡也不能留。

37

在德国，绞刑是一种自17世纪以来就几乎不再被正式使用的   410
行刑方式，纳粹也认为这是一种最残忍，也最能让受害者蒙羞的处决方法。在纳粹德国通常用斩首执行死刑，而军人则会被枪决——人们认为那是最光荣的死法，例如刺杀行动失败后的施陶芬贝格就在1944年7月20日被枪决。作为额外的惩罚，希特勒下令对柏林这批放浪艺人（波希米亚人）般的抵抗战士中的几位施以绞刑，这并不是突发奇想，有帝国司法部（Reichsjustizministerium）的一份说明为证，其中讲到要在柏林的普勒岑湖（Plötzensee）监狱里设置一个绞刑架：

可以预见，不久之后将要执行……数次死刑……预计元首会命令动用绞刑，需要各司法部门能够立即加以执行。

这条"关乎战局"和"紧急"的指令里说，要找到一个"能同时绞死 8 人的方法"[457]。于是根据司法部部长奥托·格奥尔格·蒂拉克（Otto Georg Thierack）的指令，在普勒岑湖监狱行刑室的天花板上安装了一根工字梁，梁上吊了 8 个可以通过滑轮移动的肉铺挂钩。

411　　这份指示的落款日期是 1942 年 12 月 12 日。帝国战争法院开庭审理 3 天前，判决就已做出了。

38

临近 1942 年圣诞节，在一场审讯后，君特·魏森伯恩从国家安全总部的 4 楼回到自己牢房所在的地下室，陪同他的警员打开了栅栏门，他走下了电梯。另一位警员在地下室里等上行的电梯。他也带着一个囚犯。那正是哈罗。

"他站在那里，看起来又高又瘦，脸色惨白，"魏森伯恩这样描述他和这位朋友的最后一次见面，"他的头顶在灯下闪着金光。他的脸上带着一种坚毅的喜色，让人看了也欢欣鼓舞。他不动声色地朝我眨了眨一只眼睛，我也朝他眨了眨眼。他外套里穿着那件蓝毛衣，双手戴着手铐。站在盖世太保地牢里的这个人年轻、有才华、仪表整洁，是一个受尽折磨的未来世界的信使，他已经

历过一切，战斗与折磨，在这处地牢里度过生命最后的时日，站
在这里的是德国人的希望，他勇敢、纯洁而年轻。……那是一个
人命贱如草芥的年代，而我就是在那个年代里认识到了人类的伟
大与强力。"[458]

　　在那段日子里见过哈罗的还有前普鲁士文化部部长阿道夫·格
里梅，在这波浪潮中，他因为和亚当·库克霍夫的友谊被捕。他们
曾被带上阿尔布雷希特王子大街上的同一部电梯。他俩不被允许进
行任何交谈。格里梅当时并不认识哈罗，他事后才从警卫口中得知
那天和自己在同一部电梯里的是什么人。格里梅被关押了两年半，
在此期间见过形形色色的人，而根据他后来的回忆，那其中"有许
多人保持了一种难以置信的英雄主义态度，直到生命尽头。但我必
须要说，经过这次短暂的相遇，哈罗在我的记忆中刻下了一幅不可
磨灭的图景。他看向我时，眼里充满了无与伦比的人性、虔诚和使
人信服的启迪，以至于我立刻就告诉陪同我的警卫说：倘若遇到舒
尔策-博伊森先生时是自由之身，我无论如何都会因他的人格魅力
和他眼中流露的信服力而加以追随"。[459]

39

　　整个夜晚，他都在来回踱步，想着关在隔壁牢房里的朋友们。
到黎明的几个钟头漫长得像是没有尽头，他尽量不让自己过热的脑
袋去想处刑的事。盖世太保因为那些莫须有的在瑞典的文件，当着
他父亲的面向他担保的一年缓刑期早已失去了效力。或许就是在这

一夜，这人生中最后的一夜里，哈罗从地板缝里抽出了一张写着诗句的纸，他 11 月就把这首诗写好了，此后一直藏在那里。诗的题目是《秘密国家警察局 2 号牢房》（*Gestapa Zelle 2*）。[460]

哈罗得知了希特勒下令把自己绞死，他必须改掉其中的一个词。

风裹着雨敲打着窗
警报声呼啸响起！
德国的大地鬼魂游荡
这里头却温暖无比……

他们称之为牢房
这躯体也被束缚
但天呵，如此突殊，
这心儿还不曾谙熟。

我却觉得这是间僧房：
那面沐在光里的墙壁
为我牢牢挡住每一浪
波涛的汹涌来袭。

精神自在地游走于世中，
枷锁对此无能为力

它高高升起，亦不受制于时空

融进苍白的辉光里。

纵使我们与这不安的世间

连接被一刀两断，

那一切洗去的铅华

皆是不作数的副产。

哈罗的绝笔诗。

413

Es gilt nur letzte Wahrheit
dem überscharfen Blick
und ungetrübte ░░░░░░ wird
hier stolz zum Daseinsglück.

Der Stunde Ernst will fragen:
Hat es sich auch gelohnt?
An Dir ist's nun zu sagen: Doch!
's war die rechte Front.

Das Sterben an der Kehle
hast Du das Leben lieb ...
und doch ist Deine Seele satt,
von dem, was vorwärtstrieb.

Wenn wir auch sterben sollen,
so wissen wir: Die Saat
geht auf. Wenn Köpfe rollen, dann
zwingt doch der G e i s t den Staat.

Die letzten Argumente
sind Strang und Fallbeil nicht,
und uns're heut'gen Richter sind
noch nicht das Weltgericht.

Schulze-Boysen
Nov. 42.

414   ……战后寻获于阿尔布雷希特王子大街的废墟中。

唯有最终的真理

能为望穿一切的目光所见

而那纯洁无瑕的乐趣

会骄傲地化作生命的喜悦。

沉重的时分叩问：

所做一切是否值当？

你要告诉自己：正是！
你曾站在公义的阵线上！

死神已然扼住了颈项
尽管你如此热爱生命……
但那一往无前的能量
已把你的灵魂充盈。

虽然将要奔赴死亡，
但我们知道：那粒种子
已被撒下。我们人头落地以后
灵魂还会向当局发难。

最后的申辩
不是枪弹绞索和断头台，
而我们今日的法官
也绝非末日审判的仲裁。

40

　　第二天是一个寒冷阴暗的星期二，刮东风，犯人们在施潘道监 415
狱椭圆形内庭里放完风，还没有分到午餐。在这座形似中世纪要塞
的巨大砖砌建筑里，可以感觉到紧张的气氛。狱警们用格外响亮有

力的声音把死囚们喊出各自的囚室，给他们上了镣铐，然后带走。11 点 30 分左右，一台"绿米娜"轰隆作响地驶出了铁质的大门，而后铁门又伴着沉闷的响声合上了。汽车向右拐上陆军大街，随后驶向市中心。库尔特·舒马赫、约翰·格劳登茨和霍斯特·海尔曼坐在车厢侧边的两条木质长椅上，内心高度紧张又极其兴奋。车厢尾部有两个狭窄的小隔间，里面只能供人直立。那是预留给哈罗和阿维德的。

　　如果被允许望向外边，坐在右手边的库尔特、约翰和霍斯特就能透过光秃秃的树木看到沙尔芬兰科湖（Scharfen Lanke）黑色的水光，看到哈弗尔河湾中那个一半在陆地上，一半在水中的蓝-红划船俱乐部——"杜欣卡号"还停在那里，那条最早属于里奇·冯·拉费，然后是哈罗与利伯塔斯，最后归君特·魏森伯恩所有的划艇"葡萄号"也是如此。1938 年，吉塞拉·冯·珀尔尼茨在此处被捕。然后死囚车驶过阿道夫·希特勒广场，在相邻的帝国大街上一间空荡荡、冷冰冰的顶楼工作室里，奥达·肖特米勒挂在墙上的面具正富有表情地瞪着前方，而倘若往左开，之后立即右转，就会到达阿尔滕堡大道 19 号，只是那间意大利式公寓里已空无一人。

416

　　汽车转弯开向了皇帝大道 1 号的监狱。车停下了，沉重的大门伴着刺耳的声音开启，汽车又开进院子里，戴着镣铐的利伯塔斯被押到车上。囚车沿着城市的主轴行驶，大路的两侧安装了阿尔伯特·施佩尔设计的双头路灯，驶过带有胜利纪念柱（Siegessäule）的大角星广场（Große Stern），穿过勃兰登堡门，路过阿德隆酒店

（Hotel Adlon）和已关闭的苏联大使馆，开到亚历山大广场接伊丽莎白·舒马赫上车。下一站则是阿尔布雷希特王子大街。大门开了，走出一个军士长和一名囚犯，那是汉斯·科皮，其后又是一名警卫带着一个囚犯，阿维德·哈纳克。哈罗也被这样押上车，他身形瘦长笔挺，走起路来正如一名军官。

41

"绿米娜"车驶过 9 年前、《对手》杂志尚在时被烧毁的国会大厦，而后转向了荣军公墓（Invalidenfriedhof）。在此处安息的是"普鲁士–德意志军队中最声名显赫、功勋卓著的军官"。[461] 右手边则是莫阿比特货运车站。8 天以前的 1942 年 12 月 14 日，首都的第三辆放逐列车从这里驶向奥斯维辛，车上载着 815 名即将赴死的柏林犹太人。

"我做了一切能做的事，直到最后一刻，并且我是为了我的，而不是某个陌生、敌对的理念而死。我明白，我的、我们的理念将会取得胜利，尽管我们这支先锋小队将要倒下。"库尔特·舒马赫这番话打破了车里的沉默，"我们本想让德国人民免遭苦难。我们这一小群人的战斗是正直而勇敢的。我们曾为自由而战，不曾怯懦。感谢诸位！哦，愿我们能保有力量，直到最后！"[462]

囚车又行驶了 1.5 千米。现在他们正横穿霍亨索伦运河，当局宣称亨利·埃尔朗格就是在这里自杀的。然而，哈罗并没有配合这个谎言。事情发生在 9 年前，那时亨利还活着，其他犹太人也都还

417

活着。

利伯塔斯戴着一个银手镯、她最爱的那条银项链和一个银十字架，搭配灰色的套裙。"这枚戒指留给我的父亲。"她对哈罗说道，并轻轻地抬起右手。他朝她弯下腰，亲吻了那枚戒指，履行了他在帝国水晶之夜向她发出的誓言。[463]他们现在彼此陪伴——直至死亡。

42

普勒岑湖到了，车门被拉开："下车!"他们按命令站成一排。两名军士长把他们逐一带进各自的死囚牢房，每扇牢门上都挂着一条 15 厘米长、2 厘米宽的红布。这是此地除了哈罗亮蓝色的毛衣以外唯一的彩色。牢房里很冷，因为暖气片被从原位取出，砌进了墙壁里，这是为了防止犯人自杀。[464]当局不会允许这些宝贵的财富在距离最终兑现仅一步之遥的地方被夺走。安在牢门上方通风口里的灯泡只能给狭小的房间提供一点寒酸的光亮，灯的开关则像别处一样安在牢房外。不再有人大声说话，一切流程都压低了声音：这种特意的安排甚至比在阿尔布雷希特王子大街、施潘道监狱或是亚历山大广场上"红堡"里那些粗野的喊叫还要恐怖得多。[465]

"可以向狱方提出食物、烟草和酒水"之类的愿望，利伯塔斯的看守告诉她。

哈罗的手铐被取下，好让他写诀别信。狱方的牧师哈拉尔德·珀尔肖（Harald Poelchau）来到他身边。他碰巧在下午 1 点左右看

418

见了囚车；和往常不同，这次没有人通知他将要行刑。他得到的回答是，这是一次秘密的处决。他同意自担责任，然后走进了各间死囚牢房，现在他给哈罗拿来了墨水和钢笔。"在我的印象中，他并没有像其他人那样，听天由命地等待死刑的执行，"这位神职人员如此描写这次相遇，"虽然他外表镇定，但内心充斥着狂热的愤懑，那是对他自己和他所从事的运动失败命运的不甘。这种态度并非出自逻辑和理性的思考，而是气质与激情的产物。舒尔策-博伊森身上带有一种强烈的气质。"[466]

下午 2 点，牧师去看了阿维德，后者给他留下了一种极为平静的印象。有人给他带来了一块巧克力、几块蛋糕、两个面包，以及谷物咖啡。他把除了面包以外的所有东西都吃了下去。牧师还带来了香烟和一点红酒。

"今天早上我一直在背诵《天堂序曲》（*Prolog im Himmel*）①：'太阳按照古老的方式轰鸣……'"[467]阿维德裹上了第二层毯子，因为他冷得直打哆嗦。"我总会思考与我息息相关的广袤大自然。"他问牧师会不会背歌德的《古老、神秘格言》（*Urworte. Orphisch*，也译作《神秘的原词》），珀尔肖对自己拥有这一精神财富感到无比欣慰，便把诗背给他听：

　　在让你降临世上的那一天，

---

①　即歌德的戏剧巨著《浮士德》第一部的正文第一部分，引出了上帝和魔鬼关于人性的赌约。

> 太阳接受了行星的问候，
>
> 你随即永恒地遵循着，
>
> 让你出世的法则茁壮成长，
>
> 你就是你，你无法逃脱你自己，
>
> 师贝尔和先知已经这样说过；
>
> 时间，力量都不能打碎，
>
> 那既成的、已成活的形体。

　　阿维德说希望晚上能和牧师一起读《路加福音》里的圣诞故事，作为圣诞节前夕的小小庆祝，并且以此纪念他的童年和他早在1914年就已去世的父亲。他补充说，绞刑是"希特勒用来报私仇的一记耳光"；还说德国人民的灵魂已经被纳粹独裁"吸干了"。[468]

　　阿维德十分平和地写下了他的诀别信。"然而我坚信，人类仍在进步"，信中这样写道。[469]

43

　　是日下午，天黑得很早。牢房里的电灯一盏接一盏地亮起，黄昏中的3号楼看起来就像一只长着无数眼睛的史前动物，它不安地、半睡半醒地蜷在地上。[470]来了一位老鞋匠，他给哈罗带来了一双木拖鞋。哈罗不得不最后一次脱下那件蓝色毛衣，换上一件米色的囚服。鞋匠给他剃了短发，并且把他的双手反绑到背后。这是他的一项特权，他中断了和家人的散步来享受这项最后的服务。[471]老鞋匠沉着地干活，不带任何情绪，起先的满足感随着时间的推移化为了沉闷。接着刽子手的一位助手来检查了哈罗，为的是瞧瞧他嘴里有没有金牙。

44

晚上 6 点牧师又回到了阿维德那里。他们一起读了《圣经》。

当那些日子，该撒亚古士督有旨意下来，叫天下人民都报名上册。这是居里扭作叙利亚巡抚的时候，头一次行报名上册的事。众人各归各城，报名上册。约瑟也从加利利的拿撒勒城上犹太去，到了大卫的城，名叫伯利恒，因他本是大卫一族一家的人。要和他所聘之妻马利亚，一同报名上册。那时马利亚的身孕已经重了。他们在那里的时候，马利亚的产期到了。就生了头胎的儿子，用布包起来，放在马槽里，因为客店里没有地方。

此时的汉斯·科皮二世已有三周半大了。

45

3 号楼昏暗的走廊里有一个通往院子的出口。距离楼群内部的 421
行刑室只有几步之遥，那是一间没有窗户的屋子，墙壁是用砖砌的，地面则是水泥铺成的，长 8 米、宽 10 米，有一个入口和一个直通停尸房的出口，停尸房里堆放着木棺材，在下一个犯人从前门进来前，行刑后的死尸会被送到那里。[472]

一道可以通过牵引装置开合的黑色帘子把行刑室隔成了两半。当刽子手开门来到工作岗位时，掀起的微风轻柔地吹动着这道帘子。威廉·勒特格（Wilhelm Röttger）住在莫阿比特区的瓦尔德街（Waldstraße），除了做刽子手外，他还经营着一家大型运输公司。许多刽子手来自屠宰行业，他们的助手则往往是肉店的伙计，相比之下，勒特格看起来像一个"更体面的绅士"，他总是穿着一件黑色的晚礼服、戴着黑色的礼帽和白色的手套。[473]他一年的薪水有3000帝国马克，每次行刑外加60帝国马克的劳务费，"是付给这项高度个人化的服务的一笔体面的报酬"。[474]为了赚到这次的酬金，他可下了一番苦功，甚至翻阅了相关的书籍和报告，因为这是他第一次被要求实施这种陌生的行刑方式。

"希特勒万岁！"他在聚光灯下抬起戴着白手套的右臂，然后和他的三位助手一起在法桌边就位。[475]

422　　在聚光灯下，天花板上那根带有8个可移动挂钩的黑色工字梁连通了两侧墙壁。5个挂钩已经就位，剩下的3个被推到一旁。每两个相邻的肉铺挂钩之间都拉起了一道黑纸做的屏障，把死囚彼此隔开。每个人孤独地死去。

在工字梁的前方、行刑室的右侧，有一架断头台和一个柳条筐。

一个四级台阶的平台挡住了屋子的后部。勒特格站在最高的那级台阶上。他手里拿着一根绳子，两端都做成了索套。

46

晚上 7 点整，哈罗被狱方的两位上等军士长押进刑场。一名检察院的代表检查了哈罗的身份，签字确认了这个死囚和被判刑的罪犯是同一人。然后，他下令执行帝国战争法庭 1942 年 12 月 19 日的判决："刽子手，请行刑。"

刽子手的助手替下两位上等军士长，站到哈罗身边。勒特格猛地一拽牵引装置，拉开了黑色的帘子，产生了一声刺耳的响动，即便是听过这个声响的人也会感到一阵深入骨髓的寒意。

亲爱的父母！

时辰到了。几个小时后我就要抛下这具躯体。现在我的内心毫无波澜，也请你们平静地接受这个结果。今天，这个世界上发生了那么多的事，一条生命的逝去无足轻重。……我所做的一切都是出于我的头脑、我的心灵和我的信念，因此作为我的父母，你们应当把这当成最好的结局。我请求你们这样想！这种死法很适合我。不知何故，我早已意识到这一点。就像里尔克所说的，这是"我自己的死亡"！

只是，当想到你们这些亲爱的人时，我的内心就变得很沉重。（利伯塔斯就在不远处，她会和我同时走向这个命定的结局！）在这场我自己也没完全弄明白的斗争和追求中，我只是一个先行者。请你们像我一样相信，等到合适的时机，这一切

423

都会有成果！

末了，我想起父亲给我的最后一瞥。我想起亲爱的妈妈在圣诞节时将流下的泪水。在最后的几个月里，我才真正体会到了你们的亲切。在经历了这一切的狂飙与突进，走过这条在你们看来陌生的漫漫长路后，我这个迷途的儿子终于回到了你们身边。……如果你们隐去了身形站在这里：你们会看到我笑对死亡。我早已战胜了它。在今日的欧洲，人们常常要用鲜血浇灌精神的种子。或许我们不过是一群傻瓜；但当死亡近在咫尺时，我们有权拥有一点完全个人化的历史幻象。

好了，现在我向你们伸出手，并且流下一滴（仅此一滴）眼泪作为我爱的印记与信物。

你们的哈罗[476]

47

424　在爱情和历史书写中，我们总是在寻找完美的人物，这是一个致命的误区。我们寻找没有污点的圣人和理想化的英雄，他们会挺身而出，应对挑战，经历进化与蜕变，而后在正确的时机，为了所有人的福祉，向恶魔发起光荣的战斗，并且为了集体舍生忘死。然而，真实的人性往往更加脆弱。

"只许写在横线上！不要写到页边上！"这是诀别信纸上的表格给利伯塔斯的提示。现在那位鞋匠也来到她的牢房，同样剪短了她的头发。他也把她的双手反绑到背后。

她所做的一切都并非出自理性的信念，而是出自心腹中的直觉。她的动力正是来源于此，只是心腹并不像头脑那般稳定，情绪会在其中消化、酝酿、沸腾与沉睡。她性情多变，身上充满了矛盾与弱点，也不曾写下过任何明确反对民族社会主义的宣言，而是把这个任务交给了别人。她是一个随波逐流的人，起先是纳粹体制的追随者，并且从当局排斥异己的政策中谋利，然后加入了抵抗运动。不过，她改变了自己起初对当局的正面看法，同时积极地投身到反抗中，并且以此证明了态度的转变是有可能的，任何人都能做到这一点。于是她找到了她的自由。她就是利伯塔斯。

　　我生命中所有彩色的涌流汇合到一处，一切心愿都得以实现：我会在你们的记忆中永远年轻。我不必再和我的哈罗分离了。我不必再受苦了。我将要赴死，像耶稣那样死去：为了人民！我体会过所有常人能得到的体验，并且不止于此。并且由于我双重的天性——所有人都是完成了使命之后才死去的，我也只能通过这一死来达成这个伟大的成就。

　　作为遗愿，我请求他们把我的"残余物质"留给你。如果可以的话，请把我的遗骨埋在大自然中一处阳光灿烂的胜地；我本希望是在利本贝格，但我不想和哈罗、霍斯特分离，你们几位父母可能要对此进行协商。

　　好吧，亲爱的母亲，时辰到了：先上路的是哈罗，我怀念他。接下来是霍斯特，我怀念他。然后小伊丽莎白会怀念我

425

的，爱啊……

在无尽的亲密与欢乐中——一切力量与光明……[477]

48

此后是最末一件事了，利伯塔斯给哈罗写了信。由珀尔肖牧师把这几行诗从她的牢房带到他的囚室里，此外，她还把这几行诗附在了寄给母亲的第二封信里——因此这些文字得以保留下来，并且加上了注解："这是我给哈罗留下的最后一点看得见的东西。"

426
　　我爱你胜过生命

　　付出的代价至高，

　　我再无他物能奉献——

　　现在你已明了。

　　我们再也不会分离，

　　这是何等盛大而美妙！

　　我们自豪地称之为自由——

　　这种精神将会永续。[478]

49

直到深夜，菲利普侯爵的女儿、奥伊伦堡的托拉还在利本贝格城堡里给她的女儿包装圣诞礼物，还有一棵小小的圣诞树。第二天，即 1942 年 12 月 23 日，一个寒冷、暴雪、没有片刻阳光的冬日，她一早就出发去了柏林。有人告诉过她一处地点，可以存放转交给囚犯的圣诞包裹。可当她到那里时，才发现彼处只有一个一问三不知的官员。之后她去了皇帝大道 1 号曾关押过利伯塔斯的监狱，没说上几句话就又被人打发走了。她又走进了阿尔布雷希特王子大街，虽然接她电话的人告诉过她所有负责人都去度圣诞假了，但她仍设法上了二楼，进了阿尔弗雷德·盖普费特警探和格特鲁德·布赖特的办公室。他们受到触动，不安地看向托拉。盖普费特说他现在已不再参与此事。此案现在由最高战争司法委员全权负责。不过眼下，这个人已不在这里了。[479]

托拉打开电话簿查找曼弗雷德·勒德博士的私人号码，还真的找到了——并且后者接起了电话。但那位最高战争司法委员冷淡地解释说："我对您无可奉告。没有任何消息。"

"能有办法让我联系上我的女儿吗？毕竟要过圣诞节了啊。"

"绝无可能。"他冷酷地回答道。

"甚至都不能告诉我，我的女儿在哪里吗？"

"您很快就会听到一些消息的。"勒德用一种直击人心的声音回答道，随后便挂断了电话。

平安夜那天，56 岁的托拉乘火车返回勒文贝格，再坐上来接她的汽车回到利本贝格。她已经崩溃了，几乎说不出话来，只能躺在床上。

1942 年 12 月 26 日，玛丽·露易丝·舒尔策找到最高战争司法委员。他毫无征兆地告知了这位惊慌失措的母亲她儿子哈罗和儿媳利伯塔斯的死讯，还强迫她签下一张字条，要她保证对整件事严格保密。否则她本人和她的丈夫、她的女儿黑尔佳，以及她的儿子哈特姆特都将面临严惩。

勒德拒绝交出尸首，甚至不给她任何微小的纪念物。"您儿子的名字将永远从人类的记忆里抹去，"最后他说道，"这是一项额外的惩罚。"[480]

50

428　　哈罗和他的监狱工勤人员（Kapo）、熟练的泥瓦匠海因里希·施塔克有一个约定。施塔克答应会把哈罗的诗歌秘密地砌进某处合适的墙体里，战争结束后再把它找出来，转交给哈罗的父母。他也正是这样做的。

于是哈罗的诗幸存了下来，包括可能是他在临刑前夜修改的那个词语，它被砌进了国家安全部的墙里。1945 年夏天，纳粹政权垮台后，它又从昔日盖世太保总部的废墟里被发掘出来，寄到了他父母手中。

　　　最后的申辩
　　　不是枪弹绞索和断头台，
　　　而我们今日的法官
　　　也绝非末日审判的仲裁。

记忆的重构

在某些时代里，主导的是疯狂。

于是最高尚的头颅，都挂在绞架上。

—— 阿尔布雷希特·豪斯霍费尔（Albrecht Haushofer），

于 1945 年 4 月 23 日被处决

0

1942 年 12 月 22 日进行那场行刑时，有一位柏林大学解剖学研
究所的助教在场。他把尸首盛殓进木棺材里，而后用一辆专门配备
的货车把它们转运到了柏林最古老的医院，也是欧洲最大的大学医
院之一的夏里特医院（Charité）里。医院里解剖部门多年来的负责
人赫尔曼·施蒂弗（Herrman Stieve）喜欢先挑出年轻女性的尸体，
在行刑后的深夜或清晨在她们身上提取组织样本，用于自己的观察
研究。男子们的尸体则成了学生们学习尸检的标本。利伯塔斯想要
长眠于利本贝格的遗愿最终没能实现。他们的家属不被允许安葬至
亲的遗体。任何能让人们回想起他们的东西都不允许存在；他们在
死后也没能得到安宁。经过组织提取和尸检后残存的遗骨被送进了
策伦多夫火葬场（Krematorium Zehlendorf）。时至今日，我们仍不知
道他们的骨灰被送往了何处。

1

我不知道你要走的这条路将会通往何方，或许你自己也不
甚清楚；倘若能在这条路上更长久而耐心地徘徊，或许你能找
到那个目标。但你还是勇敢无畏地上了路，直到痛苦的死亡。
你身上的那团火焰烧得太快，把你自己吞噬了。如今你已逝
去，我不会允许任何人在我面前指责和羞辱你。没有人能从我

心中夺走对你的爱。有一句话用在你身上很合适："在世上，你们有苦难。但你们可以放心，我已经胜了世界。"

　　而我则要向你陌生的坟墓呼唤，若在从前你或许不会明白这话，但在最后你已深切地体会到了这一点："爱永无止息！"

埃里希·埃德加[481]

2

　　1943 年 6 月，一群穿着不合身西装的男士来到了蓝-红划船俱乐部。盖世太保们仔细地检查了哈罗和利伯塔斯的划艇"杜欣卡号"，但把它归类为没有价值的，因为"船底已完全腐烂"。他们找到了一些配件："1 张带桅杆的船帆（帆布已严重破损），1 根龙骨和几块底板。"夏洛滕堡西区税务局的局长在文件上盖了章，然后它被送到了资产评估办公室①。霍斯特·科普科花了 20 帝国马克就掠走了哈罗和利伯塔斯在阿尔滕堡大道 19 号的厨具。[482]哈罗的军官裤、军大衣、宽檐军帽，还有他带腰扣的短剑，以及缨带都被送进了军服管理局，在战争余下的两年中为他人所用。那辆 24 马力的菲亚特豪华敞篷轿车也被没收，往后这辆曾开往威尼斯，又在帝

433

---

　　① 柏林的资产评估办公室（Vermögensverwertungsstelle）设立于 1941 年，是帝国经济部的下属机构，其主要职责是对所剥夺的犹太人资产进行估价和出售。

国水晶之夜开回柏林的"恺撒"就归柏林-勃兰登堡高级财税局下的资产评估办公室所有了。搬进阿尔滕堡大道 19 号前幢 5 楼右侧屋子的是一位安全警察官员、刑事专员与党卫队高级突击队领袖维尔纳·格尔尼克尔博士（Dr. Werner Gornickel）。[483] 从今往后，他每月要支付 123 帝国马克的租金。他保留了一部分家具，并且坐在哈罗曾用过的书桌前。哈罗那台 1925 年款的雷明顿便携式打字机被一名来自柏林-威尔默斯多夫的男子买走了。

3

1942 年 12 月 22 日的绞刑与斩首只是一个开端。案件经过重审后，米尔德雷德·哈纳克于 1943 年 2 月 16 日走向了断头台。珀尔肖神父记下了她的遗言："我曾经是多么爱德国呀。"说这话的女子曾是一个光彩照人的金发女郎，而今却已白发苍苍，她在死囚牢房里把歌德那首《遗嘱》的最后几句翻译成了英语。她登记在案的财产中有一张前往美国的无限期船票，那是一份来自阿维德的礼物。

埃丽卡·冯·布罗克多夫的案子也被重审，她同样被改判死刑。

1943 年 5 月 13 日被斩首的有牙医赫尔穆特·希姆佩尔、工具制造工瓦尔特·胡泽曼（Walter Husemann）和卡尔·贝伦斯（Karl Behrens）、语言天才威廉·古多夫（Wilhelm Guddorf）、心理学家约翰·里特迈斯特博士、士兵及诗歌爱好者海因茨·施特雷洛、无政府主义的代课教员弗里德里希·雷默（Friedrich Rehmer）、精密机械工弗里茨·提尔、自由作家瓦尔特·库兴迈斯特、汉学家菲利

434

普·舍费尔博士，以及埃丽卡·冯·布罗克多夫。

6月21日，希特勒驳回了15份赦免申请书，其中有13人是女性。

1943年8月5日亡命于利刃下的有作家亚当·库克霍夫、语言学家乌尔苏拉·格策、具有音乐天赋的法学家玛丽亚·特维尔、面具舞者及雕刻家奥达·肖特米勒、秘书罗泽·施勒辛格（Rose Schlösinger）、办事员希尔德·科皮、大学生伊娃-玛丽亚·布赫（Eva-Maria Buch）、预言家安妮·克劳斯（Annie Krauss）、陶工卡托·邦切斯·范·贝克、中学生利安娜·贝尔科维茨、铣工斯坦尼斯劳斯·韦索勒克（Stanislaus Wesolek）、81岁的家具商埃米尔·许布纳（Emil Hübner）、速记打字员克拉拉·沙贝尔（Klara Schabbel）。1943年9月9日，演员威廉·许尔曼-霍斯特也在普勒岑湖遇害。

医生埃尔弗莉德·保尔博士、作家君特·魏森伯恩、图书馆员洛特·施莱夫、罗曼语学家维尔纳·克劳斯、历史学家海因里希·谢尔、海德堡的出版商马塞尔·梅利安德、演员玛尔塔·胡泽曼（Marta Husemann）与格蕾塔·库克霍夫被判处有期徒刑，他们活到了纳粹独裁政权倒台的那一天。

435　玛丽亚·露易丝与埃里希·埃德加·舒尔策于1968年庆祝了他们的钻石婚。哈罗的母亲和父亲分别在1973年、1974年去世。

4

历史长河中的故事往往难以详加考究。哈罗与利伯塔斯的审判记录已被销毁，他们在盖世太保"对敌调查与打击分局"的审讯记录也是如此。官方为此案指定的辩护律师中的一员——鲁道夫·贝泽博士（Dr. Rudolf Behse）在战后说，帝国战争法庭可耻地销毁了这场审判的一切痕迹。纳粹当局尝试以这种方式书写他们的"国家机密"。其后，又有许多档案在轰炸中被烧毁，故事的真相被完全掩盖了。

战后，东德与西德都听信了霍斯特·科普科为了那 3 万帝国马克所虚构的关于潜伏在柏林腹地的苏联特工小组的传说，并且分别对此做出了符合各自意识形态的阐释。国家安全部①和克格勃提供了一段关于这支所谓的"侦察小队"的英雄故事，说他们在莫斯科英明的总部领导下，以世界和平与社会主义的名义，从纳粹德国首都的腹地出发，与邪恶的帝国主义进行战斗。直到 1966 年，他们都把这个松散的网络称为"舒尔策-博伊森与哈纳克抵抗小组"，1966 年以后甚至改成了"舒尔策-博伊森与哈纳克抵抗组织"。哈罗在东德被当作英雄来纪念，苏联政府给他和阿维德·哈纳克、亚当·库克霍夫，以及约翰·格劳登茨追授了红旗勋章——那是在"伟大的卫国战争"中的最高荣誉，并且以哈罗的名字命名了几条街道，还在柏林的利希滕贝格区（Lichtenberg）设立了米尔德雷德·哈纳克高级中学、在卡尔霍斯特区（Karlshorst）设立了汉斯与希尔德·科皮文理中学。东德的国家人民军（NVA）海军里还有一

436

---

① 这里的"国家安全部"（Ministerium für Staatssicherheit）指的是德意志民主共和国的国家安全机构，简称史塔西（Stasi），应与纳粹德国的"党卫队国家安全总部"（SS-Reichssicherheitshauptamt）加以区分。

艘名为"阿维德·哈纳克号"的鱼雷快艇在波罗的海汹涌的波涛里破浪前行——它甚至有可能到过库尔斯沙嘴。[484]

西德人对踏实的考证没有多少兴趣：哈罗的弟弟，曾出任联邦德国驻东京、布加勒斯特（Bukarest）和美国外交使节的哈特姆特·舒尔策-博伊森在 20 世纪 80 年代写信给联邦总理赫尔穆特·科尔（Helmut Kohl），询问为何还不能把哈罗纳入德国的集体纪念文化中，总理府阴阳怪气地回复说，所有的抵抗战士"都值得我们的尊重。但若要问，有什么是我们能从他们那里继承的……就必须把这个法治的国家视作抵抗运动的遗产"。[485]说得好像哈罗会反对这一点似的。直到 2006 年，哈特姆特·舒尔策-博伊森才成功地推翻了帝国战争法庭 1942 年 12 月 19 日的判决。[486]

于是，这个连名字都不曾有过的团体通过伪造的信息、以一种偏离事实的方式流传了下来——事实上，这个团体并不是因为自身的行动而失败，而是由于莫斯科一些所谓专家的失误。柏林"德国抵抗运动纪念馆"的馆长、约翰内斯·图赫尔（Johannes Tuchel）教授说，铁幕两边对这个故事的接受体现出"惊人的相似性"。这些人过去所追求的正是东西方之间的和解，而在冷战两大阵营的激烈冲突中，对他们的记忆被磨灭了。

437　　"寻血猎犬"曼弗雷德·勒德博士在战后与美国中情局的前身、陆军反间谍部队（CIC）展开了合作。他告诉渴望情报的美国人，"红色交响乐队"依然存在，并且还在为莫斯科效力。勒德的代号是"奥赛罗"（Othello），为了从他嘴中得到尽可能多的关于苏联情报机构的信息，美国人对他的劣迹加以忽略。战后不久，格蕾塔·库克霍夫、阿道夫·格里梅和君特·魏森伯恩等人对这位前任最高战争司法委员发起诉讼，然而 1951 年这项审判遭到中止：在新生的联邦共和国里，仍有相当话语权的纳粹余党把他救了下来。

霍斯特·科普科直到 1945 年 5 月还在负责折磨和杀害无数的盟军特工和德国抵抗战士，然而他的罪行也没有招致多少处罚：英国的对外情报局军情六处（MI6）把他带到了伦敦，询问了他对付苏联间谍的方法，让他免于被起诉，还在 1948 年 6 月宣布他已死亡。于是不久后，他就能拿着伪造的证件潜回联邦德国，以彼得·科德斯（Peter Cordes）的身份生活并继续为军情六处效力。

"红色交响乐队"特别委员会的负责人弗里德里希·潘青格于 1946 年 10 月在林茨（Linz）被奥地利当局逮捕，然后被引渡到苏联，判处 25 年强制劳役。1955 年，在联邦总理康拉德·阿登纳（Konrad Adenauer）为德军战俘争取释放的背景下，他被遣返，回到联邦德国。他后来在新成立的联邦情报局（Bundesnachrichtendienst）中工作。

科普科的副手、哈罗的主审官约翰内斯·施特吕宾也成了受西方各大情报机关青睐的对话伙伴，并且在 20 世纪 50 年代作为破解"红色交响乐队"的专家加入了新成立的联邦宪法保卫局（Verfassungsschutz）。[487]

其他重要人物的踪迹则消失在迷雾中。施特拉·马尔伯格去了哪里？或许她不仅仅是一个边缘角色？与其他 150 多名被捕者不同，盖世太保监狱的文件里没有注明她被捕和释放的日期。她仍像是一个头发乌黑的幽灵，于 1947 年在斯图加特现身接受陆军反间谍部队的审讯——并在此期间死亡。2019 年，我依据《信息自由法》（*Freedom Information Act*）向美国联邦调查局（FBI）发起问询，但没能得到进一步的细节。美国国家档案局的档案员对此也无能为力："我们找不到任何关于施特拉·马尔伯格的信息。……您要寻找的那份档案可能已不复存在了。"[488] 有些事情已经不得而知了。

5

如今，在距离柏林选帝侯大街步道仅有几分钟车程，位于通往特格尔机场的路上的普勒岑湖边，立起了一座不太起眼的纪念碑。在荒芜的行刑室里，天花板上依然安着那条钢梁。地面上的一个排水篦旁的水泥地仍有些发黑，那里曾有血水流过。

在这间孤寂的房屋里，却鲜有片刻沉寂。打字机的咔嗒声像是从遥远的地方传来：刻着党卫队卢恩符文①的黑色盖世太保打字机、刻着西里尔字母的墨绿色打字机，还有备受欢迎的美国雷明顿打字机，那是哈罗与利伯塔斯、米尔德雷德与阿维德·哈纳克、约翰·里特迈斯特博士、维尔纳·克劳斯教授、君特·魏森伯恩、约翰·格劳登茨用过的款式，所有这些打字机都在一刻不停、如痴如狂地书写着这段德国抵抗运动的历史，再难找到一段如此富有争议的故事了。

---

① 党卫队卢恩符文（SS-Runen）是纳粹主义者根据北欧的古文字卢恩字母编纂的符号，装饰在服饰与物品上来代表纳粹意识形态与日耳曼神秘主义。

致　谢

　　我要感谢汉斯·科皮，他带着对我的坚定信任参与了整个项 443
目，并帮助我在这个复杂的主题中找到了方向。对他所做的一切调
查、提出的所有建议，以及为解答我的疑问而花费的所有时间和耐
心，我致以诚挚的感激。无论如何，我最应该感激的是那些与这个
故事有直接联系的人，他们的至亲正是这段历史的一部分：约翰·
格劳登茨的女儿卡琳·雷茨（Karin Reetz）在自家花园里用亲手烤
的樱桃派招待了我，并且提供给我相关的信息；伊娃·舒尔策-博
伊森（Eva Schulze-Boysen）到我写作的小屋来拜访我，她看起来像
极了她的哈罗舅舅，仿佛后者亲身来到了我的房间里；在果阿邦
（Goa）的一次会面中，雷吉娜·舒尔策-博伊森（Regina Schulze-
Boysen）为她姐姐的信息提供了至关重要的补充；斯特凡·罗洛夫
（Stefan Roloff）向我展示了他父亲赫尔穆特的公文包，那位钟情于
莫扎特的钢琴演奏家曾把《对德国未来的忧虑在民众中蔓延》装进
这个包里带在身边。克里斯蒂安·魏森伯恩（Christian Weisenborn）
也提供了难以估量的帮助，允许我查阅他父亲没有发表的私人日
记，这些日记尚未得到任何一位历史学家的评估。衷心感谢您对我
的信任！

　　我要特别鸣谢格特耶·安德森博士（Dr. Geertje Andresen），她
为我的研究提供了无价的帮助。在联邦档案馆里发掘出的关于吉塞

拉·冯·珀尔尼茨的细节都要归功于她。在这一方面，我也要盛赞
德国抵抗运动纪念馆，我在那里找到了一处理想的研究和工作场
444　所，并且得到了图像素材方面的支持。此外我还想感谢莱泽罗维茨
（Leiserowitz）教授，她在尼达向我讲述了许多关于库尔斯沙嘴上的
犹太难民的故事。在这一点上，我也要盛赞西尔克·克特尔哈克
（Silke Kettelhake）那本关于利伯塔斯的书。在本书忠实的试读者
中，我尤其要感谢罗兰·察格（Roland Zag），他在关键时刻帮助我
确定了写作方向。我专业的文学团队也不能被遗忘，没有他们的努
力这本书根本就不会存在：我的经纪人安德鲁·努恩贝格（Andrew
Nurnberg）、马雷·皮特纳（Marei Pittner），我的德语编辑卢茨·杜
尔斯特霍夫（Lutz Dursthoff）和英语编辑亚历克斯·利特菲尔德
（Alex Littlefield），还有出版商克斯廷·格勒巴（Kerstin Gleba）与
黑尔格·马尔肖（Helge Malchow）。

　　我发自内心地感谢努里（Nuri）与德米安（Demian）——仅仅
是因为他们伴我左右。我还要感谢我现已辞世的祖父，他在"晨光
之屋"的花园里给我讲述了那段故事——或许那是一切的开端。

参考文献

本书最重要的资料来源是柏林德国抵抗运动纪念馆（GDW）里"红色交响乐队藏品"（RK）中未发表的文件。此外重要的补充来自慕尼黑当代史研究所（Instituts für Zeitgeschichtein München）为本次研究专门解密的档案，以及德国、英国、俄罗斯和美国的联邦档案馆中至今没有发表的素材、报告和档案。

A.未出版材料

»Akte Korsikanez«, Archiv des Auslandsnachrichtendienstes Moskau, Nr. 34118, Bd. 1, GDW, RK.

»Akten des Oberreichskriegsanwaltes in der Strafsache Lotte Schleif«, 25.9.1942, GDW, RK 1/5.

»Akten des Oberreichskriegsanwaltes in der Strafsache gegen den Professor Gefr Dr. Werner Krauss wg Landesverrats«, 1943/44, GDW, RK 29/39.

»Akten des Oberreichskriegsanwaltes in der Strafsache gegen Günther Weisenborn«, GDW, RK 2/8.

Bartz, Karl, »An das Wehrbezirkskommando Berlin IX«, 5.8.1937, GDW, RK.

Bauer, Arnold, »Erinnerungen an Harro Schulze-Boysen«, GDW, RK, 37/67.

Bomhoff, A., »Begegnungen mit Harro Schulze-Boysen«, GDW, RK.

»Briefwechsel Elfriede Paul und Walter Küchenmeister«, Bundesarchiv, NY 4229/21.

Coppi, Hans, »Bericht über die Reise in die BRD vom 28.9.-3.10 1989«, GDW, RK.

Ders., »Besuch bei Helga Mulachie, Schwester von Harro Schulze-Boysen, Venedig, Ende Juni 1989«, GDW, RK.

Ders., »Gespräch mit Frau von Schönebeck am 15.4.1989«, GDW, RK.

Ders., »Gespräch mit Hartmut Schulze-Boysen, August 1989«, GDW, RK.

Ders., »Gespräch mit Werner Dissel vom 1.7.1987«, GDW, RK.

Ders., »Gespräch mit Vera und Frau Wolfgang Rittmeister«, 1990, GDW, RK.

Ders., »Nachdenken über Libertas Schulze-Boysen«, Gedenkfeier zum 100. Geburtstag von Libertas Schulze-Boysen am 17. November 2013 in Liebenberg, GDW, RK.

Dahl, Herbert, »Bericht über meine Beziehungen zu Harro Schulze-Boysen«, GDW, RK.

»Der Polizeipräsident in Berlin« (zu Gisela von Poellnitz), 6.4.1937, Bundesarchiv, R/30171, Archivnr. 5574.

Dissel, Werner, »Erinnerung an Begegnung mit Harro Schulze-Boysen im RLM«, 24.11.1988, GDW, RK.

Engelsing-Kohler, Ingeborg, »Meine Erinnerungen an Harro und Libertas Schulze-Boysen«, GDW, RK.

»Handakte in der Strafsache gegen Elfriede Paul«, GDW, RK 2/7.

Harnack, Arvid, »Das nationalsozialistische Stadium des Monopolkapitalismus«, zirkuliert als Flugschrift im Frühjahr 1942. Der Autor bleibt ungenannt. GDW, RK.

Havemann, Wolfgang: Bericht, GDW, RK.

Jedzek, Klaus, »Einer ist tot. Für Harro Schulze-Boysen«, GDW, RK.

Kerbs, Diethart, »John Graudenz (1884–1942), Bildjournalist und Widerstandskämpfer«, GDW, RK.

Küchenmeister, Rainer, »Hiddenseer Reise«, GDW, RK 1/4.

Kuckhoff, Adam und John Sieg, »Briefe an die Ostfront«. Die Autoren bleiben ungenannt. GDW, RK.

Kurzbiografie von Harro Schulze-Boysen, undatiert, vermutlich Spätherbst 1936, GDW, RK.

Linke, Magda, »Meine Erinnerungen an Libertas Schulze-Boysen«, GDW, RK 37/67.

»Polizeibericht AD II 4 vom 16.3.1933 über den Aufbau und die Tätigkeit der Vereinigung ›Gegner – Zeitschrift für neue Einheit‹«, GDW, RK.

Roloff, Helmut, »Bericht – Über die Arbeit in einem Teil der Gruppe Schulze-Boysen«, GDW, RK.

Scheel, Heinrich, »Brief an Ricarda Huch«, 23.6.1946, GDW, RK 8/13.

Ders., »Horst Heilmann – Hitlerjunge und Widerstandskämpfer«, Vortrag gehalten an der Universität Rostock, Februar 1988, GDW, RK.

Schidlowsky, Herbert, »Brief an Günther Weisenborn«, GDW, RK 1/4.

Schmid, Joseph, »Die 5. Abteilung des Generalstabes der Luftwaffe (Ic), 1.1.1938 – 1.10 1942, Ausarbeitung des Generalleutnants Schmid«, GDW, RK.

Schütt, Regine, »50 years later. The way I saw it«, GDW, RK.

Schulze, Erich Edgar, »Zum Gedächtnis meines Sohnes Harro«, handschriftlich, GDW, RK.

Schulze, Marie Luise, »Warum ich 1933 in die NSDAP eingetreten bin«, o. D., GDW, RK.

Schulze, Erich Edgar und Marie Luise, »Brief an die Betreuungsstelle für politisch Geschädigte«, Mülheim, 13.12.1946, GDW, RK.

Schulze-Boysen, Harro (mit John Rittmeister, John Graudenz u. a.), »Die Sorge um Deutschlands Zukunft geht durch das Volk«. Die Autoren bleiben ungenannt. GDW, RK.

Tosca Grill, Antonia, »Philipp Schaeffer – mein Vater«, Vortrag am 17.06.2003 anlässlich der Ausstellungseröffnung über Philipp Schaeffer in der Philipp-Schaeffer-Bibliothek, Berlin-Mitte, GDW, RK.

»Walter Habecker, German. A Gestapo Officer in Berlin«, British National Archives, KV 2/2752.

Weisenborn, Günther, Private Tagebücher, Privatarchiv Christian Weisenborn, München.

»Zusammentreffen von Scholl und Schmorell mit Falk Harnack«, GDW, RK 23/37.

B. 已出版材料、文件

Bergander, Hiska, »Das Ermittlungsverfahren gegen Dr. jur. et rer. pol. Manfred Roeder, einen ›Generalrichter‹ Hitlers«, Inauguraldissertation, Universität Bremen, 2006.

Coppi, Hans,»Philipp Schaeffer, Orientalist, Bibliothekar, Widerstands-kämpfer«, in: IWK Internationale wissenschaftliche Korrespondenz zur Geschichte der deutschen Arbeiterbewegung, 41. Jg., September 2005, Heft 3, Seite 366 bis 386, S. 383/84.

Nakagawa, Asayo,»Das Reichsluftfahrtministerium – Bauliche Modi-fikationen und politische Systeme«, Magisterarbeit, Humboldt-Uni-versität zu Berlin 2009.

Nauséda, Gitanas und Vilija Gerulaitiené (Hrg.),»Chronik der Schule Nidden«, Vilnius 2013.

Schulze-Boysen, Harro,»Gegner von heute – Kampfgenossen von mor-gen«, aus:»Die Schriften der Gegner«, Berlin 1932. Nachdruck: Ko-blenz 1994.

C.引用文献

Andresen, Geertje,»Oda Schottmüller – Die Tänzerin, Bildhauerin und Nazigegnerin«, Berlin 2005.

Andresen, Geertje und Hans Coppi (Hrg.),»Dieser Tod passt zu mir – Harro Schulze-Boysen. Grenzgänger im Widerstand«, Berlin 1999.

Bock, Michael und Michael Töteberg,»Das Ufa-Buch. Kunst und Kri-sen, Stars und Regisseure, Wirtschaft und Politik«, Frankfurt a. M. 1992.

Borchardt, Rudolf,»Weltpuff Berlin«, Reinbek 2018.

Boysen, Elsa,»Harro Schulze-Boysen – Das Bild eines Freiheits-kämpfers«, Koblenz 1992.

Brysac, Shareen Blair,»Resisting Hitler – Mildred Harnack and the Red Orchestra«, New York 2000.

Coburger, Marlies, Regina Griebel und Heinrich Scheel (Hrg.),»Er-fasst? Das Gestapo-Album zur Roten Kapelle – Eine Foto-Dokumen-tation«, Berlin 1992.

Coppi, Hans,»Harro Schulze-Boysen – Wege in den Widerstand. Eine biographische Studie«, Koblenz 1995.

Coppi, Hans, Jürgen Danyel und Johannes Tuchel,»Die Rote Kapelle im Widerstand gegen den Nationalsozialismus«, Berlin 1994.

Domeier, Norman,»Der Eulenburg-Skandal – eine politische Kultur-geschichte des Kaiserreiches«, Frankfurt/M. 2010.

Eulenburg, Tora zu (Hrg.),»Libertas Schulze-Boysen: Gedichte und Briefe«, o. O. 1952.

Fechter, Paul,»An der Wende der Zeit. Menschen und Begegnungen«, Berlin 1950.

Flügge, Manfred,»Meine Sehnsucht ist das Leben«, Berlin 1998.

Fröhlich, Elke (Hrg.),»Die Tagebücher von Joseph Goebbels. Teil 1, Auf-zeichnungen 1923 – 1941 ; Bd. 2,3, Oktober 1932 – März 1934«, Mün-chen 2006.

Dies. (Hrg.),»Die Tagebücher von Joseph Goebbels. Teil 2, Diktate 1941–1945; Band 6, Oktober-Dezember 1942«, München 1996.

»Gratulatio für Joseph Caspar Witsch zum 60. Geburtstag am 17. Juli 1966«, Köln 1966.

Haase, Norbert,»Das Reichskriegsgericht und der Widerstand gegen die nationalsozialistische Herrschaft«, Berlin 1993.

Henderson, Neville,»Failure of a Mission – Berlin 1937–1939«, Lon-don 1940.

Hildebrandt, Rainer,»Wir sind die Letzten: aus dem Leben des Wider-standskämpfers Albrecht Haushofer und seiner Freunde«, o. O., 1949.

Höhne, Heinz,»Kennwort: Direktor. Die Geschichte der Roten Ka-pelle«, Frankfurt/M. 1970.

Knopf, Volker und Stefan Martens,»Görings Reich – Selbstinzenierun-gen in Carinhall«, Berlin 1999.

Kuckhoff, Greta,»Vom Rosenkranz zur Roten Kapelle«, Berlin 1972.

Malek-Kohler, Ingeborg,»Im Windschatten des 3. Reichs – Begegnungen mit Filmkünstlern und Widerstandskämpfern«, Freiburg 1986.

Mann, Klaus,»Kind dieser Zeit«, Hamburg 1987.

Mann, Thomas,»Mein Sommerhaus«: Beilage zum Wochenbericht IV/22 des Rotary Clubs München, Dezember 1931.

Mann, Thomas,»Tagebücher 1937–1939«, Frankfurt/M. 1980.

Mazzetti, Elisabetta,»Thomas Mann und die Italiener – Maß und Wert, Düsseldorfer Schriften zur deutschen Literatur«, Frankfurt 2009.

Mommsen, Hans, »Die ›rote Kapelle‹ und der deutsche Widerstand gegen Hitler«, Essen 2012.

Otto, Regine und Bernd Witte (Hrg.), »Goethe Handbuch«, Bd.1., Stuttgart 2004.

Perrault, Gilles, »Auf den Spuren der Roten Kapelle«, Hamburg 1969.

Poelchau, Harald, »Die letzten Stunden, Erinnerungen eines Gefängnispfarrers«, aufgezeichnet von Graf Alexander Stenbock-Fermor, Berlin 1949.

Poelchau, Harald, »Die Lichter erloschen – Weihnachtserinnerungen 1941–1944«, in: Unser Appell, J.2, 1948.

Roloff, Stefan (mit Vigl, Mario), »Die Rote Kapelle: Die Widerstandsgruppe im Dritten Reich und die Geschichte Helmut Roloffs«, Berlin 2002.

Salomon, Ernst von, »Der Fragebogen«, Reinbek 1961.

Schattenfroh, Reinhold und Johannes Tuchel, »Zentrale des Terrors – Prinz-Albrecht-Straße 8: Hauptquartier der Gestapo«, Berlin 1987.

Scheel, Heinrich, »Vor den Schranken des Reichskriegsgerichts: mein Weg in den Widerstand«, Berlin 1993.

Boysen, Elsa, »Harro Schulze-Boysen – Das Bild eines Freiheitskämpfers«, Koblenz 1992.

Später, Jörg, »Vansittart: britische Debatten über Deutsche und Nazis 1902–1945«, Göttingen 2003.

Trepper, Leopold, »Die Wahrheit – Autobiographie des ›Grand Chef‹ der Roten Kapelle«, München 1975.

Turel, Adrien, »Bilanz eines erfolglosen Lebens«, Zürich 1989.

Urwand, Ben, »Der Pakt: Hollywoods Geschäfte mit Hitler«, Stuttgart 2017.

Wegner, Wenke, »Libertas Schulze-Boysen: Filmpublizistin / mit Aufsätzen und Kritiken von Libertas Schulze-Boysen«, München 2008.

Weisenborn, Günther, »Memorial«, Berlin 1961.

Wizisla, Erdmut, »Benjamin und Brecht – Die Geschichte einer Freundschaft«, Frankfurt/M. 2004.

D.其他文献

Blank, Aleksandr,»Rote Kapelle gegen Hitler«, Berlin 1979.

Conrad, Robert, Uwe Neumärker und Cord Woywodt,»Wolfsschanze – Hitlers Machtzentrale im Zweiten Weltkrieg«, Berlin 2012.

Coppi, Hans und Jürgen Danyel,»Der Gegner-Kreis im Jahre 1932/33 – ein Kapitel aus der Vorgeschichte des Widerstandes«, Berlin 1990.

Demps, Laurenz (Hrg.),»Luftangriffe auf Berlin: die Berichte der Hauptluftschutzstelle; 1940 – 1945«, Berlin 2012.

Döblin, Alfred,»Berlin Alexanderplatz«, Frankfurt/M. 2013.

Fallada, Hans,»Jeder stirbt für sich allein«, Berlin 2011.

Goschler, Constantin und Michael Wala,»Keine neue Gestapo«. Bundesamt für Verfassungsschutz und die NS-Vergangenheit, Hamburg 2015.

Kettelhake, Silke,»Erzähl allen, allen von mir! Das schöne kurze Leben der Libertas Schulze-Boysen 1913–1942«, München 2008.

Krauss, Werner,»PLN«, Berlin 1980.

Larson, Erik,»In the Garden of Beasts – Love, Terror, and an American Family in Hitler's Berlin«, New York 2011.

Mommsen, Hans,»Alternative zu Hitler – Studien zur Geschichte des deutschen Widerstandes«, München 2000.

Moorhouse, Roger,»Berlin at War: Life and Death in Hitler's Capital; 1939 – 45«, London 2011.

Nelson, Anne,»Die Rote Kapelle: die Geschichte der legendären Widerstandsgruppe«, München 2010.

Neville, Peter,»Appeasing Hitler«, London 2000.

Orbach, Danny,»The Plots against Hitler«, London 2017.

Ohler, Norman,»Der totale Rausch«, Köln 2015.

Paul, Elfriede,»Ein Sprechzimmer der Roten Kapelle«, Berlin 1987.

Pynchon, Thomas,»Die Enden der Parabel«, Reinbek 2015.

Roewer, Helmut,»Die Rote Kapelle und andere Geheimdienstmythen: Spionage zwischen Deutschland und Russland im Zweiten Weltkrieg 1941 – 1945«, Graz 2010.

Sabrow, Martin (Hrg.),»Skandal und Diktatur – Öffentliche Empörung im NS-Staat und in der DDR«, Göttingen 2004.

Sälter, Gerhard,»Phantome des Kalten Krieges. Die Organisation Geh-
len und die Wiederbelebung des Gestapo-Feindbildes ›Rote Ka-
pelle‹«, Berlin 2016.

Schmidt, Helmut (Hrg.),»John Sieg, einer von Millionen spricht. Skiz-
zen, Erzählungen, Reportagen, Flugschriften«, Berlin 1989.

Sudoplatov, Pavel und Anatoli Sudoplatov,»Special Tasks: The Memoirs
of an Unwanted Witness – a Soviet Spymaster«, Boston 1994.

Vinke, Hermann,»Cato Bontjes van Beek: Ich habe nicht um mein
Leben gebettelt«, München 2007.

Weisenborn, Günther,»Der lautlose Aufstand: Bericht über die Wider-
standsbewegung des deutschen Volkes 1933 – 1945«, Frankfurt/M.
1974.

Weiss, Peter,»Die Ästhetik des Widerstands«, Frankfurt 2005.

Würmann, Carsten,»Zwischen Unterhaltung und Propaganda: Das
Krimigenre im Dritten Reich«, Freie Universität Berlin 2013.

E.互联网材料

https://www.ns-archiv.de/krieg/1938/tschechoslowakei/
wollen-keine-tschechen.php

http://www.spiegel.de/spiegel/print/d-29193277.html

http://www.foerderverein-invalidenfriedhof.de

https://www.youtube.com/watch?v=2_u8iwRlRes

https://de.wikipedia.org/wiki/Röhm-Putsch

注 释

1."沃尔夫冈·哈费曼（Wolfgang Havemann）的报告"，藏于德国抵抗运动纪念馆（GDW），"红色交响乐队藏品"（RK），S. 41。

2. 埃里希·埃德加·舒尔茨的遗物，GDW，RK，S. 41。

3. 参见党卫队第三分队：辅警指挥部致哈罗·舒尔策－博伊森的公文（1933 年 5 月 19 日），慕尼黑当代史研究所（IfZ München），ED 335/2。

4. 汉斯·科皮，与维尔纳·迪塞尔（Werner Dissel）的谈话（1987 年 7 月 1 日），GDW，RK，S. 4。另参见 Jedzek, Klaus, *Einer ist tot. Für Harro Schulze-Boysen*, GDW, RK, S. 5。

5. Turel, Adrien, *Bilanz eines erfolglosen Lebens*, Zürich 1987, S. 264/265 sowie S. 259.

6. Boysen, Elsa, *Harro Schulze-Boysen-Das Bild eines Freiheitskämpfers*, Koblenz 1992, S. 6.

7. Schütt, Regine, *50 years later-how I saw it*, GDW, RK. 下文中对这一系列事件的描写亦出自此处。

8. 同上。

9. Schulze, Marie Luise, *Warum ich 1933 in die NSDAP eingetreten bin*（未注明日期），GDW, RK, S. 3。下文中对这一系列事件的引述描写亦出自此处。

10. 玛丽·露易丝与埃里希·埃德加致"受政治迫害者关照中心"（die Betreuungsstelle für politisch Geschädigte）的信（1946 年 12 月 13 日，米尔海姆），GDW, RK, S. 2。

11. 汉斯·科皮，与哈特姆特·舒尔茨－博伊森的谈话（1989 年 8 月），GDW, RK, S. 2。

12. 维尔纳·迪塞尔，"关于哈罗·舒尔茨－博伊森的报告"，GDW, RK, S. 26。

13. Fallada, Hans, *Jeder stirbt für sich allein*, Reinbek 2018.

14. Schulze-Boysen, Harro, *Gegner von heute-Kampfgenossen von morgen*, 出自：*Die Schriften der Gegner*, Berlin 1932. 翻印：Koblenz 1994, S. 5。

15. Bauer, Arnold, *Erinnerungen an Harro Schulze-Boysen*, GDW, RK 37/67, S. 1.

16. "他们会议的风格、他们的标志、他们的结构以及他们的历史发展——一切都使他们濒于消亡。" Schulze-Boysen, Harro, *Randbemerkungen*, in: *Gegner* (1932) H. 9/10, Dezember 1932, S. 2。

17. Schulze-Boysen, Harro, *Gegner von heute-Kampfgenossen von morgen*, 引文出处同上，S. 7。

18. 哈罗致母亲的信，1932 年 2 月 25 日，IfZ München, ED 335/1。

19. Bomhoff, A., *Begegnungen mit Harro Schulze-Boysen,* GDW, RK, S. 3.

20. 参见汉斯·科皮，与哈罗的妹妹黑尔佳·穆拉基耶（Helga Mulachie）的会面（1989 年 6 月底），GDW, RK,S.18。

21. Bauer, Arnold, *Erinnerungen an Harro Schulze-Boysen*, GDW, RK 37/67.

22. 汉斯·科皮，与迪塞尔的谈话，引文出处同上，S. 29。

23. 哈罗致阿尔弗雷德·冯·提尔皮茨的信，1929 年 8 月 12 日，IfZ München, ED 335/1。

24. *Gegner*, März 1932, Berlin, S. 2。"以后《对手》将在每月20号（20点30分）举办的会谈中给所有有兴趣参加的读者提供机会，展开面对面的

（有时会和作者本人一起）讨论，并且对刊中涉及的想法做进一步延伸。要把这些夜晚发展成公开辩论的夜谈。"

25. 譬如美茵河畔的法兰克福、达姆施塔特、威斯巴登、奥芬巴赫、海德堡、曼海姆、洪堡、斯图加特、卡尔斯鲁厄、萨尔布吕肯、因斯布鲁克、莱比锡等。

26. 引自 *Der Spiegel*, 17.6.1968, *ptx ruft Moskau*, S. 103。

27. Schulze-Boysen, Harro, *Der neue Gegner*, in: *Gegner* (1932) H. 4/5, 5.3.1932.

28. 后文如下："人们会问我们为哪个党服务，又有什么方案。我们不为任何政党服务。……我们没有方案，我们不承认任何一成不变的真理。我们觉得只有生命是神圣的，只有运动才有价值。" Schulze-Boysen, Harro, *Die Saboteure der Revolution*, in: *Gegner*, 2.4.1933。

29. Salomon, Ernst von, *Der Fragebogen*, Reinbek 1961, S. 357.

30. Jedzek, K., *Einer ist tot*, 引文出处同上，S. 3。

31. 哈罗致父母的信，约 1932 年 2 月初，IfZ München, ED 335/1。

32. 哈罗致母亲的信，1932 年 5 月 23 日，IfZ München, ED 335/1。

33. Salomon, 引文出处同上，S. 182。

34. 哈罗致父母的信，1932 年 6 月 8 日，IfZ München, ED 335/1。

35. 阿尔弗雷德·德布林致哈罗的信，1931 年 10 月 22 日，席勒国家博物馆（Schiller-Nationalmuseum），马尔巴赫，阿尔弗雷德·德布林的遗物。

36. Wizisla, Erdmut, *Benjamin und Brecht-Die Geschichte einer Freundschaft*, Frankfurt/M. 2004, S. 84.

37. 哈罗致父母的信，1932 年 8 月 26 日，IfZ München, ED 335/1。

38. 罗伯特·荣克，自由柏林广播电台第三台（SFB 3）的采访，1986 年 11 月 21 日。

39. Schulze-Boysen, Harro, *Gegner von heute-Kampfgenossen von morgen*, 引文出处同上，S. 17。

40. Turel, Adrien, 引文出处同上，S. 266 ff。

41. Goebbels, Joseph, *Die Tagebücher von Joseph Goebbels. Teil 1, Aufzeichnungen 1923–1941; Bd. 2,3, Oktober 1932–März 1934*, 2006.

42. Schulze-Boysen, Libertas, *Gedichte und Briefe*, hrsg. von Tora zu Eulenburg, 1952.

43. Borchardt, Rudolf, *Weltpuff Berlin*, Reinbek 2018.

44. Domeier, Norman, *Der Eulenburg-Skandal: Eine politische Kulturgeschichte des Kaiserreichs*, Frankfurt, 2010, S. 61.

45. Turel, Adrien, 引文出处同上，S. 266 ff。

46. 同上。

47. Coppi, Hans, *Nachdenken über Libertas Schulze-Boysen*, 发表于利伯塔斯·舒尔策－博伊森 100 周年诞辰纪念，2013 年 11 月 17 日，利本贝格。

48. 弗里德里希－奥伊伦堡的温特和赫特菲尔德侯爵的札记与信件，藏于德国联邦档案馆（BA）中的军事档案（Militärarchiv）部，档案号：239/83；另见于 Kurt Gossweiler/Alfred Schlicht, *Junker und NSDAP 1931/32*, in: *Zeitschrift für Geschichtswissenschaft 15* (1967) 4, S. 644–662。

49. 哈罗致父母的信，1933 年 2 月 17 日，IfZ München, ED 335/1。

50.《对手》杂志，1933 年 2 月 15 日刊，柏林，S. 2。

51. 汉斯·科皮，与维尔纳·迪塞尔的谈话，引文出处同上，S. 28 ff。

52. 同上。

53. 哈罗致母亲的信，未注明日期，大约于 1933 年 2 月或 3 月，IfZ München, ED 335/1。

54. 1933 年 3 月 16 日警方报告 AD II 4，关于新组建的《对手》杂志社团的组织和活动，德国联邦档案馆，波茨坦部（Abteilungen Potsdam），档案号：22/165。

55. 汉斯·科皮，与维尔纳·迪塞尔的谈话，引文出处同上，S. 21。

56. 同上。

57. 哈罗致母亲的信，未注明日期，大约于 1933 年 2 月，IfZ München，ED 335/1。

58. 警方报告 AD II 4，引文出处同上。

59. 同上。

60. 维尔纳·迪塞尔，"关于哈罗的报告"，GDW, RK, S. 23。

61. 同上。

62. 哈罗致父母的明信片，1933 年 3 月 4 日，IfZ München, ED 335/1。

63. Coppi, Hans, *Harro Schulze-Boysen-Wege in den Widerstand. Eine biographische Studie*, Koblenz 1995, S. 456.

64. Schulze, Marie Luise, 引文出处同上，S. 3。

65. Goebbels, Joseph, 引文出处同上，1933 年 5 月 1 日记。

66. 同上，1933 年 4 月 30 日记。

67. Schulze, Marie Luise, 引文出处同上，S. 4。

68. Coppi, Hans, *Harro Schulze-Boysen-Wege in den Widerstand*, 引文出处同上，S. 126。

69. Goebbels, Joseph, 引文出处同上，1933 年 5 月 1 日记。

70. 同上。

71. Schulze, Marie Luise, 引文出处同上，S. 6。

72. Urwand, Ben, *Der Pakt*, Stuttgart 2017, S. 34 ff.

好莱坞对纳粹的屈从始于魏玛共和国时期，1930 年圣诞节前不久上映了改编自埃里希·玛利亚·雷马克（Erich Maria Remarque）的国际畅销书

《西线无战事》(*Im Westen nichts Neues*)的电影，该书以前线无意义的死亡为主题，展现了第一次世界大战的残酷，后来获得了奥斯卡奖。当该片在柏林举行第一次大规模的展映时，纳粹分子购买了300张票，并且在片中的法国军队战胜德国军队时朝荧幕发出嘘声。"那时的德国士兵是很勇敢的！"人群中有人喊道，"叫美国人拍出这样的电影是一大耻辱！"呼喊声没有停息，放映员停止了放映并打开了灯。那时已是纳粹宣传部长的戈培尔从他位于看台第一排的座位上站起来并发表了一番演讲，声称这部电影的拍摄仅仅是为了损害德国在世界上的名声。他讲完后，手下的人朝过道扔出了臭液弹，并且放出了装在笼子里带进场的白鼠。6天后，由于对这部"不爱国影片"的声讨仍未停止，发行商将它撤回。环球影业（Universal）的老板卡尔·拉姆勒（Carl Laemmle）下令对该片进行重新剪辑，1931年夏天一个无害化的版本在德国的影院上映了。对此戈培尔满意地评论道："我们迫使他们屈服了！"

73. 同上。

74. Salomon, Ernst von, 引文出处同上。

75. 维尔纳·迪塞尔，"关于哈罗的报告"，引文出处同上。

76. 同上，S. 28。

77. 同上，S. 2。

78. 引自哈罗致父亲的信，1939年5月1日，IfZ München, ED 335/1。

79. 参见赫尔伯特·希德罗夫斯基（Herbert Schidlowsky）致君特·魏森伯恩的信，GDW, RK 1/4。

80. 哈罗致父母的信，1933年5月31日，IfZ München, ED 335/1。

81. 哈罗致妹妹黑尔佳的信，1933年10月9日，IfZ München, ED 335/1。

82. 哈罗致母亲的信，1933年7月25日，IfZ München, ED 335/1。

83. 哈罗致母亲的信，1933年9月21日，IfZ München, ED 335/1。

84. 哈罗致父亲的信，1933 年 9 月 3 日，IfZ München, ED 335/1。

85. 同上。

86. 哈罗致母亲的信，1933 年 7 月 25 日，IfZ München, ED 335/1。

87. 同上。

88. 哈罗致父亲的信，1933 年 8 月 5 日，IfZ München, ED 335/1。

89. 哈罗致父亲的信，1933 年 9 月 15 日，IfZ München, ED 335/1。

90. 哈罗致妹妹黑尔佳的信，1933 年 10 月 9 日，IfZ München, ED 335/1。

91. 哈罗致父亲的信，1933 年 9 月 15 日，IfZ München, ED 335/1。

92. 哈罗致妹妹黑尔佳的信，1933 年 10 月 9 日，IfZ München, ED 335/1。

93. 哈罗致父亲的信，1933 年 10 月 3 日，IfZ München, ED 335/1。

94. 哈罗致父母的信，1933 年 10 月 4 日，ED 335/2。

95. 哈罗致父母的信，1933 年 7 月 12 日，IfZ München, ED 335/1。

96. 哈罗致母亲的信，1933 年 8 月 30 日，IfZ München, ED 335/1。

97. 哈罗致父亲的信，1933 年 8 月 7 日，IfZ München, ED 335/1。

98. 哈罗致父亲的信，1933 年 9 月 3 日，IfZ München, ED 335/1。

99. 哈罗致父母的信，1933 年 9 月初，IfZ München, ED 335/2。

100. 哈罗致图雷尔的信，1933 年 11 月初，IfZ München, ED 335/1。

101. Roloff, Stefan (mit Vigl, Mario), *Die Rote Kapelle: Die Widerstandsgruppe im Dritten Reich und die Geschichte Helmut Roloffs*, Berlin 2002, S. 74.

102. 参见法尔克·哈纳克，对阿维德·哈纳克的第一次探视，1942 年 10 月 26 日，GDW, RK 32/55。

103. 哈罗致父母的信，1933 年 12 月 6 日，IfZ München, ED 335/1。

104. 哈罗致父母的信，1934 年复活节，IfZ München, ED 335/1。

105.《帝国航空部部员和工人的入职问卷》，《德意志国法规汇编》I, S. 679, GDW, RK。

106. 哈罗致父母的信，1934 年 4 月 4 日及 1934 年 7 月 19 日，IfZ München，ED 335/1。

107.《帝国最高军事检察院对君特·魏森伯恩的刑诉档案》，"定罪证据"，GDW，RK 2/8；哈罗致父母的信，1934 年复活节，IfZ München，ED 335/1。

108. 哈罗致父母的信，1934 年 5 月 15 日，IfZ München，ED 335/1。

109. 哈罗致妹妹的信，1933 年 10 月 9 日，IfZ München，ED 335/1。

110. 哈罗致父母的信，1934 年 5 月 15 日，IfZ München，ED 335/1。

111. 参见 Coppi, Hans, *Wege in den Widerstand*，引文出处同上，S. 146。

112. 哈罗致父母的信，1934 年 5 月 15 日，IfZ München，ED 335/1。下两处引用也来自此处。

113. 哈罗致妹妹的信，1934 年 5 月 1 日，IfZ München，ED 335/1。

114. 同上。

115. 哈罗致父亲的信，未注明日期，大约于 1934 年夏，IfZ, München，ED 335/1。

116. https://de.wikipedia.org/wiki/Röhm-Putsch.

117. 哈罗致父亲的信，未注明日期，大约于 1934 年夏，IfZ, München，ED 335/1。

118. 利伯塔斯写的诗，1934 年 8 月 1 日，GDW, RK。

119. 哈罗致父母的信，1937 年 9 月 11 日，IfZ München，ED 335/1。

120. 哈罗致父母的信，1934 年 7 月 19 日，IfZ München，ED 335/1。

121. 同上。

122. 利伯塔斯致埃里希·埃德加·舒尔策与玛丽·露易丝·舒尔策的信，1936 年 1 月 8 日，IfZ München，ED 335/1。

123. 哈罗致克劳德·舍瓦莱（Claude Chevalley）的信，1935 年 8 月 24

日，GDW, RK。

124. 同上。

125. 同上。

126. 哈罗致父母的信，1935 年 7 月 16 日，IfZ München, ED 335/1。

127. 与雷吉娜·舒尔策 - 博伊森的对话，2019 年 2 月 1 日，果阿邦。关于玛丽·露易丝与埃里希·埃德加生活的大量细节皆出自此处。

128. 哈罗致父母的信，1936 年 1 月，IfZ München, ED 335/1。

129. 与伊娃·舒尔策 - 博伊森的对话，2018 年 11 月 17 日，柏林，及与雷吉娜·舒尔策 - 博伊森的对话，2019 年 2 月 1 日，果阿邦。

130. 汉斯·科皮，与黑尔佳·穆拉基耶的会面，引文出处同上，S. 12。关于地毯的故事亦出自此处。

131. 同上，S. 20。

132. 哈罗致母亲的信，1935 年 7 月 27 日，IfZ München, ED 335/1。下段引用亦出自此处。

133. 哈罗致父母的信，1936 年 1 月 12 日，IfZ München, ED 335/1。

134. 哈罗致父母的信，1936 年 1 月 26 日，IfZ München, ED 335/1。

135. 汉斯·科皮，与黑尔佳·穆拉基耶的会面，引文来源同上，S. 9/10。

136. 哈罗致父母的信，1936 年 7 月 10 日，IfZ München, ED 335/1，另见 Hans Coppi, Geertje Andresen (Hg.), *Dieser Tod paßt zu mir - Harro Schulze-Boysen. Grenzgänger im Widerstand*, Berlin 1999, S. 220。

137. 哈罗致母亲的信，1936 年 6 月 16 日，IfZ München, ED 335/1。

138. 参见奥伊伦堡的托拉致玛丽·露易丝·舒尔策的信，1936 年 8 月 17 日，GDW, RK。

139. Salomon, 引文出处同上，S. 397。

140. 同上，S. 376。

141. Nakagawa, Asayo, *Das Reichsluftfahrtministerium-Bauliche Modifikationen und politische Systeme*, Magisterarbeit, Humboldt-Universität zu Berlin, 2009, S. 18.

142. 维尔纳·迪塞尔，《关于哈罗·舒尔策－博伊森的报告》，GDW, RK, S. 27。

143. 哈罗致母亲的信（1936 年 8 月 21 日），IfZ München, ED 335/1。

144. 卡尔·巴茨，《致国防军柏林第四辖区的报告》，1937 年 8 月 5 日，GDW, RK。

145. 汉斯·科皮，与冯·舍内贝克（von Schönebeck）夫人的谈话，1989 年 4 月 15 日，GDW, RK, S. 8。

146. Coppi, Hans, *Wege in den Widerstand*, 引文出处同上，S. 147。

147. 利伯塔斯致玛丽·露易丝·舒尔策的信，1936 年 4 月 23 日，IfZ München, ED 335/1。

148. 同上。

149. 利伯塔斯致玛丽·露易丝·舒尔策的信，1936 年 4 月 29 日，另见 1936 年 4 月 23 日的信，IfZ München, ED 335/1。

150. 哈罗致父母的信，1936 年 10 月 26 日，IfZ München, ED 335/1。

151. 利伯塔斯致玛丽·露易丝·舒尔策的信（1936 年 4 月 29 日），IfZ München, ED 335/1。

152. 哈罗致弟弟哈特姆特的信，未注明日期，GDW, RK。下两处引文亦出自此处。

153. 同上。

154. 同上。另见汉斯·科皮，"关于 1989 年 9 月 28 日到 10 月 3 日在德意志联邦共和国行程的报告"中与哈特姆特·舒尔策－博伊森的第一次谈话，GDW, RK, S. 3。

155. 利伯塔斯致慕尼黑国社党全国领导部（Reichsleitung der NSDAP）的信，1937 年 12 月 1 日，GDW, RK。

156. Salomon, 引文出处同上，S. 398。

157. 哈罗致父母的信，1937 年 2 月 24 日，IfZ München, ED 335/1。

158. 哈罗致父母的信，1937 年 12 月 9 日，IfZ München, ED 335/1。

159. 汉斯·科皮，与薇拉·里特迈斯特（Vera Rittmeister）和沃尔夫冈·里特迈斯特（Wolfgang Rittmeister）的谈话，1990 年，GDW, RK, S.2。

160. 吉塞拉的父亲是奥伊伦堡侯爵菲利普的侄子。

161. Dissel, Werner, *Jour Fixe 1936*, GDW, RK, S. 1.

162. 联邦档案馆，R/3017，档案号：5574, S. 14.（"重要存档"）。

163. 同上，S. 24 及 S. 30。

164. 联邦档案馆，R/30171，档案号：5574，柏林警察局长存档（1937 年 4 月 6 日），S. 2。

165. 同上，"重要存档"，S. 13。

166. 同上，出自她兄弟于 1938 年 2 月 18 日的供词。

167. 同上。

168. 参见 Paul, Elfriede, *Ein Sprechzimmer der Roten Kapelle*, Berlin 1987, S. 107/108。

169. Fechter, Paul, *An der Wende der Zeit. Menschen und Begegnungen*, Berlin 1950, S. 288 ff. 在克劳斯·曼的描述中，奥达"怪诞而极具天赋，有一张蒙古人式的奇特短脸，喜欢以婀娜的姿势把自己蜷成一团，蹲坐在柜子或窗台上。她会跳神奇而粗野的舞蹈；她画的素描与油画也同样神奇而粗野，在她的画纸上有瓶里飘出的鬼魂，还有蛇缠绕在弯曲的树木上。……她常带着无言的忧伤，也常有着跳跃舞动的兴致"。（Mann, Klaus, *Kind dieser Zeit*, Hamburg 1987, S. 147, 462, 463, 引自 Andresen, Geertje, *Oda*

Schottmüller-Die Tänzerin, Bildhauerin und Nazigegnerin, 引文出处同上，S. 50。）

170. 维尔纳·迪塞尔,《关于哈罗·舒尔策－博伊森的报告》, GDW, RK, S. 29。

171. 同上，S. 37。

172. 赫尔伯特·达尔（Herbert Dahl）,《关于我和哈罗·舒尔策－博伊森关系的报告》, GDW, RK。另见 Coppi, Hans, *Wege in den Widerstand*, 引文出处同上，S. 184。

173. Coppi, Hans, *Wege in den Widerstand*, 引文出处同上，S. 276。另见维尔纳·迪塞尔,《关于哈罗·舒尔茨－博伊森的报告》, 引文出处同上，S. 29。

174. 维尔纳·迪塞尔,《关于哈罗·舒尔策－博伊森的报告》, 引文出处同上，S. 36。

175. 党卫队全国领袖个人参谋部致国家安全总部（1937 年 6 月 3 日）。参见 Coppi, Hans, *Wege in den Widerstand*, 引文出处同上，S. 185 ff。

176. 同上。

177. 维尔纳·迪塞尔,《对和哈罗·舒尔策－博伊森在航空部见面的回忆》, 1988 年 11 月 24 日, GDW, RK, S. 3 ff。

178. 同上。下文引用亦出自此处。

179. 同上。

180. 哈罗·舒尔策－博伊森的简介, 未注明日期, 大约于 1936 年晚秋, IfZ München, ED 335/1。

181. 哈罗致父母的信, 1936 年 9 月 12 日, IfZ München, ED 335/1。

182. "空军总参谋部第 5 分部"（敌情监测部）, 1938 年 1 月 1 日 -1942 年 10 月 1 日, 施密特（Schmid) 中将的稿件, 1945 年, GDW, RK。

183. 哈罗致父母的信, 1936 年 9 月 6 日, IfZ München, ED 335/1。

184. 哈罗致父母的信，1936 年 9 月 12 日，IfZ München, ED 335/1。

185. 莫斯科国外情报署（Auslandsnachrichtendienstes Moskau）存档，"科西嘉档案"，档案号 34118，第一册，1, GDW, RK, Bl. 220。

186. 利伯塔斯致哈罗的信，1937 年 11 月 11 日，GDW, RK。

187. 哈罗致父母的信，1937 年 10 月 23 日，IfZ München, ED 335/1。

188. 哈罗致母亲的信，1937 年 10 月 13 日，IfZ München, ED 335/1。前段引文亦出自此处。

189. 利伯塔斯致哈罗的信，1937 年 10 月 21 日，GDW, RK。

190. 同上。

191. 利伯塔斯致哈罗的信，1937 年 11 月 1 日，GDW, RK。

192. Weisenborn, Günther, *Memorial*, 1976, S. 15/16，这一系列事件皆出自此处。

193. 利伯塔斯致玛丽·露易丝·舒尔策与埃里希·埃德加·舒尔策的信，1937 年 12 月 21 日，GDW, RK。

194. 哈罗致父母的信，1937 年 12 月 27 日，IfZ München, ED 335/1。

195. 同上。

196. 同上。

197. 哈罗致父母的信，1937 年 12 月 27 日，IfZ München, ED 335/1，下文三处引用亦出自此处。

198. 君特·魏森伯恩的私人日记，第 13 册，1938 年 1 月 20 日记，克里斯蒂安·魏森伯恩（Christian Weisenborn）的私人档案。

199. 同上，1938 年 1 月 27 日记。

200. 同上，1938 年 2 月 10 日和 12 日记。

201. 联邦档案馆，R/3017，档案号：5574，"重要存档"，S. 16。

202. 联邦档案馆，R/3017，档案号：5574，"人民法院最高检察院对吉塞拉·冯·珀尔尼茨的刑诉档案"，1938 年 5 月 21 日。

　　203. 共有 17 份不同的文件被扣留，包括《飞机，英国空军的科技水平》，1937 年 5 月 12 日，以及《联合军事评论》，1938 年 3 月 18 日；《西班牙上空的空战》。另见秘密国家警察 1938 年 2 月 17 日搜查报告中的"定罪举证"（联邦档案馆，R/3017，档案号：5574）。

　　204. Weisenborn, Günther, *Memorial*, 引文出处同上，S. 15。

　　205. 联邦档案馆，R/3017，档案号：5574，"重要存档"，S. 31。

　　206. "帝国最高军事检察院对维尔纳·克劳斯教授就谋逆罪提起刑诉的档案"，"盖世太保对弗朗茨·提尔的审讯记录"，1942 年 9 月 23 日，S. 3, GDW, RK 29/39。另见 Roloff, Stefan, *Rote Kapelle*, 引文出处同上，S. 170, 以及君特·魏森伯恩的私人日记，1938 年 3 月 3 日记。

　　207. 哈罗致父母的信，1938 年 1 月 27 日及 1 月 28 日，IfZ München, ED 335/1。

　　208. 君特·魏森伯恩的私人日记，1938 年 3 月 3 日记。

　　209. 利伯塔斯致玛丽·露易丝·舒尔策的信，1939 年 1 月 12 日，GDW, RK。

　　210. 君特·魏森伯恩的私人日记，1938 年 3 月 27 日记。此外，5 月中旬时这对恋人去希登塞岛（Insel Hiddensee）上度了短假："一整天光着身子在沙丘里躺卧、奔跑、嬉戏、做爱，热情似火，就像野兽，攀爬、游泳，利布斯和我，晒成棕色。……有一间美妙的卧室：满月、夜莺、5 月、露台前的波罗的海、爱！"（魏森伯恩的私人日记，1938 年 5 月 17、18 日记）。

　　211. A 类卡片索引，1938 年 10 月 17 日，GDW, RK 15/17–15/20。

　　212. Silone Ignazio, in: *Gratulatio für Joseph Caspar Witsch zum 60. Geburtstag am 17. Juli 1966*, Köln 1966, S. 272.

　　213. Mann, Thomas, *Tagebücher 1937–1939*, Frankfurt/M. 1980, S. 267.

214. 盖世太保的总结报告，GDW, RK, S. 51。

215. 利伯塔斯致玛丽·露易丝·舒尔策的信，1938 年 8 月 21 日，GDW, RK。后文写道："魏森伯恩希望，我能一同去各地进行导演和编排；从中当然能学到很多东西，我对此满怀期待。独白部分总有争议。我几乎担心，我们不得不把这一部分完全舍弃，因为人们还无法理解它。结尾全部是我写的……我得承认，写的时候我想到的是电影画面，但它也能通过舞台技术上演。此外我们已经收到了几个电影改编的提议。那么又将由魏森伯恩和我来写剧本，能赚很多钱。"

216. https://www.ns-archiv.de/krieg/1938/tschechoslowakei/wollen-keine-tschechen.php.

217. 哈罗致父亲的信，1938 年 10 月 1 日，IfZ München, ED 335/1。

218. 君特·魏森伯恩的私人日记，1938 年 9 月 30 日及 10 月 1 日记。

219. 哈罗致父亲的信，1938 年 10 月 1 日，IfZ München, ED 335/1。

220. Coppi, Hans, *Wege in den Widerstand*, 引文出处同上，S. 187。

221. 对埃尔弗莉德·保尔的刑诉案卷，帝国战争法庭的公诉书，1943 年 1 月 16 日，GDW, RK 2/7, S. 2。

222. 卡尔·巴茨，《致国防军柏林第四辖区的报告》，1937 年 8 月 5 日，RK。

223. 哈罗致父母的信，1938 年 11 月 11 日，IfZ München, ED 335/1。他们的旧车"斯宾格勒"被利伯塔斯卖给了君特·魏森伯恩。

224. 同上。

225. 同上。

226. Silone, Ignazio, 引文出处同上，S. 272/273。

227. 同上。

228. 哈罗致父母的信，1938 年 11 月 11 日，IfZ München, ED 335/2。

229. 参见 Weisenborn, Günther, *Memorial*, 引文出处同上，S. 191。

230. Kuckhoff, Greta, *Vom Rosenkranz zur Roten Kapelle*, Berlin, 1972, S. 236.

231. 利伯塔斯致哈罗父母的信，1938 年 11 月 21 日，IfZ München, ED 335/2。

232. 利伯塔斯致埃里希·埃德加·舒尔策的信，1939 年 10 月 1 日，IfZ München, ED 335/2。

233. 哈罗致父母的信，1934 年 1 月 3 日，IfZ München, ED 335/1。

234. 利伯塔斯致哈罗父母的信，1939 年 10 月 1 日，IfZ München, ED 335/2。

235. 哈罗致父母和弟弟哈特姆特的信，大约于 1939 年 7 月初，IfZ München, ED 335/1。

236. 哈罗致父母的信，1939 年 7 月 8 日，IfZ München, ED 335/1。

237. 旅馆宣传册"赫尔姆·布洛德（Herm Blode），尼达（库尔斯沙咀），梅梅尔地区"，立陶宛尼达市，布洛德博物馆（Museum Blode）。

238. 梅梅尔汽船协会的宣传广告"沙嘴—浴场运输服务"，立陶宛尼达市，布洛德博物馆。

239. 参见 Mann, Thomas, *Mein Sommerhaus*, 首刊于 *Beilage zum Wochenbericht IV/22 des Rotary Clubs München*，1931 年 12 月。

240. 约翰内斯·哈斯－海耶对西尔克·克特尔哈克（Silke Kettelhake）做的口头报告。参见 Kettelhake, Silke, *Erzähl allen, allen von mir! Das schöne kurze Leben der Libertas Schulze-Boysen 1913–1942*, München 2008, S. 248。

241. 参见哈罗致父亲的信，1939 年 8 月 4 日，IfZ München, ED 335/1。

242. 对洛特·施莱夫的刑诉，盖世太保的审讯记录，1942 年 9 月 25 日，GDW, RK 1/5, S. 5。

243. 同上，S. 1。

244. 埃尔弗莉德·保尔致瓦尔特·库兴迈斯特的信，1939 年 11 月 13 日，联邦档案馆，NY 4229/21，埃尔弗莉德·保尔与瓦尔特·库兴迈斯特的信件往来。

245. 同上，下段引文亦出自此处。

246. Weisenborn, Günther, *Memorial*, 引文出处同上，S. 19。

247. 参见哈罗致父母的信，1939 年 8 月 30 日，IfZ München, ED 335/1。

248. Weisenborn, Günther, *Memorial*, 引文出处同上，S. 19。这一系列事件的引用及描写均出自此处。

249. 参见 Henderson, Neville, *Failure of a Mission-Berlin 1937–1939*, London 1940, S. 288。

250. 埃尔弗莉德·保尔致瓦尔特·库兴迈斯特的信，1939 年 9 月 8 日，联邦档案馆，NY 4229/21，埃尔弗莉德·保尔与瓦尔特·库兴迈斯特的信件往来。

251. Engelsing-Kohler, Ingeborg, *Erinnerungen an Harro und Libertas Schulze-Boysen*, GDW, RK.

252. 同上。

253. Malek-Kohler, Ingeborg, *Im Windschatten des Dritten Reiches. Begegnungen mit Künstlern und Widerstandskämpfern*, Freiburg 1986, S. 181.

254. Engelsing-Kohler, Ingeborg, *Erinnerungen an Harro und Libertas Schulze-Boysen*, GDW, RK, S. 5.

255. 同上，S. 2。

256. 参见哈罗致父亲的信，1939 年 5 月 1 日，IfZ München, ED 335/1。

257. 参见哈罗致父母的信，1939 年 9 月 16 日，IfZ München, ED 335/1。

258. 利伯塔斯致玛丽·露易丝·舒尔策的信，1939 年 1 月 12 日，GDW,

RK。

259. 利伯塔斯致埃里希·埃德加·舒尔策的信，1939 年 10 月 1 日，GDW，RK。

260. 利伯塔斯致父亲奥托·哈斯－海耶的信，1939 年 8 月 16 日，柏林市立档案馆（LA)-1.23 号。

261. 利伯塔斯致埃里希·埃德加·舒尔策的信，1939 年 10 月 1 日，GDW，RK。

262. 同上。

263. Scheel, Heinrich, *Vor den Schranken des Reichskriegsgerichts: mein Weg in den Widerstand*, Berlin 1993.

264. Roloff, Stefan, *Rote Kapelle*, 引文出处同上，S. 48，下段引文亦出自此处。

265. 譬如赫尔穆特和米米就曾合作帮助克莱门斯·奥古斯特·格拉夫·冯·盖伦主教（Clemens August Graf von Galen）传播其布道，这位主教正确地将所谓的安乐死，即对那些"不配生存之人"（lebensunwertes Leben）的处决称为：谋杀。主教的行动取得了成功：那个被称为"T4"的计划不再实施。

266. 君特·魏森伯恩的私人日记，1940 年 5 月 8 日记。

267. 哈罗致父母的信，1940 年 8 月 9 日，IfZ München, ED 335/1。

268. 利伯塔斯致埃里希·埃德加·舒尔策的信，1940 年 12 月 13 日，GDW, RK。

269. 哈罗也来帮忙：他自己写了两篇影评并过于"直言不讳"，以至于他开玩笑说："希望利布斯不会因此被抓起来。"见哈罗致父母的信，1940 年 8 月 21 日，IfZ München, ED 335/1。

270. Wegner, Wenke, *Libertas Schulze-Boysen-Filmpublizistin*, München

2008, S. 107. 以利伯塔斯给一部根据君特·魏森伯恩的小说改编的《法诺的姑娘》（*Das Mädchen von Fanö*）写影评为例。《杂志服务》要求，"评论这部影片……应以影像为出发点"。但对利伯塔斯而言更重要的则是，剧本对原作的背离。她不喜欢两个女主角的电影形象，因为在电影中她们失去了当代和现实的轮廓，展现出的女性英雄主义是基于忍耐而非独立的："然而主角，那个来自法诺、热情而任性的姑娘，最后成了一个好渔夫的妻子，而她的情敌安根丝（Angens），小说里惟妙惟肖地写了她苍白的天使气质是怎样把渔夫伊普克（Ipke）赶到了情敌的怀抱中，却变成了一个英雄般坚强的受难者，最后还发了财。"（同上来源，S. 119）

271. 参见 Würmann, Carsten, *Zwischen Unterhaltung und Propaganda: Das Krimigenre im Dritten Reich*, Freie Universität, Berlin 2013, S. 256 ff。

272. 乔治·梅瑟史密斯（George Messersmith）致赫尔伯特·费斯（Herbert Feis）的信函，1938 年 6 月 4 日，美国国务文件，RG59，123，H 353/214，NA，引自 Brysac, Shareen Blair, *Resisting Hitler-Mildred Harnack and the Red Orchestra*, S. 225。另见外交代办费迪南·迈尔（Ferdinand Mayer）的国务专线，致国务卿，1937 年 8 月 13 日，美国国务文件 RG 59, 862–50, NA，及代办对间谍活动的报告，1937 年 9 月 16 日。

273. "科西嘉档案"，引文出处同上，Bl. 63。

274. 同上，1940 年 10 月 2 日记，Bl. 23。

275. 哈罗致父母的信，1941 年 1 月 23 日，IfZ München, ED 335/1。

276. 哈罗致父母的信，1941 年 2 月 3 日，IfZ München, ED 335/1。

277. Schmid, Joseph, *Entstehung, Aufgaben und Wesen des Generalstabes der deutschen Luftwaffe*, GDW, RK, S. 140.

278. *Gestapo-Berichte 1939 bis 1943*, Bd. 2, Berlin 1989, S. 184.

279. 哈罗致母亲的信，1941 年 3 月 11 日，IfZ München, ED 335/1。

280. "科西嘉档案"，引文出处同上，Bl. 206。

281. 同上，Bl. 243，下段引文亦出自此处。

282. 同上，Bl. 225，下段引文亦出自此处。

283. https://www.youtube.com/watch?v=2_u8iwRlRes，始于视频第 2 分钟。

284. 利伯塔斯致玛丽·露易丝·舒尔茨的信，1941 年 5 月 28 日，GDW，RK。

285. 同上。

286. 参见 Coppi, Hans, Jürgen Danyel und Johannes Tuchel, *Die Rote Kapelle im Widerstand gegen den Nationalsozialismus*, Berlin 1994, S. 136。

287. 君特·魏森伯恩的私人日记，1941 年 6 月 17 日记。

288. Kuckhoff, Greta, *Vom Rosenkranz zur Roten Kapelle*, 引文出处同上，S. 284/285。

289. 利伯塔斯致玛丽·露易丝·舒尔策的信，1941 年 6 月 13 日，GDW，RK。

290. Kuckhoff, Greta, *Vom Rosenkranz zur Roten Kapelle*, 引文出处同上，S. 287。

291. 据格蕾塔·库克霍夫说，科罗特科夫把新到的第一个无线电台交给了她。

292. Kuckhoff, Greta, GDW, RK, 34/62, Bl. 389 ff.

293. "科西嘉档案"，Bl. 346/347。

294. 此处参见 Höhne, Heinz, *Kennwort: Direktor. Die Geschichte der Roten Kapelle*, Frankfurt/M., 1970, S. 117。

295. "科西嘉档案"，引文出处同上，Bl. 347，以及汉斯·科皮等著，*Die Rote Kapelle im Widerstand*, 引文出处同上，S. 137。

296. "科西嘉档案"，Bl. 50。

297. 汉斯·科皮等著, *Die Rote Kapelle im Widerstand*, 引文出处同上, S. 138。

298. 君特·魏森伯恩的私人日记, 1941 年 9 月 3 日记。

299. 关于"肯特"的柏林之行见:"对被捕的阿纳托利·古列维奇·马科维奇(Gurewitsch Anatolij Markowitsch)的审讯记录", 1946 年 5 月 13 日, GDW, RK。

300. 同上, 这一系列事件的其余引用均出自此处。"我去布拉格是因为收到了莫斯科的局长的指示, 到布拉格去找一家美术馆, 在那里借讨论圣像之名和一个我不认识, 但肯定也是为我们组织做事的人会面", 在审讯中"肯特"具体是这样说的。

301. 盖世太保对"肯特"的审讯记录, 1942 年 11 月 23 日, S. 12 ff., GDW, RK。

302. Bock, Michael und Michael Töteberg: *Das Ufa-Buch. Kunst und Krisen, Stars und Regisseure, Wirtschaft und Politik*, Frankfurt a. M. 1992, S. 438–443. 诺伊曼说:"需要和文化电影制作者建立稳定而密切的联系, 这样才能真正地指引和操纵他们, 让他们顺从国家的意愿。同时, 绝不能让他们感到自己处于审查之下。"

303. 大致相当于现在的 3200 欧元。利伯塔斯换工作后还给《国民报》的专栏写了最后一篇文章。它发表于 1941 年 11 月 13 日, 介绍了她的朋友奥达·朔特米勒:《艺术舞蹈中面具的复兴》(*Auferstehung der Maske im Kunsttanz*)。

304. Andresen, Geertje, *Oda Schottmüller-Die Tänzerin, Bildhauerin und Nazigegnerin*, Berlin 2005, S. 295.

305. 利伯塔斯致玛丽·露易丝·舒尔策的信, 1942 年 1 月 6 日, GDW, RK。

306. 传单《对德国未来的担忧在民众中蔓延》, GDW, RK。

307. Andresen, Geertje, 引文出处同上, S. 236。

308. 哈罗致父母的信, 1940 年 10 月 29 日, IfZ München, ED 335/1。

309. 同上。

310. 哈罗致父亲的信, 1942 年 5 月 3 日, IfZ München, ED 335/1。

311. Flügge, Manfred, *Meine Sehnsucht ist das Leben*, Berlin 1998, S. 116 ff.

312. 参见 Scheel, Heinrich, 引文出处同上, S. 214。

313. Hildebrandt, Rainer, *Wir sind die Letzten: aus dem Leben des Widerstandskämpfers Albrecht Haushofer und seiner Freunde*, 未注明出版地, 1949 年, S. 138。

314. Scheel, Heinrich, *Vor den Schranken*, 引文出处同上, S. 214, 下段引文亦出自此处。

315. 参见 Poelchau, Harald, *Die letzten Stunden, Erinnerungen eines Gefängnispfarrers, aufgezeichnet von Graf Alexander Stenbock- Fermor*, Berlin 1949, S. 69。

316. Roloff, Stefan, 引文出处同上, S. 84。

317. 传单《对德国未来的担忧在民众中蔓延》, 引文出处同上, 后续几段引文亦出自此处。

318. 赫尔穆特·罗洛夫, "关于在舒尔策－博伊森小组里一个分部工作的报告", GDW, RK, S.1。

319. Roloff, Stefan, 引文出处同上, S. 63 ff。

320. 同上。

321. 同上, S. 65/66。

322. 同上, S. 67。

323. Schmidt, Helmut (Hrg.), *John Sieg, einer von Millionen spricht. Skizzen, Erzählungen, Reportagen, Flugschriften*, Berlin 1989.

324. 传单《致东线的公开信》，GDW, RK。

325. 参见对哈罗·舒尔策－博伊森的当庭判决，1942 年 12 月 19 日，GDW, RK 1/2, S. 15/16 及 S. 21。

326. 亚历山大·斯波尔的报告，GDW, RK 11/14, S. 1。

327. 同上，S. 3。这次谈话后斯波尔签署了合同。当晚他受邀前往阿尔滕堡大道，在与利伯塔斯长达 3 个小时的谈话期间，他也认识了哈罗。他并不知道这个抵抗网络的存在，起先只是把利伯塔斯当成一个政治上的理想主义者，会做一些在他看来"有些大胆的事"。

328. 哈罗致施特拉·马尔贝格的信，1942 年 4 月 6 日，GDW, RK 9/13。

329. 同上。

330. 哈罗致施特拉·马尔贝格的信，1942 年 4 月 12 日，GDW, RK 9/13。

331. 安托尼娅·托斯卡·格里尔（Antonia Tosca Grill），《菲利普·舍费尔——我的父亲》，于 2003 年 6 月 17 日关于菲利普·舍费尔的展览开幕之际做的报告，柏林米特区，菲利普·舍费尔图书馆（Philipp-Schaeffer-Bibliothek）。

332. Coppi, Hans, *Philipp Schaeffer, Orientalist, Bibliothekar, Widerstandskämpfer*, in: *IWK（Internationale wissenschaftliche Korrespondenz zur Geschichte der deutschen Arbeiterbewegung）*, 41. Jg., September 2005, Heft 3, Seite 366–386, S. 383/84.

333. Später, Jörg, *Vansittart: britische Debatten über Deutsche und Nazis 1902–1945*, Göttingen 2003, S. 193.

334. 哈罗致父母的信，1942 年 7 月 25 日，IfZ München, ED 335/1。

335. 对首都中心地带的这场宣传展览采取行动的不只有哈罗和他的战友们。1942 年 5 月 18 日，赫尔伯特·鲍姆（Herbert Baum）和他的几位犹太朋友走进了展览会场。他们带了一个藏有罐装炸药的袋子，在一个无人发觉的时刻把它放进了一间屋棚里，那里展出的是一张破烂的"苏联床"。把袋子点燃后，一个看守走了过来，于是他们迅速离开了会场。他们带来当助燃剂的引火板没能派上用场，因此只造成了轻微的破坏。鲍姆在被盖世太保拘禁期间丧命，他的团队中有 28 人被纳粹当局杀害。

336. 参见 1941 年 12 月 13 日至 1942 年 2 月 1 日在维也纳进行的同一场展览的宣传册："在无数士兵的家信、报告和经历描述中有一点一再被提及，那便是纵使最活跃的想象力也不足以根据书面或口头的语言，甚至无法根据图片还原出苏联真实的、无比深重的堕落与苦难。"

337. Goebbels, Joseph, *Die Tagebücher von Joseph Goebbels. Teil 2, Diktate 1941–1945*; *Bd. 6, Oktober-Dezember 1942*, München 1996.

338. "通过粉碎这个敌人，我们就能从德意志国乃至整个欧洲抹去一大威胁，自蒙古人入侵的时代以来，这片大陆上再没有比这更可怖的危险"，"苏联天堂"出口处的大字如是写道。

339. Schmid, Joseph, *Entstehung, Aufgaben und Wesen des Generalstabes der deutschen Luftwaffe*, GDW, RK, S. 47.

340. Kerbs, Diethart, *John Graudenz (1884–1942)，Bildjournalist und Widerstandskämpfer*, GDW, RK, S. 7.

341. Bock, Michael und Michael Töteberg, 引文出处同上，S. 438–443。

342. 哈罗致妹妹、弟弟及母亲的信，1942 年 5 月 19 日，IfZ München, ED 335/1。

343. 哈罗致母亲的信，1934 年 1 月 8 日，IfZ München, ED 335/1。

344. 见"帝国最高军事检察院对维尔纳·克劳斯博士教授就谋逆罪提起刑诉的档案"，GDW, RK 29/39, Bl. 40, 以及 RK 28/38, Bl. 38, 302, 303, 374。

345. 在接受盖世太保的审讯时，克劳斯·维尔纳教授说为了给这次行动设定时间限制，他有意穿上了制服。见"帝国最高军事检察院对维尔纳·克劳斯博士教授就谋逆罪提起刑诉的档案"，GDW, RK 29/39, Bl. 40。

346. Engelsing-Kohler, Ingeborg, *Erinnerungen an Harro und Libertas Schulze-Boysen*, 引文出处同上，S. 4。另见汉斯·科皮，与冯·舍内贝克夫人的谈话，1989 年 4 月 15 日，GDW, RK, S. 13。

347. 哈罗致施特拉·马尔贝格的信，未注明日期，GDW, RK 9/13。

348. Boysen, Elsa, 引文出处同上，S. 9。

349. 哈罗致父母的信，1942 年 6 月 22 日，IfZ München, ED 335/1。

350. 哈罗致施特拉·马尔贝格的信，1942 年 6 月 20 日，GDW, RK 9/13，下一段引文亦出自此处。

351. 哈罗致霍斯特·海尔曼的信，1942 年 6 月 18 日，GDW, RK。

352. 哈罗致父母的信，1942 年 6 月 22 日，IfZ München, ED 335/1。

353. "对约翰·文策尔同志问询的记录"，1967 年 10 月 19 日，GDW, RK 43/112, S. 60/61。

354. *11 Gebote für das Verhalten Verhafteter*, GDW, RK 39/84, S. 8.

355. 文策尔的问询记录，引文出处同上，S. 61 ff。

356. 哈罗致父母和弟弟的信，1942 年 7 月 6 日，IfZ München, ED 335/1。

357. 哈罗致施特拉·马尔贝格的信，1942 年 8 月 5 日，GDW, RK 9/13。

358. 哈罗致父母和弟弟的信，1942 年 7 月 6 日，IfZ München, ED 335/1。

359. 同上。

360. 同上。

361. 利伯塔斯致玛丽·露易丝·舒尔策的信，1942 年 1 月 6 日，GDW, RK。

362. Harnack, Arvid, *Das nationalsozialistische Stadium des*

Monopolkapitalismus，本文在 1942 年春天以传单的形式流传。作者没有署名，GDW, RK。

363. 哈罗致父亲的信，1941 年 12 月 24 日，IfZ München, ED 335/1。

364. 哈罗致父母的信，1942 年 2 月 6 日，IfZ München, ED 335/1。

365. 哈罗致父母的信，1942 年 7 月 25 日，IfZ München, ED 335/1。

366. 哈罗致父母的信，1942 年 7 月 6 日，IfZ München, ED 335/1。

367. 哈罗致父母的信，1942 年 8 月 23 日，IfZ München, ED 335/1。

368. Schattenfroh, Reinhold und Johannes Tuchel, *Zentrale des Terrors- Prinz-Albrecht-Straße 8: Hauptquartier der Gestapo*, Berlin 1987, S. 378.

369. *Falk Harnack: über Arvid und Mildred Harnack*, GDW, RK 32/55, S. 10.

370. 历史学家汉斯·蒙森（Hans Mommsen）认为，克莱稍集团的方案做出了"……全面的未来规划，其魄力和内在的说服力是德国反抗希特勒的运动中其他所有政治改革理念无法企及的"。

371. Trepper, Leopold, *Die Wahrheit-Autobiographie des »Grand Chef‹ der Roten Kapelle«,* München 1975, S. 134.

372. Trepper, Leopold，引文出处同上，S. 134。这一描写需谨慎对待，因为特雷伯没有给出它的出处。

373. Weisenborn, Günther, *Memorial*，引文出处同上，S. 66。这是几天后君特·魏森伯恩对自己经历的描写。此处把他的表述套用到了哈罗身上。

374. Roloff, Stefan，引文出处同上，S. 36/37。

375. *Falk Harnack: über Arvid und Mildred Harnack*, GDW, RK 32/55.

376. 那里也停着几辆毒气车，但大多数柯尼斯堡的犹太人是被 80 名治安警察和武装党卫队员射杀的：这些行动部队和警监正是亚当·库克霍夫给《致东线的公开信》设定的收件人。

377. 给管家格尔特鲁特·缪勒的明信片，1942 年 9 月 2 日，GDW, RK 13/15。

378. 例如对海因里希·谢尔的采访，*Erfasst? Das Gestapo- Album zur Roten Kapelle-Eine Foto-Dokumentation*, Berlin 1992, S. 300。

379. Höhne, Heinz, *Kennwort: Direktor. Die Geschichte der Roten Kapelle*, 引文出处同上，S. 189, 以及海因里希·谢尔致里卡达·胡赫（Ricarda Huch）的信（1946 年 6 月 23 日），GDW, RK 8/13, S. 4。

380. Schattenfroh, Reinhold 和 Johannes Tuchel, 引文出处同上，S. 381。另见"坎普纳（Kempner）对 M. 勒德尔一次审讯的摘要"，GDW, RK 8/13, Bl. 45。曼弗雷德·勒德尔说："对舒尔策 – 博伊森使用过强化审讯……"

381. 西斯卡·贝尔甘德尔（Hiska Bergander）在不来梅大学的就职论文，*Das Ermittlungsverfahren gegen Dr. jur. et rer. pol. Manfred Roeder, einen »Generalrichter« Hitlers*, S. 13。

382. http://www.spiegel.de/spiegel/print/d-29193277.html. 对哈罗在"斯大林房间"可能经历的描写基于这一假设，即在同一时期的阿尔布雷希特王子大街 8 号有着类似的刑讯程序。没有消息来源记录哈罗实际遭受了什么酷刑，能证实的是他确实遭遇了酷刑折磨。

383. Egmont Zechlin, *Arvid und Mildred Harnack zum Gedächtnis-Aus der Geschichte der deutschen Widerstandsbewegungen*, GDW, RK 13/15, S. 22.

384. Mann, Thomas, *Mein Sommerhaus*, 引文出处同上。

385. 阿维德·哈纳克致米尔德雷德·哈纳克的信，1942 年 12 月 14 日，GDW, RK 32/55, Bl. 123 ff。

386. Zechlin, 引文出处同上，S. 22, 下段引文亦出自此处。

387. Mann, Thomas, *Mein Sommerhaus*, 引文出处同上。

388. Egmont, 引文出处同上，S. 22 ff。这一系列事件的的引用和描写皆出于此处。

389. *Aufzeichnung von Johannes Haas-Heye, Bruder von Libertas*, GDW, RK 37/67.

390. Linke, Magda, *Meine Erinnerungen an Libertas Schulze-Boysen*, GDW, RK 37/67, S. 3.

391. "与范·霍夫曼－布赖特斯（van Hoffmann-Breite）的谈话"，1968 年 3 月 23 日，海因茨·霍讷（Heinz Höhne）的遗物，《明镜》档案（Spiegel-Archiv）。

392. 参见 Roloff, Stefan, 引文出处同上，S. 166/167。

393. 同上，S. 45。

394. 同上。

395. *Werner Krauss: über meine Beteiligung an der Aktion Schulze-Boysen mit Anmerkungen von Greta Kuckhoff*, GDW, RK 33/58.

396. Kuckhoff, Greta, *Vom Rosenkranz zur Roten Kapelle*, 引文出处同上，S. 326–333。另见 RK 35/64, Bl. 119。

397. 参见 Döblin, Alfred, *Berlin Alexanderplatz*, Frankfurt/M. 2013,S. 144。

398. 参见 Roloff, Stefan, 引文出处同上，S. 35。

399. 同上，S. 36。

400. 海因里希·谢尔致里卡达·胡赫的信，1946 年 6 月 23 日，GDW, RK 8/13, S. 3。

401. Bauer, Arnold, *Erinnerungen an Harro Schulze-Boysen*, GDW, RK, 37/67, S. 8. 另见 Bauer in RK 11, Bl. 105/106 und 194 ff。

402. "1968 年 3 月对海因里希·谢尔博士教授同志的问询记录"，GDW, RK 42/102, S. 1。

403. Havemann, Wolfgang, *Arbeitsmaterial zur Widerstandsorganisation*

Rote Kapelle, Juni 1968, GDW, RK 39/81, S. 41.

404. Scheel, Heinrich, *Vor den Schranken*, 引文出处同上，S. 201；及 Roloff, Stefan, 引文出处同上，S. 16。

405. Andresen, Geertje, 引文出处同上，S. 283。

406. Roloff, Stefan, 引文出处同上，S. 180。

407. 格蕾塔·库克霍夫的报告，1947 年 2 月 6 日，GDW, RK 11/14。

408. Roloff, Stefan, 引文出处同上，S. 275。

409. 同上，S. 176。

410. 同上，S. 185, 191 以及 193。

乌尔苏拉·格策固执地否认她的男友维尔纳·克劳斯参与了贴纸行动："我是独自去贴的，无人陪伴，"她告诉记录员，"克劳斯为此责备了我，他认为我的参与是错误的，并且声称我不应该去做这种事。"这一供词与克劳斯本人的表述相吻合，后者的策略是，对一切都加以否认："我对'贴纸行动'这一概念都一无所知。"直到乌尔苏拉·格策承认——我们已无法重构她这样做的原因，1942 年 5 月 17 日夜里，她和男友一起去了萨克森大道，克劳斯才更改了他的表述，声称自己走在她身后，完全没有意识到发生了什么。在盖世太保的审讯记录中，他的供述如下："即便在是日傍晚，我也没有意识到乌尔苏拉·格策是要去贴煽动性的纸条。为了和她保持联系，在萨克森大道上我跟在她身后约 30 米处。至于格策是否贴了纸条，我并没有看到。在远处我只能看清她的身形，跟着她走过了整条街道。如果有人指责我说，我在晚上 11 点以后还能从远处看清格策的身形，却说自己没能看到格策在车站、路灯柱、广告牌和房屋前沿贴了数张贴纸，这是不可信的。我要在此声明，我没有兴趣去查看她所做的事，只是想和她保持联系。"虽然这个表述颇为奇怪，但它仍被写进了档案，因为盖世太保没有证据表明实情并非如此。

411. 约瑟夫·戈培尔的战时日记，1942 年 9 月 23 日记，科布伦茨联邦档案馆（Bundesarchiv Koblenz），FB 5849。

412. Schulze, Erich Edgar, *Zum Gedächtnis meines Sohnes Harro*, 手写文章，GDW, RK。另见"埃里希·埃德加·舒尔策 1950 年 2 月 13 日就对曼弗雷德·勒德尔的处理向检察官芬克博士（Dr. Finck）做的供述"。关于这一系列事件的所有引用和描述皆出自此处。

413. 见 *Dienstkalender Heinrich Himmlers, 1941–42*, Hamburg 1999, S. 577, 584。

414. 参见 Weisenborn, Günther, *Memorial*, 引文出处同上，S. 47, 前一段引文亦出自此处。

415. http://www.spiegel.de/spiegel/print/d-29193277.html.
"两个脚踝上都拴着脚镣，中间以一根铁链相连。……脚镣很紧，戴脚镣的人根本迈不开步。"

416. "*Walter Habecker: German. A Gestapo Officer in Berlin*"，英国国家档案，KV 2/2752。

417. 英格丽德·卡姆拉（Ingrid Kamlah）1947 年 2 月 14 日的抄写件，S. 1–3。另见海因里希·谢尔致里卡达·胡赫的信，1946 年 6 月 23 日，GDW, RK 8/13, S. 7。

418. Otto, Regine und Bernd Witte (Hrg.), *Goethe Handbuch*, Bd. 1, Stuttgart 2004, S. 501.

419. Perrault, Gilles, *Auf den Spuren der Roten Kapelle*, Hamburg, 1969, S. 279.

420. 亚历山大·斯波尔的报告，GDW, RK 11/14。

421. 格蕾塔·库克霍夫写道："我们的抵抗没有某种明确的政治取向，而是一项得到各个社会阶层支持的全面工作，因此勒德博士对民族社会主义——而非德国遭到的威胁深感忧虑。当我们被捕时，他作为一个高级军官，可以看清德国的战争局势，也有责任意识到，为了整个德国乃至整个世界的福祉，必须消灭民族社会主义。而出于从他每一句话里都透露出来的个人虚荣心，出于对权力和复仇的私欲，他确保了帝国战争法庭第二合议庭对我们的判决比正常情况下更为严厉。他知晓盖世太保在前期调查中使用的手段，并且对此表示赞赏——甚至有可能是他下达了动用这些手段的命令。"（对勒德的介绍，GDW, RK 35/63, S. 4。）

422. 参议院院长克莱尔（Kraell）就"红色交响乐队"做出的判决向戈林做的报告，载于帝国最高军事检察院对海因茨·施特雷洛（Heinz Strehlow）下士等 9 人进行刑诉的档案，第一、二卷，GDW, RK 27/38, Bl. 465 ff。

423. *Kennwort: Direktor*, in: *Der Spiegel*, Nr. 21, 20.5.1968, S. 80.

424. Bergander, Hiska, *Das Ermittlungsverfahren*, 引文出处同上，S. 18。

425. 法尔克·哈纳克，1942 年 10 月 26 日第一次探望阿维德·哈纳克，GDW, RK 32/55。

426. 法尔克·哈纳克，1942 年 11 月 15 日第二次探望阿维德·哈纳克，GDW, RK 32/55。为了产生戏剧性效果，这里把法尔克对哥哥的两次探望放到一起描写。

427. 同上，Bl. 16。

428. 朔尔与施莫雷尔同法尔克·哈纳克的会面，GDW, RK 23/37, S.19。关于这一系列事件的所有引用和描述皆出自此处。

429. *Der Spiegel*, 9/2005, S. 77.

430. 盖世太保对"肯特"的审讯记录，1942 年 11 月 23 日，GDW, RK, S. 11.，前几段引用的对话亦出自此处。

431. Bergander, Hiska, *Das Ermittlungsverfahren*, 引文出处同上，S. 20。

432. 盖世太保的总结报告，GDW, RK, S. 54。

433. 同上，S. 55。

434. Tuchel, Johannes und Reinold Schattenfroh, *Zentrale des Terrors-Prinz-Albrecht-Straße 8: Hauptquartier der Gestapo*, Berlin 1987, S. 385: "帝国元帅的特别基金被支付给……"

435. 哈罗致父母的信，1942 年 12 月 10 日，IfZ München, ED 335/1。

436. 海因里希·谢尔致里卡达·胡赫的信，1946 年 6 月 23 日，GDW, RK 8/13, S. 6。

437. Scheel, Heinrich, *Horst Heilmann-Hitlerjunge und Widerstandskämpfer*, Beitrag gehalten in der Universität Rostock, Februar 1988, S. 8.

438. 海因里希·谢尔致里卡达·胡赫的信，1946 年 6 月 23 日，S. 6。

439. 此外，那天的被告中还有 31 岁的赫尔伯特·戈洛诺（Herbert Gollnow），他是阿维德与米尔德雷德·哈纳克的挚友，也曾和哈罗一起工作过；以及 47 岁的库尔特·舒尔策（Kurt Schulze），他为苏联执行侦察任务，曾教汉斯·科皮使用无线电。

440. 由合议庭主席克雷尔博士担任审判长，帝国军事司法委员施密特博士（Dr. Eugen Schmitt）出席，其余的陪审员是穆斯霍夫（Walter Musshoff）上将、阿尔普斯（Theodor Arps）海军中将、施图策（Hermann Stutzer）少将。

441. Scheel, Heinrich, *Vor den Schranken*, 引文出处同上，S. 8。

442. 另见盖世太保的总结报告："从他撰写的关于拿破仑·波拿巴的政治论文中可以看出，舒尔策－博伊森对破坏活动的参与方式有多么巧妙，他把这篇文章大量分发给知识分子，尤其是军官和其他有军衔的公职人员。"

443. 1942 年 12 月 19 日帝国战争法院对哈罗·舒尔策－博伊森等人的当庭判决，GDW, RK 1/2。

444. 盖世太保的总结报告，GDW, RK, S. 55。

445. 1942 年 12 月 19 日帝国战争法院对哈罗·舒尔策－博伊森等人的

当庭判决，GDW, RK 1/2。

446. 海因里希·谢尔致里卡达·胡赫的信，1946 年 6 月 23 日，GDW, RK 8/13, S. 4。

447. 利伯塔斯致母亲托拉的诀别信，1942 年 12 月 22 日，GDW, RK, S. 2。

448. Andresen, Geertje, 引文出处同上，S. 280。本节中其余关于奥达·朔特缪勒的引用皆出自此处。

449. Weisenborn, Günther, *Memorial*, 引文出处同上，S. 95。

450. 1942 年 12 月 19 日帝国战争法院对哈罗·舒尔策－博伊森等人的当庭判决，GDW, RK 1/2, S. 12。

451. 同上，S. 20。

452. 同上。

453. 海因里希·谢尔致里卡达·胡赫的信，1946 年 6 月 23 日，GDW, RK 8/13, S. 7。

454. 1942 年 12 月 19 日帝国战争法院对哈罗·舒尔策－博伊森等人的当庭判决，GDW, RK 1/2。

455. 科布伦茨联邦档案馆 N1348, 希特勒的私人医生莫雷尔（Theodor Gilbert Morell）1942 年 12 月 21 日记录：“两勺布罗姆－内瓦西特（Brom-Nervacit，一种巴比妥酸盐制剂）和一粒环巴比妥（Phanodorm）。”

456. 国防军最高统帅部致帝国战争法庭庭长，1942 年 12 月 21 日，GDW, RK 29/43, Bl. 165。

457. 帝国司法部就在普勒岑湖监狱设置一个绞刑架的指示，1942 年 12 月 12 日。

458. Weisenborn, Günther, *Memorial*, 引文出处同上，S. 8。

459. Schulze, Erich Edgar, *Harro Schulze-Boysen*, 引文出处同上，S. 16。

460. 哈罗·舒尔策－博伊森，1945 年夏于国家安全总部地牢的 2 号囚室中寻获，GDW, RK。

461. 参见 http://www.foerderverein-invalidenfriedhof.de。

462. 库尔特·舒马赫，在阿尔布雷希特王子大街监禁期间所写的密信，1942 年 11 月 27 日，GDW, RK 36/66。

463. 利伯塔斯致母亲托拉的诀别信，1942 年 12 月 22 日，GDW, RK。

464. 参见 Poelchau, Harald, *Die letzten Stunden*, 引文出处同上，S. 40/41。

465. Poelchau, Harald, *Die Lichter erloschen-Weihnachtserinnerunge 1941–1944*, in: *Unser Appell*, J.2, 1948. 这一系列事件的其余描写和引用亦出自此处。

466. 同上。

467. 同上。

468. Poelchau, Harald, 引文出处同上，S. 61。

469. 阿维德·哈纳克的诀别信，GDW, RK。

470. Poelchau, Harald, 引文出处同上，S. 81。

471. 同上，S. 29。

472. 同上，S. 28 ff。

473. 同上，S. 25。

474. 出自马格德堡（Magdeburg）地方法院 1933 年 11 月 27 日的决议，引自 Poelchau, 引文出处同上，S. 25。

475. Bergander, Hiska, 引文出处同上，S. 21。

476. 哈罗致父母的诀别信，1942 年 12 月 22 日，IfZ München, ED 335/1。

477. 利伯塔斯致母亲托拉的诀别信，1942 年 12 月 22 日，GDW, RK。

478. 出自利伯塔斯致母亲托拉的第二封诀别信，1942 年 12 月 22 日，GDW, RK。

479. Poelchau, Harald, 引文出处同上，S. 69 ff。这一系列事件中的其余描写和引用亦出自此处。

480. Boysen, Elsa, 引文出处同上，S. 14。

481. Schulze, Erich Edgar, *Zum Gedächtnis*, 引文出处同上。

482. 柏林市立档案馆，最高财税官的财产，Az. O 5205 a/483, 1943 年 3 月 26 日的行动记录。

483. 同上，帝国检察官西伯特（Siebert）的文件（1943 年 3 月 27 日），以及阿尔弗雷德·施罗布斯多夫房产管理公司（Häuserverwaltung Alfred Schrobsdorff）的文件，1943 年 10 月 7 日。

484. 此外，一部德国电影股份公司（DEFA）1970 年拍摄的昂贵电影也属于这类宣传，该片使用 70 毫米的胶片（！）摄制而成，是东德历史上耗资最多的影片。这部失败的影片有一个冗长的标题《KLK 呼叫 PTX》（*KLK an PTX*）。哈罗与利伯塔斯身边所有重要的角色都在其中悉数登场，他们的发型糟糕，对话也十分刻板，此外还加进了一个没有姓名的角色，用以代表柏林的德国共产党对抵抗网络的领导作用。

485. 德国总理府主管致哈特姆特·舒尔策-博伊森，1994 年 8 月 2 日，舒尔策-博伊森家族的私人档案，巴特戈德斯贝格（Bad Godesberg）。

20 世纪 50 年代，联邦宪法保护局（Bundesverfassungsschutz）和美国的陆军反间谍部队（CIC）还搜集过针对哈特姆特本人的资料——因为和哈罗的关系，他一度被怀疑是一个共产主义者。

486. 1988 年，人们争取在法院大楼前为帝国战争法庭的受害者树立纪念碑的努力失败了。一座树立于 1989 年的临时木质纪念碑被一位枢密法官派人移除并销毁了。

487. Goschler, Constantin und Michael Wala, *Keine neue Gestapo. Bundesamt für Verfassungsschutz und die NS-Vergangenheit*, Hamburg 2015.

488. "我们无法定位有关斯特拉·马尔贝格的文件……你搜寻的文件可能已经不存在"，出自美国国家档案馆的一封电子邮件，2018 年 8 月 24 日。

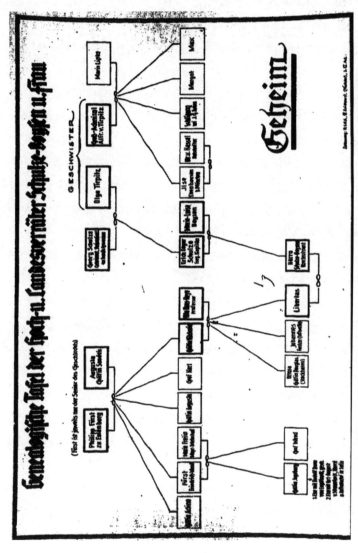

出自盖世太保的总结报告：谋逆与叛国犯哈罗·舒尔茨－博伊森及其妻子的家族谱系图。

人名索引

译后记

《波希米亚人》的中译本终于要和读者们见面了。

记得接到本书的翻译任务时，起初，我以为将会面对一个经典的敌后谍战故事：严密的网络、关键的情报、暗杀与枪战……但随着翻译的展开，我越来越惊讶于哈罗与利伯塔斯等人的"不专业"：这对夫妻和他们的百余名战友中，没有人接受过系统的情报培训，甚至有许多人想法天真、行事随意，面对盖世太保的严酷审讯时几乎没有还手之力，整场抵抗运动从开端到结束不过3年，1942年年初形成的网络，是年秋天就凋零了。

但这份事业的悲剧性也恰恰反映了这群人的光芒：一群出自各行各业的普通柏林人，以波希米亚艺人般的浪漫与开放，凭个人之力对抗"一体化"的纳粹独裁。很难去评估他们拼命去散发的传单、标语究竟触动了多少德国民众乃至前线士兵，他们的情报又在多大程度上影响了战局，但我们知道，在80余年前纳粹德国的首都，曾有一群人这样生活过：他们在宴饮与舞会的间隙畅谈政治并分享情报，以接吻为掩护在灯火管制的街道上张贴"纳粹天堂"的反纳粹标语，在挂满舞蹈面具的工作室里练习无线电发报。这些事迹读来几乎有种超现实感：人性中的爱与自由填满了抵抗运动的每个细节，这本身就是对那个近代史上最冷酷政权的莫大嘲讽。

然而，希特勒与他的鹰犬显然也知道这一点：如本书第四章所述，他们曾竭力把这些光彩照人的事迹从人类的记忆中抹去——并差一点得逞。所幸还有诺曼·奥勒这样诚实、严谨的书写者。无数潜藏在信件、档案乃至时代见证者记忆深处的话语被发掘，并严格地按照时序和因果关系重新整合，汇聚成一段段有血有肉的叙述。在奥勒冷峻且严谨的笔触下，这些人物在完整的语境中以一种最接近真实的方式重获生命，而第三帝国与战后分裂时期对他们的抹黑与误解也被公之于众。本书结尾，刑场上的一架架打字机正是最恰当的隐喻：逝者已矣，而忠实的书写永不会停下。

本书涉及德意志帝国晚期直至冷战时期的大量历史、哲学、科学术语，其中包括纳粹时期一系列繁杂的官僚术语，有些或许中文读者感觉较为陌生，在翻译时，我参考了《中国大百科全书（第三版网络版）》、各类网络百科，以及近年出版的相关书籍，并加上脚注。对人名的翻译大多依据商务印书馆出版的《德语姓名译名手册》。尽管如此，由于本人学识、经验所限，翻译中难免有疏失，还请各位读者朋友能加以指正。

最后，我要感谢中国传媒大学程巍老师将本书汉译的宝贵机会介绍于我，她门下的刘逸伦同学也是本书的第一位忠实试读者，感谢她提出的诸多启发式建议。尤其要感谢社会科学文学出版社的编辑张骋老师，在近一年半的翻译、编校过程中，他为拙译做出了大量文字修改和体例调整，没有张老师的专业素养和耐心，我们也很难在今天看到这段真实的美妙故事。

蒋雨峰

2024 年早春

图书在版编目（CIP）数据

波希米亚人：第三帝国柏林地下抵抗运动中的爱情
与牺牲／（德）诺曼·奥勒（Norman Ohler）著；蒋雨
峰译.--北京：社会科学文献出版社，2024.3
书名原文：The Bohemians：The Lovers Who Led
Germany's Resistance Against the Nazis
ISBN 978-7-5228-2767-4

Ⅰ.①波…　Ⅱ.①诺…②蒋…　Ⅲ.①德国-现代史
Ⅳ.①K516.4

中国国家版本馆 CIP 数据核字（2023）第 221305 号

波希米亚人：第三帝国柏林地下抵抗运动中的爱情与牺牲

著　　者／〔德〕诺曼·奥勒（Norman Ohler）
译　　者／蒋雨峰

出 版 人／冀祥德
责任编辑／张　骋
责任印制／王京美

出　　版／社会科学文献出版社·甲骨文工作室（分社）（010）59366527
　　　　　　地址：北京市北三环中路甲29号院华龙大厦　邮编：100029
　　　　　　网址：www.ssap.com.cn
发　　行／社会科学文献出版社（010）59367028
印　　装／北京盛通印刷股份有限公司

规　　格／开本：889mm×1194mm　1/32
　　　　　　印张：14.5　字数：315千字
版　　次／2024年3月第1版　2024年3月第1次印刷
书　　号／ISBN 978-7-5228-2767-4
著作权合同
登记号　　／图字01-2024-0715号
定　　价／89.00元

读者服务电话：4008918866